L'IDÉE DE L'AUTRE

PHAENOMENOLOGICA
COLLECTION FONDÉE PAR H.L. VAN BREDA ET PUBLIÉE
SOUS LE PATRONAGE DES CENTRES D'ARCHIVES-HUSSERL

168

BERTRAND BOUCKAERT

L'IDÉE DE L'AUTRE

La question de l'idéalité et de l'altérité chez Husserl
des *Logische Untersuchungen* aux *Ideen I*

Comité exécutif:
Directeur: R. Bernet (Husserl-Archief, Leuven) Secrétaire: J. Taminiaux (Centre d'études phénoménologiques, Louvain-la-Neuve) Membres: S. IJsseling (Husserl-Archief, Leuven), H. Leonardy (Centre d' études phénoménologiques, Louvain-la-Neuve), U. Melle (Husserl-Archief, Leuven), B. Stevens (Centre d' études phénoménologiques, Louvain-la-Neuve)
Conseil scientifique:
R. Bernasconi (Memphis State University), D. Carr (Emory University, Atlanta), E.S. Casey (State University of New York at Stony Brook), R. Cobb-Stevens (Boston College), J.F. Courtine (Archives-Husserl, Paris), F. Dastur (Université de Nice), K. Düsing (Husserl-Archiv, Köln), J. Hart (Indiana University, Bloomington), K. Held (Bergische Universität Wuppertal), K.E. Kaehler (Husserl-Archiv, Köln), D. Lohmar (Husserl-Archiv, Köln), W.R. McKenna (Miami University, Oxford, USA), J.N. Mohanty (Temple University, Philadelphia), E.W. Orth (Universität Trier), P. Ricœur (Paris), C. Sini (Università degli Studi di Milano), R. Sokolowski (Catholic University of America, Washington D.C.), B. Waldenfels (Ruhr-Universität, Bochum)

BERTRAND BOUCKAERT
Centre d'études phénoménologiques,
Louvain-la-Neuve, Belgique

L'IDÉE DE L'AUTRE

La question de l'idéalité et de l'altérité chez
Husserl des *Logische Untersuchungen* aux *Ideen I*

KLUWER ACADEMIC PUBLISHERS
DORDRECHT / BOSTON / LONDON

A C.I.P. Catalogue record for this book is available from the Library of Congress.

ISBN 1-4020-1262-4

Published by Kluwer Academic Publishers,
P.O. Box 17, 3300 AA Dordrecht, The Netherlands.

Sold and distributed in North, Central and South America
by Kluwer Academic Publishers,
101 Philip Drive, Norwell, MA 02061, U.S.A.

In all other countries, sold and distributed
by Kluwer Academic Publishers,
P.O. Box 322, 3300 AH Dordrecht, The Netherlands.

Printed on acid-free paper

All Rights Reserved
© 2003 Kluwer Academic Publishers
No part of this work may be reproduced, stored in a retrieval system, or transmitted
in any form or by any means, electronic, mechanical, photocopying, microfilming,
recording or otherwise, without written permission from the Publisher, with the exception
of any material supplied specifically for the purpose of being entered
and executed on a computer system, for exclusive use by the purchaser of the work.

Printed in the Netherlands.

Table des matières

Remerciements ix
Avant-propos xi

Introduction générale 1

PREMIÈRE PARTIE

Introduction à la Première partie 19

Chapitre 1. Solipsisme et idéalité. Le relativisme individuel et la *für wen immer Identität* dans les *Prolégomènes à la logique pure* de 1900 25
  1. La réfutation du psychologisme et la critique du relativisme individuel : la question du solipsisme à l'époque de Halle 26
  2. Intersubjectivité et suprasubjectivité : la voie des *Prolégomènes* 29
    2.1. Idéalité et réalité (*Idealität und Realität*) 29
    2.2. Idéalité et suprasubjectivité (*Idealität und Übersubjektivität*) 31
    2.3. La relation des idéalités aux vécus de conscience 36
  3. Conclusion : l'acquis des *Prolégomènes*. Solipsisme, objectivité, suprasubjectivité 37

Chapitre 2. De la présence d'autrui dans les *Recherches logiques* 39
  1. Expression et signification idéale 41
  2. La communication linguistique dans les *Recherches logiques* 46
  3. Signification, intentionnalité et expérience d'autrui 53
    3.1. Signification et vécu intentionnel 53
    3.2. L'exemple de la poupée et son contexte dans les *Recherches logiques* 55
    3.3. L'exemple de la poupée, la communication et l'expérience d'autrui 59
  4. Conclusion 64

DEUXIÈME PARTIE

Introduction à la Deuxième partie 67

Chapitre 3. L'origine de la réduction du sujet empirique (1901-1905) 69
   1. L'abandon de la définition de la phénoménologie comme psychologie descriptive 72
   2. Hypothèses sur l'origine historique de la réduction du sujet empirique 75
      2.1. Auto-interprétation husserlienne de l'origine de la réduction du sujet empirique 77
      2.2. Les recensions de 1902 à 1903 78
      2.3. La correspondance du semestre d'hiver 1903–1904 80
      2.4. Les leçons de 1901–1902 et 1902–1903 83
   3. Conclusion 88

Chapitre 4. L'apparition du problème de l'intersubjectivité et la structure monadologique de la subjectivité transcendantale (1903–1910) 91
   1. L'influence de l'école de Munich sur la découverte du problème de l'intersubjectivité entre 1903 et 1905 93
      1.1. Enjeux historiques 93
      1.2. L'école de Munich 97
      1.3. La rencontre de Seefeld et son importance 98
         1.3.1. Les manuscrits sur l'individuation 99
            1.3.1.1. Le *Hauptblatt* 99
            1.3.1.2. Les *Ich Blätter* 101
      1.4. L'apparition du problème de l'intersubjectivité 105
   2. De l'eidétique généralisée à la monadologie 106
      2.1. L'individualité personnelle et le flux temporel 108
         2.1.1. Questions d'heuristique 108
         2.1.2. La « suite » des *Manuscrits de Seefeld* : l'individualité personnelle 110
      2.2. Le rejet de l'*Allbewusstsein* 111
         2.2.1. L'unité du temps 111
         2.2.2. *Allbewusstsein* et Je pur 113
      2.3. La monadologie 115
      2.4. La monadologie et le rejet de la métaphysique 118

TROISIÈME PARTIE

Introduction à la Troisième partie 121

Chapitre 5. L'étude des présentifications à l'époque de Göttingen. Les leçons de 1904–1905 123
   1. Les deux grandes classes de présentifications 126
      1.1. Les présentifications dont la saisie fondative opère dans le champ perceptif. Conscience d'image, signe, symbole, erreur 128
         1.1.1. La structure tripartite des présentifications « perceptives » ... 131
         1.1.2. Relations entre image-physique, image-objet et sujet-de-l'image 132
            1.1.2.1. La relation entre l'image-objet et l'image-physique 132
            1.1.2.2. La relation entre l'image-physique et le sujet-de-l'image 134
            1.1.2.3. La relation entre l'image-objet et le sujet-de-l'image 135
      1.2. Les présentifications dont la saisie fondative opère en dehors du champ perceptif 137
         1.2.1. Modalisations internes du champ imaginatif (*Phantasiefeld*) 139

Chapitre 6. Influence de l'étude des présentifications sur les questions du solipsisme et de l'objectivité à l'époque de Göttingen : *Einfühlung* et hallucination 145
   1. La structure interne du conflit 148
      1.1. La concordance et la coexistence dans la structure interne du champ perceptif 149
      1.2. Le conflit en 1904–1905 153
      1.3. Les paradoxes de l'*Einfühlung* 155

Chapitre 7. L'*Einfühlung* comme présentification à l'époque de Göttingen. Simultanéité et souvenir du présent 157
   1. L'*Einfühlung* et les présentifications « perceptives » 160
   2. L'*Einfühlung* et les présentifications « imaginatives » 166
   3. L'*Einfühlung* comme présentification complexe 169

QUATRIÈME PARTIE

Introduction à la Quatrième partie 179

Chapitre 8. Les croisées de l'origine 181
    1. Réduction et objectivité en 1907 et en 1910–1911 187
        1.1. Le monde de l'attitude naturelle 188
        1.2. Les motifs de la réduction phénoménologique 191
        1.3. L'exercice et le but de la réduction phénoménologique............. 195
    2. Conclusion... 203

Chapitre 9. Les multiples significations de l'immanence phénoménologique 205
    1. Les deux sens de l'immanence en 1907 208
    2. Les trois sens de l'immanence en 1910–1911............................ 215

Chapitre 10. La réduction à l'intersubjectivité et l'acquisition de la pluralité phénoménologique des monades.................................... 223
    1. La voie cartésienne et la voie ontologique d'acquisition du flux entier de la conscience 224
        1.1. La notion d'arrière-fond; qu'elle n'est pas une modification qualitative de la conscience 225
        1.2. Dépasser le préjugé cartésien ou passer à l'ontologie: la réduction phénoménologique double 227
        1.3. L'acquisition de la pluralité transcendantale....................... 231
            1.3.1. *Einfühlung* et réduction double 232
            1.3.2. La nature comme index et l'idée d'une phénoménologie première 237

Conclusion générale 243

Bibliographie 253

Index... 271

Remerciements

Nous avons bénéficié, au cours de la rédaction de ce travail, d'un soutien financier du *Fonds national belge de la recherche scientifique*. Nous tenons à marquer notre reconnaissance à l'égard de cette institution. Nous voudrions également témoigner de notre gratitude à l'égard de notre directeur de thèse, Monsieur le Professeur Jacques Taminiaux ainsi qu'au Directeur des Archives-Husserl de Leuven, Monsieur le Professeur Rudolf Bernet. Leur accueil et leur écoute auront été un soutien précieux. Monsieur le Professeur Heinz Leonardy m'a été, dans la mise au point finale de ce travail, d'un secours irremplaçable.

Ce travail doit beaucoup, pour divers motifs, aux suggestions et aux discussions que nous avons nouées avec divers collègues, notamment Karl Schuhmann, Dan Zahavi et David Smith. Sans eux, beaucoup des idées qui sont défendues dans ce livre n'auraient jamais vu le jour.

Enfin, c'est aux amis et aux proches qui m'ont soutenu au cours de ces années de travail que nous voudrions témoigner notre affection et notre reconnaissance. Ils sont trop nombreux pour les citer tous, mais qu'ils sachent que nous n'en avons oublié aucun.

Avant-propos

Le livre que nous proposons aujourd'hui est d'autant plus important à nos yeux que les thèses que nous y présentons nous ont été imposées par les contraintes de la raison. Nous avons en effet cherché durement, pendant plusieurs années, à justifier des positions largement contradictoires avec celles qui seront finalement défendues ici.

Notre projet initial était ambitieux, peut-être trop : il visait à rendre compte de l'origine phénoménologique de l'identité intersubjective des idéalités. La réponse à cette question, pensions-nous, ne pouvait résider que dans la découverte d'une conscience supérieure, englobant et précédant l'ensemble des consciences particulières, et qui aurait été le fondement ultime de toute intersubjectivité. C'était donc à une sorte de métaphysique ou de théologie rationnelle que nous nous attendions lorsque nous avons entamé cette recherche. Or, il nous est apparu que cette voie était impraticable pour des raisons de principe et qu'elle conduisait nécessairement à des contradictions. Plus notre recherche allait en s'approfondissant, plus de nouvelles dualités surgissaient devant nous si bien que d'idéal en idéal, d'idéalité noétique en idéalité noématique, d'idéalité libre en idéalité liée, d'idéalité empirique en idéalité non-empirique, etc., nous étions engagé dans une régression à l'infini dans laquelle aucune clarté phénoménologique ne semblait devoir surgir.

Il ne nous est apparu que tardivement que les motifs de la circularité dans laquelle nous étions pris ne tenaient pas à un manque d'approfondissement dans notre enquête, mais à un aveuglement quant à une distinction entre deux types de phénoménalités distinctes : la suprasubjectivité et l'intersubjectivité. Sitôt que la distinction, aussi subtile soit-elle, était rigoureusement maintenue, les difficultés s'éclairaient en même temps que nos préjugés métaphysiques, décidément trop naïfs et trop peu phénoménologiques, s'écroulaient.

Cette distinction entre suprasubjectivité et intersubjectivité, dont nous allons expliciter le sens dans notre *Introduction générale* et qui nous servira par la suite tout au long de notre étude, n'est pas une découverte ; elle est présente chez Husserl, mais aussi en d'autres lieux de la tradition philosophique. Malheureusement, une confusion répandue veut que l'on applique indistinctement le terme « intersubjectivité » à ces deux phénoménalités qui sont pourtant non seulement différentes quant à leur portée, mais encore ontologiquement opposées.

Introduction générale

L'intitulé de cet ouvrage, *L'idée de l'autre. La question de l'altérité et de l'idéalité chez Husserl des « Logische Untersuchungen » aux « Ideen I »*, a une double signification. À première vue, et de manière immédiate, il suggère une interrogation sur la façon dont le premier Husserl se rapportait à la question de l'altérité. Cette première compréhension inscrirait notre recherche dans la tradition, surabondante, des travaux sur la conception husserlienne de l'intersubjectivité. L'originalité de la démarche serait purement historique, elle consisterait à jeter quelque lumière sur un versant moins parcouru du *Nachlass* husserlien, celui des textes précoces sur l'intersubjectivité. À considérer les choses plus attentivement, une autre compréhension de ce titre est cependant possible. Ce qui est en question, ce n'est peut-être pas seulement la manière dont il considère les autres mais aussi la manière dont il considère que les autres ont des idées. Les autres, ont-ils des idées ? Sont-elles les mêmes que les miennes ? Si tel est le cas, quel rapport entretenons-nous, moi et les autres, avec les idéalités ? En d'autres termes, les idées sont-elles purement subjectives, comme les *ideas* de Hume ou, au contraire, sont-elles communes à tous les sujets, comme l'affirme, de Platon à Frege, toute la tradition réaliste ?

Notre étude, en s'inscrivant sous le titre « L'idée de l'autre », s'adresse conjointement à cette double problématique de l'intersubjectivité et de l'idéalité dans ses rapports à l'altérité. Ce sont, initialement, des considérations éthiques qui l'ont motivée. En effet, l'inspiration pratique qui nous a conduit à cette double question théorique trouve son origine dans la thèse, présente chez nombre d'auteurs d'horizons philosophiques divers, selon laquelle il y aurait un lien intime entre le développement historique d'une certaine forme, pervertie, de science et une occultation néfaste de l'altérité, de la pluralité, de la différence entre les sujets[1]. Plus encore, selon plusieurs auteurs récents, il y aurait un lien direct, voire une

---

1   Cette thèse a pris des formes très diverses. Une première veine a consisté, tout d'abord, à critiquer la science ; elle s'est développée après Descartes dans une gamme allant de l'exaltation du naturalisme à la critique de la technique ou du capital ; elle se trouve déjà, par exemple, dans le romantisme de J.-J. Rousseau et des autres philosophes français de son temps qui ont plaidé pour l'égalité des hommes. Dans la littérature allemande, elle s'exprime, entre autres, chez Herder. Par la suite, la même conception s'est propagée jusqu'aux penseurs les plus récents. On la retrouve chez Marx et Nietzsche, dans l'École de Francfort, chez Heidegger, etc. Une thématisation claire et précise des relations entre la science et la pluralité n'est cependant apparue que relativement récemment ; l'exemple le plus explicite se trouve probablement dans les écrits de H. Arendt.

complicité ontologique, entre cette occultation de l'altérité due au développement de la science et l'apparition, au milieu de notre siècle, de régimes politiques totalitaires[2].

Il y a là une critique extrêmement lourde de la science, mais aussi de la philosophie. Comme on le sait, « science » est un mot issu du latin *scientia* qui est la traduction du grec *épistémè*, lequel désignait un savoir acquis dans une attitude particulière, la *théoria*. Ce dernier mot désignait la contemplation des idées, laquelle était proprement l'occupation du philosophe. Il y aurait donc, entre l'idéalité et l'altérité, une sorte d'incompatibilité ontologique en raison de laquelle une science trop « théorique » risquerait toujours de verser dans un dogmatisme niant les droits de la différence, voire de justifier un totalitarisme anéantissant toute altérité. Jan Patočka avait très bien diagnostiqué cela, dès 1936, lorsqu'il écrivait : « Sous l'influence des vues scientifiques, un changement aigu a pu se produire à la racine même du sentiment d'existence. L'homme s'est figé dans l'aperception fondamentale de sa non-liberté ; il s'éprouve comme étant l'agent de forces objectives ; il s'aperçoit lui-même non comme personne mais comme chose »[3].

Pourtant, la contemplation philosophique des idéalités est apparue dans un contexte qui ne visait pas à refuser l'altérité mais, d'une certaine manière, à rendre sa rencontre possible. Dans *Les origines de la pensée grecque*, J.-P. Vernant montrait déjà comment la philosophie est étroitement liée à l'effondrement des théocraties mycéniennes, fortement centralisées[4]. Au terme d'une période de monarchies guerrières, dont Homère nous a transmis le tableau, un nouveau régime se serait développé. La *polis* grecque se serait instaurée comme un système politique fondé sur la parole et l'interaction. La délibération sur l'*agora* y prenant en quelque sorte la place des structures laissées en place par la disparition de la royauté, mais en remplaçant la centralisation par la délibération. En d'autres termes, la pluralité et le dialogue étaient au centre de la cité grecque. La philosophie grecque, contemporaine de cette métamorphose politique, et en continuité avec elle, ne prendrait par conséquent toute son importance historique que dans la relation étroite qui la lie à la pluralité et au dialogue. On le sait, l'enseignement de Socrate et de Platon naquit, notamment, d'un refus de la sophistique c'est-à-dire, dans une certaine mesure, d'un refus du relativisme. Comment accepter, en effet, dans un système fondé sur le dialogue, qu'un Gorgias puisse affirmer : « Il n'y a pas de vérité ; s'il y en avait une nous ne pourrions l'exprimer ; si nous pouvions l'exprimer, nul ne pourrait

---

2   Nous traiterons plus loin de deux représentants majeurs de cette conception : H. Arendt et K. R. Popper. On retrouve cette idée, exprimée de façon très diverse, chez d'autres philosophes comme Lévinas, Steiner ou Lyotard.
3   Patočka, J., *Le monde naturel comme problème philosophique*, Martinus Nijhoff (Coll. Phaenomenologica 68), Den Haag, 1976, p. 11.
4   Vernant, J.-P., *Les origines de la pensée grecque*, Presses Universitaires de France (Coll. Quadrige), Paris, 1995. (Première édition : 1962).

la comprendre ? ». La philosophie serait donc apparue comme une recherche de vérités exprimables et compréhensibles par tous sans lesquelles nul dialogue ne serait possible. En ce sens, le concept, forgé par Pythagore, de *philosophia*, pourrait aussi bien signifier « amitié de la sagesse » que « sagesse de l'amitié ». La découverte des idéalités aurait été la réponse fournie par la philosophie au relativisme des sophistes. Il apparaît donc déjà dans les fondements historiques de la philosophie qu'il existe entre les idéalités et l'intersubjectivité un rapport étroit et nullement conflictuel dont nous allons voir qu'il ne s'est guère démenti jusqu'à l'époque la plus récente.

Une telle argumentation à partir de l'origine « historique » de la philosophie comporte toujours une part de mythe et d'aventure, pourtant le lien entre les idées et l'altérité s'affiche également lorsque l'on interroge les choses elles-mêmes. Considérons, par exemple, le langage dont il semble incontestable qu'il est un des fondements majeurs de la pluralité et de l'interaction : il est probablement nécessaire de lui reconnaître – comme le fait depuis Frege toute une lignée de théoriciens de la signification – un contenu idéal (le sens ou la signification), transmis dans la communication. Dans le langage, l'idéalité serait donc, dans une certaine mesure, au service de la communication. Plus directement, la perception d'autrui elle-même, comme toute perception, semble exiger que le divers sensible soit subsumé sous un concept ou encore « prenne sens ». Ici aussi l'idéalité semble devoir jouer un rôle essentiel si on veut éviter le relativisme. On rencontre donc, lorsqu'on considère le langage ou la perception d'autrui, des arguments de poids pour supposer une certaine « solidarité » de l'idéalité et de la constitution de la communauté.

Nous nous trouverions donc en présence de deux thèses contradictoires en ce qui concerne les relations de l'idéalité et de l'altérité. D'une part, la contemplation des idées semblerait ne pas faire droit à l'altérité et conduirait, en conséquence, au *dogmatisme*. D'autre part, le refus de toute idéalité saperait la possibilité d'une intersubjectivité authentique et conduirait au *relativisme*. Avec cette opposition du dogmatisme et du relativisme, nous comprenons que nous nous trouvons, avec la question des relations de l'intersubjectivité et de l'idéalité dans ses rapports à l'altérité, face à un problème qui condense en quelque sorte les interrogations les plus fondamentales de la philosophie tant antique que classique et contemporaine. En nous posant cette question, nous nous interrogeons en fait sur les relations entre l'être humain et l'Être, puisque ce qui est en jeu, c'est la possibilité pour l'être humain d'atteindre à la fois l'autre et ce qui lui est commun, à lui et aux autres.

Il va de soi qu'il serait illusoire de prétendre répondre à ces interrogations en embrassant l'ensemble de l'histoire de la philosophie. Il pourra cependant paraître surprenant que nous ayons choisi de lire Husserl pour essayer d'acquérir quelque lumière sur ces problèmes. Il y a en effet un large assentiment pour considérer que Husserl, s'il fallait le situer sur une ligne qui va du relativisme au dogmatisme, pencherait plutôt vers le dogmatisme ou l'objectivisme[5]. Que, comme Derrida, on parle de la phénoménologie de Husserl comme d'une « métaphysique de la présence » ou, comme Rorty, d'un « fondationalisme » de la pensée de Husserl, on se rejoint dans l'idée que « tout le travail philosophique de Husserl se meut dans le champ magnétique du concept de *science* »[6], avec tout ce que ce concept véhicule, depuis Descartes, comme présupposés objectivistes. Même si les tentatives se sont multipliées ces dernières années pour « adoucir » le fondationalisme de Husserl en étudiant soit l'intentionnalité[7], soit l'intersubjectivité[8] ou la temporalité[9], il nous semble incontestable qu'il a effectivement eu pour but, notamment, de défendre les droits de l'idéalité face au relativisme psychologique. Par ailleurs, sa théorie de l'intersubjectivité est fréquemment considérée comme l'élément le plus faible de sa philosophie. On n'en finirait pas d'énumérer les attaques contre le subjectivisme, le platonisme et le cartésianisme de Husserl, la plus caricaturale étant sans doute celle de K. R. Popper qui, en l'accusant d'« historicisme », en fait, dans la foulée, un penseur potentiellement totalitaire[10]. Si nous ne pouvons accepter cette critique trop expéditive, nous ne pouvons qu'acquiescer au jugement plus nuancé et plus informé de Jacques Taminiaux selon lequel : « Il ne fait aucun doute qu'à la différence de Platon dans la pensée antique et de Descartes dans la pensée moderne, Husserl a prodigieusement contribué à réhabiliter le perçu, à rendre droit à sa phénoménalité spécifique. En montrant que la densité charnelle (*Leibhaftigkeit*) du monde perçu est le strict corrélat non seulement de mes expériences sensibles, de mes *Erlebnisse* mais aussi de la communication intersubjective de leurs expériences par une pluralité de sujets percevants, en insistant en outre sur l'apport d'un héritage commun d'*artefacts* à la constitution d'un *Lebenswelt*, il semble reconnaître, avant Arendt, la spécificité de ce que celle-ci appelle ‹ monde commun › comme indispensable milieu de la *praxis*. [...] Toutefois, cette

---

5   Cf. Bernstein, R. J., *Beyond Objectivism and Relativism. Science, Hermeneutics, and Praxis*, University of Pensylvania Press, Pensylvania, 1983, pp. 10–11.
6   Bernet, R., « Mathematik, Logik und Phänomenologie », in R. Bernet, I. Kern, E. Marbach, *Edmund Husserl. Darstellung seines Denkens*, Felix Meiner Verlag, Hamburg, 1989, p. 11.
7   Cf. Drummond, J. J., *Husserlian Intentionality and Non-Foundational Realism. Noema and Object*, Kluwer Academic Publishers (Coll. Contributions to Phenomenology), Dordrecht/Boston/London, 1990.
8   Cf. Steinbock, A. J., *Home and Beyond. Generative Phenomenology after Husserl*, Northwestern University Press, Evanston, 1995.
9   Cf. Mensch, J. R., *After Modernity. Husserlian Reflections on a Philosophical Tradition*, State University of New York Press, New York, 1996.
10 Ne citons qu'un exemple des jugements à l'emporte-pièce de Popper ; celui-ci concerne l'intuition des essences : « La question fort débattue de savoir s'il s'agit d'une invention nouvelle, comme le pensent les purs phénoménologues, ou peut-être une version de cartésianisme ou d'hégélianisme peut être facilement tranchée ; c'est une version d'aristotélisme ». (Cf. Popper, K. R., *The Open Society and its Enemies. Volume 2, Hegel & Marx*, Routledge, London, 1996, (première édition : 1945), p. 16.

incontestable reconnaissance de la pluralité à même le phénomène de la perception ne porte nullement Husserl à reconnaître un lien essentiel entre la pluralité et le phénomène de l'action. Il n'est guère douteux, en effet que son projet philosophique se soutenait de l'ambition de rendre vie à la vieille prédominance du *bios theôrètikos* »[11].

On pourrait donc objecter à notre choix que le privilège accordé par Husserl à la science et aux idéalités par rapport à la pluralité et à l'altérité n'en fait pas le penseur le mieux choisi pour se construire une opinion équilibrée des relations entre l'intersubjectivité et l'idéalité dans son rapport à l'altérité. Nous reconnaissons la pertinence de cette objection avec d'autant plus d'aisance qu'elle n'atteint pas ce que nous cherchons chez Husserl, mais, dans une certaine mesure, vient ajouter du poids à notre démarche.

Pour comprendre l'intérêt que nous accordons à Husserl, il est nécessaire de passer par quelques considérations critiques et historiques sur le concept-clé d'*intersubjectivité*. Pour autant que nous sachions, l'adjectif qualificatif « intersubjektiv » est apparu dans la littérature allemande pour la première fois sous la plume du philosophe néo-kantien Johannes Volkelt en 1885. Il a ensuite été très rapidement repris par de nombreux autres penseurs. La naissance de ce concept a donné lieu, presque immédiatement, à une confusion intéressante. Initialement, Volkelt voulait préciser le concept trop ambigu d'« objectivité »; il décida alors d'appeler *transsubjectif* « tout ce qui peut se trouver en dehors de mes écoulements de conscience » et *intersubjectif* « tout ce que chacun trouve d'avance, de manière immédiate, dans sa conscience »[12]. La distinction introduite par Volkelt entre « transsubjectif » et « intersubjectif » était pour le moins ambiguë, puisque le terme « intersubjectif » semblait y désigner ce qui est interne à la conscience subjective et qu'on aurait mieux fait, dès lors, d'appeler « introsubjectif ». Cette distinction malheureuse sera rapidement oubliée pour ne plus conserver que le terme « intersubjectivité » pour désigner ce que Volkelt, originairement, appelait « transsubjectivité ». On trouve un témoignage précoce de ce glissement de sens dans une conférence donnée par James Ward aux *Giffords Lectures* quatre années seulement après la parution du livre de Volkelt et dans laquelle « transsubjectif » et « intersubjectif » sont utilisés comme étant purement et simplement synonymes : « Les réalités perceptives appartiennent en tout cas à l'expérience individuelle ; et les conceptions descriptives supposent

---

11 Taminiaux, J., *La fille de Thrace et le penseur professionnel. Arendt et Heidegger*, Payot, Paris, 1992, pp. 46–47.
12 « Ich bemerke hier ein für allemal, dass ich statt des Ausdrucks „objektiv" der wegen seiner Vieldeutigkeit oft zu Missverständnissen Anlass geben kann, meistens den Ausdruck „transsubjektiv" gebrauchen werde. Ich bezeichne als transsubjektiv alles, was es außerhalb meiner eigenen Bewusstseinsvorgänge etwa geben mag. Unter „intersubjektiv" wäre dann alles das zu verstehen, was jeder in seinem Bewusstsein unmittelbar vorfindet ». (Volkelt, J., *Erfahrung und Denken. Kritische Grundlegung der Erkenntnistheorie*. Leopold Voss, Leipzig, 1924 (première édition : 1885), p. 42.

manifestement un commerce intersubjectif; en d'autres mots, l'expérience universelle ou, comme on l'a appelée, transsubjective »[13].

Dès son apparition, la notion d'« intersubjectivité » semble donc avoir été nimbée d'une certaine confusion. Elle ne s'est guère estompée avec le temps puisqu'on peut, encore aujourd'hui, déterminer deux usages distincts de ce concept[14]. Le premier, essentiellement présent dans la tradition analytique, conçoit l'intersubjectivité comme une invariance subjective (*Subjektinvarianz*), ou encore comme une indépendance, voire une indifférence, à l'égard du sujet (*Subjektlosigkeit*). Le second, issu de Husserl, conçoit l'intersubjectivité comme une dépendance constitutive à l'égard d'une pluralité de sujets.

Nous avons de sérieuses raisons de penser que la première conception de l'intersubjectivité est héritée historiquement, comme en témoigne déjà l'ouvrage de Volkelt, mais aussi, nous le verrons, d'autres documents plus récents, de la conception kantienne de l'objectivité ou de l'universalité. Cela ne signifie nullement que les penseurs qui utilisent le terme « intersubjectivité » dans ce premier sens soient d'inspiration kantienne, ni même qu'ils aient des positions idéalistes, ou transcendantales, ou critiques, mais simplement que leur conception de l'intersubjectivité est, quant à la signification qu'ils accordent à ce terme, inspirée de la définition kantienne de l'objectivité. Selon Kant, la validité objective est celle qui s'attache aux jugements d'expérience (liés à un concept de l'entendement pur), elle s'oppose à la validité simplement subjective des jugements de perception. La manière dont Kant détermine l'objectivité par rapport à la subjectivité est significative : la validité objective vaut « pour nous toujours et de même pour quiconque [*vor Jedermann*] »[15]. Autrement dit, ce qui est objectif vaut « pour quiconque », est « universel ». C'est de cette définition kantienne de l'universalité qu'est issue la liaison du concept d'objectivité et de celui d'intersubjectivité. Cette approche a pour conséquence immédiate que la notion d'intersubjectivité, dans la mesure où elle qualifie l'objectivité, est déliée de tout rapport avec la subjectivité. L'objectivité est intersubjective parce qu'elle se relie à de l'a priori, à un concept, à l'entendement pur (c'est-à-dire, d'une manière ou d'une autre, à de l'idéalité) et non pas parce qu'elle se relie à une pluralité de sujets.

---

13 Ward, J., *Naturalism and Agnosticism*, Adam and Charles Black, London, 1899, vol. 2, p. 154.
14 Concernant ce double usage du terme « intersubjectivité », précisons que nous ne faisons que rappeler une distinction déjà remarquée à de nombreuses reprises. On consultera à ce sujet avec profit l'article « Intersubjektivität » ainsi que la bibliographie qui y est jointe in J. Mittelstrass (Hersg.), *Enzyklopädie, Philosophie und Wissenschaftstheorie, Band 2 : H–O*, B.I.-Wissenschaftsverlag, Mannheim/Wien/Zürich, 1984, pp. 282–284.
15 Kant, I., « Prolegomena zu einer jeden künftigen Metaphysik die als Wissenschaft wird auftreten können », in *Immanuel Kant, Werke in sechs Bänden, Band III : Immanuel Kant, Schriften zur Metaphysik und Logik*, éditeur : Wilhelm Weischedel, Wissenschaftliche Buchgesellschaft, Darmstadt, 1998 (première édition : 1783), §18, p. 163 (A/78). (Traduction française : Louis Guillermit, *Prolégomènes à toute métaphysique future qui pourra se présenter comme science*, Vrin, Paris, 1986).

Dans certains cas, cette première conception de l'intersubjectivité peut même être au fondement de la communication entre les sujets. Nous en trouvons un exemple dans la théorie frégéenne du langage. Dans cette théorie, ce qui est véritablement communiqué dans le discours n'est pas l'objet dont on parle, ni la représentation que nous nous faisons de cet objet, mais une dimension idéale : le sens (*Sinn*). « Chez le même individu, la même représentation n'est pas toujours liée au même sens. Car la représentation est subjective ; celle de l'un n'est pas celle de l'autre. [...] C'est par-là qu'une représentation se distingue essentiellement du sens d'un signe. Celui-ci peut être la propriété commune de plusieurs individus : il n'est donc pas partie ou mode de l'âme individuelle. Car on ne pourra pas nier que l'humanité possède un trésor commun de pensées qui se transmet d'une génération à l'autre »[16].

Il faut préciser toutefois que Frege lui-même n'a pas utilisé le terme « Intersubjektivität » pour qualifier le « sens » ou la « pensée » ; les commentateurs ultérieurs, en revanche, ne s'en sont pas privés, ce qui a quelques fois occasionné, nous le verrons, de curieux amalgames avec la pensée de Husserl.

Cette première conception de l'intersubjectivité comme « invariance subjective » ou comme « indifférence au sujet » se retrouve chez de nombreux auteurs, par exemple chez les penseurs liés au *Wiener Kreis*, chez Carnap notamment[17], mais aussi, par exemple, chez Nicolaï Hartmann[18]. Nous croyons plus significatif cependant de nous concentrer sur le représentant le plus ambigu de cet usage : Karl R. Popper.

Nous avons déjà eu l'occasion de dire un mot des jugements expéditifs de Popper dans son ouvrage polémique : *The Open Society and its Enemies*. Ces outrances ne doivent pas masquer le fait que Popper a introduit, avec son principe de falsifiabilité, un critère épistémologique qui reste, malgré ses détracteurs, largement incontournable dans les sciences empiriques. Par ailleurs, sa critique de l'historicisme[19] conserve pour beaucoup, dans ses grandes lignes, une valeur

---

16   Frege, G., « Über Sinn und Bedeutung », in *Gottlob Frege. Kleine Schriften*, éditeur : Ignacio Angelli, Wissenschaftliche Buchgesellschaft, Darmstadt, 1967 (première édition : 1892), p. 146. (Traduction française : Claude Imbert, « Sens et dénotation », in *Gottlob Frege. Écrits logiques et philosophiques*, Seuil, Paris, 1971).

17   Carnap, R., *Der logische Aufbau der Welt*, Felix Meiner Verlag, Hamburg, 1961 (première édition : 1928), §§ 146–149.

18   Hartmann, N., *Grundzüge einer Metaphysik der Erkenntnis*, Walter de Gruyter & co, Berlin, 1965, pp. 336 et sq.

19   Afin d'éviter toute confusion, il faut souligner que l'usage fait par Popper du terme « historicisme » est non seulement différent de celui qu'en fait Husserl, mais il y est même opposé. Tandis que pour Popper ce terme désigne les philosophies de l'Histoire qui ont cru pouvoir découvrir les lois secrètes qui gouvernent, inéluctablement, le destin de l'humanité, pour Husserl ce terme désigne une attitude épistémologique qui fait dépendre les lois logiques d'un processus historique contingent. Tandis que Popper critique le dogmatisme de l'historicisme et affirme que l'avenir est libre et dépend de nos actions et non de lois préécrites, Husserl critique le relativisme de

considérable. Pour notre part, nous ne serions pas loin d'accorder à Popper l'existence d'un lien étroit entre le totalitarisme et le mythe d'un destin préétabli de l'humanité.

L'intérêt de la pensée de Popper pour le présent travail réside dans le fait que cet auteur fonde aussi bien son épistémologie que sa philosophie politique dans la notion de *tests intersubjectifs*. Dans son épistémologie, cette notion intervient pour distinguer l'objectivité scientifique de la conviction subjective[20]; elle est le support de ce que l'on a appelé le « faillibilisme » de Popper. Ce dernier se réfère explicitement à la conception kantienne de l'objectivité telle que nous l'avons décrite plus haut : « Mon usage des termes ‹objectif› et ‹subjectif› ressemble assez à celui de Kant. Ce dernier utilise le mot ‹objectif› pour indiquer que la connaissance scientifique devrait *pouvoir être justifiée* indépendamment [*unabhängig, independently*] du caprice de quiconque »[21]. Il en précise toutefois la portée en affirmant : « Je dirai donc que l'*objectivité* des énoncés scientifiques réside dans le fait qu'ils peuvent être intersubjectivement *soumis à des tests* »[22]. Par cet énoncé, il n'entend nullement dire que l'objectivité est dépendante d'une pluralité de sujets, mais, tout au contraire, qu'elle peut afficher dans des tests son indépendance à l'égard de tout sujet quel qu'il soit. C'est donc bien à la première conception de l'objectivité que se relie son épistémologie. De même, pour sa philosophie politique, la critique de l'historicisme s'appuie elle aussi sur la notion de « tests intersubjectifs ». Contre les théories historicistes qui prétendent qu'il est possible de découvrir, par intuition, des lois de l'Histoire, il affirme que les sciences sociales, doivent, comme les autres sciences empiriques, être soumises à la procédure des tests intersubjectifs.

Ainsi, Popper n'est nullement, comme on le pense parfois, un chantre de la pluralité ; l'« intersubjectivité » qui intervient chez lui comme garante de l'objectivité et comme rempart contre le dogmatisme – voire le totalitarisme – historiciste doit être comprise comme une « invariance subjective » ou comme une « indifférence à l'égard de tout sujet quel qu'il soit » et non pas comme une dépendance constitutive à l'égard d'une pluralité de sujets. Certes, dans cette approche, la conception de l'objectivité a pris un tour radicalement opposé à celui qui était défendu par Kant – c'est d'ailleurs ce déplacement qui autorise Popper à critiquer l'intuition catégoriale chez Husserl dans le même mouvement par lequel il critique l'a priori kantien –, mais il demeure que la signification qu'il accorde au mot « intersubjectivité » diffère du tout au tout d'une autre conception que nous allons considérer à présent.

---

l'historicisme qui fait dépendre le nécessaire du contingent.
20 Popper, K. R., *Logik der Forschung*, J. C. B. Mohr (Paul Siebeck), Tübingen, 1971, (première édition : 1934), § 8, pp. 18–19. (Traduit en anglais par l'auteur sous le titre : *The Logic of Scientific Discovery*, traduit de l'anglais en français par : Nicole Thyssen-Rutten et Philippe Devaux, *La logique de la découverte scientifique*, Payot, Paris, 1973).
21 Popper, K. R., *Logik der Forschung*, op. cit., p. 18. Soulignons que Popper tire autant que possible la pensée de Kant vers sa propre conception d'une « justification par des tests ».
22 Ibid.

Une seconde signification du substantif « Intersubjektivität » est, généralement, liée historiquement à la figure de Husserl[23]. Bien que cet usage du terme « intersubjectivité » intervienne lui aussi pour qualifier l'objectivité – ce qui rend bien souvent les positions adoptées par les différents auteurs indistinctes et confuses –, la signification qui est recouverte ici par ce concept est non seulement différente, mais ontologiquement opposée à celle que nous venons de définir. Non seulement ce deuxième sens du mot « intersubjectivité » ne désigne pas une « invariance subjective » ou une « indifférence à l'égard de tout sujet quel qu'il soit », mais en outre, à l'inverse, il désigne une dépendance constitutive à l'égard d'une pluralité de sujets.

Selon cette conception, quelque chose peut être dit « intersubjectif » lorsqu'il dépend ontologiquement d'une pluralité de sujets distincts. Husserl, nous l'avons dit, est probablement le premier à avoir utilisé le mot « intersubjectivité » dans ce sens lorsqu'il a déclaré que l'objectivité est transcendantalement constituée par une intersubjectivité transcendantale. Il est peu douteux cependant que, indépendamment du concept, l'idée d'une intersubjectivité ou encore, d'une communauté de sujets dessinant dans leurs interrelations une phénoménalité d'un type propre, ait été présente bien avant Husserl. Une bonne part de la pensée d'Aristote ou, plus tard, de l'étude cicéronienne de la *res publica*, est un exemple précoce d'une telle pensée[24]. Plus récemment, comme Jacques Taminiaux le montrait avec beaucoup de justesse dans un passage cité plus haut, la pensée de H. Arendt est probablement la plus finement consciente de ces questions, et cela alors même que le terme « intersubjectivité » n'y apparaît que rarement.

De même que, dès 1945, Popper publiait *The Open Society and its Enemies* et tentait d'y donner une explication de l'origine « philosophique » des régimes totalitaires, Arendt publiait, en 1951, *The Origins of Totalitarianism*, ouvrage qui visait le même but. Cependant, à la différence de Popper dont on peut dire que la carrière intellectuelle a été dirigée par les questions épistémologiques déployées dans son premier ouvrage : *Logik der Forschung*, il n'est probablement pas exagéré d'affirmer que les travaux ultérieurs de Arendt, même ses ouvrages les plus fondamentaux comme *The Human Condition* ou *The Life of the Mind*, ont été dirigés par la volonté de donner une explication philosophique, phénoménologique et même ontologique aux origines du totalitarisme.

L'interprétation de Arendt est donc vraisemblablement plus complexe, plus nuancée et moins unilatérale que celle de Popper. Cependant, de même que chez Popper le terme « intersubjectivité », utilisé dans le premier sens que nous avons défini, intervenait comme une notion primordiale pour élucider le phénomène

---

23 Cf. « Intersubjektivität », in *Historisches Wörterbuch der Philosophie, Band 4, I–K*, éditeurs : Joachim Ritter et Karlfried Gründer, Schwabe & co. Verlag, Basel/Stuttgart, 1976.
24 Cf. Pezzimenti, R., *The Open Society and its Friends*, Millenium Roma and Gracewings, Rome/Leominster, 1987.

totalitaire, chez Arendt, un ensemble de concepts se rapportant, par contraste ou par proximité, à l'intersubjectivité au deuxième sens que nous avons défini (la masse, la pluralité, l'action, l'interaction, etc.) fournissait les points d'ancrage à l'explication de la genèse du totalitarisme.

Cette longue digression sur les réflexions de Popper et de Arendt sur la question de la genèse du totalitarisme va nous permettre de faire mieux comprendre les motifs essentiellement *pratiques* qui nous ont conduit à nous intéresser au jeune Husserl. Ces deux interprétations du totalitarisme sont en effet, à titre de *captatio benevolentiae*, le témoignage significatif de l'importance qu'il y a, tant pour la pensée pure que pour la pensée pratique, à distinguer précisément deux significations du mot « intersubjectivité » et surtout à examiner rationnellement les rapports de précédence et de fondation que ces deux significations entretiennent l'une avec l'autre. Autrement dit, il est d'une importance primordiale à nos yeux d'apporter quelque lumière à la question suivante : l'intersubjectivité, au premier sens que nous avons défini – c'est-à-dire comme « invariance subjective » ou comme « indifférence à tout sujet quel qu'il soit » –, n'est-elle accessible que sur le fondement d'une intersubjectivité au second sens – c'est-à-dire sur le fondement d'une pluralité de sujets distincts – ou, tout au contraire, n'est-ce que sur le fondement d'une intersubjectivité au premier sens qu'une intersubjectivité au second sens peut jamais apparaître ?

On se fera une illustration plus intuitive de cette question en se remettant en mémoire la question séculaire de l'origine du langage[25]. Dans cette question, deux positions majeures s'affrontent : la première affirme en quelque manière que le

---

25   Il est impossible de tracer ici un tableau exhaustif de ce débat. Nous en rappelons les lignes faîtières. On sait à quel point la tradition grecque a lié le caractère social de l'existence humaine et le langage. Le seul fait d'avoir associé ces deux éléments dans la définition aristotélicienne de l'homme comme « animal ayant le langage » et « animal politique » en témoigne. Concernant l'origine du langage nous soulignons deux tendances directrices : l'origine théologique et l'origine « idéale ». Bien que ce dialogue ne soit pas immédiatement consacré au langage, mais à la rhapsodie, on trouve dans le *Ion* de Platon une illustration significative de ce débat. Pendant la plus grande partie de l'époque chrétienne, la discussion sur l'origine du langage s'est concentrée sur l'approche théologique si bien que la recherche a pris la forme d'une recherche de la langue originaire, celle parlée par Dieu ou par Adam et Eve (Cf. Eco, U., *La recherche de la langue parfaite*, Paris, Seuil, 1994). La question de l'origine du langage s'est détachée de son fondement théologique à partir d'interrogations sur la connaissance humaine. On sait que J. Locke s'était dégagé de la tradition scolastique en soutenant que nos facultés sont des sensations transformées. En 1746, dans son *Essai sur l'origine des connaissances humaines*, E. B. de Condillac appliquait cette théorie à la question de l'origine du langage, il affirmait que Adam et Eve tenaient le langage de source divine mais il entreprenait néanmoins d'étudier le cas d'enfants d'Adam qui, égarés avant d'apprendre à parler, auraient eu à acquérir naturellement le langage. Publié en 1781, l'*Essai sur l'origine des langues* de Rousseau ne s'embarrassait plus guère de références à la tradition chrétienne pour fournir une origine naturelle au langage (la mélodie et la musique). Ce genre d'explication « naturelle » va fleurir tout au long du XIIIe et du XIXe siècle. On citera les travaux de Vico, Herder, l'Abbé de l'Epée, etc. La recherche d'une langue originaire – typique des préoccupations « théologiques » - va connaître

langage crée la communauté et la seconde, de façon strictement contraire, soutient que la communauté a créé le langage. Ainsi, pour certains, c'est une structure d'idéalités indépendantes de tout sujet (le langage) qui a rendu possible, pour la première fois, une communication entre une pluralité de sujets distincts, tandis que pour d'autres c'est parce qu'il y avait déjà une relation de communauté tissée entre des individus distincts que quelque chose comme une langue, un langage porteur de signification, a pu être élaboré. D'une part, l'étendue de ce débat, dont on s'épuiserait en vain à vouloir énumérer les protagonistes, témoigne assez bien de la complexité de la question des relations de fondation entre les deux significations du mot « intersubjectivité ». D'autre part, le *statu quo* dans lequel ce débat perdure depuis tant de siècles indique de manière presque palpable qu'il demeurera irrésolu tant qu'il n'aura pas été reformulé avec plus de précision. Enfin, la question du totalitarisme dont nous avons déjà parlé atteste à suffisance de l'importance pratique et de l'urgence d'un traitement adéquat de ces questions.

Notre but n'est certes pas, toutefois, en nous appuyant sur les travaux de Arendt, d'essayer de « protéger » Husserl contre les accusations d'historicisme (et donc, potentiellement, de totalitarisme) qui pourraient être tirées contre lui des argumentations de Popper, pas plus que nous ne cherchons à « protéger » Husserl des accusations de fondationalisme qui ont été élevées contre lui à partir de Rorty notamment. Nous pensons, comme beaucoup d'autres, qu'une accusation de totalitarisme à l'encontre de Husserl serait absurde, mais qu'il y a bien chez lui les indices d'un historicisme au sens de Popper et d'un fondationalisme au sens de Rorty.

Par ailleurs, il y a probablement entre l'usage arendtien des catégories de l'action et de la pluralité et la signification donnée par Husserl au terme « intersubjectivité » le même rapport confusément contradictoire qu'entre l'usage popperien du terme « intersubjectivité » et la signification qu'accordait Kant à l'objectivité et dont, pourtant, Popper se revendique. On ne peut passer sans analyse de l'histoire des mots à l'histoire des idées.

---

un regain d'intérêt avec l'apparition du thème indo-européen. Von Humboldt, Renan et, à leur suite, Dumézil et Benvéniste vont explorer cette voie. Une brève citation donnera toute la mesure des distances prises par rapport aux théories naturalistes de Condillac : « Le langage est dans la nature de l'homme, qui ne l'a pas fabriqué. Nous sommes toujours enclins à cette imagination naïve d'une période originelle où un homme complet se découvrirait un semblable, également complet, et entre eux, peu à peu, le langage s'élaborerait. C'est là pure fiction ». (Benvéniste, E., *Problèmes de linguistique générale*, Paris, Gallimard, 1966). L'étude du langage avait en effet, entre-temps, été fécondée par les analyses plus approfondies de la structure de la signification qui, à partir des intuitions de Bolzano et en passant par Twardowski, avaient conduit à la théorie de Frege et à la mise en évidence d'une idéalité du langage. Plus récemment, les mêmes tensions se manifestent encore dans le débat entre l'école de Piaget et l'idée d'un langage psychologiquement et socialement acquis, et l'école de Chomsky qui reconnaît une certaine innéité (biologique, génétique, neurologique, mécanique, etc.) du langage.

L'intérêt, selon nous, de la philosophie du premier Husserl tient à ceci qu'elle témoigne d'un passage, rationnellement motivé, d'une conception de l'intersubjectivité au premier sens à une conception de l'intersubjectivité au second sens. Plus précisément, comme nous le verrons bientôt, Husserl est passé d'une philosophie de la connaissance centrée sur ce qu'il appelle la suprasubjectivité (*Übersubjektivität*) – qui correspond à l'intersubjectivité au premier sens – à une philosophie de plus en plus centrée sur l'intersubjectivité proprement dite, c'est-à-dire sur une pluralité de subjectivités distinctes mais en relation les unes avec les autres. Cette évolution ne semble avoir été accomplie qu'en dépassant, sous l'impulsion de motifs rationnels incontournables, des réticences personnelles considérables. Tout se passe comme si Husserl, tout d'abord fermement décidé à défendre les droits de la suprasubjectivité et résolu à attribuer à celle-ci une certaine priorité par rapport à l'intersubjectivité, avait petit à petit été contraint à inverser cette hiérarchie et à accorder une priorité à l'intersubjectivité par rapport à la suprasubjectivité.

À nos yeux, l'histoire de cette transition, dans les quinze premières années du vingtième siècle, constitue un témoignage unique et d'une importance inégalée pour la philosophie. La vaste « démonstration phénoménologique » à l'issue de laquelle Husserl fut conduit à reconnaître un privilège constitutif de l'intersubjectivité sur la suprasubjectivité nous paraît être d'une originalité et d'une importance largement sous-estimées au regard des enjeux qu'elle engage[26].

En traitant de l'idée de l'autre chez Husserl, notre projet est d'exposer, au moins partiellement, cette « démonstration phénoménologique ». Notre travail comportera certes une large dimension historique, mais surtout un effort de recherche plus strictement phénoménologique. La question que nous entendons traiter n'est pas un thème explicite de la pensée de Husserl, un de ses philosophèmes reconnus et clairement thématisés. Cette relative « latéralité » tient probablement autant à la confusion qui règne encore trop souvent chez les interprètes entre les deux significations de l'intersubjectivité qu'aux réticences personnelles de Husserl à opérer la transition que nous venons d'évoquer.

---

26 Précisons également que, comme on l'a très fréquemment remarqué, on trouve chez Wittgenstein une évolution qui, par bien des aspects, est parallèle à celle que l'on rencontre chez Husserl. Entre l'atomisme logique du premier Wittgenstein et la théorie des jeux de langage développée par le second Wittgenstein, il y a effectivement une forme d'inversion dans les relations de la pluralité et du langage. Nous ignorons s'il serait possible de trouver chez Wittgenstein une justification rationnelle de cette évolution aussi convaincante que celle que l'on rencontre chez Husserl. Il reste là un travail considérable à accomplir. Cependant, Husserl a retenu notre attention parce qu'il s'est intéressé à la question de l'expérience d'autrui d'une manière plus large que Wittgenstein. À la différence de Wittgenstein, Husserl n'est pas, avant tout, un philosophe du langage. (À ce sujet, cf. Petit, J.-L., *Solipsisme et intersubjectivité. Quinze leçons sur Husserl et Wittgenstein*, Cerf, Paris, 1996 ; Gier, F. N., *Wittgenstein and Phenomenology, a Comparative Study of the Later Wittgenstein, Husserl, Heidegger and Merleau-Ponty*, State University of New York Press, Albany, 1981; Dufrenne, M., « Wittgenstein et Husserl », in M. Dufrenne, *Jalons*, Martinus Nijhoff (Coll. Phaenomenologica 20), Den Haag, 1966, pp. 188–207, etc.).

Toujours est-il qu'il serait illusoire d'espérer mettre au jour une claire linéarité dans cette évolution. La façon dont la pensée d'un philosophe progresse n'est pas, comme on essaie trop souvent de le faire croire, dirigée par les seules exigences de l'ordre des raisons ; des facteurs personnels et historiques interviennent qui, souvent, ne laissent pas de trace écrite dans le *corpus* philosophique proprement dit. Pourtant, c'est à ce *corpus*, seul arbitre objectif, qu'il faut nous limiter. C'est ce que nous avons tenté de faire, mais en nous imposant comme règle méthodologique d'utiliser le moins possible les textes tardifs pour interpréter les textes précoces ; cela afin de saisir, en quelque sorte « pas à pas », le débat de Husserl avec sa propre pensée. Ce faisant, nous avons été conduit à présenter d'une façon quelque peu inhabituelle un certain nombre de thèmes devenus « classiques ». Que l'on n'y voie nul désir de remettre en question une interprétation dite « orthodoxe ». Plus simplement, en parcourant des chemins moins fréquentés, nous avons également adopté des angles de vue un peu moins courus. La distinction entre suprasubjectivité et intersubjectivité n'est pas classique dans les commentaires de Husserl, l'étude de l'*Einfühlung* à partir des leçons de 1904–1905 est inhabituelle, la thèse selon laquelle la réduction du sujet empirique intervient pour combattre une certaine forme de solipsisme peut sembler étonnante mais, pourtant, rien dans tout cela ne contredit ce qui est généralement accepté. Nous n'avons d'autre prétention que d'avoir essayé d'être un auditeur attentif et fasciné des réponses que Husserl nous a données à des questions qui lui ont rarement été posées. Nous avons fait le choix d'exposer le résultat de nos recherches en quatre grandes parties. La *Première partie* est consacrée à l'époque de Halle et plus spécifiquement à l'ouvrage qui la clôture : les *Recherches logiques*. Nous avons tenté de savoir quel est le rôle donné par Husserl à l'altérité dans ce texte.

En premier lieu, notre attention s'est portée sur deux questions soulevées par les *Prolégomènes à la logique pure*. La notion de *relativisme individuel* nous est apparue comme une formulation précoce de l'objection de solipsisme. La revendication d'une *identité idéale* « pour quiconque » (*für wen immer Identität*), nous a ensuite apporté le témoignage d'une conception très claire de l'intersubjectivité conçue comme « invariance subjective », c'est-à-dire, dans la terminologie husserlienne, comme suprasubjectivité. Nous accordons une importance primordiale au fait que ces développements ont été accomplis dans le cadre d'une critique générale du psychologisme. Cette critique joue en effet le rôle d'un principe moteur, d'une exigence dynamique, dont on ne prend pas toujours conscience à la lecture de Husserl. L'importance, pour ainsi dire « motrice », de la critique du psychologisme tient à ceci qu'elle met en évidence des exigences *incontournables*, des impératifs *nécessaires*. Husserl ne critique pas simplement des théories de la connaissance en vogue à son époque, il montre que toute théorie de la connaissance qui entend fonder l'universel dans le particulier se détruit nécessairement elle-même. Dès lors que le particulier apparaît être ce qui, en fin de compte, fonde l'universel, il est indispensable de chercher un autre fondement, aussi surprenant soit-il, à l'universel. Cette exigence introduira dans la pensée de Husserl une dynamique en raison de laquelle, à mesure que ses recherches ont gagné en profondeur et en précision, il a été contraint à réévaluer les fondements de l'universalité.

En second lieu, nous avons essayé d'interroger plus précisément la question de la présence d'autrui dans les *Recherches logiques*. Trouve-t-on dans ce texte une théorie de l'expérience de l'autre ou de la communication entre les sujets ? Nous avons exploré deux pistes : celle du langage communicatif tout d'abord, celle, plus large, de l'expérience d'autrui proprement dite ensuite. Au terme de cette enquête, il nous est apparu que, dans les deux cas, l'expérience d'autrui est dépendante d'une capacité à saisir des idées. En d'autres termes, il s'avère que, dans les *Recherches logiques*, l'intersubjectivité est dépendante de la suprasubjectivité. L'approche suivie par Husserl à l'époque de Halle cache donc une forme insoupçonnée de solipsisme. Nous l'avons appelée le « solipsisme théorique ». De même qu'il peut y avoir un solipsisme qui se rapporte plus spécifiquement à l'intersubjectivité, c'est-à-dire à la pluralité des sujets individuels distincts, il peut y avoir un solipsisme qui se rapporte plus spécifiquement à la suprasubjectivité. Dans les « Prolégomènes », à travers la critique du relativisme individuel, Husserl a récusé, au nom de la réfutation du psychologisme, le solipsisme au sens classique d'un *solus ipse*. Cependant, en liant, par la suite, la saisie des idéalités à un sujet particulier et individuel, il a également lié à un sujet solitaire les idéalités suprasubjectives censées fonder la communication entre les sujets. Par cet artifice, il succombe à une autre forme de solipsisme.

Dans une *Deuxième partie*, nous avons voulu rendre compte de la naissance d'un véritable « problème de l'intersubjectivité » dans la philosophie de Husserl à partir de cette question du solipsisme théorique. Nous avons insisté plus haut sur le fait que la réfutation du psychologisme jouait un rôle moteur dans la philosophie de Husserl ; une illustration de ce rôle se dessine dans l'évolution des rapports entre la méthode de la réduction phénoménologique et la question du solipsisme. Au terme d'une lecture de la correspondance et des cours de Husserl datés de 1902–1903, il apparaîtra comment il a pris conscience du problème du solipsisme théorique et pourquoi il a tenté d'éviter celui-ci en pratiquant la réduction du sujet empirique. Cette réduction, qui garantissait en quelque sorte la pureté des idéalités, allait faire de la philosophie de Husserl, pendant quelques années, une sorte d'« eidétique généralisée » fortement menacée de tomber dans le mysticisme et la métaphysique. Cette tentation se manifeste dans une réflexion sur le thème de l'*Allbewusstsein*.

Une deuxième tendance voit le jour avec la naissance d'un « problème de l'intersubjectivité ». Celui-ci apparaît au cours d'une réflexion extrêmement difficile sur l'individuation. Husserl en arrive à reconnaître l'importance, aux côtés de l'individuation spatiale et temporelle, d'une individuation par rapport à une pluralité de sujets. Ce constat sera à l'origine d'interrogations plus systématiques sur l'expérience d'autrui : l'*Einfühlung*.

La question de l'*Einfühlung* à Göttingen forme le thème de notre *Troisième partie*. Nous avons parlé, dans le cours de cette introduction, d'une « démonstration phénoménologique ». Il est déjà apparu que la réfutation du psychologisme, combinée avec les différents types de solipsismes, était une des règles directrices de cette démonstration. Avec l'étude de l'*Einfühlung*, nous allons voir que la réfutation du psychologisme joue à nouveau un rôle dynamique et conducteur lorsqu'on la combine à une analyse soigneuse des différentes structures intentionnelles.

Nous ne nous sommes pas étendu sur la genèse du terme « Einfühlung », sur la manière dont, forgé par Herder, il a ensuite été adopté par Theodor Lipps et, par cet intermédiaire, transmis à Husserl. Une telle étude aurait été de peu d'utilité, puisque Husserl accorde à ce mot un sens radicalement neuf. Il désigne pour lui un type *sui generis* de présentification (*Vergegenwärtigung*) par laquelle la conscience d'autrui nous est représentée. Dans un premier temps, nous essayerons de nous faire une conception aussi précise que possible des différentes présentifications étudiées par Husserl à l'époque de Göttingen. Cette étude aura pour but de ménager un accès à l'étude de l'*Einfühlung* proprement dite. Dans un deuxième temps, nous tenterons de montrer le rapport qu'on peut déceler entre l'étude des présentifications et la réfutation du psychologisme. Plus précisément, nous nous proposerons de mettre en évidence l'influence de l'étude des présentifications sur les questions du solipsisme et de l'objectivité. Au terme de cette analyse, les difficultés posées plus particulièrement par la question de l'hallucination nous confronterons à deux interrogations : « quelle est précisément la structure intentionnelle de l'*Einfühlung* ? » ; « comment distinguer l'*Einfühlung* de l'hallucination ? » Nous ne répondrons à cette seconde interrogation que dans une *Quatrième partie*, tandis que l'étude de la structure intentionnelle de l'*Einfühlung* clôturera notre étude de l'*Einfühlung* à Göttingen.

Un des problèmes majeurs qui apparaissent, d'un point de vue structurel, lorsque l'on étudie l'*Einfühlung*, est celui de la simultanéité. Il est nécessaire de reconnaître une communauté temporelle entre ma propre conscience et la conscience d'autrui qui est représentée par *Einfühlung*. Quelle est la temporalité qui englobe de cette manière une pluralité de consciences distinctes ? Dans les premières années de l'époque de Göttingen, deux « solutions » se sont présentées à Husserl. La première de celles-ci, nous le devinons, est une solution « métaphysique » : il existerait une conscience supérieure, une *Allbewusstsein* divine, qui engloberait toutes les autres et qui constituerait une temporalité absolue. Nous savons que la réfutation du psychologisme invalide cette option. La seconde solution développée dans les premières années de l'époque de Göttingen est une distinction entre temporalité « subjective » et temporalité « objective ». Seule la temporalité objective engloberait l'ensemble des subjectivités particulières. Il y a une contradiction manifeste dans cette thèse : la temporalité objective est constituée intersubjectivement, elle ne peut donc pas être le fondement nécessaire à la constitution de l'intersubjectivité.

Nous montrerons comment, après de nombreux tâtonnements, Husserl a finalement résolu cette difficulté en donnant à l'*Einfühlung* la structure d'un « souvenir du présent ».

Notre *Quatrième partie* s'attache à la question, déjà soulevée à l'issue de la *Troisième partie*, d'une pluralité qui précéderait l'*Einfühlung*. Autrement dit, nous y recherchons les origines historiques et phénoménologiques de l'intersubjectivité transcendantale. Cette question est étroitement liée au développement de la méthode de la réduction phénoménologique. Nous avons fait le choix d'une lecture « en parallèle » de deux textes majeurs sur la réduction phénoménologique : *L'idée de la phénoménologie* et les *Problèmes fondamentaux de la phénoménologie*. Nous y voyons se distinguer nettement deux cheminements distincts. Tandis que *L'idée de la phénoménologie* est clairement dominée par la poursuite de l'idéal moderne d'une *mathesis universalis* – on y rencontre les motifs directeurs de l'indubitabilité et de l'idéalité –, tout se passant comme si ce texte cherchait une fois encore a assurer le primat de la suprasubjectivité sur l'intersubjectivité, les *Problèmes fondamentaux de la phénoménologie*, en revanche, laissent explicitement l'exigence d'indubitabilité en suspens. Husserl y plaide pour l'élaboration d'une phénoménologie « expérimentale » et y reporte à plus tard l'élaboration d'une eidétique. Ces cheminements différents se signalent également par des conceptions différentes de l'immanence. Outre la distinction, introduite par *L'idée de la phénoménologie*, entre une immanence intentionnelle et une immanence réelle, Husserl introduit, dans les *Problèmes fondamentaux de la phénoménologie*, une troisième détermination : l'immanence comme vécu pur possible. Cette précision débouche sur un approfondissement de la méthode phénoménologique et l'introduction de ce que Husserl appelle la « réduction double ». Cette nouveauté lui permettra d'élargir le champ phénoménologique à la pluralité transcendantale des monades, origine ultime du monde dans son ensemble, en ce compris les ontologies formelles et les idéalités suprasubjectives que celles-ci comprennent. En conclusion, nous tentons de dégager, dans une ligne que nous croyons fidèle à Husserl, le concept phénoménologique de *pluralité originaire*. Par cette expression, nous entendons désigner une pluralité qui serait originaire dans le même sens qui veut que la protention et la rétention puissent être comprises comme « attente » ou « souvenir » originaires.

PREMIÈRE PARTIE

Introduction à la Première partie

Bien que, depuis la publication des textes du *Nachlass* sur l'intersubjectivité[1], il soit établi qu'on trouve chez Husserl, dès 1905, une réflexion sur la présence de l'autre sujet dans le champ phénoménologique, il demeure comme un fait communément accepté que l'œuvre précoce de Husserl, en particulier celle rédigée à l'époque de Halle (1887–1901), laisse peu de place à la question de l'altérité. D'une manière générale, les commentateurs s'accordent à reconnaître que, dans l'ensemble des écrits de cette période, Husserl ne fait référence que de manière latérale à un autre sujet que le sien propre, et cela de quelque manière que l'on considère cette « référence à un autre sujet ». Même les textes plus tardifs, entre 1905 et 1910, ne seraient que de simples témoignages anecdotiques d'un questionnement précoce et quelque peu immature sur l'*Einfühlung*. Tout cela témoigne d'un consensus massif selon lequel ce serait à partir des textes de l'époque de Fribourg (1917–1938) qu'il faudrait chercher à comprendre les thèses de Husserl concernant le traitement phénoménologique de la question de l'altérité.

À première vue, il ne semble pas que ce que nous avons appelé un « consensus » soit issu d'un préjugé ou d'une simplification excessive. Bien au contraire, il est le résultat d'une enquête soigneuse, poursuivie par plusieurs générations de cher-

---

1   Ces textes ont été publiés relativement tard. L'édition du texte allemand des *Méditations cartésiennes* elles-mêmes a dû attendre jusqu'en 1950 (Husserl, E., *Cartesianische Meditationen und Pariser Vorträge*, éditeur : S. Strasser, Martinus Nijhoff (Coll. Husserliana I), Den Haag, 1950. Il existe deux traductions françaises : Gabrielle Peiffer et Emmanuel Lévinas, *Méditations cartésiennes. Introduction à la phénoménologie*, Vrin, Paris, 1947, et Marc de Launay, *Méditations cartésiennes et les conférences de Paris*, Presses Universitaires de France (Coll. Épiméthée), Paris, 1994. À l'avenir nous abrégeons : Hua I. Les manuscrits sur l'intersubjectivité ont fait l'objet d'une publication plus tardive encore puisqu'ils n'ont été collationnés et établis qu'en 1973, en trois volumes : Husserl, E., *Zur Phänomenologie der Intersubjektivität. Texte aus dem Nachlass, Erster Teil : 1905–1920*, éditeur : I. Kern, Martinus Nijhoff (Coll. Husserliana XIII), Den Haag, 1973, *Zur Phänomenologie der Intersubjektivität. Texte aus dem Nachlass, Zweiter Teil, 1921–1928*, éditeur : I. Kern, Martinus Nijhoff (Coll. Husserliana XIV), Den Haag, 1973, *Zur Phänomenologie der Intersubjektivität, Texte aus dem Nachlass, Dritter Teil, 1929–1935*, éditeur : I. Kern, Martinus Nijhoff (Coll. Husserliana XV), Den Haag, 1973. Ces trois volumes ont été, récemment, presque complètement traduits en français (Husserl, E., *Autour des « Méditations cartésiennes » (1929–1932). Sur l'intersubjectivité*, traduction française : Natalie Depraz et Pol Vandevelde, revue par Marc Richir, Millon, Grenoble, 1998 ; Husserl, E., *Sur l'intersubjectivité*, traduction française par Natalie Depraz, Presses universitaires de France (Coll. Épiméthée), 2. vol., Paris, 2001. À l'avenir nous abrégeons : Hua XIII, Hua XIV et Hua XV. Dans la mesure du possible, nous utilisons les traductions existantes.

cheurs consciencieux. Depuis le premier quart de notre siècle, les lecteurs de Husserl ont témoigné d'une remarquable constance dans leur intérêt pour les questions posées par l'*Einfühlung* et l'intersubjectivité[2]. Très tôt, Husserl a été mis en demeure de s'expliquer sur ces points[3] et les réponses qu'il a fournies ont été le prétexte d'un véritable torrent de commentaires et d'analyses[4]. Après la mort de Husserl, la publication des manuscrits a donné lieu, elle aussi, à une lecture minutieuse et détaillée[5]. À l'issue de ce travail interprétatif, il est apparu que la question de l'intersubjectivité transcendantale est étroitement, et par essence, liée à la méthode de la réduction phénoménologique et que, dès lors, son apparition dans les textes du *Nachlass* doit coïncider avec celle de cette nouvelle méthode[6].

2   À l'époque de Göttingen déjà, une des premières assistantes de Husserl, E. Stein, a présenté sa thèse sur l'*Einfühlung* (Stein, E., *Zum Problem der Einfühlung*, Waisenhausse, Halle, 1917). Alors que Husserl publiait le premier tome des *Ideen*, Max Scheler présentait son ouvrage sur la sympathie (*Zur Phänomenologie und Theorie der Sympathiegefühle und von Liebe und Hass*, Max Niemeyer Verlag, Halle, 1913). Nous verrons également que des personnes comme William Ernest Hocking s'intéressaient à la question de l'intersubjectivité à partir des *Recherches logiques*. On trouvera une excellente présentation de cette époque chez Sawicki, M., *Body, Text, and Science*, Kluwer Academic Publishers (Phaenomenologica 144), Boston/London/Dordrecht, 1997.
3   À ce sujet, on consultera avec profit la correspondance entre Husserl et Roman Ingarden, (Husserl, E., *Briefe an Roman Ingarden. Mit Erläuterungen und Erinnerungen an Husserl*, éditeur: Roman Ingarden, Martinus Nijhoff (Coll. Phaenomenologica 25), Den Haag, 1968).
4   Il est pratiquement impossible de donner une bibliographie complète de la littérature secondaire sur la question de l'intersubjectivité chez Husserl. Nous soulignerons cependant que cette littérature est généralement une littérature critique. S'il est une question controversée chez Husserl, c'est bien celle de l'intersubjectivité. Pour un panorama de ce débat, on consultera avec profit les ouvrages suivants: Kozlowski, R., *Die Aporien der Intersubjektivität. Eine Auseinandersetzung mit Edmund Husserls Intersubjektivitätstheorie*, Königshausen & Neumann, Würzburg, 1991, ainsi que l'excellent article de synthèse de Natalie Depraz: «Recension de Antony J. Steinbock, *Home and Beyond: Generative Phenomenology after Husserl*, Northwestern University Press, Evanston, Illinois, 1995, 336 p., Dan Zahavi, *Husserl und die transzendentale Intersubjektivität. Eine Antwort auf die sprachpragmatische Kritik*, Kluwer Academic Publishers, Dordrecht/Boston/London, 1996, 204 p.», in *Alter*, 5, 1997, pp. 403–415.
5   Il s'agit non seulement des remarquables «Introductions» rédigées par Iso Kern, mais aussi des livres parus après 1973: Yamaguchi, I., *Passive Synthesis und Intersubjektivität bei Edmund Husserl*, Martinus Nijhoff Publishers (Coll. Phaenomenologica 86), Den Haag/Boston/Lancaster, 1982; Römpp, G., *Husserls Phänomenologie der Intersubjektivität und die Konzeption einer phänomenologischen Philosophie*, Kluwer Academic Publishers (Coll. Phaenomenologica 123), Boston/London/Dordrecht, 1992; Nam Lee, I., *Edmund Husserls Phänomenologie der Instinkte*, Kluwer Academic Publishers (Coll. Phaenomenologica 128), Boston/London/Dordrecht, 1993; Zahavi, D., *Husserl und die transzendentale Intersubjektivität*, Kluwer Academic Publishers (Coll. Phaenomenologica 135), Boston/London/Dordrecht, 1996; Depraz, N., *Transcendance et incarnation. Le statut de l'intersubjectivité comme altérité à soi chez Husserl*, Vrin, Paris, 1995; Franck, D., *Chair et corps. Sur la phénoménologie de Husserl*, Les éditions de minuit, Paris, 1981; Mensch, J. R., *Intersubjectivity and Transcendental Idealism*, State University of New York Press, New York, 1988; Steinbock, A. J., *Home and Beyond, Generative Phenomenology after Husserl*, op. cit., etc.
6   Cette thèse est explicitement énoncée par Husserl lui-même dans les *Méditations cartésiennes*. Elle est soulignée dans l'immense majorité des présentations de la théorie husserlienne de

Cette thèse d'une origine conjointe d'un questionnement sur l'altérité et de la théorisation de la méthode réductive est par ailleurs vérifiée historiquement depuis la publication des *Manuscrits de Seefeld*, datés de 1905 et témoignant de l'apparition quasi-simultanée dans les textes de Husserl d'une réflexion sur l'intersubjectivité et d'une réflexion sur la réduction[7]. Très récemment, on s'est appliqué à confirmer cette thèse mieux encore en montrant à quel point la résolution définitive du problème de l'intersubjectivité est essentiellement dépendante de l'aboutissement de l'enquête husserlienne sur les multiples « voies de la réduction phénoménologique »[8]. Ce serait donc en raison d'une nécessité immanente que la question de l'intersubjectivité ne pourrait se poser chez Husserl qu'après (ou en même temps que) la découverte de la réduction – c'est-à-dire au cours de l'époque de Göttingen (1901–1916) – et qu'elle ne pourrait trouver son traitement définitif qu'avec la clarification systématique de cette méthode – c'est-à-dire à la fin de l'époque de Fribourg.

Signalons en outre que le privilège accordé à l'époque de Fribourg dans les études consacrées à l'intersubjectivité chez Husserl s'inscrit dans la ligne des préceptes interprétatifs édictés par un disciple particulièrement éminent : Eugen Fink. On sait que la voix de ce dernier mérite, plus que toute autre, d'être écoutée lorsqu'il s'agit de Husserl[9]. Or, Fink a plaidé clairement en faveur d'une lecture de Husserl

---

l'intersubjectivité, notamment dans l'ouvrage de P. Ricœur, ouvrage qui, pendant une génération, a joué de part et d'autre de l'Atlantique, le rôle de « manuel » (Ricœur, P., *À l'école de la phénoménologie*, Vrin, Paris, 1986. Traduction anglaise : E.G. Ballard et L. Embree, *Husserl. An Analysis of his Phenomenology*, Northwestern University Press, Evanston, Illinois, 1967). Cette thèse est également reprise dans l'ouvrage de Bernet, Marbach et Kern qui vise à assumer, pour la génération montante, ce même rôle de manuel (Rudolf Bernet, Iso Kern, Eduard Marbach, *Edmund Husserl : Darstellung seines Denkens*, Felix Meiner, Hamburg, 1983 ; traduction anglaise : *An Introduction to Husserlian Phenomenology*, Northwestern University Press, Evanston, Illinois, 1993).

7   Ce texte est publié au début de Hua XIII et dans le volume X de la collection *Husserliana*. Nous l'étudierons longuement dans notre troisième chapitre. Son importance pour la question de l'intersubjectivité est soulignée, notamment, par Dastur, F., « Réduction et intersubjectivité », in M. Richir et É. Escoubas (éds.) : *Collectif Husserl*, Millon, Grenoble, 1989, pp. 43–64.

8   Depraz, N., *Transcendance et incarnation*, op. cit.

9   Eugen Fink a été le dernier assistant de Husserl, probablement celui qui était le plus proche de lui et qui a bénéficié le plus de son enseignement oral. Par ailleurs, Fink est l'une des rares personnes à qui Husserl ait fait le compliment exceptionnel de lui confier la rédaction d'un texte qu'il accepterait de signer comme étant de sa main (Cf. Fink, E., « Die phänomenologische Philosophie Edmund Husserls in der gegenwärtigen Kritik », in E. Fink, *Studien zur Phänomenologie 1930–1939*, Martinus Nijhoff (Coll. Phaenomenologica 21), Den Haag, 1966, pp. 79–156. Traduction française : Didier Franck : « La philosophie phénoménologique d'Edmund Husserl face à la critique contemporaine », in *De la phénoménologie*, Les éditions de minuit, Paris, 1966). À ma connaissance, la seule autre personne qui puisse se revendiquer d'un tel privilège est Maître Eckhart (Cf. Cairns, D., *Conversations with Husserl and Fink*, Martinus Nijhoff (Coll. Phaenomenologica 66), Den Haag, 1975, p. 91 (traduction française : Jean-Marc Mouillie : *Conversations avec Husserl et Fink*, Millon, Grenoble, 1997).

« à partir de Fribourg »¹⁰. Dès lors, c'est avec une pleine confiance que le lecteur s'engage dans une lecture à reculons, n'abordant les textes précoces que pour y déceler les amorces, quelquefois illuminantes, des thèses plus abouties des écrits de Fribourg.

Tout cela semble bel et bien établi. Pourtant, à regarder les choses plus attentivement, on constate que ce raisonnement, qui semble pourtant coulé dans l'airain – à savoir que la question de l'intersubjectivité étant étroitement dépendante de la méthode de la réduction phénoménologique, elle ne peut être valablement étudiée que dans les textes tardifs de Husserl – présente des failles compromettantes. Il s'agit, en effet, d'un enthymème dans lequel un terme sous-entendu énonce que la réduction phénoménologique nous plonge, ou risque de nous plonger, dans un *solipsisme transcendantal*. C'est en raison de cette « objection de solipsisme » qu'une théorie de l'intersubjectivité transcendantale serait un complément nécessaire à l'élaboration méthodologique de la réduction phénoménologique. Or, si cette question du solipsisme est effectivement le moyen terme qui lie l'apparition de la question de l'intersubjectivité à celle de la réduction, il convient de se demander si la question du solipsisme ne se pose pas déjà en quelque manière *avant* la thématisation de la méthode réductive, fût-ce même dans une modalité non-transcendantale. Si tel est le cas, nous serions obligés de réformer notre raisonnement sur l'apparition de la question de l'intersubjectivité chez Husserl et de nous demander si le débat relatif à la réduction, au solipsisme et à l'intersubjectivité au niveau transcendantal ne trouve pas son origine dans un débat plus précoce qui, tout en le précédant et en le préparant, serait aussi la clef pour en comprendre les véritables enjeux.

On aura remarqué que nous avons fait mention d'intersubjectivité et de solipsisme *transcendantaux*. C'est bien, en effet, le caractère transcendantal de l'approche husserlienne qui en fait toute l'originalité. La découverte, avant l'apparition de la réduction, d'un solipsisme non transcendantal, n'aurait-elle, dès lors, qu'un intérêt purement anecdotique? Peut-être. Force nous est cependant de constater que l'expression « intersubjectivité transcendantale » ne se rencontre que fort tard dans les textes de Husserl, bien après la découverte de la méthode réductive et des questions de l'*Einfühlung* et de l'intersubjectivité. On ne saurait donc, sans arbitraire, se limiter à l'approche nommément transcendantale. L'important, à vrai dire, n'est pas tant que l'intersubjectivité soit qualifiée de « transcendantale » ou pas, l'essentiel est qu'elle soit traitée comme « intentionnellement constituante ». Dès lors que Husserl – et c'est le cas dès la *Philosophie de l'arithmétique* – s'attache à l'étude d'une conscience intentionnelle constituant des objets idéaux et réels, tout développement qu'il pourrait avoir fait sur une pluralité de consciences intention-

---

10   Cf. Husserl, E., « Entwurf einer Vorrede zu den *Logische Untersuchungen* », in *Tijdschrift voor filosofie*, 1, 1939, pp. 106–133 et 319–339, traduction française: Jacques English, in *Articles sur la logique*, Presses Universitaires de France (Coll. Épiméthée), Paris, 1975, pp. 352–355.

nelles constituantes s'annonce déjà comme un précédent significatif de la notion d'intersubjectivité transcendantale et, dès lors, nous semble digne d'intérêt.

Précisons par ailleurs que, en dépit du consensus pour étudier l'intersubjectivité à partir de l'époque de Fribourg, quelques commentateurs ont fait allusion à une certaine présence de l'altérité dans les *Recherches logiques*[11]. Ils s'accordent à dire que c'est dans l'étude du *langage* qu'il faut en rechercher les traces[12]. Nous constaterons que ces affirmations, au demeurant tout à fait pertinentes, doivent être précisées et s'éclairer de quelques compléments. La question de l'altérité chez Husserl comporte en effet plusieurs facettes. Dans cette *Première partie*, nous en ferons l'étude à partir des écrits de Husserl à l'époque de Halle. Nous nous limiterons cependant au plus significatif de ceux-ci, celui dont Husserl écrivit qu'il faut le considérer comme « un ouvrage de percée » : les *Recherches logiques* (1900–1901).

---

11 Cf. Kern, I., « Einleitung des Herausgebers », in Hua XIII, XIV, XV, op. cit ; Depraz, N., « Les figures de l'intersubjectivité. Étude des *Husserliana* XIII–XIV–XV *Zur Intersubjektivität* », in *Archives de philosophie*, 55, 1992, pp. 479–498 ; Petit, J.L., *Solipsisme et intersubjectivité. Quinze leçons sur Husserl et Wittgenstein*, Cerf, Paris, 1996. On trouve des indications intéressantes chez Heffernan, G., *Bedeutung und Evidenz bei Edmund Husserl*, Bouvier, Bonn, 1983, pp. 40–41. On consultera surtout : Sawicki, M., *Body, Text and Science*, op. cit. pp. 54–62.

12 Voir à ce sujet : Bouckaert, B., « *Geistiger Verkehr* et *für wen immer Geltung* : figures de l'intersubjectivité dans les ‹ Recherches logiques › de E. Husserl », in *Études phénoménologiques*, 25, 1997, pp. 77–104 ; « Le problème de l'altérité dans les *Recherches logiques* », in *Revue philosophique de Louvain*, 4, 2001, pp. 630–651.

CHAPITRE 1

Solipsisme et idéalité

Le relativisme individuel et la *für wen immer Identität*
dans les *Prolégomènes à la logique pure* de 1900

Dans la mesure où nous pensons que le raisonnement classique qui lie l'apparition du problème de l'intersubjectivité à la découverte de la réduction phénoménologique néglige la question, capitale à nos yeux, de l'apparition de l'objection de solipsisme chez Husserl, nous voudrions montrer que cette objection était déjà présente dans les *Recherches logiques*. Elle est même énoncée avec une précision remarquable dans les *Prolégomènes à la logique pure*.

Pour autant que nous le sachions, nul ne s'est jamais penché attentivement sur les « Prolégomènes » de Husserl avec le projet d'y déceler les traces d'une interrogation sur l'altérité. Pourtant, nous serions en droit de nous demander si la distinction qui y est présentée dès le deuxième paragraphe entre *conviction individuelle* et *vérité universelle* n'engage pas d'une certaine façon la question de la relation entre la *relativité* de ce qui est subjectif et l'*objectivité* de ce qui est identique pour une multiplicité de sujets[1]. Cette opposition forme l'arrière-fond du débat général des « Prolégomènes », c'est-à-dire de la critique du psychologisme. Elle ne peut manquer de nous rappeler la thèse bien connue et fréquemment répétée dans les textes ultérieurs, à savoir que l'objectivité (*Objektivität*) trouve son origine constitutive dans l'intersubjectivité transcendantale. Le lien entre intersubjectivité transcendantale et objectivité est à ce point étroit dans la pensée plus tardive de Husserl qu'il est arrivé qu'on s'appuie sur lui pour justifier que l'ultime fondement phénoménologique, la subjectivité transcendantale, ne puisse être un ego transcendantal, fût-ce sous la forme sublimée d'un flux absolu, mais seulement une « intersubjectivité ouverte »[2]. Il serait donc opportun de nous demander si la

---

1   Nous avons vu dans notre *Introduction générale* que, depuis le traitement kantien des « jugements d'expérience » et des « jugements de perception », cette question de la relation entre « objectivité » et « conviction individuelle » entretient, dans la littérature philosophique allemande, un lien étroit avec l'intersubjectivité comme « invariance subjective ». Husserl, à l'époque de Halle, n'échappe pas à cette règle.
2   Voir à ce sujet la polémique ouverte par Dan Zahavi, « The Self-Pluralisation of the Primal Life. A Problem in Fink's Husserl-Interpretation », in *Recherches husserliennes*, 2, 1994, pp. 3–13 ; ainsi que *Husserl und die transzendentale Intersubjektivität*, op. cit.

réfutation du psychologisme ne pourrait pas, en quelque sorte, être considérée comme une défense des droits de l'intersubjectivité contre les prétentions du subjectivisme et, si ce n'est pas le cas, de nous enquérir de ce qui occupe, dans les écrits précoces, la place occupée plus tard par l'intersubjectivité transcendantale. En d'autres termes, deux questions doivent être débattues ici : « y a-t-il une objection de solipsisme dans les *Recherches logiques* ? », « qu'est-ce qui fonde l'objectivité dans les *Recherches logiques* ? ». En répondant à ces deux questions nous serons en mesure d'évaluer à quel point Husserl, à l'époque de Halle, a adopté, ou pas, une position différente de celle de Fribourg. À cette époque, il considérera que l'intersubjectivité transcendantale constitue intentionnellement toute objectivité et que c'est donc elle qui préserve la phénoménologie du relativisme dont l'objection de solipsisme la menace. Qu'en fut-il à l'époque de Halle ?

1. *La réfutation du psychologisme et la critique du relativisme individuel : la question du solipsisme à l'époque de Halle*

Il est bien connu que Husserl incrimine, sous le nom de « psychologisme », les théories de la connaissance qui prétendent fonder les lois logiques dans la psychologie. Plus précisément, il critique toute tentative de fonder des lois universelles et nécessaires sur des réalités particulières et contingentes. En revanche, on oublie parfois que cette critique est tout sauf une invective gratuite inspirée par un parti pris ; elle est la conséquence d'une nécessité d'essence dont il importe de préciser la teneur.

La critique du psychologisme s'attaque en premier lieu aux conséquences de celui-ci, c'est-à-dire au *relativisme*. Dire qu'une loi logique est dépendante d'une réalité particulière ou contingente revient à affirmer qu'elle pourrait être autre. Le principe de contradiction, par exemple, pourrait n'être contraignant qu'à une époque donnée, pour une culture déterminée, ou même pour un psychisme particulier seulement. Il pourrait y avoir « des surhommes logiques pour lesquels nos principes ne soient pas valables mais qui auraient au contraire des principes tout différents »[3]. Les conséquences d'un tel relativisme sont certes déjà manifestes au point de vue pratique. En y souscrivant, on retrouverait dans les rapports humains cet état de *bellum omnium contra omnes* que Husserl reprochait, au niveau philosophique, à la logique de son temps[4]. Husserl ne se prive certes

---

3   Hua XVIII, p. 155. Voir aussi : Husserl, E., *Einleitung in die Logik und Erkenntnistheorie. Vorlesungen 1906/7* ; éditeur : Ullrich Melle, Martinus Nijhoff Publishers (Coll. Husserliana XXIV), Dordrecht/Boston/Lancaster, 1984, p. 147 (traduction française : Laurent Joumier, *Introduction à la logique et à la théorie de la connaissance. Cours (1906–1907)*, Vrin, Paris, 1998). À l'avenir nous abrégeons : Hua XXIV.
4   Hua XVIII, p. 20.

pas de faire allusion à de telles conséquences pratiques. Toutefois, ce n'est pas dans un plaidoyer de ce type qu'il faut rechercher la véritable pertinence de sa critique du psychologisme. Pour persuasifs qu'ils soient, les arguments pratiques n'ont jamais qu'une valeur argumentative, ils ne s'imposent pas à la raison avec la contrainte insurpassable des nécessités d'essence. Le psychologisme est bien plus profondément invalidé par son caractère *auto-destructeur*. En effet si tout énoncé n'a qu'une pertinence relative, si dès lors il n'y a pas à proprement parler de vérité, alors la thèse psychologiste elle-même n'a qu'une portée relative. Autrement dit, soit il y a des vérités, soit il n'y en a pas ; si, comme l'implique le psychologisme, j'affirme qu'il n'y a pas de vérités, alors ce que je dis n'est pas vrai et il doit y avoir des vérités, si bien que je suis contraint en raison d'une nécessité d'essence à rechercher l'origine de celles-ci[5].

Le relativisme consécutif aux thèses psychologistes est donc une position intenable a priori et il importe en conséquence de débusquer avec soin les différentes figures qu'il pourrait adopter. Une des plus significatives de celles-ci intéresse plus particulièrement notre propos : le *relativisme individuel*[6].

Le relativisme individuel est une position qui est bien illustrée par la formule célèbre de Protagoras : « L'homme est la mesure de toutes choses », lorsqu'on considère que ce qui y est désigné comme « homme », c'est l'énonciateur, la personne même qui parle, l'individu et non l'espèce humaine dans son ensemble. Dans ce cas, toute vérité, toute loi logique, est dépendante d'une réalité particulière et contingente, une subjectivité singulière et privée. En d'autres termes, le relativisme individuel est ce que l'on pourrait appeler un *solipsisme au sens fort*[7] – c'est-à-dire

5   Il est bien entendu possible d'accepter comme telles les conséquences absurdes du psychologisme. À cette attitude sceptique, Husserl oppose une réfutation non plus essentielle, mais existentielle, à savoir que « le sceptique s'oppose un démenti par sa pratique » dans la mesure où la vie quotidienne le contraint nécessairement à se comporter en supposant des vérités non relatives (cf. Husserl, E., *Die Idee der Phänomenologie. Fünf Vorlesungen*, Martinus Nijhoff (Coll. Husserliana II), Den Haag, 1950, p. 83 (traduction française, Alexandre Lowit, *L'idée de la phénoménologie*, Presses Universitaires de France (Coll. Épiméthée), Paris, 1970). À l'avenir nous abrégeons : Hua II.
6   Cf. Hua XVIII, §35.
7   Depuis une vingtaine d'années, il est devenu courant, dans la littérature phénoménologique d'origine anglo-saxonne, de distinguer plusieurs sortes de solipsismes. Dès 1973, David Carr entendait montrer que le solipsisme transcendantal dont parle Husserl doit être distingué du solipsisme au sens classique. Selon lui, Husserl ne met pas en question l'existence de l'autre, mais son concept (cf. Carr, D., « The "Fifth Meditation" and Husserl's Cartesianism », in *Philosophy and Phenomenological Research*, 34, 1973–1974, pp. 14–35. Voir aussi le débat issu des positions de Carr : Dauenhauer, B.P., « A Comment on Husserl and Solipsism », in *The Modern Schoolman*, 52, 1975, pp. 189–193 ; Hall, H., « Idealism and Solipsism in Husserl's "Cartesian Meditations" », in *Journal of the British Society for Phenomenology*, 7/1, 1976, pp. 53–55 ; Van de Pitte, M., « Husserl's Solipsism », in *Journal of the British Society for Phenomenology*, 8/2, 1977, pp. 123–125). Néanmoins, une véritable terminologie ne s'est dégagée qu'avec la distinction introduite par Peter Hutcheson entre un « solipsisme métaphysique » et un « solipsisme épistémologique ». Le solipsisme métaphysique concernerait l'existence des autres individus et le solipsisme épistémologique concernerait uniquement la connaissance que nous pouvons en avoir. Selon Hutcheson, Husserl

un solipsisme qui lie toute signification, toute connaissance, voire toute existence, à un individu empirique particulier. Si l'on accepte l'idée d'un *solipsisme au sens faible* – c'est-à-dire un solipsisme selon lequel toute signification, toute connaissance, toute existence, est dépendante de la conscience psychologique d'individus empiriques – on prend rapidement conscience que l'ensemble des positions psychologistes sont entachées de solipsisme, ce qui explique que, souvent, Husserl qualifie de «solipsistes» les théories psychologistes en général[8].

La critique du psychologisme inclut donc une critique du solipsisme. Plus précisément, tandis que dans sa formulation générale elle marque l'importance d'un maintien de l'objectivité face aux prétentions du relativisme, dans le cas particulier du relativisme individuel elle souligne avec force que l'objection de solipsisme est une des difficultés dont les exigences husserliennes d'objectivité auront à se prémunir. Nous rencontrons donc, dans les «Prolégomènes», non seulement une exigence d'objectivité qui semblerait devoir appeler, à titre de fondement, une intersubjectivité transcendantale, mais nous y trouvons en outre une critique du solipsisme dont nous savons qu'elle constitue, selon la majorité des témoignages disponibles, le point de départ de la réflexion husserlienne sur l'intersubjectivité. Toutefois, il ne suffit pas d'avoir reconnu une mise en question du solipsisme aux côtés d'une exigence d'objectivité pour reconnaître que l'on trouve une interrogation sur l'altérité dans les écrits de l'époque de Halle. C'est en vain qu'on chercherait dans les *Recherches logiques* des termes comme «intersubjectivité», «Einfühlung» ou «alter-ego» qui, pourtant, constituent, à l'époque de Göttingen comme à celle de Fribourg, le socle conceptuel à partir duquel Husserl décrit l'origine phénoménologique de l'objectivité et se défend de l'objection de solipsisme. Peut-on cependant affirmer sans examen que l'absence de ces concepts signifie nécessairement l'absence de toute référence à l'altérité?

---

ne se soucie de *réfuter* aucun de ces deux solipsismes. Husserl réfuterait un solipsisme *transcendantal*, lequel concernerait la signification «alter-ego» (cf. Hutcheson, P., «Husserl's Problem of Intersubjectivity», in *Journal of the British Society for Phenomenology*, 11/2, 1980, pp. 144–162). En 1990, dans son livre *Husserl*, David Bell distinguait un «solipsisme au sens fort» et un «solipsisme au sens faible». Le solipsisme au sens faible concernerait toutes les théories qui accordent un primat aux individus et à leurs vécus. Le solipsisme au sens fort concernerait uniquement les théories qui affirment qu'un seul sujet (le mien) existe. Par ailleurs, Bell reprend à Hilary Putnam l'expression de «solipsisme méthodologique» de Husserl pour le comparer au «solipsisme transcendantal» de Husserl (cf. Bell, D., *Husserl*, Routledge, London and New York, 1990, p. 156; Putnam, H., «The Meaning of "Meaning"», in *Mind, Language and Reality*, Cambridge University Press, London/New York/Melbourne, pp. 215–271). Récemment, la distinction entre «solipsisme au sens faible» et «solipsisme au sens fort» a été reprise par Marianne Sawicki pour qualifier la position de Husserl dans les *Recherches logiques* (Sawicki, M., *Body, Text and Science. The Literacy of Investigative Practices and the Phenomenology of Edith Stein*, op. cit. p. 58). Notre usage des expressions «solipsisme au sens fort» et «solipsisme au sens faible» s'inspire de ces définitions.

8 Cf. Hua II, p. 36.

Pour justifier une telle affirmation, il serait indispensable tout d'abord de comprendre quelle est l'alternative que Husserl propose, à la fin de l'époque de Halle, au solipsisme psychologiste. L'objet des *Recherches logiques* est précisément de mettre cette alternative en évidence. Dans un premier temps, nous nous proposons de cerner celle-ci en nous limitant aux « Prolégomènes »; nous ne passerons qu'ensuite à une exposition plus approfondie des thèses des « Recherches » proprement dites.

2. *Intersubjectivité et suprasubjectivité : la voie des* Prolégomènes

2.1. *Idéalité et réalité* (Idealität und Realität)

Nous parviendrons probablement à mieux déterminer l'alternative husserlienne au solipsisme psychologiste en nous attachant à un exemple précis. Une des lois logiques les plus fondamentales est sans conteste le « principe de contradiction ». Il énonce que deux propositions contradictoires ne peuvent pas être vraies toutes les deux en même temps. L'évidence proclame que tout refus de ce principe a pour résultat immédiat le relativisme le plus large avec pour conséquences les absurdités que nous venons de rappeler. Le principe de contradiction constitue donc une des garanties majeures de l'objectivité. Dans le cinquième chapitre des « Prolégomènes », Husserl critique les interprétations psychologistes qui en ont été données.

John Stuart Mill, par exemple, le présentait comme « une des généralisations les plus anciennes et les plus spontanées tirées de l'expérience »[9]. Selon lui, ce ne serait donc qu'à l'issue d'un processus de généralisation opéré sur un ensemble de faits d'expérience que « croyance » et « non-croyance » s'excluaient mutuellement. En somme, pour Mill, la valeur du principe de contradiction reposerait sur une incompatibilité *empirique* et non pas *ontologique* entre des actes de croyance contradictoires. Dans les termes de Husserl : « […] Au *ne-pas-être-vraies-ensemble de ces propositions*, il [Mill] substitue *l'incompatibilité réelle [reale Unverträglichkeit] des actes de jugement correspondants* »[10].

Husserl élève une objection intéressante à cette conception psychologiste du principe de contradiction. Il note que deux actes de jugement réellement incompatibles, s'ils ne peuvent pas exister en même temps dans la conscience d'un seul individu, peuvent en revanche exister *en même temps* dans la conscience de *deux*

---

9   Cf. Mill, J. S., *Logique*, liv. II, chap. VII, § 4 ; cité par Husserl in Hua XVIII, p. 89.
10 Hua XVIII, p. 91. Précisons dès à présent une nuance importante du lexique husserlien. L'adjectif allemand « real » sera toujours utilisé par Husserl pour exprimer une réalité empirique ; il se distingue par cela non seulement de l'adjectif « ideal », mais encore, dans sa philosophie plus tardive, de l'adjectif « reell » qui désigne un mode d'effectivité sans rapport nécessaire avec l'empirie. Nous traduisons toujours le terme *real* par « réal » et *reell* par « réel ».

individus distincts. Selon la conception de J. S. Mill, le principe de contradiction ne serait donc valable que pour une conscience *individuelle*. En d'autres termes, ce principe serait mieux énoncé sous la forme succincte : « [...] Sous certaines conditions subjectives x [...], deux actes de croyance opposés comme ‹oui› et ‹non› ne peuvent pas *exister* [*bestehen*] ensemble *dans la même conscience* »[11]. Thèse qui participe du solipsisme psychologiste. Au demeurant, il ne semble pas qu'une telle définition conviendrait à ce que les logiciens entendent par « principe de contradiction ». Comme le rappelle Husserl : « [La loi logique] énonce qu'aucun jugement ne serait un jugement correct dans lequel le même état de choses serait à la fois affirmé et nié ; mais nulle part, en aucun cas, elle n'énonce quoi que ce soit sur la question de savoir si des actes de jugement contradictoires peuvent coexister *realiter* ou non – que ce soit dans *une seule* conscience ou dans plusieurs »[12]. La loi logique est donc indépendante de toute réalité empirique quelle qu'elle soit.

À la différence de l'approche suivie dans les écrits plus tardifs de Husserl, le refus d'une fondation solipsiste de l'objectivité ne débouche nullement sur l'affirmation expresse d'une *intersubjectivité* constituante. Ce serait donc forcer sa pensée que de qualifier les lois logiques d'« intersubjectives » au sens qu'il attribuera lui-même à ce terme plus tard. Pour n'être pas solipsistes, les lois logiques ne sont pas pour autant intersubjectives ; elles témoignent plutôt d'une *indifférence* à la question de l'intersubjectivité. « [...] La validité de ces lois est absolument illimitée, elle ne dépend pas de ce que nous ou quiconque [*wer immer*] puissions réaliser en fait des représentations conceptuelles et les conserver ou encore les renouveler en prenant conscience d'une intention identique »[13]. Cette indifférence des principes logiques à la question de l'intersubjectivité comme à la question de la subjectivité est immédiatement liée au fait que Husserl tente de répondre à la critique d'une fondation solipsiste de l'objectivité en mettant en avant l'opposition entre réalité (*Realität*) et idéalité (*Idealität*) et non la distinction entre sujet privé et pluralité intersubjective. Si les lois logiques sont indifférentes à tout psychisme privé comme à toute pluralité intersubjective, c'est en raison de leur idéalité et parce que l'idéalité est par nature séparée (*abgesondert*) et distincte (*unterschieden*) de la réalité. C'est également en raison de leur idéalité que ces lois sont objectives.

Pour Husserl, le relativisme de l'approche psychologiste résulterait donc d'une confusion entre le réel et l'idéal[14]. Il convient en conséquence de maintenir fermement que les lois logiques appartiennent au domaine de l'idéalité et non à celui de la réalité. « La connexion logique est la forme idéale en fonction de laquelle il est question *in specie* de la même vérité [...] de *la même* et d'*une seule* quel que

---

11   Hua XVIII, p. 93. Nous soulignons.
12   Hua XVIII, p. 97.
13   Hua XVIII, p. 109.
14   Cf. Hua XVIII, §51.

soit celui [*wer immer*] qui ‹la› pense »¹⁵. C'est en arguant du privilège ontologique de l'idéalité que Husserl, à l'époque de Halle, se préserve du péril solipsiste qu'il dénonce dans le chef du psychologisme. Les lois logiques ne reposent pas sur des actes psychiques réaux, mais sur les relations *idéales* qui sont indifférentes à toute subjectivité et qui, dès lors, sont objectives.

Dès l'époque de Halle, Husserl oppose donc le solipsisme et l'objectivité. Ce faisant, il pose déjà les questions fondatrices de ses thèses ultérieures sur l'intersubjectivité transcendantale puisque cette dernière apportera non seulement une réponse à l'objection de solipsisme, mais elle sera en outre l'origine constituante de l'objectivité. Cependant, il s'en faut de beaucoup que, dans sa pensée précoce, Husserl ait lié explicitement l'objectivité aux actes constituants d'une pluralité de sujets. Au contraire, il revendique une indifférence de l'idéalité tant à l'égard du sujet individuel que de la pluralité des sujets, et cette indifférence est le résultat immédiat d'une séparation de principe entre idéalité et réalité. Il semble par ailleurs qu'à l'époque de Halle, il n'avait pas encore à sa disposition un concept clair de l'intersubjectivité mais seulement une conception de « l'espèce humaine », ou encore, une conception spécifique de la réalité psychique. Faute d'une conception non réale (non psychologique) de la subjectivité (qu'elle soit individuelle ou spécifique), toute interprétation de l'objectivité comme dépendante de la subjectivité individuelle ou spécifique lui semblait alors devoir nécessairement déboucher sur une forme de relativisme, l'objectivité devant dès lors être conçue comme l'opposé de la subjectivité et non pas comme le corrélat d'une subjectivité transcendantale entendue comme intersubjectivité transcendantale. En conséquence, la logique pure à laquelle les « Prolégomènes » veulent introduire étudie les « […] conditions *a priori* de la connaissance qui peuvent être considérées séparément [*abgesondert*] de toute relation avec le sujet pensant et avec l'idée de la subjectivité en général »¹⁶.

2.2. *Idéalité et suprasubjectivité (Idealität und Übersubjektivität)*

Il semble clair désormais que, à l'époque de Halle, la question du solipsisme et de l'objectivité tire sa solution d'une conception de l'idéalité décrite comme indifférence à l'égard de toute subjectivité réale quelle qu'elle soit. Cette indifférence *de droit* ne signifie cependant nullement qu'il n'y ait aucune relation *de fait* entre ces deux dimensions. Même si Husserl insiste : « Qu'on ne confonde pas le jugement en tant que contenu de jugement, c'est-à-dire en tant qu'unité idéale, avec l'acte de juger réel et singulier », marquant par là avec clarté la différence de principe qu'il entend poser entre réalité et idéalité. Il poursuit cependant : « C'est le premier que nous visons quand nous parlons du jugement ‹2 × 2 font 4›, qui est toujours le

---

15 Hua XVIII, p. 182.
16 Hua XVIII, p. 240.

même, quel que soit [*wer immer*] celui qui le porte »[17]. Bien que l'idéalité ne soit pas l'*acte* de jugement et qu'elle soit indifférente à son égard, elle est le *contenu* de cet acte et, dès lors, elle entretient un certain rapport avec la subjectivité.

Nous nous pencherons bientôt plus attentivement sur cette idéalité qui, indifférente à l'égard de toute subjectivité, n'en intervient pas moins, à titre de *contenu*, dans l'acte de conscience. Auparavant, nous devons mentionner un autre aspect important qui témoigne d'un certain rapport entre idéalité et subjectivité. L'idéalité, en raison même de son indifférence, est *identique pour tout sujet possible*. Lorsque nous étudierons la question du langage et ses implications dans la doctrine générale de l'intentionnalité, il apparaîtra que cette identité, qu'on a le tort d'appeler parfois « intersubjective », est une caractéristique absolument primordiale de l'idéalité. Dire que l'idéalité est identique pour tout sujet possible, revient à reconnaître qu'elle nourrit, fût-ce même « en négatif », un certain rapport avec l'intersubjectivité.

En résumé, l'indifférence de l'idéalité à l'égard de la subjectivité n'est pas un pur néant, elle se manifeste par une certaine *identité* que Husserl, dans ses premiers écrits, qualifiera de *für wen immer Identität*[18]. Il s'agit d'un rapport énigmatique entre la subjectivité et l'idéalité. Husserl le qualifie quelques fois de « suprasubjectivité » (*Übersubjektivität*)[19] de l'idéalité. Un terme qui disparaîtra par la suite de son vocabulaire sans pour autant quitter tout à fait le champ de ses préoccupations.

Qu'est-ce au juste que cette « suprasubjectivité » ? L'idéalité telle que la conçoit Husserl est objective en ce sens qu'elle est indifférente à l'égard de toute conscience possible. Cependant, cette indifférence elle-même, parce qu'elle inaugure une identité, dessine une forme de rapport. L'idéalité intervient dans la conscience à titre de contenu identique possible à tout moment et pour toute personne. En ce sens, l'idéalité est supratemporelle (*überzeitliche*), supra-empirique (*überempirische*), suprahumaine (*übermenschliche*) et, *eo ipso*, suprasubjective. Ce préfixe *über-* utilisé par Husserl pour qualifier l'idéalité fait irrésistiblement penser à l'inscription platonicienne des idéalités dans un *topos ouranios*. L'identité des idées tiendrait-elle à leur réalité et à leur unicité dans un Ciel des Idées ? Il va de soi que ces idées, étant

---

17 Hua XVIII, p. 126.
18 Hua XVIII, pp. 109, 126, 182 ; Hua XXIV, p. 142. Husserl, E., *Logische Untersuchungen. Zweiter Band. Erster Teil*, éditrice : Ursula Panzer, Martinus Nijhoff Publishers (Coll. Husserliana XIX/1), Den Haag/Boston/Lancaster, 1984, pp. 33, 49, 50 (traduction française : Hubert Elie, Arion L. Kelkel et René Schérer, *Recherches logiques, Tome 2. Recherches pour la phénoménologie et la théorie de la connaissance. Première partie : Recherches I et II*, Presses Universitaires de France (Coll. Épiméthée), Paris, 1969). À l'avenir nous abrégeons : Hua XIX/1. Husserl, E. ; *Vorlesungen über Bedeutungslehre. Sommersemester 1908*, éditrice : Ursula Panzer, Martinus Nijhoff Publishers (Coll. Husserliana XXVI), Dordrecht/Boston/Lancaster, p. 88 (traduction française : Jacques English, *Leçons sur la théorie de la signification*, Vrin, Paris, 1995). À l'avenir nous abrégeons : Hua XXVI.
19 Hua XXIV, pp. 41, 141, 142, 143. Pour des motifs de clarté, nous utiliserons ce terme de façon générique.

uniques, seraient les mêmes pour tous, ne se donnant à chacun qu'à titre de reflet phénoménal. Précisons d'emblée que Husserl récuse explicitement un tel réalisme platonicien[20]. Pour lui, les idées sont précisément des idées, c'est-à-dire rien de réel. Les idées de Husserl sont abstraites et il donne à la notion d'abstraction une signification propre qui témoigne d'une certaine dépendance (*Unselbständigkeit*) de l'abstrait à l'égard du concret. S'il est possible à la rigueur de considérer, comme J. Patočka[21], que Husserl développe une pensée du *chôrismos* dans la mesure où il revendique une séparation essentielle entre les idées et la réalité, il serait par contre grossièrement abusif de voir chez lui un platonisme strict, ne fût-ce que parce que les idées, comme les réalités, sont intentionnellement constituées. Les idées husserliennes ne sont pas non plus des formalités abstraites encloses dans une définition conventionnelle ou déduites d'une axiomatique conventionnelle ou arbitraire. Bien qu'irréelles, les idéalités sont objectives et, ce faisant, elles sont identiques a priori pour tout sujet possible.

Nous nous ferons, par contraste, une image plus claire de la notion husserlienne de suprasubjectivité si nous jetons un rapide coup d'œil à l'histoire du concept d'intersubjectivité telle que nous l'avons déjà présentée dans notre *Introduction générale*. Nous avons indiqué que ce terme, selon toute vraisemblance, est issu de la tradition kantienne et plus précisément de la conception kantienne de l'objectivité. Nous avons fait référence à Johannes Volkelt comme étant le premier qui, semble-t-il, ait utilisé le mot « Intersubjektivität ».

Quelques années après l'ouvrage de Volkelt nous avons signalé que James Ward, s'efforçant de résumer les acquis de la philosophie concernant le dualisme de la subjectivité et de l'objectivité, inaugurait une remarquable confusion terminologique et utilisait « intersubjectivité » et « transsubjectivité » comme des synonymes[22], donnant aux deux concepts le même sens que celui que Volkelt avait pour sa part réservé au seul terme « transsubjektiv ». Une confusion apparaissait donc entre transsubjectivité et intersubjectivité. Nous avons également suggéré que cette manière d'appeler « intersubjectif » ce qui est transsubjectif est à la base de l'usage actuel du terme « intersubjectif » dans les théories dites « analytiques » de la connaissance.

Il serait probablement illusoire de chercher à mettre en évidence une influence directe de Volkelt et de Ward sur la conceptualité husserlienne ; ce n'est d'ailleurs pas notre but. Précisons toutefois que Husserl possédait de nombreux ouvrages de Volkelt et de Ward, notamment ceux dont sont extraites nos citations[23], cependant,

---

20 Par exemple, cf. Hua XIX/1, p. 106.
21 Voir par exemple : *Essais hérétiques sur la philosophie de l'Histoire*, Verdier, Lagrasse, 1981.
22 Ward, J., *Naturalism and Agnosticism*, op. cit., p. 154.
23 De plus, il faut signaler que Husserl a envoyé un exemplaire de ses « Prolégomènes » à Volkelt, ce qui témoigne au moins d'une estime intellectuelle (cf. Husserl, E., *Briefwechsel. Band VI. Philosophenbriefe*, éditeur : Karl Schuhmann, Kluwer Academic Publishers (Coll. Husserliana Dokumente III/6), Dordrecht/Boston/London, 1994, p. 451. À l'avenir nous abrégeons : Dok III/6).

s'il avait lu soigneusement celui de Volkelt, il ne semble pas qu'il ait jamais ouvert celui de Ward, il ne l'a reçu que fort tard d'ailleurs, lorsqu'il se rendit à Londres à la fin de sa vie. Quoi qu'il en soit, il n'est pas présomptueux de penser que ces trois auteurs se rejoignaient, de manière indirecte, dans un champ conceptuel commun. Tout indique que le concept husserlien de « suprasubjectivité » désigne une signification particulière de ce que Volkelt appelait « transsubjectivité ». Non seulement la proximité sémantique qui se révèle entre l'emploi fait par Volkelt du terme « transsubjectif » et celui fait par Husserl du terme « suprasubjectif » nous conduit à établir un parallélisme entre ces deux mots, mais encore l'identité des qualificatifs employés par les deux auteurs pour en préciser le sens nous confirme dans cette voie. En effet Volkelt utilise régulièrement, pour préciser son concept de transsubjectivité, des termes comme « supra-individuel » ou « supra-empirique » qui sont, eux, largement employés par Husserl pour décrire le statut de l'idéalité[24]. Nous pensons, en conséquence, que Husserl a recours à ces termes pour désigner un type de transsubjectivité propre à l'idéalité.

La nuance entre « suprasubjectivité » et « intersubjectivité » chez Husserl est déjà difficile à saisir en raison de la confusion qui règne, dans la tradition philosophique, entre deux sens distincts du mot « intersubjectivité ». Cette difficulté est amplifiée par la subtile relation qui s'établit inévitablement entre l'idéalité de la signification et la communication intersubjective. Husserl lui-même reconnaît une certaine parenté entre la suprasubjectivité propre aux idéalités de langage et ce que l'on peut déjà appeler une « intersubjectivité » discursive. Il n'y a pas, cependant, d'équivalence et l'on ne peut passer de l'identité suprasubjective à l'identité pour une pluralité de sujets que par l'intermédiaire d'une *transformation (Umformung)*[25]. Comme le dit Husserl : « En elle-même, la proposition ‹ A est vrai › n'énonce du moins pas la même chose que son équivalent : ‹ il est possible à quiconque [*irgend jemand*] de juger que A existe › »[26]. La *für wen immer Identität* ne doit pas être confondue avec la *für irgend jemand* (ou « *für Jedermann* ») *Identität*. Dans un cas, rappelons-le, il s'agit d'une identité idéale, c'est-à-dire d'une identité qui se caractérise par une indifférence à l'égard de toute subjectivité possible, séparément de toute réalité, dans l'autre cas, il s'agit d'une identité intersubjective, c'est-à-dire d'une identité qui, par essence, ne se constitue que dans l'interrelation d'une pluralité de subjectivités distinctes. À ce propos, il est significatif que, tandis que la suprasubjectivité ne concerne que le domaine des idéalités, l'intersubjectivité, quant à elle, est une catégorie qui englobe indistinctement réalité et idéalité dans son extension.

Malgré tout, quelques auteurs ont tenté d'établir une certaine connexion logique entre supra- et inter- subjectivité. L'exploitation que fait James Richard Mensch

---

24 Cf. Volkelt, J., *Erfahrung und Denken*, op. cit., pp. 80, 182, etc.
25 Hua XVIII, §50.
26 Hua XVIII, p. 187.

de ce qu'il appelle un « indice transcendantal »[27] constitue un exemple typique de cette tentative. Nous l'avons vu, l'usage du terme « intersubjectivité » dans le sens réservé par Husserl au mot « suprasubjectivité » est issu d'une compréhension orientée de la conception kantienne de l'objectivité ; il n'est pas surprenant dès lors de voir Mensch introduire son raisonnement par une référence au passage, déjà cité, des « Prolégomènes à toute métaphysique future », dans lequel Kant affirme que la validité objective ou universelle vaut « pour nous toujours et de même pour quiconque »[28].

En résumé, le raisonnement de Mensch suppose tout d'abord que soit reconnue une équivalence entre la vérité, l'être et l'objectivité. Si « rien ne peut être qui ne soit déterminé de telle ou telle manière, et que cela soit et soit déterminé de telle ou telle manière, c'est cela précisément *la vérité en soi*, qui constitue le corrélat nécessaire de *l'être en soi* »[29], alors, à tout être doit correspondre un jugement vrai possible. Ce jugement est vrai parce qu'il contient une signification idéale qui correspond adéquatement à l'objet qu'elle vise. Or, en disant cela, on affirme non seulement que la signification idéale est indépendante de tout sujet quel qu'il soit, mais on suppose également que le jugement vrai, conçu par un sujet empirique quelconque, est vrai également pour tout sujet empirique possible et que, dès lors, il est intersubjectif.

Quoi qu'il en soit de l'incontestable talent spéculatif et de la finesse intuitive de Mensch, il nous semble que le raisonnement qu'il propose est fallacieux en ceci qu'il confond une relation d'adéquation entre le jugement idéal (suprasubjectif) et l'objet réel, avec la relation d'identité qui lie l'objet à une pluralité de sujets possibles ou effectifs. En utilisant la réalité comme moyen terme, Mensch passe indûment de la suprasubjectivité à l'intersubjectivité. Une telle confusion est dangereuse parce que, s'autorisant d'une assimilation de la validité intersubjective et de la validité suprasubjective dans le pôle des objets, elle infère hâtivement une suprasubjectivité dans le pôle du sujet, succombant par là à ce que Husserl appelle une *hypostase métaphysique*[30]. Nous aurons l'occasion, au cours de cette étude, de signaler chez E. Fink, dont Mensch se revendique, l'expression d'une confusion similaire[31].

---

27 Cf. Mensch, J. R., *The Question of Being in Husserl's « Logical Investigations »*, Martinus Nijhoff (Coll. Phaenomenologica 81), Den Haag/Boston/London, 1981, pp. 10–12, ainsi que *Intersubjectivity and Transcendental Idealism*, op. cit., pp. 125–127.

28 Cf. Mensch, J. R., *Intersubjectivity and Transcendental Idealism*, op. cit., p. 125, et *The Question of Being in Husserl's « Logical Investigations »*, op. cit., p. 10.

29 Hua XVIII, p. 231.

30 Cf. *infra*. Il nous semble que Husserl lui-même ne s'est pas toujours préservé de cette confusion et que c'est probablement là un des motifs de la polémique entre l'interprétation finkéenne et l'interprétation husserlienne du transcendantal (à ce sujet, voir la critique, déjà mentionnée, de Fink par Zahavi).

31 Nous tenons à préciser ici que le professeur Mensch est à nos yeux un phénoménologue de tout premier plan. Ses travaux ont exercé sur nous une influence déterminante et nous continuons à les considérer avec une profonde admiration. C'est un des privilèges de la phénoménologie et

2.3. *La relation des idéalités aux vécus de conscience*

Quoiqu'elles soient ontologiquement indifférentes à toute subjectivité possible, les idéalités nouent néanmoins un rapport avec le vécu de conscience dans la mesure où elles y interviennent à titre de « contenu ». Comment faut-il comprendre cette relation ? Autrement dit : « Comment l'idéal pénètre-t-il dans le réel, le suprasubjectif dans le subjectif »[32] ?

La pensée de Husserl a beaucoup hésité sur cette question. À l'époque de Halle elle est caractérisée par ce que certains ont appelé la « théorie de la *species* »[33]. Cette dénomination peu élégante désigne le premier stade d'un approfondissement dans la conception husserlienne de l'identité de la signification[34].

Considérons tout d'abord le cas où l'idée elle-même est *connue*, c'est-à-dire lorsqu'elle est, en tant qu'espèce, l'objet d'une conscience évidente. La saisie de l'idée se réalise alors dans une intuition d'un type particulier que Husserl, dans les « Prolégomènes », nomme *idéation*. « [...] Dans l'acte d'idéation nous appréhendons par intuition une unité conceptuelle – en tant que l'espèce une dont nous pouvons, *avec évidence* [*einsichtig*], garantir l'unité par opposition à la multiplicité des cas particuliers de fait [...] »[35]. Cette capacité de saisir intuitivement des idéalités sera étudiée plus profondément dans la Sixième recherche logique sous le titre d'*intuition catégoriale*. Celle-ci est une possibilité de droit pour la conscience, au même titre que l'intuition sensible, et est au fondement de toute connaissance véritable. Bien que l'idéation soit un acte intuitif *sui generis*, elle est fondée sur les actes de perception sensible. Elle permet d'appréhender intuitivement l'unité d'une espèce dans une multiplicité de cas particuliers.

---

des sciences descriptives en général que le dialogue puisse demeurer ouvert sans s'enliser dans le conflit.

32 Hua XXIV, p. 142. Comparer avec ce texte des *Recherches logiques* : « Comment faut-il comprendre que ‹ l'en-soi › de l'objectivité parvienne à la ‹ représentation › et même à ‹ l'appréhension › dans la connaissance, donc finisse pourtant par redevenir subjectif [...] comment l'idéalité du général peut-elle entrer [...] dans le flux des vécus psychiques » (Hua XIX/1, pp. 12–13).

33 Cf. De Boer, Th., *The Development of Husserl's Thought*, Martinus Nijhoff (Coll. Phaenomenologica 76), Den Haag, 1978, pp. 252–255 et 443–445 ; Sokolowski, R., *Husserlian Meditations*, Northwestern University Press, Evanston, 1974, p. 113 ; Mohanty, J., « Husserl's Thesis of the Ideality of Meanings », in J. Mohanty (ed.) *Readings on Edmund Husserl's « Logical Investigations »*, Martinus Nijhoff, Den Haag, 1977, pp. 77–78 ; Bernet, R., « Bedeutung und intentionales Bewusstsein. Husserls Begriff des Bedeutungsphänomens », in *Phänomenologische Forschungen*, 8, 1979, pp. 31–64. , Heuer, J. S., *Die Struktur der Wahrheitserlebnisse und die Wahrheitsauffassungen in Edmund Husserls « Logische Untersuchungen »*, Verlag an der Lottbek, Anmersbek, 1989, pp. 84–106, etc.

34 Cf. Hua XIX/1, pp. 105–106. Nous reviendrons plus profondément sur cette question dans notre étude du langage et de l'intentionnalité. À cette occasion nous soulignerons les évolutions considérables qu'a subies cette théorie au cours de l'époque de Göttingen tout d'abord, puis au cours de l'époque de Fribourg.

35 Hua XVIII, p. 109.

Dès lors, qu'en est-il de la relation entre les vécus individuels et l'espèce idéale ? Quel rapport entretient tel rouge individuellement vécu avec l'idée du rouge en général ? Nous savons que l'idée intervient dans le vécu comme contenu. L'idée de rouge est donc le contenu de l'intuition individuelle « rouge ». Cependant, cette idée n'y est contenue que comme individu, c'est-à-dire comme une particularisation de l'espèce. En d'autres termes, *l'idée se particularise comme moment abstrait du vécu*, comme contenu de celui-ci. Il y a là un curieux chassé-croisé dans lequel l'idée supratemporelle n'est saisie intuitivement que sur le fondement de vécus singuliers dans lesquels elle s'individualise à titre de contenu dépendant, tout en étant distincte d'eux comme l'unité générale l'est par rapport à la multiplicité des singularités. Cette ambiguïté ne se dissipera qu'avec la découverte, plus tardive, de la distinction noético-noématique.

Signalons dès à présent que cette théorie s'étendra à l'étude générale de l'intentionnalité. La signification idéale contenue dans toute intention devra elle aussi être comprise selon ce schème.

3. Conclusion : l'acquis des Prolégomènes. Solipsisme, objectivité, suprasubjectivité

Ces développements introductifs nous auront peut-être fait perdre de vue l'enjeu véritable, qui est la question de l'altérité. Nous étions parti de l'idée communément acceptée que la question de l'intersubjectivité est étroitement liée chez Husserl aux problèmes de la réduction, du solipsisme et de l'objectivité. Plus précisément, nous avons constaté un consensus massif pour lier l'origine historique de la réflexion husserlienne sur l'altérité à l'apparition de la méthode de la réduction phénoménologique. Cette dernière serait à l'origine d'un solipsisme et les réflexions de Husserl sur l'intersubjectivité auraient précisément pour objet de préserver la phénoménologie de celui-ci. En raison de cette dépendance nécessaire, la question de l'altérité ne pourrait se poser qu'au début de l'époque de Göttingen et recevoir son traitement définitif qu'à la fin de l'époque de Fribourg.

Ce consensus nous avait inspiré l'interrogation critique suivante : ne trouve-t-on pas dès l'époque de Halle un questionnement sur le solipsisme ? Il est apparu qu'il fallait répondre à cette question par l'affirmative. Bien qu'il ne puisse être question en 1900 d'un solipsisme transcendantal, le relativisme individuel dénoncé par Husserl constitue indubitablement un solipsisme au sens fort. La critique du relativisme individuel est d'autant plus intéressante qu'elle s'expose dans le cadre d'une défense de l'*objectivité* face au relativisme. On s'attendrait donc à ce qu'à l'époque de Halle, comme à celle de Göttingen et de Fribourg, une théorie de l'intersubjectivité réponde au péril relativiste du solipsisme. Or, de façon quelque peu déroutante, ce n'est pas une théorie de l'intersubjectivité qui est venue défendre les droits de l'objectivité face à l'objection de solipsisme, mais une théorie de l'idéalité.

L'examen des « Prolégomènes » semble dès lors donner raison à l'interprétation qui repousse à l'époque de Göttingen l'apparition d'un questionnement sur l'altérité dans la pensée de Husserl.

En essayant de préciser la signification de la notion de suprasubjectivité, nous avons en outre été conduit à nous interroger sur la relation que l'idéalité entretient avec l'intersubjectivité. Nous avons tout d'abord étudié les relations de proximité et de distinction qui se nouent entre l'identité intersubjective et la *für wen immer Identität*. Il est apparu que, si l'identité et la validité idéale dessinaient effectivement des identités et des validités intersubjectives *possibles*, on ne pouvait cependant passer des unes aux autres que par l'intermédiaire d'une transformation, d'une conversion, qui témoignait de la distinction de principe entre la suprasubjectivité et la subjectivité dans son ensemble. En cherchant à clarifier les relations qui s'établissent entre suprasubjectivité et subjectivité, nous avons constaté que l'idéation est un acte intuitif propre à la saisie des idéalités. Par idéation (abstraction idéatrice) un sujet saisit avec évidence une idée suprasubjective. Husserl affirme en outre que les idéalités se particularisent comme moments abstraits dans le contenu du vécu de conscience. La subjectivité entretiendrait donc des rapports intentionnels complexes avec des idéalités suprasubjectives qui, de leur côté, dessineraient des identités et des validités intersubjectives *possibles*.

Ces considérations préliminaires conservent un tour excessivement formel et tracent les contours d'une problématique qui demeure largement énigmatique. Les nécessités sont là : le caractère intenable du psychologisme et de ses implications solipsistes. Déjà, le recours aux idéalités laisse présager une métaphysique platonicienne et en dépit de la prise de distance expresse de Husserl par rapport à toute hypostase métaphysique et à tout réalisme platonicien, la description critique du statut de la suprasubjectivité semble empreinte d'une scolastique obscure et contradictoire. D'un côté, il est établi qu'il n'est pas question d'intersubjectivité, que l'idéalité est située dans un au-delà (*über-*) de la subjectivité. De l'autre, des rapports subtils s'annoncent néanmoins avec l'intersubjectivité et la subjectivité.

Peut-être ces réflexions aux allures par trop byzantines acquerront-elles quelque clarté phénoménologique en poussant plus loin la lecture des *Recherches logiques*. Le deuxième chapitre de cette étude sera consacré à cette tâche.

CHAPITRE 2

De la présence d'autrui dans les *Recherches logiques*

À l'issue de notre lecture des « Prolégomènes », il apparaît que Husserl, comme la majorité de ses contemporains et bon nombre d'auteurs actuels, concevait l'idéalité comme dotée du caractère de la suprasubjectivité. Il se marque là une différence assez nette avec les textes plus tardifs, ceux de l'époque de Fribourg notamment, dans lesquels Husserl reconnaît aux idéalités une identité intersubjective. Jusqu'ici, nous avons abordé la suprasubjectivité de manière formelle, nous limitant à explorer ses relations avec l'intersubjectivité et l'altérité par des investigations latérales. En donnant, en quelque sorte, des coups de sonde ponctuels, nous avons essayé de tracer « en pointillé » les contours de la question sans aborder le problème de front. Quelle est la relation de la suprasubjectivité avec l'intersubjectivité ? Quelles relations intentionnelles entretiennent l'expérience d'autrui et les idéalités suprasubjectives ? En affirmant que les idéalités sont identiques pour tout sujet possible, suppose-t-on que toute saisie de l'idéalité est nécessairement fondée dans une relation à la pluralité des sujets ou, *a contrario*, qu'il n'y a pas d'expérience d'autrui qui ne présuppose constitutivement la saisie subjective d'idéalités suprasubjectives ? Autrement dit, *qui de la suprasubjectivité et de l'intersubjectivité fonde l'autre* ? Autant de questions qui restent irrésolues et dont, pourtant, dépend une claire compréhension des relations entre l'idéalité et l'altérité chez Husserl.

Répondre à ces questions suppose que nous trouvions un terme de comparaison dans lequel l'intersubjectivité et la suprasubjectivité interviennent toutes deux de façon essentielle. Tel nous semble être le cas du *langage communicatif*, puisque dans celui-ci, en effet, une idéalité – la signification – est communiquée d'un sujet à un autre. On peut donc dire que l'idéalité est essentielle au langage comme la transmission à autrui est essentielle à la communication. Reste à voir laquelle de ces deux dimensions du langage communicatif est le fondement de l'autre et quelles sont les implications de la théorie husserlienne du langage pour sa conception générale de la conscience intentionnelle à l'époque de Halle.

On l'a souvent souligné depuis Derrida[1] : l'étude du langage expressif chez Husserl évacue la dimension communicative en tant qu'inessentielle et réserve

---

1   Derrida, J., *La voix et le phénomène*, Presses Universitaires de France (Coll. Épiméthée), Paris, 1967.

à la signification idéale le privilège de l'essentialité. Contrairement à ce qui est quelques fois supposé, cette évacuation n'implique en aucune façon que le langage communicatif soit une structure de fondation dans laquelle la communication serait dépendante de la signification idéale (suprasubjective). On pourrait tout aussi bien faire l'hypothèse inverse, à savoir : que l'expression soit elle-même fondée dans une saisie de l'idéalité (abstraction idéatrice) essentiellement dépendante d'une relation à autrui.

À notre connaissance, il n'a pas encore été répondu très clairement à toutes ces questions. Il faudrait tout d'abord rendre compte une fois pour toutes de la présence d'une dimension suprasubjective (et non pas intersubjective comme on le prétend parfois) dans la conception husserlienne du langage communicatif.

Nous montrerons que Husserl, lorsqu'il utilise, pour qualifier la signification, l'expression « für wen immer Identität », décrit une « invariance subjective » ou une « indifférence à l'égard de tout sujet quel qu'il soit », c'est-à-dire une suprasubjectivité. D'autre part, nous tenterons d'apporter quelques éclaircissements sur la façon dont il conçoit la présence, dans le vécu subjectif, de telles idéalités suprasubjectives.

Il faudrait également considérer plus soigneusement la question de la communication linguistique. Cela permettrait de voir que bien qu'il insiste fortement sur la dimension non idéale (réale) qui intervient dans la fonction communicative du langage, Husserl soutient que l'idéalité et l'idéation restent les fondements nécessaires de la communication langagière. Il apparaîtrait alors que la description husserlienne de la fonction communicative du langage, en 1901, témoigne d'une fondation de l'intersubjectivité dans la suprasubjectivité.

Enfin, il faudrait aussi tenter de répondre à la difficile question de savoir comment Husserl, à la fin de l'époque de Halle, se représentait non pas seulement la communication linguistique mais, plus largement, l'expérience d'autrui.

La réponse à cette dernière question imposera de rendre compte de la présence d'une dimension d'idéalité non pas dans la seule dimension linguistique, mais dans l'intentionnalité en général. À cette occasion, une description préliminaire de la structure de l'acte intentionnel devra être effectuée. Un exemple initialement utilisé dans les *Recherches logiques* pour préciser la structure de l'acte intentionnel et repris dans ses écrits ultérieurs pour étudier l'*Einfühlung* (l'exemple de la poupée) permettra d'aborder plus immédiatement la question de l'expérience d'autrui. Nous nous risquerons à construire – à partir de cet exemple et en nous appuyant sur les informations déjà fournies par notre étude du langage – une description de ce que devait être la conception husserlienne de l'expérience d'autrui en 1901. Il nous sera alors possible de marquer quelques différences nettes avec sa présentation plus tardive de l'*Einfühlung*.

1. *Expression et signification idéale*

Avant Husserl déjà, Gottlob Frege avait très clairement mis en évidence la dimension idéale qui transit le langage, ce qu'il appelle « le sens » (*Sinn*). Il écrivait par exemple que : « La signification [*Bedeutung*] d'un nom propre est l'objet même que nous désignons par ce nom ; la représentation que nous y joignons est entièrement subjective ; entre les deux gît le sens [*Sinn*], qui n'est pas subjectif comme l'est la représentation mais qui n'est pas non plus l'objet lui-même »[2]. Frege, tout comme Husserl à la même époque, avait lu avec intérêt les écrits du logicien tchèque Bernhard Bolzano ; c'est vraisemblablement à cette source commune qu'ils puisent tous deux leur sensibilité convergente à la question des idéalités.

Inspiré par ces proximités, un courant considérable de la littérature phénoménologique s'est obstiné à pointer les parallèles et les influences réciproques possibles de Frege et de Husserl. Pour une très large part cette avalanche de littérature secondaire s'est focalisée sur l'étude comparative du *Sinn* frégéen et de la notion husserlienne plus tardive de noème[3]. Si, pour des raisons qui vont devenir manifestes, nous sommes très réservés en ce qui concerne toute assimilation de la pensée de Husserl à celle de Frege, nous reconnaissons néanmoins que l'on peut tirer, en ce qui concerne la question de l'idéalité, quelque enseignement de l'attention qu'ont prêtée les lecteurs de Frege à la question de la signification (*Bedeutung*) chez Husserl et à ses affinités avec la notion frégéenne de sens (*Sinn*). Notons au passage que cette affinité prétendue est souvent ce qui a motivé chez les commentateurs l'affirmation de l'existence d'une identité *intersubjective* des significations idéales chez le premier Husserl[4]. Ainsi, Smith et McIntyre – qui sont des ténors de la « lecture frégéenne de Husserl » – affirment, en parlant du phénoménologue : « Les significations doivent être des entités intersubjectives, dit-il, parce

---

[2] Frege, G., « Sinn und Bedeutung », in *Zeitschrift für Philosophie und philosophische Kritik*, 100, 1892. Nous citons d'après la traduction française de Claude Imbert : « Sens et Dénotation », in *Gottlob Frege. Écrits logiques et philosophiques*, Seuil, Paris, 1971, pp. 105–106.

[3] Cf. Føllesdal, D., *Husserl und Frege. Ein Beitrag zur Beleuchtung der Entstehung der phänomenologischen Philosophie*, Aschehoug & C°., Oslo, 1958. Voir aussi son article « Husserl's Notion of Noema », in *Journal of Philosophy*, 66, 1969, pp. 680–687. Pour une vision synthétique de ce débat, on se référera à la synthèse dressée par Fisette, D., *Lecture frégéenne de la phénoménologie*, L'éclat, Combas, 1994 ; ainsi qu'à Cobb-Stevens, R., *Husserl and Analytic Philosophy*, Kluwer Academic Publishers (Coll. Phaenomenologica 166), Dordrecht/Boston/London, 1990 ; sans oublier « Les interprétations analytiques de Husserl », in *La phénoménologie aux confins*, T.E.R., Mauzevin, 1992, pp. 7–31. Pour une bibliographie plus étendue, voir Kersey, E.M., « The Noema, Husserlian and Beyond : An Annotated Bibliography of the English Language Sources », in *Philosophy Research Archives*, 9, 1983, pp. 63–90.

[4] Précisons que cette affirmation est d'autant plus déroutante que le terme « intersubjectivité », absent des écrits précoces de Husserl, l'est également des écrits de Frege !

que la communication linguistique réussie exige que les personnes différentes expriment et comprennent la même signification – *strictement et numériquement la même*»[5].

Même si on excepte toute référence à Frege – dont il n'aurait, par exemple, jamais accepté l'idée «d'un trésor commun de pensées qui se transmet de générations en générations» ainsi qu'en témoigne un passage des *Ideen I*[6] – il reste que Husserl revendique effectivement «la signification identique de l'énoncé qui est une en face des multiples vécus de jugement que distingue très nettement la description»[7]. Il reste à savoir si cette identité est effectivement une identité *intersubjective* ou si, comme le suggère la lecture des «Prolégomènes», il s'agit d'une identité *suprasubjective*.

Nous poursuivrons deux buts: premièrement, nous montrerons que ce qui correspond chez Husserl à la notion frégéenne de *Sinn* – c'est-à-dire, comme les commentateurs l'ont souligné, la notion décrite dans les *Recherches logiques* comme *Bedeutung* (ou *Sinn*) – est effectivement une dimension idéale. Deuxièmement, nous montrerons que, comme idéalité, cette signification est suprasubjective et non pas intersubjective. Précisons cependant qu'en soulignant le caractère suprasubjectif de l'idéalité chez Husserl, nous ne souscrivons pas pour autant aux lectures inspirées de Frege et qui présentent les idéalités comme des entités non constituées intentionnellement.

On se fera une idée préliminaire de la conception husserlienne du langage en lisant la déclaration suivante: «Mon acte de jugement est un vécu fugitif qui apparaît et disparaît. Tandis que ce qu'énonce l'énoncé, ce contenu *que les trois hauteurs d'un triangle se coupent en un seul point* n'est pas quelque chose qui

---

5 McIntyre, R., Smith, D. W., «Husserl's Identification of Meaning and Noema», in H. L. Dreyfus and H. Hall (eds.) *Husserl, Intentionality and Cognitive Science*, M. I. T. Press, Cambridge/London, 1982, p. 83. Nous soulignons. On retrouvera des affirmations selon lesquelles l'idéalité, chez Husserl, est intersubjective chez: Mohanty, J. N., «Husserl's Thesis of the Ideality of Meanings», op. cit., p. 77; Zahavi, D.; *Intentionalität und Konstitution. Eine Einführung in Husserls «Logische Untersuchungen»*, Museum Tusculanum Press, Kopenhagen, 1992, p. 71; Bernet, R., «Bedeutung und intentionales Bewusstsein. Husserls Begriff des Bedeutungsphänomens», op. cit., p. 34; Drummond, J. J., *Husserlian Intentionality and Non-Foundational Realism. Noema and Object*. op. cit., p. 36.

6 Contre cette idée de Frege, voir par exemple: «Mag sein, dass wir von den Erkenntnissen vergangener Generationen Erkenntnisdispositionen geerbt haben; aber für die Frage nach Sinn und Wert unserer Erkenntnisse sind die Geschichten dieser Erbschaften ebenso gleichgültig, wie es für den Wertgehalt unseres Goldes die Geschichte der seinen ist» (Husserl, E., *Ideen zu einer reinen Phänomenologie und phänomenologischen Philosophie. Erstes Buch: allgemeine Einführung in die reine Phänomenologie. 1. Halbband, Text der 1.–3. Auflage*, éditeur: Karl Schuhmann, Martinus Nijhoff (Coll. Husserliana III/1), Den Haag, 1976, p. 53 (traduction française: Paul Ricœur: *Idées directrices pour une phénoménologie et une philosophie phénoménologique pures. Tome premier: introduction générale à la phénoménologie pure*, Gallimard, Paris, 1950). À l'avenir nous abrégeons: Hua III/1.

7 Hua XIX/1, p. 8.

apparaît et qui disparaît. Chaque fois que moi, ou que qui que ce soit [*wer auch immer*] prononce avec le même sens ce même énoncé, il y a un jugement nouveau. Les actes de jugement sont différents suivant les cas. Mais *ce qu'*ils jugent, *ce que* dit l'énoncé, est partout la même chose. C'est une chose identique au sens strict du mot, c'est une seule et même vérité géométrique »[8].

Il y a dans le langage une identité et une multiplicité qui collaborent étroitement pour que la communication soit possible. Pour le comprendre, quelques précisions sur la nature du langage sont nécessaires.

Selon Husserl, le langage est une structure de *signes* (*Zeichen*). Cela ne signifie pas pour autant que toute structure de signes soit langagière. Le langage a ceci de particulier qu'il est composé d'*expressions* (*Ausdrücke*), c'est-à-dire d'une classe particulière de signes : les *signes signifiants* (*bedeutsame Zeichen*). En d'autres termes, l'expression est une classe particulière de signes, distincte des signes non signifiants, lesquels ne sont que des indices (*Anzeichen*)[9]. Les indices n'existent que dans la réalité de fait (*tatsächlich*), lorsqu'ils servent effectivement, empiriquement, à quelqu'un comme annonces d'une autre chose qu'eux-mêmes. L'essence de l'indication réside dans l'unité effective qui s'établit entre les actes constituant l'indice et ceux constituant l'indiqué. Cette unité intentionnelle est la *motivation* qui fait passer d'un état-de-chose (l'indication) à un autre (l'indiqué). La façon dont Husserl caractérise la motivation indicative illustre à merveille, par contraste, ce qui distingue l'indication de la signification. En effet, la motivation indicative doit être conçue sur le mode du *renvoi* (*Hinweis*), ce qui la distingue de la *démonstration* (*Beweis*). Autrement dit, le propre de l'indication, c'est qu'elle renvoie à l'indiqué sans le démontrer. Par contraste, on comprendra mieux ce que Husserl appelle « renvoyer » en lisant ce qu'il écrit de la démonstration : « Les prémisses démontrent la conclusion quelle que soit la personne [*wer immer*] qui porte un jugement sur ces prémisses, sur la conclusion et sur l'unité des deux »[10].

Autrement dit, le renvoi qui caractérise la motivation indicative *n'est pas supra-subjectif* comme l'est la démonstration ; il ne débouche pas sur la vision intuitive (*Einsicht*) d'une idéalité, mais sur une conviction subjective (*Überzeugung*) ou une présomption subjective (*Vermutung*). L'indice ne fonctionne que pour cer-

---

8   Hua XIX/1, p. 50.
9   Dans la mesure où Husserl caractérise et décrit les signes signifiants en établissant un contraste entre ceux-ci et les indices, il nous est apparu que, à moins d'un exposé scolastique, voire dogmatique, il était impossible de présenter les signes signifiants sans traiter conjointement de l'indication et des indices. Par ailleurs, nous aurons bientôt à traiter plus profondément de l'indication ; celle-ci joue en effet un rôle capital dans la dimension communicative du langage. Nous avons pris le parti de ne parler dès à présent de l'indication que dans la mesure où cela est nécessaire pour une claire compréhension de la conception husserlienne de la signification. Nous réservons à plus tard l'exposé des développements complémentaires sur l'indication, quitte à souffrir quelques redites à cette occasion.
10 Hua XIX/1, p. 33.

taines personnes; il est réellement (et donc subjectivement) déterminé. C'est là une distinction fondamentale, et peut-être même la plus fondamentale qui soit, entre l'expression et l'indication: la première participe de la suprasubjectivité de l'idéalité, pas la seconde.

Par exemple, des os fossilisés ne servent d'indices d'une espèce disparue que pour le spécialiste de la paléontologie et non pas, loin s'en faut, pour toute personne quelle qu'elle soit. De même, les signes gravés sur la pierre de Rosette ne sont déchiffrables aujourd'hui que par quelques spécialistes. Jadis déjà, seuls les scribes spécialement formés à leur lecture pouvaient les comprendre. Pourtant, si l'indication ne fonctionnait que pour quelques-uns, la signification, elle, valait pour tous. Aujourd'hui encore, la signification entrelacée aux signes gravés sur cette pierre est identique pour tout sujet possible. Pour qui que ce soit, à tout moment, la signification des textes de Rosette exprime la même chose, même si personne ne peut déchiffrer les indices hiéroglyphiques qui l'indiquent dans la réalité. Tandis que les os fossilisés n'entretiennent qu'un lien réel et contingent avec l'animal disparu, les hiéroglyphes de Rosette entretiennent un lien idéal (la signification) avec l'objet qu'ils expriment[11].

Cet exemple illustre le fait que l'expression, pour Husserl, n'est pas nécessairement liée à la communication. Autrement dit, la fonction communicative des expressions est inessentielle à celles-ci, dès lors, elle pourrait tout aussi bien s'étudier dans la « vie psychique solitaire »[12]. « Nous ne voyons pas, dit Husserl, l'essence de la signification dans le vécu qui confère la signification mais dans son ‹ contenu › qui présente une unité intentionnelle identique, par opposition à la multiplicité dispersée des vécus véritables ou possibles de sujets parlants et pensants »[13]. Le contenu de la signification exprimée serait donc indifférent de la personne qui l'exprime comme de celle qui le comprend. Il importerait peu qu'il ne soit jamais communiqué par qui que ce soit à qui que ce soit, comme les manuscrits oubliés, écrits dans des langues éteintes, il conserverait silencieusement son identité suprasubjective. Bref, l'essence de l'expression ne serait ni intersubjective, ni subjective, elle ne serait rien de réel, elle serait suprasubjective, idéale.

Il reste pas mal de points sombres dans cette description de la communication langagière. Comment expliquer par exemple ce fait surprenant que, dans le fonctionnement effectif de l'expression, une idéalité *suprasubjective* intervienne à titre de contenu d'un acte donateur de sens *subjectif*? La réponse à cette question repose sur une théorie dont nous avons déjà fait mention à l'occasion de notre lecture des *Prolégomènes*: la théorie de la *species*. D'une manière générale, cette théorie expose

---

11 Nous verrons, en étudiant les présentifications, que les hiéroglyphes sont, selon Husserl, un cas particulier dans la mesure où ils sont partiellement figuratifs; il ne faut donc pas prendre cet exemple au pied de la lettre.
12 Hua XIX/1, § 8.
13 Hua XIX/1, p. 102.

le rapport de particularisation qui lie les idéalités aux vécus de conscience. Elle s'applique également dans le cas plus déterminé des vécus expressifs. Husserl affirme par exemple: «Or, cette véritable identité que nous affirmons ici n'est autre que *l'identité de l'espèce* [*Spezies*]. […] La signification se comporte ainsi par rapport à chacun des actes du signifier […], en quelque sorte comme le rouge *in specie* par rapport aux bandes de papier que j'ai devant les yeux et qui ‹ont› toutes le même rouge »[14]. En d'autres termes: «L'idéalité des significations est un cas particulier de l'idéalité du spécifique en général »[15].

On a beaucoup écrit sur cette théorie et sur l'évolution qui a conduit, à partir d'elle et en se démarquant d'elle, à la théorie de la corrélation noético-noématique. Il nous semble incontestable qu'il y ait, dans cette évolution, le témoignage d'un approfondissement de la pensée de Husserl. Cependant, il faut éviter de se faire de la théorie de la *species* une conception trop naïve et d'y voir un platonisme déguisé. Il n'y a pas un univers de *species* existant indépendamment des actes et dont les actes ne seraient que les émanations temporelles. La théorie de la *species* n'est pas une théorie ontologique, mais une manière de concevoir l'*identité*. Cette théorie, dans le cas précis des vécus expressifs, consiste à dire que l'identité suprasubjective de la signification se comporte, vis-à-vis de la multiplicité des actes du signifier, «en quelque sorte» de la même manière que l'espèce vis-à-vis de l'individu.

Dire que tout acte expressif particularise en lui, à titre de contenu, une espèce idéale, ne signifie pas qu'il soit impossible de jamais saisir l'espèce en tant que telle: « Une fois, l'apparition est le fondement de représentation [*Vorstellungsgrundlage*] pour un acte de visée *individuelle* […]. Une autre fois, elle est le fondement de représentation d'un acte de visée *faisant surgir l'espèce* [*spezialisierende*] »[16]. Nous disposons donc d'un acte *sui generis* par lequel, sur le fondement d'une intuition individuelle, nous sommes capables de saisir l'espèce idéale. Cet acte, que Husserl appelle « idéation » ou encore « abstraction idéatrice », est le fondement phénoménologique de la logique; c'est à l'élucidation de sa structure que sont consacrées, pour l'essentiel, les travaux de Husserl à l'époque de Halle.

Finalement, la Sixième recherche logique, et plus précisément le chapitre six de celle-ci, explorera avec plus de soin cette « intuition catégoriale » dont on sait qu'elle exercera sur la pensée de M. Heidegger une fascination féconde[17]. Husserl y montrera qu'il faut reconnaître les droits, aux côtés de l'intuition sensible, d'une intuition saisissant, à même le sensible, les données formelles qui excèdent celui-ci. Il ne nous appartient pas d'insister ici sur les bouleversements que cette

---

14 Hua XIX/1, pp. 105–106.
15 Hua XIX/1, p. 107.
16 Hua XIX/1, p. 114.
17 Cf. Taminiaux, J., « Remarques sur Heidegger et les *Recherches logiques* de Husserl », in J. Taminiaux, *Le regard et l'excédent*, Martinus Nijhoff (Coll. Phaenomenologica 75), Den Haag, 1977, pp. 156–182.

découverte introduit par rapport à la tradition kantienne ou cartésienne. Nous nous bornerons à souligner ce qui intéresse plus immédiatement notre propos, à savoir la mise en avant d'une possibilité pour le sujet individuel de saisir des données qui excèdent ce qui lui est subjectivement donné par sa sensibilité. Nous démontrerons également, dans les paragraphes suivants, que cette théorie atteste un privilège de la suprasubjectivité sur l'intersubjectivité.

2. *La communication linguistique dans les* Recherches logiques

Il va de soi que poser le problème de l'expérience d'autrui à partir de l'étude de la communication linguistique implique nécessairement que l'on s'intéresse à l'identité suprasubjective de la signification qui est échangée dans cette communication. Les aspects de la communication et de l'idéalité ne peuvent donc pas être traités séparément. Husserl en est parfaitement conscient, cependant, tandis que son étude de l'expression privilégie la dimension idéale du langage (la signification), son étude de la communication fait la part belle à la dimension réelle: l'indication.

Bien que, selon Husserl, le langage soit «un auxiliaire principal de la pensée»[18] et qu'à ce titre son étude soit le point de départ naturel de toute enquête sur les fondements de la logique, les développements sur la fonction communicative du langage sont singulièrement réduits dans les *Recherches logiques*. Il y a un motif très simple à cela: le fait que Husserl voit dans l'indication le fondement de la communication. Si la dimension indicative est inessentielle à l'égard de la signification idéale, laquelle est l'objet de la logique pure, il n'est que normal que cette dimension se voie reléguée, en quelque sorte, dans les marges des *Recherches logiques*. Dans ce texte, l'étude de l'indication reste encore programmatique au regard, par exemple, des développements qui lui seront consacrés, quelques années plus tard, dans « *Phantasie und Bildbewusstsein* » (1904)[19] et auxquels nous reviendrons dans notre *Troisième partie*.

L'indice se distingue de l'expression par son absence de signification. Dépourvu de toute dimension suprasubjective, il ne fait que renvoyer à son objet de manière contingente et subjective. Si bien que l'élément commun à tout processus indicatif réside en ceci que la connaissance *actuelle* d'un état-de-chose réel y motive la présomption ou la conviction de l'existence d'un autre état-de-chose. Cependant, ce qui est essentiel à l'indication, ce n'est pas tant qu'il y ait un rapport qui relie une

---

18 Hua XIX/1, p. 5.
19 Cf. Husserl, E., «Phantasie und Bildbewusstsein», in *Phantasie, Bildbewusstsein, Erinnerung. Zur Phänomenologie der anschaulichen Vergegenwärtigungen. Texte aus dem Nachlass (1898–1925)*, éditeur: Eduard Marbach, Martinus Nijhoff Publishers (Coll. Husserliana XXIII), Boston/London/Dordrecht, 1980, traduction française: Raymond Kassis et Jean-François Pestureau, *Phantasia, conscience d'image, souvenir*, Millon, Grenoble, 2002. À l'avenir nous abrégeons: Hua XXIII.

connaissance à une autre – de tels rapports se retrouvent dans d'autres phénomènes tels que, par exemple, la causalité ou la démonstration – c'est la nature particulière de ce rapport : la motivation, considérée sur le mode du renvoi, et dont Husserl décrit la structure intentionnelle comme suit : « La motivation établit une unité descriptive entre les actes de jugement dans lesquels les états-de-choses indiquants et indiqués se constituent pour le penseur [...]. C'est en elle que réside l'essence de l'indication »[20].

En clair, la motivation établit une « unité descriptive » (c'est-à-dire psychique) entre les « actes de jugements » constitutifs des états-de-choses indiquants et ceux constitutifs des états-de-choses indiqués. Seuls les premiers de ces actes constituent une connaissance actuelle tandis que les seconds ne constituent qu'une présomption ou, au mieux, une conviction subjective. Soulignons par ailleurs que l'unité descriptive fondée dans la motivation s'établit entre des *actes* et non pas directement entre des *états-de-choses*. Cette précision est importante car elle permet de lever une certaine ambiguïté du texte husserlien. En effet, si l'unité descriptive s'établit entre les actes et non pas entre les états-de-choses, alors, ce qui est constitué, ce ne sont pas les états-de-choses simplement réaux, mais les états-de-choses *en tant qu'ils indiquent et en tant qu'ils sont indiqués*. La motivation est dès lors constitutive de l'indication *elle-même* et c'est en ce sens que Husserl la présente comme l'« essence de l'indication ». Il précise ce point en écrivant que « l'unité de motivation des actes de jugement a, elle-même, le caractère d'une unité de jugement et, par-là, dans son ensemble, elle a un corrélat objectif apparaissant, un état-de-chose unitaire qui semble être en elle, être visé en elle »[21], exprimant par-là que l'unité formée entre l'acte judicatif constitutif de l'indiquant et l'acte judicatif constitutif de l'indiqué est elle-même un acte judicatif dont le corrélat objectif est précisément le « parce que » de l'indication, le renvoi de la motivation. « Ce ‹ parce que ›, ajoute-t-il, appréhendé comme expression d'une connexion dans les choses, est le corrélat objectif de la motivation en tant que forme descriptive propre de l'entremêlement [*Verwebung*] des actes de jugement en un seul acte de jugement »[22].

Présenter l'essence de l'indication comme étant un acte synthétique (la motivation) constitutif d'un état-de-chose de second degré (le « parce que » de l'indication) revient simplement à poser le problème initial de l'indication en termes intentionnels. En posant cela, nous ne savons toujours rien du caractère particulier du « parce que » de l'indication. De plus et surtout, nous ignorons *comment* ce rapport s'établit entre deux actes de connaissance. Tout au plus savons-nous que ce « parce que », comme corrélat objectif de l'acte synthétique de motivation, témoigne d'une connexion dans les choses mêmes et que, dès lors, l'indication n'est pas une opération arbitraire.

---

20 Hua XIX/1, p. 32.
21 Ibid.
22 Ibid.

Dans notre premier chapitre, nous avons insisté sur le fait que l'acte qui entre en jeu dans la constitution du « parce que » de l'indication doit être compris comme un acte de renvoi qu'il convient de distinguer de l'acte de démontrer. Or, aussi bien la démonstration que le renvoi sont des synthèses d'actes judicatifs, c'est-à-dire des « parce que ». La différence entre eux deux réside en ceci seulement que le renvoi est toujours subjectif, réel, contingent ; il ne lui appartient donc aucune nécessité idéale, ce qui n'est pas le cas de la démonstration.

Si l'indication ne comporte pas, comme la démonstration, un lien de *nécessité* il faut se demander, puisqu'elle n'est pas arbitraire, si elle n'exige pas nécessairement d'être rapportée essentiellement au lien de *probabilité* : « […] La conviction motivante ne doit-elle pas alors comporter un *fondement de probabilité* [*Wahrscheinlichkeitsgrund*] pour la conviction motivée »[23] ? Husserl précise du reste que les motivations empiriques qui entrent en jeu dans l'indication sont effectivement soumises à une législation idéale en vertu de laquelle il est possible de parler d'indices valables et non valables[24]. L'indication serait donc fondée théoriquement dans une sphère de légalité idéale : la sphère de la probabilité pure. Ce qui revient à dire que la probabilité pure est le fondement théorique de l'indication lorsque celle-ci est considérée comme source de connaissance, c'est-à-dire lorsqu'elle doit justifier de ses rapports avec la vérité. Ce serait en vertu des lois aprioriques de la probabilité pure que l'indication peut fonder un savoir non-arbitraire et pourtant non-nécessaire : un savoir vraisemblable.

Cette précision, si elle nous apprend beaucoup sur la nature propre de l'indication en clarifiant les caractéristiques positives du renvoi par rapport à la démonstration, ne répond toujours pas à la question du « comment » de l'instauration du rapport de « parce que » entre une connaissance véritable, actuelle, et une connaissance vraisemblable, présomptive. Ce ne peut pas être la seule théorie pure des probabilités qui fonde la valeur empirique de l'indice, sans quoi on comprendrait mal comment Husserl pourrait affirmer le caractère essentiellement factuel (*tatsächlich*) de l'indication. Comme nous allons le voir, un fait psychique qui appartient à la vaste sphère de l'« association des idées » entre également en jeu[25]. L'association telle que Husserl la présente dans les *Recherches logiques* fait bien plus que d'enchaîner des actes de conscience sous le prescrit d'une loi logique nécessaire. Elle possède de surcroît une certaine « liberté ». Certes, l'association ne peut pas s'opposer à la formation d'unités selon les règles de la logique matérielle ;

---

23 Hua XIX/1, p. 34.
24 L'argumentation de Husserl reprend une affirmation déjà formulée à la dernière page des *Prolegomena* et selon laquelle : « es auch im Gebiete des empirischen Denkens, in der Sphäre der Wahrscheinlichkeiten, ideale Elemente und Gesetze geben muss, in denen die Möglichkeit der empirischen Wissenschaft überhaupt, der Wahrscheinlichkeitserkenntnis vom Realem a priori gründet ». (Hua XVIII, p. 258.)
25 Cf. Hua XIX/1, § 4.

elle ne peut, par exemple, empêcher que toute couleur présuppose une étendue[26], cependant, elle introduit du neuf, « [...] elle crée, de plus, de nouveaux caractères et unités phénoménologiques, qui n'ont précisément pas leur fondement légal nécessaire dans les contenus vécus eux-mêmes, ni dans les genres de leurs moments abstraits »[27]. L'association qui entre en jeu dans l'indication impose donc un *excès* par rapport à la démonstration logique. Tandis que, dans la démonstration, c'est une *connexion d'être* qui entre en jeu, une connexion idéale (c'est par exemple l'être de l'étendue qui est relié à l'être de la couleur), dans l'indication, par le travail créateur de l'association, il se constitue une *co-appartenance sensible (die fühlbare Zusammengehörigkeit)*.

Avec l'association et la co-appartenance sensible, nous sommes, semble-t-il, parvenu au fondement le plus profond du processus indicatif. Si nous n'avons pas saisi avec clarté le « comment » de son fonctionnement intime, du moins avons-nous tenté de tirer le plus d'enseignement possible des développements de Husserl dans la première recherche logique. À bien des égards, la phénoménologie de l'indication développée en 1901 reste parcellaire[28], mais le travail d'approfondissement et de recherche de l'essence de l'indication dont nous nous sommes acquitté ici nous offre des informations préliminaires amplement suffisantes pour comprendre quel est le statut de l'indication dans cette structure de signes d'un type particulier qu'est le langage communicatif. À première vue, d'ailleurs, Husserl semble rejeter du côté de l'intention expressive ce qui fait en premier lieu qu'un complexe phonique devient un discours partagé.

> La complexion vocale articulée [...] devient mot parlé, discours communicatif en général, par ceci seulement que l'orateur le produit dans l'intention de ‹s'exprimer› à travers cela ‹sur quelque chose›; en d'autres termes, par ceci que, dans certains actes psychiques, il lui confère un sens qu'il veut partager avec l'auditeur[29].

À lire ce texte, il semblerait que l'intention d'exprimer transformerait seule le complexe phonique en discours partagé ou en mot parlé. En d'autres termes, la particularisation d'une signification idéale dans le contenu d'un acte expressif supporterait tout le poids de la valeur communicative du discours indicatif. Une telle lecture nous semble cependant négliger un point capital pour toute véritable communication. Il serait plus exact, nous semble-t-il, de dire que c'est seulement

---

26 Pour ce qui est de la « logique matérielle », nous renvoyons par avance à la très importante « Théorie des touts et des parties », telle qu'elle est exposée dans la troisième recherche logique.

27 Hua XIX/1, p. 36.

28 Nous aurons l'occasion d'y revenir en étudiant les leçons de 1904–1905. Nous verrons alors avec plus de détail les multiples structures intentionnelles qui appartiennent au genre général de l'indication. Nous aurons aussi l'occasion de nous faire une idée moins naïve des intentionnalités qui y sont impliquées.

29 Hua XIX/1, p. 39.

la transformation du complexe sonore en discours pur et simple (éventuellement solitaire) qui est, en premier lieu, le résultat de l'intention d'exprimer. La valeur de ce discours comme « partagé » exige, en outre, qu'il y ait compréhension : « Ce partage devient cependant possible par ceci que l'auditeur comprend aussi l'intention de l'orateur »[30].

La compréhension est donc un aspect essentiel du discours communicatif, c'est pourquoi, en cherchant à la décrire plus précisément, Husserl va également donner une caractérisation explicite du fonctionnement de la communication langagière.

> Ce qui, seul, rend possible l'échange spirituel et fait du discours communicatif un discours, réside dans cette corrélation médiatisée par la face physique du discours, entre les vécus physiques et psychiques s'appartenant mutuellement, des personnes en relation réciproque[31].

Ce serait la compréhension, par quelqu'un, de l'autre comme « lui parlant », c'est-à-dire comme « exprimant » intentionnellement quelque chose, qui rendrait possible l'échange spirituel. La compréhension, qui seule rend possible la communication comme *geistiger Verkehr*, résiderait dans ce que Husserl appelle une « corrélation ». Il est capital de bien comprendre en quoi celle-ci consiste et entre quels actes elle s'établit. Il ne s'agit assurément pas, pour Husserl, de donner un nouveau nom à l'association telle qu'il vient de la décrire. La corrélation dont il est question dans la communication linguistique ne s'établit pas entre les vécus psychiques et physiques d'un seul et même sujet (l'auditeur ou l'énonciateur), puisque ceux-ci sont déjà associés par une relation d'appartenance. La corrélation dont nous traitons s'établit entre les vécus psychiques et physiques associés de l'auditeur (sens et mot entendu) et ceux de l'énonciateur (sens et mot prononcé). On comprend mieux dès lors pourquoi Husserl nous dit que parler et écouter sont corrélatifs dans le discours communicatif.

Cette corrélation est donc une fonction, non pas à deux, mais à quatre termes. Tentons d'en d'élucider la structure. Husserl écrit : « Quand on considère cette connexion, on s'aperçoit aussitôt que toutes les expressions fonctionnent dans le discours *communicatif* comme *indices* »[32]. La corrélation se présente comme une indication d'un type particulier, non pas de second, mais de troisième degré. Expliquons-nous.

Nous avons vu déjà que la motivation est un acte synthétique, constitutif d'un état de chose de second degré, le « parce que » de l'indication. Nous avons vu

---

30 Ibid.
31 Étant donné l'importance de ce passage, nous en proposons le texte original : « Was den geistigen Verkehr allererst möglich und die verbindende Rede zur Rede macht, liegt in dieser durch die physische Seite der Rede vermittelten Korrelation zwischen den zusammengehörigen physischen und psychischen Erlebnissen der miteinander verkehrenden Personen ». Hua XIX/1, p. 39).
32 Hua XIX/1, p. 40.

également que ce « parce que » de l'indication se distingue par son caractère à la fois non évident et non arbitraire. Ce double caractère se trouve justifié par une double fondation ; l'association d'une part, la théorie pure des probabilités de l'autre. Nous avons découvert alors que ce qui, en fin de compte, distingue la démonstration du renvoi indicatif tient à ceci que l'association n'établit pas une connexion d'être (suprasubjective), mais une co-appartenance sensible. Il apparaît dès lors que l'unité descriptive, l'état de chose de second degré constitué par la motivation, est précisément cette *co-appartenance sensible*.

Husserl nous présenterait finalement l'échange spirituel comme relevant d'une structure indicative à quatre termes : 1°) l'acte psychique de l'énonciateur, 2°) l'acte physique de l'énonciateur, 3°) l'acte physique de l'auditeur, 4°) l'acte psychique de l'auditeur.

Si l'on garde à l'esprit que l'« unité descriptive » fondée dans la motivation s'établit entre les actes judicatifs et non pas entre les états-de-choses, alors, à première vue, seulement deux « co-appartenances sensibles » peuvent être établies : d'une part, *la parole*, dans laquelle l'acte psychique de l'énonciateur s'associe à l'acte physique de l'énonciateur ; d'autre part, *l'écoute*, dans laquelle l'acte psychique de l'auditeur s'associe à l'acte physique de l'auditeur. Husserl ne dit rien d'autre lorsqu'il parle d'une « co-appartenance entre les vécus psychiques et physiques des personnes qui partagent ».

On trouve donc tout d'abord dans la corrélation deux connexions d'actes de second degré – la parole et l'écoute – constituées par deux associations distinctes. Le propre de la corrélation linguistique serait qu'elle établirait entre ces deux connexions d'actes de second degré une connexion d'actes de troisième degré : *la compréhension*.

Nous sommes à présent en mesure d'avancer une réponse à la question de savoir si, dans sa description du langage communicatif, Husserl accorde ou non un privilège à la suprasubjectivité. À première vue, le simple fait que « toutes les expressions, dans le discours communicatif, fonctionnent comme indice »[33] semble annoncer que la dimension communicative du langage est indépendante de l'idéalité de la signification. Gardons-nous cependant de jugements trop hâtifs et revenons-en aux choses elles-mêmes. Il se peut que la *compréhension*, dans laquelle seule la communication proprement dite s'achève, accorde plus d'importance à la suprasubjectivité qu'il n'y paraît au premier abord.

Husserl a une conception très précise de ce qu'il appelle la communication. Celle-ci implique deux choses : d'une part, il faut que l'énonciateur confère un sens (*Sinn verleihen*) à un complexe empirique dans le but de partager ce sens avec celui qui l'écoute ; d'autre part, il faut que l'auditeur *comprenne* cette intention . « Et il le fait dans la mesure où il saisit l'énonciateur comme une personne qui n'émet

---

33 Hua XIX/1, p. 40.

pas de simples sons, mais qui *lui parle* et qui, par conséquent, en même temps que les sons, accomplit certains actes d'attribution de sens [*sinnverleihend*] qu'il veut lui faire connaître ou dont il veut lui communiquer le sens »[34]. Autrement dit, il n'y a communication que lorsque la face indicative du discours manifeste (*kundgibt*) un acte d'attribution de sens à un auditeur qui, dans la mesure où il écoute, appréhende (*kundnimmt*) cette signification.

En d'autres termes, la compréhension, telle que Husserl la décrit en 1901, semble avoir cette exigence peu plausible qu'une idéation soit, à chaque fois, accomplie[35]. Si le signe linguistique ne motive pas la saisie intuitive de l'espèce, il n'y a pas d'échange spirituel. Bref, la suprasubjectivité de la signification serait fondatrice pour le fonctionnement communicatif du langage. Il ne suffit pas, pour qu'il y ait communication, que le discours soit parlé et entendu par une personne attentive, connaissant la langue utilisée. Il faut que l'auditeur comprenne ce que le discours veut dire, sa signification, ce qui exige qu'il la saisisse par idéation.

Cependant, le texte de Husserl est plus riche que cela et il témoigne déjà d'une autre possibilité. En effet, dans la mesure où Husserl décrit la fonction communicative du langage dans le but avoué de mettre en évidence l'inessentialité de cette dimension communicative à l'égard de la dimension expressive, on rencontre des déclarations qui ont tendance à masquer l'idéalité et l'idéation qui sont toujours nécessairement présentes dans la communication. Husserl écrit par exemple : « La compréhension de la manifestation n'est pas un savoir conceptuel de la manifestation ; ce n'est pas un jugement du type de l'énonciation, mais elle consiste simplement en ce que l'auditeur saisit (aperçoit) *intuitivement* l'énonciateur comme une personne qui exprime ceci ou cela, ou bien nous pouvons dire tout simplement qu'il le perçoit comme tel »[36]. De telles déclarations pourraient laisser supposer que la saisie intuitive de l'autre comme personne est indépendante de toute idéation, de toute idéalité. Nous pensons, quant à nous, que, pour Husserl, ce qui est saisi intuitivement, c'est une personne *qui exprime*, qui attribue un *sens*. Selon nous, ce passage ne vise pas à montrer le privilège de l'intuition sensible mais, tout au contraire, à montrer que le sens saisi par l'auditeur dans la communication n'est jamais originairement vécu.

Par ailleurs, nous nous efforcerons dans la suite de ce chapitre de nous faire une idée plus précise de la manière dont Husserl, d'une manière plus large, comprenait la « saisie intuitive des personnes étrangères » en 1901.

---

34 Hua XIX/1, p. 39.
35 Cf. Bernet, R., « Le concept husserlien de noème », in R. Bernet, *La vie du sujet*, Presses Universitaires de France (Coll. Épiméthée), Paris, 1994, pp. 65–92.
36 Hua XIX/1, p. 40.

3. Signification, intentionnalité et expérience d'autrui

3.1. Signification et vécu intentionnel

Si nous voulons, comme c'est notre intention, tirer quelque profit de la description de la conception husserlienne de la communication linguistique pour nous forger une opinion sur la manière dont Husserl, à l'époque de Halle, devait concevoir l'expérience d'autrui, il nous faut tout d'abord établir qu'il est effectivement possible, dans ce contexte précis, de passer de la théorie de la signification à la théorie de l'intentionnalité en général.

Il est donc important de rappeler que la question de la signification n'est pas limitée strictement à l'analyse du langage ; elle s'étend à l'étude de la conscience intentionnelle dans son ensemble. En 1901, en effet, Husserl refuse encore explicitement la distinction introduite par Frege entre *Sinn* et *Bedeutung*, déclarant que, pour lui, ces concepts doivent être considérés comme synonymes[37]. Ce n'est qu'en 1913, dans le premier tome des *Ideen*, qu'il réintroduira cette distinction, dans un sens distinct de celui de Frege, visant à réserver le terme *Bedeutung* à l'étude du langage et à utiliser de préférence le terme *Sinn* pour l'étude de l'intentionnalité en général[38]. En 1913, cette précision terminologique s'accompagnera d'un approfondissement descriptif majeur avec la thématisation de la face noématique de la conscience. Depuis les années 1906–1907, en effet, Husserl a approfondi sa conception de l'intentionnalité, découvrant petit à petit la dimension noématique. Nous reviendrons plus amplement sur cette évolution, mais nous soulignons d'ores et déjà qu'en 1901, comme Husserl le confessera lui-même, son étude de l'intentionnalité reste enfermée dans une dimension trop étroitement *noétique*[39].

La dimension suprasubjective entre donc en jeu dans la description générale du vécu ; plus précisément, *une signification réside dans tout acte donateur de sens*. La signification est le contenu suprasubjectif de l'acte, la particularisation comme moment de l'acte d'une espèce idéale. Si tout vécu comprend, à titre de contenu intentionnel, un moment suprasubjectif, nous sommes effectivement en droit d'essayer d'étendre notre étude des relations entre la communication linguistique et l'idéalité des significations à l'étude de l'expérience d'autrui en général. En un mot, nous pouvons nous interroger plus immédiatement sur les rapports de la suprasubjectivité et de l'intersubjectivité.

La signification est contenu de l'acte intentionnel. Il faut à présent se forger une conception plus précise de ce qu'est un acte (un vécu) et de ce qu'est son contenu.

---

37 Hua XIX/1, p. 58.
38 Cf. Hua III/1, p. 285.
39 Voir, par exemple, Hua III/1, p. 217 ; Hua XIX/1, p. 411, n. 1.

En première approche, nous pourrions considérer que le contenu de l'acte est l'*objet visé* dans cet acte[40]. De toute évidence, l'objet visé par la conscience n'est pas une partie réelle du vécu, il fait partie de la conscience, mais seulement de façon intentionnelle (autrement dit, selon la théorie de la *species*, il se particularise à titre de moment abstrait de la visée). Il faut cependant établir une distinction entre *l'objet qui est visé*, tel ou tel objet réel déterminé, et *l'objet tel qu'il est visé*, selon qu'il est perçu, imaginé, désiré, supposé, etc. Cette distinction nous conduit immédiatement à une détermination plus précise de la notion de contenu de l'acte. Husserl établit, pour tout acte, une différence entre qualité (*Qualität*) et matière (*Materie*). Un même objet peut être appréhendé selon différentes qualités : jugement, vœu, souhait, etc. La *Materie* correspond à l'élément identique qui est tantôt jugé, tantôt souhaité, etc. En ce sens, elle possède une identité suprasubjective indépendante de la qualité.

Certes, l'unité formée par la matière et la qualité (l'essence intentionnelle) est, elle aussi, suprasubjectivement identique. Cependant, matière et qualité sont essentiellement distinctes en ceci qu'elles varient indépendamment l'une de l'autre. Par ailleurs, la matière possède comme spécificité propre d'être à l'origine de la relation à l'objet.

La distinction entre matière et qualité se retrouvera, sous une nouvelle terminologie, au cœur de la future description du noème dans *Ideen I*. Cette reformulation noématique n'entame en rien la pertinence de la description noétique des *Recherches logiques* puisque, comme Husserl le souligne, il y a dans la conscience intentionnelle un strict parallélisme noético-noématique. La distinction entre les deux polarités réside dans l'opposition entre le caractère fluant du pôle noétique et l'unité qui traverse le pôle noématique. L'apport plus tardif des *Ideen* nous permet rétrospectivement de nous faire une conception plus précise des relations entre qualité et matière. Nous nous autorisons ce travail rétrospectif, malgré l'exigence que nous nous sommes fixée de ne pas lire Husserl « à rebours », parce que la description de la conscience intentionnelle ne constitue pas l'objet immédiat de notre étude. En éclairant par des textes plus tardifs les écrits précoces de Husserl sur l'intentionnalité, nous ne préjugeons en rien, pensons-nous, de l'évolution de sa pensée sur l'altérité.

En 1913, Husserl appelle « noyau noématique » (*noematischer Kern*) ce qu'en 1901 il appelait « matière ». La qualité est, quant à elle, représentée en 1913 par la multitude des caractères d'actes : présentifications, modalités doxiques, modes attentionnels, etc. La description du noyau noématique en 1913 permet rétrospectivement de mieux comprendre la conception husserlienne de la matière en 1901.

---

40 Hua XIX/1, pp. 414–416.

> Nous devons considérer la matière *comme étant, dans l'acte, ce qui lui confère éminemment la relation à une objectivité* et lui confère cette relation avec *une détermination si parfaite* que, grâce à la matière, ce *n'est pas seulement l'objectité en général* que vise l'acte mais aussi *le mode selon lequel l'acte la vise, qui est nettement déterminé*[41].

La matière (ou le noyau) est donc ce qui, dans l'acte, fonde la *référence* à un objet. Voilà qui est clair. On comprend mal en revanche ce que Husserl vise lorsqu'il parle du caractère déterminé de cette matière en dehors des composantes qualitatives de l'acte[42]. La distinction, plus tardive, entre « x noématique » et « prédicats noématiques » permet de lever l'ambiguïté. La matière, ou le noyau noématique, réfère à une objectité individuelle, déterminée prédicativement selon tels et tels attributs propres : « cet arbre vert et tordu ». Cette visée comprend un « centre unificateur » qui est l'identité ultime, abstraction faite de tous les prédicats : « l'objet (l'arbre) pur et simple »[43].

En 1901, la matière semble entretenir un rapport privilégié avec la question de la suprasubjectivité : « Celui qui se représente qu'il y a sur la planète Mars des êtres intelligents se représente la même chose que celui qui demande ‹ y a-t-il sur la planète Mars des êtres intelligents ? › »[44]. Il va de soi que lorsqu'on s'en tient à la signification linguistique, la dimension qualitative exprimée dans la proposition engage la signification de celle-ci exactement de la même manière que la matière.

Dans le vécu intentionnel en général, la matière assume une fonction privilégiée : elle assure, avons nous dit, la référence à l'objet. En conséquence, c'est en elle que la dimension suprasubjective est la plus énigmatique. Comment comprendre qu'une multiplicité d'actes, qui pourtant sont tous subjectifs et particuliers, comportent néanmoins tous la même matière idéale, qui les lie au même objet[45]. On est conduit à se demander si l'identité suprasubjective de la matière n'engage pas, d'une certaine façon, une identité intersubjective, laquelle, précisément, ne serait plus celle de l'idée, mais celle de l'objet. Cette question, confuse encore, va s'éclairer quelque peu en étudiant le vécu intentionnel de l'expérience d'autrui.

3.2. *L'exemple de la poupée et son contexte dans les* Recherches logiques

La seule et timide description de l'expérience d'autrui dans les *Recherches logiques* intervient dans le cadre très technique d'une interrogation sur les rapports entre la qualité et la matière de l'acte. La question dans laquelle cette description apparaît est la suivante : comment la *Materie*, comme moment identique, se rapporte-t-elle

---

41 Hua XIX/1, p. 429.
42 Husserl lui même signale en note l'ambiguïté conceptuelle dans laquelle il se déplace.
43 Sur tout cela, voir Hua III/1, §130.
44 Hua XIX/1, p. 426.
45 Voir à ce sujet les remarques lumineuses de Drummond in *Husserlian Intentionality and Non-Foundational Realism. Noema and Object*, op. cit. p. 39.

à la *Qualität* qui peut varier indépendamment et vice-versa ? Husserl aborde ce problème à partir du principe brentanien selon lequel tout phénomène psychique est soit lui-même une représentation (*Vorstellung*), soit repose sur une représentation qui le fonde.

La théorie brentanienne suppose qu'il doit y avoir une « représentation simple » sur laquelle, en définitive, viendrait se fonder toute qualité. Quelle serait cette « représentation simple » ? Considérer qu'il s'agirait de la *Materie* pure et simple nous mettrait dans la situation suivante : tandis que toute autre essence intentionnelle est une complexion de qualité et de matière, l'essence intentionnelle de la représentation simple serait une simple matière (ou une simple qualité)[46]. Selon Husserl, cette absence de distinction, en fin d'analyse, entre qualité et matière pose un problème insoluble en ce qui concerne ce qu'il appelle « la dernière différence spécifique ». Chaque qualité (souhait, désir, doute, etc.) est une dernière différence spécifique en ce sens qu'il n'y a pas moyen de la particulariser davantage *si ce n'est en la liant à telle ou telle autre représentation*.

Or qu'en serait-il de la représentation elle-même si elle était une dernière différence spécifique, ce qu'implique l'approche brentanienne ? Dans une telle hypothèse, il serait impossible de distinguer par exemple entre « Pape » et « Empereur » qui, tous deux, sont des représentations. *À contrario*, si la représentation n'était pas une dernière différence spécifique, il y aurait autant d'espèces de représentations qu'il y a d'objets. Il semble donc que vouloir, à la manière de Brentano, supprimer la dualité de la matière et de la qualité dans le cas de la représentation fondatrice nous conduise à une situation insoluble. Husserl, comme on le sait, plaidera quant à lui pour une conception selon laquelle les actes objectivants, qui sont au fondement de toutes les représentations complexes, sont déjà des composés de matière et de qualité.

Ces interrogations le conduisent immédiatement à ce qui constitue un des objets privilégiés de sa réflexion sur l'intersubjectivité : *l'exemple de la poupée*[47]. Cet exemple est explicitement produit ici afin de clarifier les relations entre la qualité et la matière par un retour à l'intuition directe. L'enjeu sous-jacent pour nous est cependant plus large : il s'agit de s'interroger sur les relations qui se nouent entre l'identité suprasubjective de la signification idéale et l'expérience subjective d'autrui.

En ce qui concerne la question des relations entre la qualité et la matière, deux thèses sont possibles : la thèse brentanienne, qui affirme qu'il existe des « représentations simples » au fondement de toutes les représentations complexes (qualifiées) et que ces représentations simples ne sont pas composées de matière

---

46   Hua XIX/1, p. 446.
47   Hua XIX/1, pp. 458–459. On retrouve cet exemple, entre autre, in Hua XXIII, p. 41 ; in Hua XIII, *Beilage* 1 et *Text* 2 ; in Hua XXIV, p. 284 ; in Husserl, E., *Analysen zur passiven Synthesis. (1918–1926)*,

et de qualité, et la thèse husserlienne, qui soutient qu'il y a, dans tout acte, une complexion de matière et de qualité qui en sont des moments abstraits.

La démonstration de Husserl se fera par l'absurde: il montrera qu'il existe des représentations complexes, telles que la perception, qui ne peuvent pas être décomposées en actes partiels, c'est-à-dire en représentation simple et qualités.

Nous le savons, Husserl distingue, dans la perception, entre qualité et matière. Considérons à présent, selon le point de vue brentanien, la représentation simple qui correspondrait à la perception. Pourrait-il s'agir d'une simple fantaisie (*Phantasie*) portant sur le même objet? Le même objet serait alors présentifié (*vergegenwärtigt*), comme étant «le même», mais selon un autre mode (*Weise*) ou, selon Brentano, sans mode du tout. Selon Husserl, dans la perception, l'objet est saisi sur le mode de la présentation (*Gegenwärtigung*), alors que, dans la fantaisie, il est présentifié. Autrement dit, fantaisie et perception d'un même objet ont *la même matière* et une *qualité différente*. Pour la conception brentanienne, en revanche, se trouverait au fondement de la perception et de l'imagination une simple représentation qui est une qualité (ou une matière) simple, distincte de la perception et de l'imagination. Il devrait donc être possible de détacher (*ablösen*) de la perception une représentation simple, indépendante, qui la fonde. On pourrait dire que cette représentation simple est une illusion (*Illusion*) et que, dans le cas de la perception, il s'y ajoute la qualité du *belief*. Ce *belief* pourrait disparaître et alors la représentation simple, comme illusion, se dévoilerait à nouveau. Husserl a recours à l'exemple d'un type particulier d'illusion, l'erreur (*Täuschung*), pour savoir si une dissociation entre représentation simple comme illusion et comme perception est possible:

> Nous promenant dans un musée de figures de cire [*Panoptikum*], nous rencontrons dans l'escalier une dame étrangère qui nous fait signe aimablement – c'est l'attrape bien connue du musée de figures de cires. C'est une poupée qui, un instant, nous avait induit en erreur [*Täuschung*]. Aussi longtemps que nous sommes dans l'erreur, nous avons une perception au même titre que n'importe quelle autre. Nous voyons une dame, pas une poupée. Une fois que nous avons reconnu l'imposture [*Trug*], c'est le contraire qui a lieu, nous voyons maintenant une poupée (nous avons donc encore toujours une perception) et précisément une poupée qui représente [*vorstellt*] une dame. Naturellement, le mot représenter ne signifie pas que la

---

éditrice: Margot Fleischer, Martinus Nijhoff (Coll. Husserliana XI), Den Haag, 1966, pp. 34–35, 350–351, etc. (traduction française: Bruce Bégout et Jean Kessler, avec la collaboration de Natalie Depraz et Marc Richir, *De la synthèse passive*, Millon, Grenoble, 1998). À l'avenir nous abrégeons: Hua XI; in Husserl, E., *Erfahrung und Urteil. Untersuchungen zur Genealogie der Logik*, éditeur et rédacteur: Ludwig Landgrebe, Felix Meiner Verlag, Hamburg, 1939, § 21 (traduction française: Denise Souche-Dagues, *Expérience et jugement. Recherches sur la généalogie de la logique*, Presses Universitaires de France (Coll. Épiméthée), Paris, 1970). À l'avenir nous abrégeons: E. U.

perception soit la représentation mais que le perçu a la fonction pratique d'éveiller la simple représentation qui s'y rapporte. Au reste, le perçu [la poupée] est ici aussi différent de ce qui doit être présenté par le médium de la perception [la dame][48].

Peut-on parler ici d'une illusion qui se détacherait de la perception ? Plus précisément, apparaît-il clairement, au terme de cette aventure dans le musée de cire, que la perception initiale était fondée dans une simple représentation – l'illusion – à laquelle elle ne faisait qu'ajouter le caractère du *belief* ? Apparaît-il clairement, une fois la supercherie démasquée, qu'une dissociation doit être opérée entre l'illusion, comme représentation simple, et la perception, comme représentation complexe ?

Il importe de remarquer que la conscience d'illusion n'advient qu'après coup. Elle a nécessairement un caractère rétroactif. En effet au moment même où nous prenons conscience que nous sommes face à une poupée et non pas face à un sujet personnel indépendant, la conscience que nous avons au départ et qui était l'illusion à proprement parler s'évanouit. Ce dont nous sommes conscient dans la conscience d'illusion, c'est précisément d'un vécu qui est déjà écoulé. Une fois la supercherie démasquée, il reste encore une perception, cependant, il ne s'agit plus de la perception de la dame, mais de celle d'une poupée. Nous rencontrons déjà ici ce que Husserl appellera, en 1904, la « double saisie ». Nous en ferons une analyse détaillée dans notre *Troisième partie* en étudiant la conscience d'image.

Une dissociation s'établit donc entre la perception actuelle de la poupée et l'illusion de la dame, mais seulement après-coup. Pour Husserl, cette dissociation ne suffit aucunement à confirmer la thèse brentanienne des représentations simples. Pour qu'il y ait véritablement dissociation, il faudrait que l'on parle de la même chose avant et après la prise de conscience de l'illusion. Il faudrait que la représentation de la dame qui n'est pas dissociée de la perception de la poupée au stade initial soit la même que la représentation de la dame qui a cours au stade final. Or, il n'en est rien. Dans le second cas, la représentation de la dame est affectée d'un indice d'inexistence, ce qui n'était pas le cas lorsque l'illusion n'était pas consciente. D'un côté nous avons une dame perçue, de l'autre une dame non perçue. Il reste certes quelque chose de commun – la *Materie* « une dame me fait signe » –, mais, de part et d'autre, la *Qualität* et donc, au total, l'essence intentionnelle, sont différentes :

> La même matière est tantôt matière d'une perception, tantôt matière d'une simple imagination. Deux choses qui ne peuvent pas être réunies en même temps. […]. Il en résulte que l'analyse descriptive ne semble nullement donner raison à la conception

---

48 Hua XIX/1, pp. 458–459.

qui, aux yeux de bien des gens, paraît presque aller de soi, que toute perception serait une complexion dans laquelle un moment du *belief*, qui constituerait le qualitatif de l'acte perceptif, s'édifierait sur un *acte complet* donc doté d'une qualité propre de ‹ représentation perceptive ›[49].

Illusion et perception sont des modifications qualitatives de la même *Materie*, modifications qui, dans ce cas-ci, ont leur motif dans la synthèse de remplissement selon la ressemblance, caractérisée positionnellement d'une part, neutralisée de l'autre.

Nous pouvons tirer deux enseignements de ces développements. Premièrement : la perception d'autrui n'est pas une « dernière différence spécifique ». C'est une modification qualitative d'une *Materie* qui peut aussi bien être la *Materie* d'une imagination que d'une image en fonction du remplissement et la synthèse. Deuxièmement : étant donné que cette *Materie* est identique suprasubjectivement, l'intention dans laquelle elle réside est, conformément à la thèse de la *species*, une individuation de son espèce. Tentons à présent de tirer profit de cette présentation parcellaire de l'expérience d'autrui en la confrontant à la description de la fonction communicative du langage.

3.3. *L'exemple de la poupée, la communication et l'expérience d'autrui*

Vouloir tirer de l'exemple de la poupée dans les *Recherches logiques* une théorie de l'expérience d'autrui est, assurément, une entreprise risquée. Vraisemblablement Husserl se préoccupait peu, vers 1901, de la question de l'expérience d'autrui. Nous verrons bientôt que ce n'est qu'après 1903 que cette question a acquis pour lui une importance topique. Dans les *Recherches logiques*, l'exemple de la poupée n'intervient guère que comme une illustration de fortune produite afin d'étudier les rapports de la qualité et de la matière. Au demeurant, on sait que Husserl a effectivement vécu cette expérience lorsqu'il était jeune étudiant à Berlin[50]. En fait, celle-ci l'avait marqué parce qu'il avait eu le sentiment qu'une dame aux mœurs légères cherchait à le débaucher[51]. Peut-être, finalement, n'est-ce que l'insolite de la situation ou la nostalgie de ses années de jeunesse qui ont motivé ce choix parmi une foule d'autres exemples possibles.

Pourtant, nous allons nous appliquer à exploiter autant que possible cet exemple. Il y a à cela plusieurs motifs. Tout d'abord, à notre connaissance, c'est le seul passage des *Recherches logiques* où soient faits des développements de quelque étendue sur la perception d'autrui. Ensuite et surtout, ce n'est pas parce que Husserl

---

49   Hua XIX/1, p. 461.
50   Cf. Hua XI, pp. 350–351.
51   Cf. Gadamer, H. G., « Erinnerungen », in H. R. Sepp (Hrsg.) *Edmund Husserl und die phänomenologische Bewegung*, Alber, Freiburg/München, 1988, pp. 13–16.

emprunte cet exemple en quelque sorte « à la sauvette » que la description qu'il en fait ne correspond pas à l'idée, aussi immature soit-elle, qu'il se faisait alors de la perception d'autrui. Husserl est un philosophe bien trop consciencieux pour bâcler une description phénoménologique, même si elle n'a qu'une fonction secondaire par rapport à son développement principal. Enfin, précisons encore que cet exemple et cette démarche serviront de fondement ultérieur à la description husserlienne de l'*Einfühlung*, mais ce sont là des rétrospections dont nous nous sommes, par méthode, interdit l'usage.

Nous avons vu que la figure du *geistiger Verkehr* est une structure à quatre termes. Il faut voir ici si cette structure s'adapte à l'exemple de la poupée et, le cas échéant, comment. Nous distinguions chez l'énonciateur entre l'acte psychique (conférant le sens) l'acte physique (la complexion physique liée à l'expression). L'association de ces deux composantes constituait l'unité de la *parole*. Parallèlement, l'acte psychique et l'acte physique de l'auditeur s'associaient pour constituer l'*écoute*. L'échange spirituel se réalisait dans l'association de la parole et de l'écoute sous la forme de la compréhension.

Sur cette base, nous pourrions nous aventurer à proposer une présentation rétrospective de la conception husserlienne de la perception d'autrui à l'époque des *Recherches logiques* de la façon suivante :

La « dame qui me fait gentiment signe de la main » est un état-de-chose dans lequel sont associées une face physique et une face psychique : le signe de la main (et plus généralement parlant toutes les informations physiques liées à la poupée) indique un psychisme étranger, un autre Je, une altérité. Par ailleurs, la perception de la dame est, elle aussi, un état-de-chose dans lequel sont associés un acte psychique et un acte physique. La perception des signes faits par la dame motive la visée d'une altérité[52].

Si le lien indicatif qui est au cœur de cette communication intersubjective est un lien qui n'a qu'une portée subjective, il n'en demeure pas moins que la saisie de la signification « autrui » ou « autre psychisme » ou, tout simplement, « Je étranger », exige qu'un acte d'idéation soit accompli par lequel la signification idéale soit donnée et comprise.

---

52 Husserl ne donne aucune indication sur la saisie de la « gentillesse ». Pour le faire, il faudrait qu'il ait recours à la notion de « prédicats noématiques » qui, comme nous l'avons remarqué, ne sera introduite que dans les *Ideen I*.

Schématiquement:

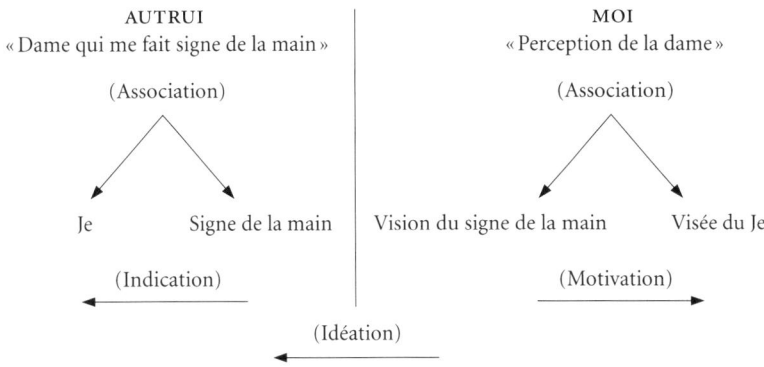

Il serait encore possible de risquer une application de ce schéma dans les termes de la philosophie plus tardive de l'*Einfühlung*. Deux distinctions s'imposent immédiatement. Premièrement, l'idéation joue, en 1901, un rôle absolument capital dans l'expérience d'autrui. Il n'en est plus rien dans les textes de Fribourg. Deuxièmement, Husserl parle ici d'une « perception » de la dame, c'est-à-dire d'une présentation et non pas d'une présentification comme c'est le cas pour l'*Einfühlung*. Qu'il soit question, en 1901, de perception, malgré l'insistance des développements sur l'indication dans l'étude de la fonction communicative du langage, mérite qu'on s'y attarde.

Le parallèle que nous établissons entre expérience d'autrui, communication linguistique et *Einfühlung* est certes délicat: il est anachronique, mais surtout il compare des éléments appartenant à des théories phénoménologiques distinctes. L'intentionnalité et la constitution n'ont pas la même structure pour le Husserl de 1901 et pour celui des années de Fribourg. Il existe pourtant des textes qui viennent accorder quelque crédit à notre démarche. Le plus explicite est le suivant:

> Ainsi se forme, peu à peu, un système de signes et il y a finalement une analogie effective entre un tel système signifiant de l'‹expression› des événements psychiques, qu'ils soient passifs ou actifs et le système signifiant de la langue pour l'expression des pensées [...]. On pourrait partir directement de là (et cela a été déjà tenté) pour étudier de façon systématique l'‹expression› de la vie psychique et mettre en évidence pour ainsi dire, la grammaire de cette expression[53].

---

53 Husserl, E., *Ideen zu einer reinen Phänomenologie und phänomenologischen Philosophie. Zweites Buch: Phänomenologische Untersuchungen zur Konstitution*, éditrice: Marly Biemel, Martinus Nijhoff (Coll. Husserliana IV), Den Haag, 1952, p. 166 (traduction française: Éliane Escoubas: *Idées directrices pour une phénoménologie et une philosophie pures. Livre second: Recherches phénoménologiques pour la constitution*, Presses Universitaires de France (Coll. Épiméthée), Paris, 1982). À l'avenir nous abrégeons: Hua IV.

Il serait pourtant trop audacieux de s'autoriser de telles remarques pour revendiquer un parallélisme strict entre la structure de l'*Einfühlung* et celle de l'expérience d'autrui dans les *Recherches logiques*. Ce sont surtout des distinctions manifestes qu'il faudrait souligner. On le sait, la théorie de l'*Einfühlung* repose sur une synthèse d'analogie structurée selon une double association (*Paarung*). L'expérience perceptive d'un *Körper* là-bas, associée à l'imagination de mon *Körper* là-bas, fonde une analogie en raison de laquelle l'association de mon ego à mon *Körper* dans mon *Leib* ici permet de poser, par analogie, un *Leib* là-bas, c'est-à-dire d'apprésenter un alter-ego au *Körper* là-bas. Non seulement, l'analogie ici exposée ne requiert pas d'idéation et ne repose pas *stricto sensu* sur l'indication, mais sur un type *sui generis* de présentification, mais encore, le noyau noématique en jeu dans cette structure est la signification « ego » qualitativement modifiée en « alter-ego ».

Or rien ne nous autorise à supposer une structure similaire à l'époque des *Recherches logiques*. Rien ne permet de déterminer si la matière en jeu dans l'expérience d'autrui en 1901 est précisément la signification « autrui » ou si c'est la signification « Je ». La terminologie utilisée par Husserl, selon laquelle il s'agit de la perception d'une dame, plaide plutôt pour la première hypothèse, mais nous allons voir que, quelle que soit l'option choisie, la structure proposée par les *Recherches logiques* conduit à une incohérence qui relève, en fin de compte, de ce que nous appellerons un *solipsisme théorique*[54].

Commençons par l'hypothèse la plus proche du texte. La matière de l'acte de perception d'autrui serait la signification « autrui » et sa qualité serait la perception (*Wahrnehmung*). Comment concilier une telle thèse avec les développements de Husserl sur l'indication et l'importance accordée à celle-ci dans la communication intersubjective ? Il nous semble qu'il faut prendre acte d'une certaine imprécision de Husserl qui, en voulant critiquer l'hypothèse brentanienne des « représentations simples », a trop directement opposé perception et erreur. Il y a toutefois un enseignement à tirer de cette imprécision. En quelque sorte, le fait que Husserl parle ici

---

54 Nous avons déjà signalé, en note, l'usage fait par certains phénoménologues d'origine anglo-saxonne (P. Hutcheson) des termes « solipsisme épistémologique » et « solipsisme métaphysique ». Dans la suite de notre travail, nous allons effectivement utiliser, en plus de la notion de « solipsisme théorique », celle de « solipsisme métaphysique ». Cependant, il est important de souligner dès à présent que nous utiliserons ces expressions dans un sens fondamentalement distinct de celui qui leur a été donné par Hutcheson. Selon cet auteur, le solipsisme épistémologique est une attitude dans laquelle on doute de pouvoir connaître autrui et le solipsisme métaphysique, une attitude dans laquelle on doute de l'existence d'autrui. Ces deux attitudes sont donc, plutôt, des objections à la possibilité de l'intersubjectivité au sens de Husserl. Pour notre part, nous utiliserons l'expression « solipsisme théorique » pour qualifier une attitude qui est liée à la notion de suprasubjectivité. Le solipsisme théorique consiste, d'une part, à lier à un sujet individuel singulier et privé la saisie des unités suprasubjectives et, d'autre part, à faire reposer l'expérience d'autrui sur ces unités suprasubjectives. Selon ce schéma, la constitution d'un monde commun est donc dépendante de la capacité subjective à saisir des unités suprasubjectives. Le solipsisme métaphysique apparaîtra comme une variante du solipsisme théorique.

de « perception » laisse supposer qu'il ne voit pas dans la modification qualitative de la matière « autrui » sous forme indicative quelque chose qu'il faille souligner outre mesure. Il en irait tout autrement si cette modification avait dû marquer l'extension intersubjective de l'identité de la matière, ce qui aurait été le cas si la modification qualitative n'avait pas été la qualification comme indice, mais la qualification comme « autre ». Le fait que la matière « autrui » soit suprasubjectivement identique ne justifierait en rien qu'elle soit intrinsèquement et immédiatement intersubjective, c'est-à-dire qu'elle serait constitutivement dépendante d'une pluralité de sujets. Autrement dit, c'est la suprasubjectivité de la matière « autrui » qui fonderait toute identité intersubjective possible.

Avec toutes les réserves qui s'imposent lorsqu'on s'applique à ce genre d'exercice d'interprétation reconstructive, nous pouvons dire qu'en proposant de fonder l'expérience d'autrui sur la particularisation d'une idéalité suprasubjective dans le vécu d'un sujet individuel, Husserl commet deux erreurs : premièrement, il passe indûment de la suprasubjectivité à l'intersubjectivité ; deuxièmement, il succombe à un solipsisme d'un type particulier selon lequel la seule faculté d'idéation suffirait à fonder l'épaisseur intersubjective du monde.

Nous pouvons également considérer, comme dans les textes plus tardifs mais à partir de la conception de Halle, que la matière engagée dans la perception d'autrui serait la signification « Je » ; néanmoins cela ne résoudrait pas pour autant toute difficulté. Tout d'abord, aucune modification qualitative en termes d'« alter- » ne pourrait s'expliquer ; la seule chose qui serait explicable, ce serait la distinction entre perception et indication. Même si cette modification qualitative pouvait s'expliquer, l'essence significative « alter-ego » devrait, elle aussi, rendre compte de sa portée intersubjective et le recours à la suprasubjectivité dans ce but nous reconduirait derechef à un solipsisme d'un type particulier.

La démarche qui consiste à fonder l'intersubjectivité dans la suprasubjectivité conduirait à un solipsisme plus profond encore que celui qui a été dépassé par la mise en avant de cette suprasubjectivité. Ce solipsisme, que nous qualifierons de « théorique », repose sur deux points : 1°) la perception d'autrui repose sur la saisie, par idéation, d'une signification suprasubjective ; 2°) le vécu de cette perception et de cette saisie est le vécu d'un Je *individuel*.

Autrement dit, de même qu'il y a un solipsisme consistant à affirmer qu'il n'existe aucun autre sujet que le mien propre – solipsisme lié directement à la question de l'intersubjectivité et anéantissant, indirectement, la possibilité d'une objectivité véritable – il y a un autre solipsisme, lié directement à la question de la suprasubjectivité, et qui, indirectement, met en cause la possibilité de l'intersubjectivité. Ce solipsisme, que nous appelons « solipsisme théorique », se met en place chez Husserl de la façon suivante : pour éviter le psychologisme – et donc, notamment, le solipsisme lié au relativisme individuel –, Husserl met en évidence la possibilité qui nous est ouverte de droit de saisir des idéalités suprasubjectives. Cependant, cette saisie est liée aux dispositions d'un sujet individuel. Par ailleurs, la perception d'autrui elle-même semble être dépendante de la saisie des idéalités, si bien que, en fin de compte, l'expérience d'autrui, d'une part, repose entièrement sur une possibilité individuelle, ce qui barre toute possibilité d'un accès authentique à l'altérité, et d'autre part, l'objectivité est battue en brèche, puisqu'elle n'est plus liée qu'à une conscience individuelle.

Il apparaît donc que la réfutation du psychologisme jouera à nouveau ici un rôle moteur et que Husserl sera contraint à brève échéance de réviser sa théorie.

4. Conclusion

Nous sommes partis à la recherche d'une présence de l'autre dans les *Recherches logiques*. Au terme de notre enquête, nous pouvons esquisser les conclusions suivantes. Husserl a recours à la notion de suprasubjectivité qui, si elle peut effectivement être comparée avec les usages analytiques du concept d'intersubjectivité comme «invariance subjective» ou comme «indifférence à l'égard de tout sujet quel qu'il soit», ne peut pas être confondue avec le concept d'intersubjectivité tel qu'il est généralement conçu par les phénoménologues. Il nous est apparu que cette notion de suprasubjectivité occupe une position de fondement dans les analyses husserliennes qui, à l'époque de Halle, engagent la relation intersubjective.

Nous avons constaté que Husserl propose une théorie du langage communicatif dans laquelle la suprasubjectivité joue un rôle primordial. «Sans idéation, pas de communication» pourrait être la conclusion de cette approche. Nous avons néanmoins mis en évidence l'importance capitale de l'indication et la façon dont elle intervient pour rendre compte de l'échange spirituel.

Enfin, nous avons vu que la suprasubjectivité intervient dans la théorie générale de l'intentionnalité. Husserl suggère, de façon discrète, une théorie de la perception d'autrui dans laquelle la matière de l'acte occupe une position ambiguë quant à son identité supra- ou inter- subjective. Encore une fois, il est apparu que l'expérience d'autrui semble dépendante de la suprasubjectivité de la matière intentionnelle.

Nous avons également souligné que cette théorie de la suprasubjectivité, bien qu'elle ait été introduite pour éviter une forme de solipsisme (le relativisme sceptique), reconduit en fait à un solipsisme plus profond (le solipsisme théorique) lorsqu'on est attentif à la distinction entre suprasubjectivité et intersubjectivité. Nous verrons dans notre prochain chapitre que la prise de conscience de ce problème entraînera la radicalisation de la réduction phénoménologique et une première prise de conscience du problème de l'intersubjectivité comme tel.

DEUXIÈME PARTIE

Introduction à la Deuxième partie

Entre 1901 et 1910, la conception husserlienne de la phénoménologie a subi ce qui est sans aucun doute sa mutation la plus profonde et la plus décisive. C'est à cette époque en effet que s'est joué le « tournant » transcendantal dont le premier tome des *Ideen* constitue le premier témoignage publié. Ce tournant fut déterminant pour l'histoire de la phénoménologie naissante en raison tout d'abord de la critique presque unanime qu'il souleva chez les premiers disciples de Husserl. L'idéalisme du « second » Husserl a essuyé, dès 1913, les objections les plus diverses et il n'est pas rare, aujourd'hui encore, qu'il soit l'objet d'invectives cinglantes de la part de philosophes plus ou moins bien informés.

Par delà les simplifications excessives dont ce « tournant » a été l'objet, il convient de prendre acte d'une question plus profonde et souvent mal comprise : « Mais il y a lieu de réfuter ici une erreur tenace. On insinue toujours à nouveau que les disciples de Husserl de la première heure, et peut-être aussi de la deuxième, auraient accepté uniquement la *réduction eidétique* et non pas la *réduction transcendantale*. Nous pouvons affirmer qu'il n'en est rien. Ni les Schapp, ni les Reinach, ni les Hildebrand, ni les Conrad-Martius, ni les Koyré, ni plus tard les Marvin Farber ou les Fink n'ont entendu nier la valeur épistémologique de la deuxième réduction phénoménologique ni l'importance des analyses de la conscience (y compris les problèmes de constitution) comme *prima philosophia*. Ce qu'ils ont repoussé, c'était l'importance de la thèse métaphysique du primat de la conscience […]. Il nous semblait que la phénoménologie était tout aussi compatible – et même mieux – avec la thèse de l'indépendance du monde ou avec celle de l'interdépendance de la conscience et du monde »[1]. En d'autres termes, ce qui était mis en question, c'était la thèse métaphysique d'un primat de la conscience sur le monde. Un corollaire immédiat de cette critique fut la dénonciation, mainte fois répétée, du caractère « mythique » de la subjectivité transcendantale. Ces reproches adressés à l'idéalisme phénoménologique intéressent particulièrement notre étude. Tout d'abord parce que c'est effectivement à partir d'eux que l'on a dénoncé l'égologie husserlienne. Ensuite parce que cette critique s'est opérée dans un large dédain à l'égard des motifs internes et des contraintes rationnelles qui ont conduit Husserl à opérer ce

---

1 Héring, J., « Edmund Husserl. Souvenirs et réflexions », in H. L. van Breda et J. Taminiaux (éds.), *Edmund Husserl 1859–1959. Recueil commémoratif publié à l'occasion du centenaire de la naissance du philosophe*, Martinus Nijhoff (Coll. Phaenomenologica 4), Den Haag, 1959, pp. 26–28.

tournant. Or, il apparaîtra au fil de notre enquête que non seulement un des motifs qui a conduit Husserl à pratiquer la réduction phénoménologique est le rejet de toute subjectivité « mythique », mais que, de plus, l'enjeu de cette méthode était précisément de sauvegarder l'épaisseur intersubjective du monde et non de la trahir. Dans les deux chapitres qui suivent, nous étudierons successivement l'origine de la réduction du sujet empirique et la question de l'individuation dans les *Manuscrits de Seefeld*. Tout l'enjeu de notre enquête sera de scruter et de faire ressortir l'étroite relation qui unit, dans le parcours intellectuel de Husserl, l'apparition de la méthode réductive et de l'intersubjectivité transcendantale.

CHAPITRE 3

L'origine de la réduction du sujet empirique
(1901–1905)

La lecture des *Recherches logiques* a révélé la nature du lien étroit qui unit la communication linguistique et l'idéalité de la signification. Il est apparu que la structure de la communication linguistique, c'est-à-dire, selon Husserl, l'association indicative des actes psychiques et physiques de l'énonciateur et de l'auditeur selon une matrice à quatre termes, suppose la saisie intuitive (idéation) d'une signification idéale, potentiellement communicable en vertu de son identité suprasubjective et supratemporelle. Nous avons constaté en outre que, dans l'exemple de la poupée, cette structure est en quelque sorte « recyclée » pour décrire cette fois l'expérience perceptive d'autrui. Dans cet exemple, en effet, Husserl soutient que la matière de l'acte, qu'elle soit qualifiée comme perception ou comme erreur, possède une identité suprasubjective qui lui permet d'être appliquée indifféremment à une poupée ou à une personne quelle qu'elle soit. L'expérience d'autrui, telle qu'il la conçoit à l'issue de l'époque de Halle, serait donc fondée sur la suprasubjectivité idéale. Nous avons montré que cette conception de l'expérience d'autrui conduit à un solipsisme théorique, c'est-à-dire à une attitude dans laquelle l'expérience d'autrui constitutive de la relation intersubjective est dépendante de la saisie simplement subjective d'idéalités suprasubjectives.

Pourtant, la suprasubjectivité des idéalités n'est pas qu'une exigence gratuite de Husserl ou un postulat métaphysique : *c'est une composante intrinsèque de sa réfutation du psychologisme*, qui constitue d'ailleurs un des motifs pour lesquels nous avons tenu à distinguer le solipsisme théorique du psychologisme au sens large. Nous avons vu que le psychologisme est aveugle aux idéalités ainsi qu'à la possibilité de les saisir intuitivement. Selon lui, les contraintes logiques de la pensée ne sont que le reflet de relations empirico-causales déterminées. Husserl a montré, de façon définitive, que cette attitude, parce qu'elle est auto-destructrice, débouche sur un relativisme nécessairement intenable. Dès lors, la tâche de la phénoménologie naissante pourrait s'interpréter comme étant celle de la recherche de l'*origine des idéalités*.

Au terme de notre lecture des *Recherches logiques*, nous nous trouvons donc dans une situation paradoxale. La réponse adressée par Husserl au solipsisme psychologiste (relativisme individuel) conduit, de façon inattendue, à un autre solipsisme qui, en dernière analyse, est peut-être plus profond encore : le solipsisme théorique. Notre étude des premières années de l'époque de Göttingen devra donc répondre à deux interrogations : 1) quand et comment Husserl a-t-il pris conscience des difficultés laissées ouvertes par l'approche de l'altérité dans les *Recherches logiques*? ; 2) comment a-t-il tenté d'y répondre?

En effet, il ne suffit pas d'affirmer que l'approche des *Recherches logiques* débouche sur le solipsisme théorique parce qu'elle fait dépendre l'expérience d'autrui de la saisie subjective d'idéalités suprasubjectives ; encore faut-il rendre compte des motifs historiques qui ont conduit Husserl à prendre conscience de cette difficulté et retracer l'agenda de son débat avec cette question. L'arrivée de Husserl à Göttingen en 1901 ne se résume pas à une étape dans sa vie professionnelle. Les premières années de l'époque de Göttingen marquent un tournant majeur de sa pensée, son véritable essor en tant que phénoménologie transcendantale. Même si Husserl n'a pratiquement rien publié à cette époque, les manuscrits qu'il nous a laissés témoignent d'une activité et d'une richesse intellectuelles incomparables. On voit apparaître, presque en même temps, la majeure partie des thèmes centraux de sa phénoménologie : le temps, l'espace, la chair, les kinesthèses, l'histoire et le monde-de-la-vie, la distinction noético-noématique, la subjectivité et l'intersubjectivité transcendantales, l'*Einfühlung*, etc.

Il n'est pas douteux que ce qui a permis une telle floraison de sujets, déjà sous-jacents mais secondaires à l'époque de Halle, est intimement lié à l'apparition de la méthode réductive, celle-là même qui, accusée d'engendrer un solipsisme transcendantal, est généralement considérée comme le motif initial des interrogations husserliennes sur l'intersubjectivité. Nous avons pourtant établi que la réfutation du psychologisme, avant la découverte de la réduction phénoménologique, engageait déjà une forme de réponse à l'objection de solipsisme (relativisme individuel). Husserl affirme d'ailleurs que l'emploi de la réduction phénoménologique s'est imposé à lui pour combattre un reste de psychologisme encore présent dans les *Recherches logiques*. Il n'est pas absurde dès lors de se demander si ce n'est pas aussi pour combattre une forme de solipsisme qu'il a introduit la réduction phénoménologique. Il se peut que les interrogations husserliennes sur l'altérité ne découlent pas de l'objection de solipsisme, mais la précèdent en quelque manière. La question du solipsisme ne serait pas alors le résultat de la réduction phénoménologique, mais un des motifs qui aurait conduit à la produire.

Pour vérifier cette hypothèse, il nous faut partir à la recherche des origines historiques et philosophiques de la réduction phénoménologique. Il n'est pas facile d'assigner une date à l'apparition de la réduction phénoménologique. Certains auteurs laissent entendre qu'elle était déjà implicite dans les *Recherches logiques* de 1901[1]. Husserl lui-même la fait remonter en 1905[2] ; cependant, même si les premières

---

1   Cf. Kern, I., « Die drei Wege zur transzendentalphänomenologischen Reduktion in der Philosophie Edmund Husserls », in *Tijdschrift voor filosofie*, 24/2, 1962, pp. 303–349.
2   Voir notamment : Husserl, E., « Seefelder Manuskripte über Individuation », in *Zur Phänomeno-*

pages des *Leçons sur la conscience intime du temps* semblent accréditer cette thèse, certains auteurs actuels la révoquent en doute[3]. En revanche, il est indiscutable que l'expression « réduction phénoménologique » est déjà présente dans le cours de 1906–1907[4]. Il demeure néanmoins qu'une tradition bien ancrée considère, non sans fondement, qu'elle n'accède à son statut véritablement transcendantal qu'en 1907 avec les premiers signes de la distinction noético-noématique[5]. Toute cette indécision tient sans doute à la chose elle-même, au fait que, jusqu'à la fin de ses jours, Husserl a toujours été à la recherche d'une théorie transcendantale de la méthode sans jamais parvenir à lui donner une véritable autonomie phénoménologique[6].

À première vue, la situation semble plus simple en ce qui concerne la question plus délimitée de la réduction du sujet empirique. Son apparition coïncide historiquement et philosophiquement avec le rejet explicite de la définition de la phénoménologie comme psychologie descriptive. Sur ce point au moins, Husserl et ses commentateurs s'accordent pour reconnaître que cette évolution date de 1903. Les choses se gâtent lorsque l'on se préoccupe d'assigner un *motif* historique à ce tournant de la pensée husserlienne. Récemment encore, il s'avérait illusoire de proposer une évolution crédible des vues de Husserl sur ce point autrement que par la spéculation et des suppositions hasardeuses. Jusqu'il y a peu en effet, pour les années allant de 1901 à 1905, les seuls textes accessibles se résumaient à une poignée de recensions. Pour le détail, il fallait se contenter de quelques indications succinctes dans la *Husserl-Chronik* ou glaner au petit bonheur des témoignages indirects dans la littérature académique de l'époque[7]. Le tableau s'est considérablement éclairci depuis peu. Tout d'abord, la correspondance de Husserl est enfin publiée dans son

---

    logie des inneren Zeitbewusstseins (1893–1917), Martinus Nijhoff (Coll. Husserliana X), Haag, 1966, p. 237, (traduction française : B. Bégout : « Manuscrits de Seefeld sur l'individuation », in *Alter*, 4, p. 371). À l'avenir nous abrégeons : « Hua X ».

3 Voir par exemple : Bernet, R., « Einleitung », in *Edmund Husserl. Texte zur Phänomenologie des inneren Zeitbewusstseins (1893–1917)*, Felix Meiner Verlag, Hamburg, 1985, pp. XI–LXXIII.

4 Cf. Hua XXIV, p. 211 et sqq.

5 Cette tradition semble remonter à un article de Tran Duc Thao (« Les origines de la réduction phénoménologique chez Husserl », in *Deucalion*, 3, 1950, pp. 128–142) et s'être perpétuée par la suite.

6 Voir à ce sujet : Fink, E., VI. *Cartesianische Meditation, Teil 1 : Die Idee einer transzendentalen Methodenlehre*, Kluwer Academic Publishers (Coll. Husserliana Dokumente II/1), Dordrecht/Boston/London, 1988, (traduction française : N. Depraz : *Sixième méditation cartésienne. L'idée d'une théorie transcendantale de la méthode*, Millon, Grenoble, 1994). Ainsi que : Fink, E., VI. *Cartesianische Meditation, Teil 2 : Ergänzungsband*, Kluwer Academic Publishers (Coll. Husserliana Dokumente II/2), Dordrecht/Boston/London, 1988, (traduction française : F. Dastur et A. Montavont : *Autres rédactions des Méditations cartésiennes*, Millon, Grenoble, 1998). À l'avenir nous abrégeons : Dok II/1 et Dok. II/2.

7 On soulignera le travail remarquable de J-Fr. Lavigne à qui nous sommes redevable : Lavigne, J-Fr., « Introduction », in Husserl, E. ; *Chose et espace. Leçons de 1907*, Presses Universitaires de France (Coll. Épiméthée), Paris, 1989, pp. 5–19.

intégralité[8], ce qui jette un jour nouveau sur cette période, jusqu'ici « obscure », de la pensée de notre auteur. Ensuite et surtout, les leçons de logique de 1901–1902 et de théorie de la connaissance de 1902–1903 ont finalement été retranscrites et sont à présent publiées[9]. Ces cours, qui ne nous étaient connus jusqu'ici que de seconde main, apportent nombre d'informations nouvelles sur l'évolution de la pensée de Husserl.

Avant de nous risquer à formuler quelques hypothèses sur l'origine historique de la réduction du sujet empirique, il serait sans doute indiqué de procéder à quelques remarques préliminaires sur l'abandon de la définition de la phénoménologie comme psychologie descriptive. Nous avons en effet signalé que cet abandon est non seulement contemporain de la réduction du sujet empirique, mais qu'il lui est encore étroitement lié.

1. L'abandon de la définition de la phénoménologie comme psychologie descriptive

Il a quelques fois été remarqué, tant par Husserl que par ses commentateurs ultérieurs, que les germes de la réduction phénoménologique étaient déjà présents dans la première édition des *Recherches logiques*. Cette affirmation vise même un texte précis dans le corps de cette œuvre, à savoir le paragraphe sept de l'introduction au second tome. Celui-ci porte, de façon significative, l'intitulé suivant : « Le principe de l'absence de présupposition dans les recherches relevant de la théorie de la connaissance ». Ce principe, dans la formulation de 1901, prescrit l'exclusion de toutes les suppositions (*Annahmen*) qui ne peuvent être pleinement réalisées par une démarche phénoménologique. Reste à savoir ce que sont au juste ces « suppositions » et, surtout, ce qu'est, en 1901, la « démarche phénoménologique ». La première de ces interrogations ne pose pas de difficulté majeure : la lecture des « Prolégomènes » nous a déjà donné à entendre que ces « suppositions » doivent être les hypothèses causalistes introduites dans les sciences empiriques. La seconde interrogation, en revanche, est plus délicate. Comment Husserl, en 1901, concevait-il la démarche phénoménologique ? Sans doute, son usage du mot « phénoménologie » devait être fort distinct de celui qu'en avait fait G. W. F. Hegel et, avant lui, H. Lambert. Cependant, il n'est pas douteux non plus qu'il ne concevait pas encore la démarche phénoménologique comme il le fera

---

8   Cette correspondance a été éditée par Karl Schuhmann en association avec Elisabeth Schuhmann. Elle constitue le troisième tome de la série « Husserliana Dokumente » et comporte 10 volumes. (Husserl, E., *Briefwechsel*, Kluwer Academic Publishers (Coll. Husserliana Dokumente III), Dordrecht/Boston/London, 1994).

9   Rappelons que la plupart des manuscrits autographes de Husserl sont rédigés dans une écriture sténographiée spécialement adaptée par Husserl à son propre usage. Ces manuscrits doivent donc être transcrits dans un allemand plus accessible.

plus tard dans les *Ideen I*. Il est vraisemblable de penser que Husserl, outre l'influence déterminante de la psychologie descriptive de F. Brentano, a été marqué par les travaux phénoménologiques de K. Stumpf[10]. Probablement est-ce même de ce dernier qu'il a «hérité» le terme «phénoménologie». Il serait cependant par trop hâtif de conclure d'une proximité historique et d'une sympathie intellectuelle à une communauté conceptuelle. La démarche phénoménologique de Stumpf était certes descriptive, à la manière de Brentano et de Husserl, mais elle demeurait expérimentale, ce qui la rend incompatible avec l'intuitionnisme revendiqué de la première édition des *Recherches logiques*[11]. La nature exacte de la démarche phénoménologique adoptée par Husserl en 1901 demeure donc dans une certaine indétermination. Un passage – supprimé dans la seconde édition – nous en donne cependant une qualification un peu plus explicite: «Une phénoménologie des vécus de connaissance, [...] une phénoménologie qui a en vue la simple analyse descriptive des vécus dans leur donnée réelle mais en aucune manière leur analyse génétique selon leurs relations causales»[12]. Autrement dit, la démarche de la phénoménologie serait celle de la psychologie *descriptive* ; elle se démarquerait par là de la psychologie *génétique* et de ses suppositions empirico-causales.

Il convient cependant de nuancer cette définition par trop abrupte. Précisons tout d'abord que, lorsque Husserl démarque la phénoménologie de la psychologie génétique, il ne veut pas dire pour autant que la phénoménologie exclut toute genèse. C'est uniquement la démarche empirico-causale suivie dans la psychologie que l'on appelait «génétique» à l'époque qui est visée ici. Il importe en outre de ne pas surestimer l'assimilation de la phénoménologie à une psychologie descriptive. Certes, jusqu'en 1903, Husserl laissera entendre régulièrement, avec une certaine légèreté, que ces deux démarches sont équivalentes. Toutefois, cela ne doit pas occulter le fait que, dès la première édition des *Recherches logiques*, il apporte des bémols à cette identification. Dans un appendice de 1901, par exemple, nous trouvons une mise en garde contre une assimilation pure et simple de la démarche phénoménologique et de celle de la psychologie descriptive. Cette mise en garde

---

10   À ce sujet, voir Spiegelberg, H., *The Phenomenological Movement. A Historical Introduction*, Kluwer Academic Publishers, Dordrecht, 1994, pp. 51–58.
11   On consultera notamment à ce propos les remarques que Husserl a faites en 1913 à propos de la relation de sa conception de la phénoménologie et de celle de Stumpf: «Il est déjà arrivé plusieurs fois de confondre le concept de phénoménologie chez Stumpf (au sens de doctrine des ‹apparences›) avec le nôtre. La phénoménologie de Stumpf correspondrait plutôt à l'analyse qui a été caractérisée plus haut comme hylétique, à ceci près que la détermination que nous lui donnons est essentiellement conditionnée dans son sens méthodique par le cadre transcendantal dans lequel elle s'insère. D'autre part l'idée de l'hylétique se transpose *ipso facto* de la phénoménologie sur le plan de la psychologie eidétique: or c'est dans cette psychologie eidétique que devrait être incluse selon notre interprétation la ‹phénoménologie› de Stumpf». (Hua III/1, §86).
12   Hua XIX/1, p. 28, note 1 A.

est d'autant plus éloquente qu'elle intervient effectivement pour corriger l'affirmation trop désinvolte selon laquelle : « La phénoménologie est une psychologie descriptive ». Elle précise :

> Étant donné qu'il est d'une importance tout à fait exceptionnelle pour la théorie de la connaissance de différencier l'étude purement descriptive des vécus de connaissance, menée indépendamment de toute préoccupation théorético-psychologique, de la recherche proprement psychologique orientée sur l'explication empirique et génétique, nous avons raison de parler plutôt de *phénoménologie* que de psychologie descriptive. Ce terme se recommande à nous pour une autre raison : c'est que l'expression de psychologie descriptive désigne dans la terminologie de nombreux auteurs la sphère de recherches d'une psychologie scientifique circonscrite par la préférence accordée dans la méthode à l'expérience interne et en faisant abstraction de toute explication psychophysique[13].

Dès cette époque donc, lorsqu'il parle de psychologie descriptive, Husserl est à la recherche d'une « autre » psychologie descriptive. D'une certaine manière, les progrès accomplis dans les premières années de l'époque de Göttingen pourraient être interprétés comme des avancées dans la manière dont il a tenté de mieux transmettre les pensées déjà présentes dans ses textes antérieurs, mais qui étaient masquées par une terminologie inadaptée. C'est une des caractéristiques les plus constantes de la pensée de Husserl que son expression semble avoir toujours été débordée par la signification qu'elle visait. Cela donne parfois l'impression, sans doute partiellement fondée, que Husserl a progressé dans la phénoménologie « à contre cœur », sous la contrainte des phénomènes. Peut-être est-ce là le lot des grandes philosophies.

Quoi qu'il en soit, puisqu'il est question ici de psychologie (fût-elle d'un nouveau genre) un rapide regard à la conception husserlienne de la subjectivité phénoménologique en 1901 sera susceptible de nous apporter une vue plus précise de la nature de cette psychologie descriptive réformée que Husserl, en 1901, appelle « phénoménologie ». On a souvent mis en évidence, à la suite de Husserl lui-même, le revirement qui s'est effectué entre 1901 et 1913 en ce qui concerne l'idée d'un sujet pur. L'acceptation de cette idée, aux alentours des années 1910, et la lente évolution qui, à partir de 1903 environ, a conduit à ce revirement, seront abordées plus loin. Pour l'instant, notre attention ne se portera pas sur la notion de *reines Ich* mais sur celles, moins connues, de *psychisches Ich* et de *Ichleib*. Husserl les introduit en ces termes :

> Le moi au sens courant du terme est un objet empirique, aussi bien le moi propre que le moi étranger et n'importe quel moi l'est tout autant qu'une chose physique quelconque, tels une maison, ou un arbre, etc. […] Si nous séparons le moi corporel

---

13 Hua XIX/1, p. 24.

[*Ichleib*] du moi empirique et qu'ensuite nous limitons le moi purement psychique [*psychisches Ich*] à son contenu phénoménologique, il se réduit à l'unité d'une conscience, donc à la complexion réelle de vécus que nous (c'est-à-dire chacun pour son moi) trouvons pour une part donnée avec évidence en nous et que pour une part complémentaire nous acceptons pour de bonnes raisons[14].

Arrêtons-nous un instant à ce texte qui, à bien des égards, nous paraît surprenant. Il semble en effet être le témoignage d'un certain malaise de Husserl lorsqu'il s'agit de préciser clairement ce qu'il entend par « contenu phénoménologique » du moi psychique. Dès lors, c'est toute l'ambiguïté de la notion husserlienne de psychologie descriptive qui semble y être concentrée. Bien entendu, il n'est pas excessivement étonnant de voir Husserl distinguer le sujet phénoménologique du sujet empirique. En revanche, on ne peut réprimer une certaine perplexité lorsqu'il présente le sujet phénoménologique comme un moment du sujet empirique, distinct du moi corporel et interne au moi psychique. En particulier, ce sont les déterminations positives qu'il conviendrait d'accorder à ce moi phénoménologique qui restent énigmatiques. Husserl se limite à préciser qu'il s'agit de données réelles et particulières. Tout indéterminé qu'il soit, le moi phénoménologique, s'il n'est pas un moi psychique au sens usuel du terme, reste cependant un moi individuel, particulier et subjectivement déterminé : mon moi, le moi de quelqu'un. Nous nous souviendrons d'ailleurs que cette conception de la subjectivité est un des fondements de ce que nous avons appelé le solipsisme théorique des *Recherches logiques*. En conséquence, c'est aussi contre cette interprétation du sujet que Husserl s'élèvera dans les premières années de l'époque de Göttingen. C'est en réponse à celle-ci que s'imposera l'exigence phénoménologique d'une réduction du sujet empirique. Il reste à savoir quelles sont les impulsions historiques qui ont conduit Husserl à préciser sa pensée de la sorte.

2. *Hypothèses sur l'origine historique de la réduction du sujet empirique*

Nous nous souvenons que l'enjeu principal des *Prolégomènes à la logique pure* consistait à défendre les droits d'une « logique pure » à l'encontre des menées du psychologisme ambiant. Nous le savons, Husserl vise sous le titre de « logique pure » l'ensemble des connexions de vérités idéales, et dès lors objectives, qui sous-tendent a priori l'unité systématique de toute science et de toute théorie. C'est pourquoi il peut la désigner comme « la science des sciences » ou la « théorie des théories ». Cependant, la formule la plus appropriée qu'il ait forgée pour qualifier la logique pure est sans doute celle qui énonce qu'elle est « l'a priori théorétique dans son ensemble ».

14 Hua XIX/1, p. 363.

Nous avons suffisamment insisté sur ce point : la logique pure appartient au domaine de l'idéalité, ce qui veut dire qu'elle est indépendante de toute contingence temporelle ou subjective. Par définition, la logique pure est donc indépendante de tout sujet quel qu'il soit, elle est suprasubjective. Il sera pourtant question dans les développements qui suivent d'une certaine relation de parenté qui s'est instituée, pour un temps, dans la pensée de Husserl, entre le sujet phénoménologique et la logique pure. Il convient donc d'anticiper dès maintenant quelques confusions qui pourraient porter préjudice à une claire compréhension de notre thèse.

On l'aura compris, le présent chapitre porte pour l'essentiel sur une difficulté purement historique. En effet, un siècle après la publication des *Recherches logiques* nous n'avons toujours pas d'explication historique précise sur les motifs qui ont conduit Husserl à pratiquer la réduction du sujet empirique. Nous savons seulement que cette réduction apparaît quelques années après la publication des *Prolégomènes à la logique pure*. Généralement, on considère que cette réduction est une conséquence nécessaire de l'exigence de pureté qui traverse les *Recherches logiques*[15]. Pour notre part, nous pensons qu'il existe en fait un lien étroit entre certaines difficultés particulières soulevées dans les *Prolégomènes à la logique pure* et l'origine historique de la réduction du sujet empirique et que cette dernière, paradoxalement, institua en outre, pendant une brève période de la pensée de Husserl, un lien intime entre le sujet phénoménologique et la logique pure.

Nous allons essayer de montrer que, aux alentours de 1903, la réduction du sujet empirique ne fut pas directement la cause du solipsisme, mais son effet, c'est-à-dire une tentative de s'en prémunir. Autrement dit, nous établirons qu'il existe des documents qui accréditent l'hypothèse selon laquelle la réduction du sujet empirique aurait été proposée comme une réponse à une forme de solipsisme menaçant la cohérence des *Recherches logiques* en dépit de la critique du relativisme individuel qui y est effectuée. À la solitude du sujet phénoménologique, Husserl aurait répondu par sa pureté ; une pureté telle que, nous le verrons, le sujet phénoménologique s'est identifié, pour un temps, à l'a priori théorétique en tant que tel, c'est-à-dire à la logique pure. Pendant une certaine période, Husserl a tenté de répondre à l'objection de solipsisme en radicalisant la théorie néo-kantienne de l'intersubjectivité. La logique pure a alors pris la place du sujet phénoménologique, transformant la phénoménologie en ce que nous pourrions appeler une « eidétique généralisée ». Il se peut que l'on soit surpris, dans un premier temps, à l'idée que l'objection de solipsisme soit l'origine de la réduction et non l'inverse, mais il ne pourra s'agir que d'un malaise passager. Nous voulons rappeler très clairement que le solipsisme auquel nous faisons référence ici n'est pas identique à celui que Husserl tente d'éviter dans les *Méditations cartésiennes*.

---

15 Voir à ce sujet : Marbach, E., *Das Problem des Ich in der Phänomenologie Husserls*, Martinus Nijhoff (Coll. Phaenomenologica 59), Den Haag, 1974.

Tout malentendu éventuel étant à présent dissipé, nous pouvons reprendre le fil de notre enquête historique. Comme nous l'avons précédemment précisé, nous disposons aujourd'hui de quatre types de sources historiques susceptibles de nous aider à déterminer les motifs historiques qui ont conduit Husserl à pratiquer la réduction du sujet empirique. Nous considérerons dans l'ordre : les témoignages auto-interprétatifs de Husserl, les recensions des années 1902 à 1904, la correspondance de 1902 à 1904, et enfin les leçons de 1901–1902 et de 1902–1903. Ajoutons à cela les témoignages indirects, lesquels constituent une cinquième source à laquelle nous n'aurons recours qu'incidemment.

2.1. *Auto-interprétation husserlienne de l'origine de la réduction du sujet empirique*

Dès 1906, dans une lettre à Cornélius, Husserl écrivait : « Je me suis mal compris moi-même de façon grossière lorsque j'ai identifié la phénoménologie et la psychologie descriptive (immanente). Depuis quatre ou cinq ans, je préviens constamment mes élèves contre cette erreur »[16]. Le cours de 1906–1907, intitulé *Introduction à la logique et à la théorie de la connaissance*, porte effectivement la trace d'une telle mise en garde. En 1911, une note de l'article *La phénoménologie comme science rigoureuse* renvoie à ce propos à une recension effectuée en 1903 et dans laquelle la phénoménologie est clairement distinguée de la psychologie descriptive[17]. En 1913, Husserl s'explique au moins trois fois sur ce point : dans l'*Introduction à la seconde édition des Recherches logiques*[18] d'abord, dans l'*Esquisse d'une préface aux Recherches logiques*[19] ensuite, et enfin dans une note de *Ideen I*[20]. Toutes ces déclarations affirment en substance : « En ce qui concerne le second tome de la nouvelle édition [des *Recherches logiques*], l'Introduction hésitante [...] a été radicalement modifiée. Je sentis ses lacunes dès sa publication et ne tardai pas à trouver une occasion (dans un compte rendu de l'*Archiv. f. system. Philos*; t. XI, p. 397 sqq.) pour protester contre ma définition de la phénoménologie comme psychologie descriptive qui risquait d'induire en erreur »[21].

---

16   Cf. Hua XXIV, p. 441. Voir également : Husserl, E., *Briefwechsel. Band II : Die Münchener Phänomenologen*, Kluwer Academic Publishers (Coll. Husserliana Dokumente III/2), Dordrecht/Boston/London, pp. 25–29. À l'avenir nous abrégeons : « Dok III/2 ».

17   Cf. Husserl, E., « Philosophie als strenge Wissenschaft », in *Aufsätze und Vorträge (1911–1921)*, Martinus Nijhoff Publishers (Coll. Husserliana XXV), Dordrecht/London/Lancaster, 1987, p. 36. (Traduction française : Q. Lauer : *La philosophie comme science rigoureuse*, Presses Universitaires de France (Coll. Épiméthée), Paris, 1955).

18   Hua XVIII, pp. 12–13.

19   Husserl, E., « Entwurf einer Vorrede zur den *Logischen Untersuchungen* », in *Tijdschrift voor filosofie*, 1, 1939, p. 330. (Traduction française : J. English : « Esquisse d'une préface aux *Recherches logiques* », in *Articles sur la logique*, Presses Universitaires de France (Coll. Épiméthée), Paris, pp. 352–411).

20   Hua III/1, p. 4.

21   Hua XVIII, pp. 12–13.

Apparemment, tout est dit. Husserl se serait rendu compte des lacunes des *Recherches logiques* dès leur parution, c'est-à-dire au plus tôt en 1899[22] et au plus tard en 1901. Il se serait efforcé de les corriger à la première occasion, c'est-à-dire dans le fameux compte rendu de 1903. Cependant, toutes les déclarations que nous venons de mentionner sont relativement tardives par rapport aux événements historiques dont elles traitent. Nous ne pouvons donc nous épargner le scrupule de nous tourner un instant vers cette fameuse recension dont Husserl fait si souvent mention.

2.2. *Les recensions de 1902 à 1903*

Comme nous l'avons constaté, lorsqu'il interprète son propre abandon de la psychologie descriptive, Husserl fait systématiquement référence à sa recension d'un article de Th. Elsenhans intitulé *Das Verhältnis der Logik zur Psychologie*[23]. Dans celle-ci, il déclare pour la première fois : « Il ne faut pas désigner sans plus la phénoménologie comme une ‹ psychologie descriptive ›; au sens propre et strict elle ne l'est pas. Ses descriptions ne portent pas sur les vécus ou sur les classes de vécus de personnes empiriques; car, des personnes, de moi et des autres, de mes vécus et des vécus des autres elle ne sait rien et elle ne suppose rien; sur cela elle ne pose aucune question, elle n'avance aucune définition, elle ne fait aucune hypothèse »[24].

Pourquoi Husserl n'a-t-il fait cette mise au point qu'en 1903, alors même qu'il affirme avoir pris conscience des limites de l'approche des *Recherches logiques* dès leur parution, c'est-à-dire entre 1899 et 1901 ? Il serait tentant de prendre pour argent comptant la thèse selon laquelle il aurait « saisi la première occasion » qui se soit présentée à lui. Cette première occasion aurait attendu 1903 parce que, débordé par la préparation de ses premiers cours à Göttingen, il n'aurait pu rédiger ces recensions qu'avec un retard considérable. Certes, certains éléments de la correspondance entre Husserl et Natorp accréditent une telle thèse[25]. Elle est cependant réfutée par deux ordres de faits. Premièrement, la *Recension d'Elsenhans* n'est pas la première publication de Husserl après 1901; deuxièmement,

---

22 Rappelons que les « Prolégomènes », même s'ils sont datés de 1900, étaient déjà imprimés en 1899. Husserl lui-même en parle comme d'un « écrit de 1899 ». Cf. Hua XVIII, p. 12.

23 Elsenhans, Th., « Das Verhältnis der Logik zur Psychologie », in *Zeitschrift für Philosophie und philosophische Kritik*, 109, 1896, pp. 195–212.

24 Husserl, E., « Bericht über deutsche Schriften zur Logik in den Jahren 1895–1899 », in *Aufsätze und Rezensionen (1890–1910)*, Martinus Nijhoff (Coll. Husserliana XXII), Den Haag/Boston/London, p. 206, (traduction française : J. English : « Compte rendu des ouvrages allemands de logique des années 1895–1899 », in *Articles sur la logique*, op. cit.). À l'avenir nous abrégeons : « Hua XXII ».

25 Cf. Hua XXII, p. 446. Husserl, E., *Briefwechsel. Band V: Die Neukantianer*, Kluwer Academic Publishers (Coll. Husserliana Dokumente III/5), Dordrecht/Boston/London, 1994, pp. 76–78. À l'avenir nous abrégeons : « Dok III/5 ».

dans les publications antérieures, Husserl maintient encore la détermination de la phénoménologie comme psychologie descriptive.

La *Recension d'Elsenhans* fait partie d'un ensemble de recensions demandées à Husserl par Natorp. Elles ont été publiées sous le titre *Compte rendu des ouvrages allemands de logique des années 1895–1899*. Ce dernier a été publié en cinq livraisons distinctes dont la publication s'étale, grosso-modo, de 1902 à 1904. Fait important, la *Recension d'Elsenhans* ne fait pas partie de la première livraison, mais de la troisième. Autre fait important, dans les recensions antérieures, Husserl qualifie encore la phénoménologie de psychologie descriptive[26].

Tout indique donc que c'est au moment de la rédaction de la *Recension d'Elsenhans* que Husserl a pris la résolution de réduire le sujet empirique et pas avant, quoiqu'il en dise. En comparant les dates auxquelles Husserl a envoyé les tirés à part de ses recensions à ses collègues, notamment A. Marty et Th. Lipps, il est possible de montrer qu'il a rédigé la *Recension d'Elsenhans* entre juillet et décembre 1903[27]. Compte tenu des contingences éditoriales, cela laisse supposer que sa décision a été inhabituellement soudaine.

Il faut immédiatement rejeter une hypothèse explicative simpliste. Ce n'est pas l'article d'Elsenhans lui-même qui est le motif historique de ce tournant, et cela pour trois raisons au moins. Premièrement, il n'y a rien d'autre dans cet article qu'un plaidoyer assez anodin en faveur du psychologisme le plus outré. Deuxièmement, cet article a été publié en 1896: il aurait donc dû influencer Husserl plus tôt. Troisièmement et surtout, Husserl consacre une note dans les *Prolégomènes* à cet article, note dans laquelle la phénoménologie descriptive est explicitement liée à l'expérience interne et à la psychologie empirique[28].

Le problème de l'origine historique de la réduction du sujet empirique reste donc entier. Cependant, dans les archives, une annotation manuscrite sur un tiré à part de la *Recension d'Elsenhans* pourrait nous fournir un indice; Husserl y aligne, comme pour indiquer une connivence souterraine, les intitulés suivants: « Logique pure, psychologie descriptive et phénoménologie »[29]. Quel lien de fait y a-t-il entre ces intitulés et le problème qui nous occupe? C'est à cette question que nous allons tenter de répondre en examinant plus attentivement la correspondance échangée par Husserl à la fin de l'année 1903 et au début de l'année 1904.

---

26 Par exemple: Hua XXII, pp. 154, 163, etc. Nous verrons par ailleurs que, dans ses cours de 1901–1902 et de 1902–1903, Husserl persiste à présenter la phénoménologie comme une psychologie descriptive.

27 Anton Marty a reçu les troisième et quatrième articles de comptes rendus en décembre; en juin il ne disposait encore que des deux premiers articles. (Cf. Husserl, E., *Briefwechsel. Band I: Die Brentanoschule*, Kluwer Academic Publishers (Coll. Husserliana Dokumente III/1), Dordrecht/Boston/London, pp. 86–87. À l'avenir nous abrégeons: « Dok III/1 ». De même pour Theodor Lipps; il a reçu les comptes rendus en décembre. Cf. Dok. III/2, p. 121.

28 Cf. Hua XVIII, p. 215.

29 Cf. Hua XXII, p. 448.

2.3. *La correspondance du semestre d'hiver 1903–1904*

Pour l'essentiel, ce que nous venons de rappeler était déjà connu il y a près de dix ans. Depuis lors, nous l'avons dit, de nouveaux éléments sont venus modifier notre vision des premières années de Husserl à Göttingen. En ce qui concerne la correspondance, le cadre historique que nous venons de déterminer nous permet de nous limiter au second semestre 1903. La majeure partie de la correspondance de Husserl à cette époque est purement circonstancielle : cartes de vœux pour Noël[30], mots de remerciement[31], corrections orthographiques[32], etc. Une autre partie de cette correspondance doit être exclue de notre enquête de plein droit parce qu'elle est manifestement postérieure à la *Recension d'Elsenhans*[33] ou parce qu'il apparaît que Husserl ne l'a lue qu'après cette recension[34]. Au terme de ce passage au crible heuristique, un seul correspondant reste en lice : il s'agit du métaphysicien américain W. E. Hocking. Les lettres qu'il a échangées avec le phénoménologue ne constituent pas moins de la moitié des lettres datées du second semestre 1903[35].

Husserl a fait la connaissance de Hocking en 1902 par l'intermédiaire de P. Natorp[36]. Les deux hommes sont restés en contact jusqu'en 1931[37]. En 1902, Hocking n'était qu'un jeune doctorant et Husserl un jeune professeur presque inconnu. En un sens, tout les séparait et leur influence réciproque était des plus improbables. Pourtant, une estime intellectuelle semble s'être conservée au fil des ans entre les deux hommes. Après la mort de Husserl, Hocking a tenu à honorer son ami à deux reprises. En 1940, il a contribué aux *Philosophical Essays in Memory of Edmund Husserl* publiés par M. Farber[38] et, en 1959, il a rédigé un article étonnant intitulé *From the Early Days of the Logische Untersuchungen*[39].

---

30 Lettre à Natorp du 24 décembre 1903. (Dok III/5, pp. 93–94).
31 Lettres de Marty du 11 juillet et du 23 décembre 1903. (Dok III/1, pp. 86–87).
32 Lettre de Laudahn du 23 octobre 1903. (Husserl, E., *Briefwechsel. Band VII: Wissenschaftlerkorrespondenz*, Kluwer Academic Publishers (Coll. Husserliana Dokumente III/7), Dordrecht/Boston/London, 1994, pp. 156–157. À l'avenir nous abrégeons : Dok. III/7. En se basant sur d'autres critères, J-Fr. Lavigne date pour sa part la rédaction de la recension d'Elsenhans de l'automne ou de l'hiver 1903.
33 C'est le cas de la correspondance avec Th. Lipps, déjà citée.
34 Voir la lettre de Dingler d'octobre 1903 et la réponse de Husserl datée de janvier 1904. (Dok III/3, pp. 61–63).
35 Cf. Dok III/3, pp. 129–151.
36 Cf. Dok III/5, p. 90.
37 Cf. Dok III/3, pp. 170–171.
38 Hocking, W. E., « Outline-Sketch of a System of Metaphysics », in M. Farber (ed.), *Philosophical Essays in Memory of Edmund Husserl*, Harvard University Press, Cambridge, 1940.
39 Hocking, W. E., « From the Early Days of the "Logische Untersuchungen" », in H. L. Van Breda et J. Taminiaux (éds.), *Edmund Husserl 1859–1959. Recueil commémoratif publié à l'occasion de la naissance du philosophe*, Martinus Nijhoff (Coll. Phaenomenologica 4), Den Haag, 1959, pp. 1–11. À l'avenir nous abrégeons : « Hocking ».

Il est impossible de rapporter ici tout ce que cet article recèle comme surprises, aussi nous nous limiterons à citer un passage qui soulève déjà d'amples questions :

> Avant mon année en Allemagne, j'étais déjà intéressé par le problème théorique du solipsisme [...]. J'avais esquissé un vague plan d'une future thèse de doctorat sur *La philosophie de la communication, partie 1 : la connaissance des autres esprits*. J'ai recherché dans les écrits et la pensée de Husserl une théorie du rôle de l'ego dans l'enquête phénoménologique et de l'alter-ego apparemment présupposé dans notre affirmation que le monde naturel perçu par tous est identique pour chacun [...]. Chez Husserl, j'avais l'impression de trouver ces questions encore irrésolues, en *Werden*. Elles devinrent naturellement un thème des lettres que je lui écrivis[40].

Ainsi donc, dès 1903, un jeune original lisait les *Recherches logiques* avec le projet d'y découvrir une théorie de l'intersubjectivité. Il semble de plus qu'il ait entretenu Husserl de ces questions. L'information laisse perplexe. En effet, il est généralement admis que Husserl ne s'est intéressé à la question de l'expérience d'autrui qu'aux alentours de 1905, suite à une lecture, avec Pfänder et Daubert, du livre de Th. Lipps : *Leitfaden der Psychologie*[41].

C'est à la lueur, un peu étrange, de ces déclarations tardives que nous nous tournons vers la correspondance Husserl-Hocking de 1903. Les éléments centraux de cette correspondance sont la lettre de Hocking datée du 4 juin 1903 et la réponse de Husserl datée du 7 septembre 1903. Notons que cet échange recouvre précisément l'intervalle au cours duquel Husserl est censé avoir rédigé la *Recension d'Elsenhans*.

La lettre de Hocking datée du 4 juin comprend un passage capital qui résume l'essentiel du débat entre les deux hommes :

> Dans votre contribution sur les phénomènes psychiques et physiques (pp. 704–714), vous avez mentionné comme marque distinctive du psychique la relation au Je. Tout concept d'un objet psychique doit donc inclure ce moment-du-Je. Si cette relation au Je peut servir de marque distinctive et de détermination fondamentale du psychique, alors le concept-de-Je doit être lui-même relativement originaire. Il se fait que, d'un côté, les formes psychiques en général ne peuvent pas être comprises sans ce moment-du-Je, mais que de l'autre ce Je sans contenu ne peut être compris. Ce contenu est précisément celui-là même qui est reconnaissable comme psychique

---

40 Hocking, p. 8. Précisons en outre que la thèse de Hocking a été défendue en 1904 sous le titre « The Elementary Experience of Other Conscious Being in its relation to Elementary Experience of Physical and Reflexive Objects ». Elle a été publiée en 1912 dans l'ouvrage « The Meaning of God in Human Experience » dont elle forme les premiers chapitres. Husserl possédait un exemplaire de ce texte ainsi que de nombreux autres écrits de Hocking.
41 Lipps, Th., *Leitfaden der Psychologie*, Wilhelm Engelmann, Leipzig, 1903. Voir également : Hua XIII, pp. 21–33 ; Kern, I., « Einleitung des Herausgebers », in Hua XIII, pp. XVII–XLVIII ; Schuhmann, K., *Die Dialektik der Phänomenologie I : Husserl über Pfänder*, op. cit. ; Sawicki, M., *Body, Text and Science. The Literacy of Investigative Practices and the Phenomenology of Edith Stein*, op. cit.

> grâce au concept-de-Je. Je conclus que la relation du concept de Je à ce contenu intuitif commun doit être tout autre que celle des concepts des autres formes psychiques[42].

En dépit d'une syntaxe un peu rocailleuse, qui s'explique aisément par un manque de familiarité avec la langue allemande, l'argumentation de Hocking est assez claire, elle repose sur l'idée d'une relativité de l'ego à lui-même et revient, en quelque sorte, à poser la question suivante : « Si toute constitution intentionnelle a un sujet comme source, quel sujet est à l'origine de la constitution du sujet ? ». Le jeune métaphysicien pense trouver une solution à cette circularité dans une forme de substantialisation d'un Je absolu. Il faudra, écrit-il, accorder au Je un statut similaire à celui que lui accorde Fichte. L'ego sera « au-delà du psychique et du physique, ou bien il aura dans son essence quelque chose d'originaire ou d'originairement simple »[43].

Nous savons qu'à partir de 1905, Husserl décrira la constitution originaire de l'ego comme un flux héraclitéen de phases de temps. En 1903, nous n'en sommes pas encore là et l'idée hockingienne d'une relativité du Je à lui-même recevra une autre réponse. Elle ne viendra qu'après un délai de réflexion de près de trois mois. Venons-en directement à l'essentiel : la mise en garde de Husserl face aux obscurités de la philosophie de Fichte. Ce dernier aurait succombé à une métaphysique mythique et mystique du Je. Viennent alors un ensemble de déclarations capitales pour notre propos :

> Le véritable concept de Je pur, et plus proprement du Je théorétique, est l'a priori théorétique dans son ensemble, le système d'ensemble des formes et des lois relevant du penser ‹ propre › possible de la manière dont la logique pure devrait le circonscrire [...]. Tout penser (propre ou impropre) a nécessairement une relation au Je pur [...] mais cette relation est une relation idéale de l'acte à l'idée de certaines lois d'essence et de normes, nullement une relation réelle à un moment de Je partout nécessairement présent, à un centre mythique, à un point d'unité, etc.[44].

Au moins trois nouveautés importantes par rapport aux thèses professées dans les *Recherches logiques* voient le jour ici. Premièrement, nous rencontrons déjà dans cette lettre la réduction du sujet empirique. En effet, toute dimension réelle est désormais exclue du Je, celui-ci n'est plus qu'un système idéal ou, comme Husserl l'écrit, une « fiction »[45]. Cela marque une rupture importante par rapport à la manière dont Husserl concevait le sujet phénoménologique dans la première édition des *Recherches logiques*. Deuxièmement, cette réduction libère un

---

42 Dok III/3, pp. 139–140.
43 Hocking, p. 8.
44 Dok III/3, pp. 147–148.
45 Dok III/3, p. 148.

« Je pur ». Bien que celui-ci soit interprété comme une fiction, il est néanmoins « quelque chose » et non pas un simple non-sens comme dans la première édition des *Recherches logiques*[46]. Enfin, ce Je pur, pris positivement, est l'a priori théorétique dans son ensemble, il est la description phénoménologique de la logique pure. En d'autres termes, la phénoménologie que Husserl propose à Hocking est bien une eidétique généralisée. Reste encore à savoir, premièrement, si c'est bien la lettre de Hocking qui a motivé cette position nouvelle ; deuxièmement, quelle est la teneur philosophique de ce motif, quel est l'élément interne à la philosophie de Husserl qui a été ébranlé.

Pour tenter de résoudre ces énigmes, tournons-nous vers les cours de 1901–1902 et de 1902–1903.

2.4. *Les leçons de 1901–1902 et 1902–1903*

Les cours de logique de 1901–1902 et de 1902–1903 ainsi que le cours de théorie de la connaissance de 1902–1903 sont consignés aux *Archives-Husserl* respectivement sous les signatures F.I.19 et F.I.26 et n'ont été publiés que très récemment[47]. Ils sont l'un et l'autre dans une relation de continuité et constituent une part essentielle du travail de Husserl au début de l'époque de Göttingen. De manière générale, les enjeux de ces manuscrits tournent autour de quatre concepts centraux : la psychologie, la logique pure, la théorie de la connaissance et la métaphysique. Ainsi, en 1901, Husserl s'interroge en ces termes : « Les lois logiques ne sont-elles pas, par conséquent, de simples lois psychologiques ? Mais alors, comment s'explique la validité objective du purement logique ? »[48]. Question à laquelle il répond en 1902 : « Les difficultés qui concernent le rapport de la subjectivité du penser, en tant qu'écoulement de vécus psychiques dans une conscience individuelle, à l'objectivité du contenu de pensée, relèvent de la théorie de la connaissance »[49]. En d'autres termes, la théorie de la connaissance a pour tâche d'explorer la relation entre l'objectivité logique et la subjectivité psychologique.

---

46 Voir à ce propos le § 8 de la Cinquième recherche logique.
47 Les cours de logique de 1901–1902 et de 1902–1903, qui sont pratiquement identiques, ont été publiés en un volume unique : Husserl, E., *Logik. Vorlesung 1902/03*, éditrice Elisabeth Schuhmann, Kluwer Academic Publishers (Coll. Husserliana Materialien Bände II), Dordrecht/Boston/London, 2001. À l'avenir nous abrégeons : Mat. II. Étant donné que l'entièreté du cours de 1901–1902 n'a pas été publiée dans ce volume, il nous arrive de citer directement le manuscrit. Le cours de théorie de la connaissance de 1902–1903 a été publié sous le titre : *Allgemeine Erkenntnistheorie. Vorlesung 1902/03*, éditrice Elisabeth Schuhmann, Kluwer Academic Publishers, (Coll. Husserliana Materialien Bände III), Dordrecht/Boston/London, 2001. À l'avenir nous abrégeons : Mat III.
48 « Sind die logischen Gesetze demnach nicht bloß psychologische Gesetze ? Aber wie erklärt sich dann die objektive Geltung des rein Logischen » ? (Mat. II. pp. 41–42.).
49 « Erkenntnistheoretisch sind die Schwierigkeiten, die das Verhältnis der Subjektivität des Denkens als eines Verlaufs psychischer Erlebnisse in einem individuellen Bewusstsein zu der Objektivität des Denkinhalts betreffen » (Mat. III. p. 56.).

Rien de très neuf jusqu'ici par rapport aux *Recherches logiques*. On notera cependant une tension qui apparaît plus nettement dans ces cours que dans les « Recherches ». Nous voulons parler de la tension qu'Husserl établit entre la théorie de la connaissance et la métaphysique. Comme toujours chez Husserl, le terme « métaphysique » a une signification ambiguë, positive d'une part, négative de l'autre. Au sens positif, il désigne la science de l'être en tant qu'être. Considérée de ce point de vue, Husserl reconnaît, en 1902, que la théorie phénoménologique de la vérité est une métaphysique. Au sens négatif, la métaphysique est l'ensemble des questions qui ne peuvent trouver de réponse dans un processus intuitif. Ce concept synthétise alors les reproches que Husserl formule à l'égard des théories de la connaissance de son temps. Dans les manuscrits qui nous intéressent, la dimension « métaphysique » est l'objet d'un traitement positif de deux manières distinctes. D'une part, ces manuscrits procèdent à une étude relativement approfondie de l'histoire de la métaphysique. D'autre part, ils posent de manière incisive la question de l'origine de l'être et de la vérité. Dans son étude de l'histoire de la métaphysique, Husserl réserve une place importante à la question du scepticisme qui est traitée d'une manière particulièrement large et originale. Il est bien connu que Husserl a marqué à de nombreuses reprises la proximité d'inspiration qui lie sa démarche réductive au scepticisme historique[50]. Cependant, il nous semble que le respect que Husserl a toujours professé à l'égard du scepticisme, cela dès les *Recherches logiques*, doit être conçu davantage comme le pendant de son aspiration à l'objectivité ultime que comme le motif directeur qui, historiquement, l'a conduit à la réduction du sujet empirique. C'est pourquoi notre enquête se concentrera de manière prioritaire sur le second versant des interrogations « métaphysiques » de Husserl. De manière schématique, celles-ci se laissent déjà entrevoir dans les réflexions suivantes : « Le penser est quelque chose de subjectif et doit avoir un contenu qui est suprasubjectif »[51]. En d'autres termes : « Comment l'idéal pénètre-t-il dans le réel, le suprasubjectif dans le subjectif ? »[52].

Précisons avant toute chose que, tant dans son cours de 1901–1902[53] que dans la première version de son cours de 1902–1903[54], Husserl présente la phénoménologie comme une psychologie descriptive. Nous précisons « première version » parce que Husserl est revenu par deux fois sur son texte, une première fois peu de temps après l'avoir professé et une seconde lors de la préparation des leçons de 1906–1907.

Nous considérerons ici un passage consacré expressément à l'origine de l'être et de la vérité. Nous le savons, pour Husserl, celle-ci réside dans la convenance entre la

---

50 On consultera par exemple les développements historiques de Hua VII.
51 « Das Denken ist etwas Subjektives und soll einen Inhalt haben, der übersubjektiv ist » (Mat. III. p. 51.).
52 Hua XXIV, p. 142.
53 F.I.19, p. 161a, 170 a, 176 a, etc.
54 Mat. III. pp. 69, 77, etc.

visée et l'état-de-chose visé. L'être et la vérité, dit-il, sont le vécu d'une identification remplissante. Il y a là, confesse-t-il, une certaine reprise de la conception scolastique de l'*adaequatio rei et intellectus*. Cette proximité doit cependant être nuancée par la distinction chère à Husserl entre réal et idéal. L'adéquation ne se réalise pas entre un événement réel dans les choses et un événement réel dans la pensée, mais entre une signification idéale identique dans l'intention et dans l'état de chose. Cette précision, qui de nos jours encore n'est pas toujours clairement comprise, conduit Husserl à discréditer la thèse *esse = percipi*. Cette thèse, bien que son auteur ne soit pas nommément cité, renvoie évidemment à l'immatérialisme de Berkeley. À en croire Husserl, elle reposerait au fond sur une compréhension simplement réale de l'*adaequatio*. En effet, elle revient à affirmer que l'être et le perçu ont la même extension, si bien qu'ils sont l'un et l'autre dans un état d'identité actuelle. À la différence du réal, l'idéal n'implique pas l'actualité, mais seulement la possibilité, si bien que la conception husserlienne de l'*adaequatio* revient simplement à dire que tout objet est l'être d'une perception possible et non d'une perception actuelle[55]. Être et perception n'ont donc, ni en droit ni en fait, la même extension actuelle. « Dire que être et être perçu adéquatement sont des concepts qui se recouvrent en extension n'aurait de sens que si, ou bien à chaque objet l'être perçu appartenait comme une marque distinctive ou bien si nous pouvions intuitionner avec évidence l'incompatibilité idéale des concepts d'‹ être › et de ‹ ne pas être perçu › »[56]. La théorie berkeleyenne n'aurait donc de sens que si l'on pouvait montrer que tout objet porte la marque de l'« être perçu » ou si l'on pouvait montrer avec évidence l'incompatibilité du concept d'être et du concept de « ne pas être perçu ». Certains philosophes, que Husserl appelle les « philosophes de l'immanence », ont pourtant soutenu cette dernière thèse.

Nous arrivons à présent à une étape importante pour notre propos, puisqu'il va s'avérer que la critique de ces « philosophies de l'immanence », à laquelle Husserl s'est livré quelques semaines après la Noël 1902, porte en elle une anticipation des questions que posera Hocking en juin 1903 et auxquelles Husserl répondra par la réduction du sujet empirique.

Selon les « philosophes de l'immanence », l'objet est pris dans une corrélation nécessaire avec le Je. Si, par exemple, j'imagine un centaure, je m'imagine nécessairement en même temps moi-même dans une certaine situation par rapport à ce centaure. Marquons tout d'abord notre surprise, puisqu'on a du mal à ne pas voir en cette thèse la position de Husserl. Le simple fait qu'en 1903 il considère que

---

55 Dès lors, il n'est nul besoin d'affirmer, comme le fait Berkeley, que les idées des sens ont leur fondement nécessaire dans l'Esprit de Dieu.
56 « Zu sagen, dass Sein und adäquat Wahrgenommensein dem Umfange nach sich deckende Begriffe sind, hätte nur dann ein Recht, wenn entweder zu jedem Gegenstand das Wahrgenommensein als Merkmal gehörte oder wenn wir die ideale Unverträglichkeit der Begriffe „Sein" und „Nicht-Wahrgenommensein" mit Evidenz erschauen könnten » (Mat. III. p. 137.).

cette attitude est difficile à soutenir indique sans doute qu'à cette époque, il n'a pas encore pris une distance suffisante par rapport à ses propres positions pour en percevoir clairement la teneur. Quoiqu'il en soit, les arguments qu'il avance à l'encontre des « philosophes de l'immanence » sont les suivants. Si, premièrement, j'accepte que lorsque je me représente un objet je me représente aussi ma perception de cet objet, alors je suis pris dans une régression à l'infini, parce que cette représentation de perception impliquera aussitôt une représentation de représentation de perception, etc. Les choses deviennent intéressantes pour nous lorsque, pour éviter cette régression à l'infini, on s'aventure à prendre à la lettre l'immatérialisme de Berkeley et à dire que la représentation *est* l'objet. Cette attitude, selon Husserl, revient en fait à dire que chaque représentation est l'objet d'un Je. Nous retrouvons ici l'affirmation que Hocking lui imputera dans sa lettre du 4 juin 1903 : « vous avez mentionné la relation au Je comme la marque distinctive du psychique ». Ici cependant, par un curieux chassé-croisé, c'est Husserl qui s'interroge : « Quel est ce Je ? ». En bonne logique, le phénoménologue est donc conduit, comme son élève quelques mois plus tard, à pointer du doigt le paradoxe d'une relativité du Je à lui-même. Le Je lui-même ne doit-il pas être le vécu d'un autre Je et ainsi de suite à l'infini ? Sans doute plus inspiré par Berkeley que par Fichte, Husserl, tout comme Hocking, n'en est pas moins conduit à formuler l'hypothèse d'un Je absolu : « Il se pourrait aussi que tout l'être en général, l'être de la réalité réelle toute entière, soit rassemblé dans l'unité d'une Conscience totale »[57]. Mais, conclut-il aussitôt, ce sont là des suppositions métaphysiques sur lesquelles il ne faut pas s'attarder.

Nous voyons donc que, plusieurs mois avant Hocking, Husserl avait clairement thématisé le problème de la relativité du Je à lui-même. Il avait parfaitement posé le diagnostic des conséquences métaphysiques de cette construction, mais n'avait pas songé à lui prescrire un traitement pour la raison fort simple qu'il ne se considérait pas concerné. À ses propre yeux, il n'était pas, en 1903, ce qu'il appelait un « philosophe de l'immanence ». Il fallut attendre la lettre de Hocking pour qu'une suspicion naisse sur sa propre démarche, pour qu'une distance suffisante se fasse entre Husserl et sa pensée pour qu'il en *voie* les implications.

Il est intéressant de considérer les premières corrections faites par Husserl à son texte de 1902–1903. Pour une large part, elles visent à introduire la réduction du sujet empirique dans le texte original et, moins souvent, à affirmer la substitution de la logique pure au sujet phénoménologique lui-même. Elles ont dû être introduites très vite, puisqu'elles utilisent encore le vocabulaire immature de la *Recension d'Elsenhans*, ce qui n'est plus le cas des corrections ultérieures. D'une importance particulière pour nous est une note marginale au commentaire sur les philosophes de l'immanence que nous venons de présenter. Husserl y a inscrit, lors de sa première relecture, la question suivante : « Cette argumentation ne revient-elle pas

---

57 « Es mag also sein, dass alles Sein überhaupt, das Sein der gesamten realen Wirklichkeit, zur Einheit eines Allbewusstseins zusammengeschlossen ist […]. » (Mat. III. p. 138.).

au solipsisme ? ». Ainsi donc, face au même problème de la relativité du Je à lui-même, développé par Husserl dans ses cours et par Hocking dans sa lettre du 4 juin 1903, Husserl pose un même diagnostic : il faut refuser toute explication métaphysique, tout recours à un Je absolu et substantiel, ou à une Conscience totale divinisée[58]. Lorsque Hocking suspectera, dans les *Recherches logiques*, cette forme de relativité du Je à lui-même, Husserl se défendra par la réduction du Je empirique et une substitution de la logique pure au Je phénoménologique. La même démarche se retrouve dans la première relecture que Husserl fit de ses cours de 1902–1903. Il précisera même alors que c'est le problème du solipsisme qui est le motif de ce revirement.

Certes, en 1903, la question du solipsisme n'est pas encore, pour Husserl, la question obsédante qu'elle deviendra à l'époque de Fribourg ; en revanche, c'est déjà la question centrale de Hocking. Cependant, nous avons vu que Husserl a traité du solipsisme d'une manière détournée lorsqu'il a critiqué le relativisme individuel. Cette critique n'est pas renouvelée dans les seules leçons de 1902–1903, mais déjà dans les leçons de 1901–1902[59]. Étant donné que, dans les « Prolégomènes » comme dans les leçons de 1901–1902 et de 1902–1903, ce n'est pas l'intersubjectivité qui répond à cette forme archaïque d'objection de solipsisme qu'est le relativisme individuel, mais l'identité suprasubjective des idéalités, il n'est pas surprenant, si l'on considère que Husserl a rencontré, dans la lettre de Hocking, une forme d'objection de solipsisme mettant en cause sa propre conception du sujet phénoménologique, qu'il y ait répondu non pas par une description de la constitution intersubjective de l'objectivité, mais par une eidétique généralisée dans laquelle la logique pure se substitue au sujet phénoménologique. Précisons que l'eidétique généralisée ne semble pas être une théorie cohérente et viable. Elle se limite à remplacer le problème de la relativité du Je à lui-même par celui de la relativité de la logique pure à elle-même. Cette théorie fera d'ailleurs long feu. Néanmoins, elle est une étape intéressante de la pensée de Husserl, parce qu'elle montre à quel point le phénoménologue a résisté aux séductions de l'idéalisme et ne les a acceptées, finalement, qu'à contrecœur.

Au revers de la chemise qui enveloppe ses leçons de 1902–1903, Husserl avait inscrit cette confession : « Cette demi-clarté, cette inquiétude qui me tourmente et qui est l'indice de problèmes non-résolus, est-elle donc supportable ? Et c'est ainsi qu'après de nombreuses années je ne suis toujours que le débutant et l'élève. Je voulais pourtant devenir un maître ! »[60].

Dans une certaine mesure, Husserl n'avait pas tort : en 1903, la phénoménologie commence à peine. Comme l'avait pressenti Hocking, la question capitale de

---

58 Cf. Hua XIII, pp. 8–9.
59 F.I.19, p. 107a.
60 Schuhmann, K., *Husserl-Chronik. Denk- und Lebensweg Edmund Husserls*, Martinus Nijhoff (Coll. Husserliana Dokumente I), Den Haag, 1977, pp. 74–75.

l'identité intersubjective restait irrésolue, en devenir. L'eidétique généralisée ne sera qu'une brève étape dans la pensée de Husserl. Dès 1905, la question de l'identité le contraindra à donner à sa phénoménologie un tour nouveau.

3. Conclusion

Au terme de cette enquête, la situation se présente à nous comme un tableau en double teinte. Il serait certainement exagéré d'imputer à la seule influence de Hocking les motifs historiques qui ont conduit Husserl à réduire le sujet empirique. Vraisemblablement, Hocking n'est qu'un élément supplémentaire dans une prise de conscience dont le processus s'est amorcé dès 1902. En ce sens, Husserl ne se trompe que partiellement lorsqu'il affirme qu'il a pris conscience des lacunes des *Recherches logiques* dès leur publication. Du reste, nous forgeons l'hypothèse que cette légère confusion est largement due à la relecture qu'il effectua de ses cours de 1902–1903 aux alentours de 1906. Il redécouvrit alors des textes dont les corrections précoces, sans doutes quelques semaines après la lettre de Hocking, témoignaient avec véhémence d'un rejet de la définition de la phénoménologie comme psychologie descriptive. Cela expliquerait notamment les déclarations de la lettre à Cornélius du 28 septembre 1906.

Il ne faudrait pas sous-estimer non plus l'importance de la critique que Hocking a articulée dans le processus qui a permis à la pensée de Husserl de « cristalliser ». Signalons à ce propos que Husserl lui-même, plus tardivement, semble jusqu'à un certain point attester cette influence. En effet, dans un manuscrit des années vingt consacré à la théorie de l'*Einfühlung*, il fait précisément référence à Hocking lorsqu'il traite des différentes étapes de la réduction phénoménologique. Ces étapes, telles que Husserl les détaille, expriment assez bien le cheminement que nous avons commencé à retracer et qui conduit de la suprasubjectivité à l'intersubjectivité à travers différentes formes de solipsisme[61]. À cette gradation dans la progression de la réduction, Husserl oppose ce qu'il appelle « la théorie de Hocking sur le monde commun ». On ne peut évidemment s'empêcher de voir là comme une reconnaissance du rôle qu'ont pu jouer, à titre de repoussoir, les développements métaphysiques de Hocking dans le développement historique de la méthode phénoménologique[62].

Quoi qu'il en soit du rôle exact qu'a pu jouer Hocking dans le parcours intellectuel de Husserl, notre enquête historique aura au moins eu le mérite de mettre en évidence quelques-unes des difficultés philosophiques qui ont présidé

---

61 Ces étapes sont les suivantes : 1°) le problème avant la question de la vérité, 2°) la question de la vérité dans le cadre des possibilités idéales, c'est-à-dire, a) en considérant le je solitaire, b) en considérant la théorie de l'*Einfühlung*.
62 Sur tout cela, cf. ms E.I.4, pp. 93 a et b.

à la découverte de la réduction phénoménologique. Il apparaît que la réduction du sujet empirique n'est pas simplement la conséquence logique d'une exigence de pureté. C'est aussi la réponse fournie par Husserl à une circularité interne de sa description précoce du rapport intentionnel de la subjectivité et de l'objectivité. Husserl lui-même, dans ses notes marginales aux leçons de 1902–1903, note que cette difficulté renvoyait finalement à la question du solipsisme. Il faut cependant se garder de toute simplification hâtive. Nous avons déjà précisé à maintes reprises qu'il faut éviter d'identifier les différentes formes de solipsisme dont il a été question jusqu'ici avec le solipsisme transcendantal dont le spectre, dans les *Méditations cartésiennes*, met en branle toute la réflexion husserlienne sur l'intersubjectivité transcendantale. De la même manière, il faut se garder d'assimiler trop vite le solipsisme théorique que nous avons décelé dans les *Recherches logiques* et celui que Husserl cherche à éviter en pratiquant la réduction du sujet empirique. Ils ne sont pas sans rapport l'un et l'autre, mais ils ne sont pas non plus identiques. Nous avions appelé « solipsisme théorique » la théorie qui consiste à subordonner l'expérience d'autrui à l'intuition subjective d'idéalités suprasubjectives. Une telle théorie, en effet, nous semblait non seulement subordonner l'intersubjectivité à la suprasubjectivité, mais surtout, elle nous semblait incapable d'expliquer la constitution de l'intersubjectivité au sens propre du terme. Au cœur du solipsisme que Husserl tente d'éviter en pratiquant la réduction du sujet empirique, il y a l'idée d'une relativité du Je à lui-même. Cette difficulté est effectivement une des conséquences paradoxales du solipsisme théorique, mais elle ne l'épuise pas complètement. C'est pourquoi la stratégie développée par Husserl ne résout pas pleinement le solipsisme théorique ; en un certain sens, elle en radicalise même l'élément central, le primat de la suprasubjectivité sur l'intersubjectivité. C'est en ce sens qu'il faut comprendre l'eidétique généralisée.

Cette position ne pourra se maintenir très longtemps. En effet, en supprimant toute polarisation subjective au champ intentionnel, l'eidétique généralisée rend impensable la constitution d'une individualité. La généralisation du suprasubjectif, de l'universel, exclut toute possibilité de penser l'individuel. C'est cette nouvelle difficulté qui conduira Husserl, d'une part, à une conception véritablement transcendantale de la réduction et, d'autre part, à une prise de conscience du statut constituant de l'intersubjectivité.

CHAPITRE 4

L'apparition du problème de l'intersubjectivité et la structure monadologique de la subjectivité transcendantale

(1903–1910)

Dans le chapitre précédent, nous avons cherché à nuancer l'opinion courante selon laquelle la question de l'intersubjectivité est exclusivement issue de l'emploi par Husserl de la méthode de la réduction phénoménologique. Pour ce faire, nous avons montré que la réduction du sujet empirique et l'abandon de la psychologie descriptive étaient issus, au moins pour une part, de la prise de conscience d'une certaine forme de solipsisme. La réponse de Husserl à ce dernier ne s'est pas exprimée par une mise en avant de l'intersubjectivité, mais par ce que nous avons appelé une eidétique généralisée. Cette position se caractérise essentiellement par une assimilation, ou un recouvrement, de la subjectivité phénoménologique et de la logique pure. Un des motifs qui a conduit Husserl à adopter, pour une très courte période, cette théorie surprenante, est son refus constant de se laisser séduire par des constructions métaphysiques non vérifiables intuitivement. Plus précisément, il ne pouvait accepter la « métaphysique mystique et mythique du Je » que Hocking prétendait déceler, comme une virtualité, dans les *Recherches logiques*. La réduction du sujet empirique intervint donc comme un garde-fou contre l'hypothèse métaphysique d'une « Allbewusstsein ».

Nous l'avons dit : l'hypothèse d'une eidétique généralisée sera très vite abandonnée. Dès 1904, il laisse entendre qu'il ne faut pas identifier la phénoménologie à la logique pure. Très vite resurgit chez lui la question de la subjectivité phénoménologique et, pour la première fois comme un thème explicite, celle de l'intersubjectivité. Cette étape de la pensée de Husserl est mieux connue que la précédente. Karl Schuhmann a admirablement mis en évidence le rôle qu'a joué l'école phénoménologique de Munich, en particulier les travaux d'Alexander Pfänder, dans l'évolution de Husserl entre 1903 et 1905[1]. Le présent chapitre qui, dans un premier temps, porte sur l'apparition du problème de l'intersubjectivité

---

1 Schuhmann, K., *Die Dialektik der Phänomenologie 1 : Husserl über Pfänder*, Martinus Nijhoff (Coll. Phaenomenologica 56), Den Haag, 1973.

en 1905, est largement tributaire du travail de Schuhmann et en reprend, pour l'essentiel, les développements historiques[2].

Il semble que Husserl se soit trouvé, au moins jusque dans les années 1910 et probablement au-delà, dans une situation relativement confuse d'un point de vue intellectuel[3]. D'une part, comme nous allons le voir, apparaît en 1905 un nouveau cheminement de pensée qui, posant le problème délicat de l'individuation, va progressivement le conduire à une formulation plus claire de la question de l'intersubjectivité proprement dite. D'autre part, pratiquement à la même époque, on voit ressurgir un certain nombre d'interrogations sur l'hypothèse d'une « Allbewusstsein ». Nous essayerons de montrer dans la seconde partie de ce chapitre que ces interrogations ne sont pas une reprise des réflexions de Hocking, mais l'apparition d'un problème nouveau, directement issu des réflexions de Husserl sur l'expérience d'autrui, et dont la difficulté majeure est liée au concept de simultanéité.

C'est donc un double problème que nous entendons décrire ici pour rendre compte du cadre dans lequel se sont développées les réflexions de Husserl sur l'*Einfühlung* à l'époque de Göttingen. Premièrement, il apparaîtra que le problème de l'individuation, apparaissant dans l'horizon d'une eidétique généralisée, eut un double impact sur les interrogations husserliennes. D'une part, la question du sujet phénoménologique, qui avait été évacuée en 1903, recouvra ses titres. D'autre part, et en conséquence, une prise de conscience de la valeur constituante de l'intersubjectivité émergea. Deuxièmement, nous verrons que le problème de la simultanéité va réveiller le spectre d'une « métaphysique mythique et mystique

---

2   Cependant, nous n'adoptons pas entièrement la même perspective et les mêmes conclusions que lui. Pour être exact, notre recherche s'écarte de la sienne sur deux points importants. Tout d'abord, l'objet de notre recherche n'est pas l'interaction des pensées de Husserl et Pfänder, mais, plus spécifiquement, les motifs de l'apparition chez Husserl en 1905 d'un questionnement sur la perception de l'autre. Ensuite, si nous pensons, comme Schuhmann, que l'évolution de la pensée de Husserl n'est pas le fruit du hasard et de la bonne fortune, mais de contraintes rationnelles, nous ne situons pas ces contraintes dans la relation « dialectique » de l'étude de la conscience d'objet et de l'étude de l'auto-déploiement de la subjectivité, mais dans le difficile accord à trouver entre l'exigence d'objectivité issue de la critique du psychologisme et l'apparente relativité des choses elles-mêmes.

3   On ne connaît que trop bien le ton désespéré de Husserl dans une lettre d'anniversaire envoyée à son ami Gustav Albrecht en juillet 1908 : « Ich sehe goldene Früchte, die keiner sieht, und greifbar nahe habe ich sie vor Augen. Aber ich bin Sisyphus, dem sie immer wieder entschwinden, wenn er nach ihnen greift. Und dieses Greifen ist harte und härteste Arbeit. Ich mache beständig Fortschritte, und große Fortschritte. Aber der Umfang der zu vollendenden Untersuchungen und die Verwicklung der Probleme, die keines für sich abschließen und abgrenzen lässt, ist beispiellos. Es geht mir also wieder wie im vorigen Jahrzehnt und mit dem Alter bin ich nicht bequemer geworden, vielmehr verliere ich fast jede Fähigkeit zur Freude, es sei denn an diesen Arbeiten ». (Husserl, E., *Briefwechsel. Band IX. Familienbriefe*, éditeurs : Karl Schuhmann et Elisabeth Schuhmann, Kluwer Academic Publishers (Coll. Husserliana Dokumente III/9), Dordrecht/Boston/London, 1994, pp. 40–41. A l'avenir nous abrégeons : Dok III/9.

du Je ». Cependant, même si Husserl, dans certains manuscrits, semble avoir partiellement épousé cette métaphysique, nous verrons que c'est son rejet qui, en fin de compte, l'a conduit à interpréter l'intersubjectivité transcendantale dans le sens d'une reprise phénoménologique de la monadologie leibnizienne, transformant par là radicalement l'eidétique généralisée.

L'exposition de cette double orientation de la pensée de Husserl entre 1903 et 1910 impose un choix douloureux à ses exégètes. Il est pratiquement impossible d'exposer conjointement, avec une clarté suffisante, deux cheminements de pensée qui appartiennent matériellement à des textes, à des ordres de discours et, pour tout dire, à des structures conceptuelles distinctes. Pourtant, ces deux axes relèvent, sur un plan phénoménologique, de « couches intentionnelles » connexes et il existe entre eux d'étroites dépendances fonctionnelles. Dès lors, les présenter séparément, comme nous serons finalement contraint de le faire, conduit à fragmenter la pensée de Husserl plus que, vraisemblablement, il le faudrait. Comme cela se produit souvent lorsque la pensée d'un philosophe se cherche, ces deux itinéraires se nourrissent l'un l'autre dans l'exercice effectif de la réflexion, si bien que, dans les faits, il n'est pas toujours simple de les distinguer avec netteté.

1. *L'influence de l'école de munich sur la découverte du problème de l'inter-subjectivité entre 1903 et 1905*

1.1. *Enjeux historiques*

Avant d'aborder de front les motifs philosophiques qui ont conduit Husserl à prendre conscience du problème de l'intersubjectivité, il ne sera pas inutile de préciser davantage les enjeux historiques auxquels nous serons confronté. En effet, de même que nous avons été mené, dans notre chapitre précédent, à préciser la conception la plus courante des relations qui se lient, dans l'itinéraire de Husserl, entre la réduction et le solipsisme, l'étude de l'influence de l'école de Munich sur la pensée de Husserl nous conduira à brosser un tableau plus contrasté de la relation entre la réduction et l'intersubjectivité que celui auquel nous sommes généralement accoutumés.

Nous verrons bientôt que l'étude des textes précoces de Husserl suggère une origine conjointe de la question de l'intersubjectivité et de la réduction dans le cadre de discussions sur le temps en 1905[4]. Ajoutons à cela que Husserl a lu soigneusement, au début de l'année 1904, le livre de Th. Lipps intitulé *Leitfaden der Psychologie*, dans lequel le concept d'*Einfühlung* est exposé de manière approfondie[5]. De nos jours, ce n'est plus guère que dans le domaine de l'esthétique que Lipps

---

4   Cf. Hua x, pp. 237–253.
5   Lipps, Th., *Leitfaden der Psychologie*, op. cit., chap. xiv.

a conservé une certaine notoriété. La raison doit sans doute en être recherchée dans l'opposition forgée par Willhelm Worringer entre l'« esthétique de l'*Einfühlung* » (dans laquelle, selon Lipps, le sentiment esthétique est issu de la projection de la conscience du spectateur dans l'œuvre d'art) et l'« esthétique de l'abstraction » (dans laquelle le sentiment esthétique est issu du caractère formel des grandes productions monumentales). Cette opposition a été remise au goût du jour, un peu abusivement du reste, par les théoriciens de l'art abstrait au tournant du siècle[6]. Outre les questions d'esthétique, l'intérêt propre du *Leitfaden der Psychologie* est d'appliquer la théorie de l'*Einfühlung* comme « projection de soi dans un objet autre que soi » au problème de l'expérience d'autrui. Il est certain que Husserl s'en inspira profondément pour élaborer sa propre théorie de l'intersubjectivité[7]. Cette convergence historique, conjuguée avec l'enseignement des *Méditations cartésiennes*, a conduit tout naturellement à accréditer trois suppositions quant au développement historique de la pensée de Husserl. Premièrement, la découverte du sens véritable de la réduction phénoménologique se serait faite dans le cadre d'une réflexion sur le temps[8]. Deuxièmement, la réduction aurait engendré un solipsisme auquel Husserl aurait tenté de répondre par une théorie de l'intersubjectivité. Troisièmement, la découverte du concept d'*Einfühlung* chez Lipps est au fondement de la théorie husserlienne de l'intersubjectivité[9].

Rien de tout cela n'est faux, mais une analyse plus soigneuse conduit néanmoins à un certain nombre de réaménagements. Nous avons déjà été conduit à tempérer la liaison trop rapide entre réduction et intersubjectivité. Certains détails, généralement passés sous silence, conduisent également à relativiser l'influence de Lipps et à clarifier les relations entre réduction, intersubjectivité et temps. Tout d'abord, remarquons que, dans les textes de 1905 consacrés à l'expérience d'autrui, il n'est fait nulle part mention de l'*Einfühlung*[10]. En fait, dans les discussions sur l'intersubjectivité, le terme « Einfühlung » n'apparaît qu'aux alentours de 1908–1909[11]. Ce point est d'autant plus significatif que Husserl utilisait déjà ce terme aux alentours de 1906. Il désignait alors un certain type de modification intentionnelle, mais sans aucune relation privilégiée avec l'expérience d'autrui. Autrement dit, si Husserl a effectivement emprunté le terme « Einfühlung » à Lipps, c'est indépendamment du problème de l'expérience d'autrui. En 1906, Husserl s'intéressait déjà à la description phénoménologique de l'expérience d'autrui, mais il le faisait

---

6   Worringer, W., *Einfühlung und Abstraktion*, Verlag der Kunst, Dresden, 1996, (première édition: 1907).
7   Cf. Hua XIII, pp. 70–76.
8   Voir à ce sujet la conversation du 9 novembre 1931 dans: Cairns, D., *Conversations with Husserl and Fink*, op. cit.
9   On trouvera un bon exemple d'une telle lecture chez Dastur, F., « Réduction et intersubjectivité », in M. Richir et É. Escoubas (éds.), *Husserl*, Millon, Grenoble, 1989, pp. 43–64.
10 Hua XIII, Text 1.
11 Hua XIII, Beilage IV.

indépendamment de la question de l'*Einfühlung*. Ce concept désignait alors pour lui un type parmi d'autres de modifications de la conscience, dans un sens assez proche des travaux esthétiques de Lipps[12].

Hormis la lecture par Husserl du *Leitfaden der Psychologie*, il est un autre élément qui a contribué à façonner l'image que l'on se fait généralement de l'origine de la question de l'intersubjectivité dans sa pensée. Il s'agit de ce qu'il est convenu d'appeler la rencontre et les manuscrits de Seefeld. En 1905 en effet, Husserl séjourna dans la petite ville tyrolienne de Seefeld en compagnie de deux élèves de Lipps : Alexander Pfänder et Johannes Daubert. De cette époque sont issues un certain nombre de notes manuscrites de Husserl que l'on a coutume d'appeler les « Manuscrits de Seefeld ». Une première partie de ces manuscrits a été publiée par Rudolf Boehm dans un recueil de textes de Husserl consacré au temps[13]. La seconde partie a été publiée par Iso Kern comme premier texte des manuscrits sur l'intersubjectivité[14]. On comprendra aisément que le fragment de texte publié par Kern ait pu apparaître comme un appui supplémentaire à la thèse selon laquelle la pensée de Lipps, fût-ce par l'intermédiaire de ses élèves, serait à l'origine de la réflexion de Husserl sur l'intersubjectivité. C'est cependant un autre point qui a retenu l'attention des commentateurs. Husserl a en effet apposé tardivement une note marginale au fragment publié par Boehm ; dans celle-ci, il déclare : « Dans les pages de Seefeld – 1905 – je trouve déjà le concept et l'usage correct de la *réduction phénoménologique* ». Outre le fait qu'ils soient issus de discussions avec des représentants de l'école de Munich, ce qui étaye la thèse qui attribue à l'influence de Lipps l'intérêt porté par Husserl à la question de l'intersubjectivité, les manuscrits de Seefeld rassemblent donc dans une étroite proximité matérielle les questions du temps, de la réduction, et de l'intersubjectivité. Cette proximité matérielle conduit tout naturellement à supposer une communauté plus essentielle. L'étude à laquelle nous allons nous livrer à présent consistera principalement à évaluer plus scrupuleusement cette supposition. Un certain nombre de nuances peuvent cependant être apportées dès à présent.

Tout d'abord, l'affirmation selon laquelle la méthode de la réduction phénoménologique a été découverte à Seefeld doit être relativisée. Il est certain que Husserl

---

12   Selon I. Kern, le terme « Einfühlung » est déjà présent dans un cours sur la théorie de la connaissance daté de 1905. Il cite l'extrait suivant : « Zwischen aktueller Freude und Einfühlung in die Freude […] Statt „Einfühlung" können wir auch sagen „sich hineindenken", „sich hineinphantasieren" » (ms. F.I.27, p. 100 a). Nous avons également rencontré le terme « Einfühlung » dans le manuscrit A.VI.1 intitulé « Esthétique et phénoménologie » daté de 1906. Par ailleurs, Husserl utilise le terme « Einfühlung » dans ses leçons d'introduction à la logique et à la théorie de la connaissance de 1906-1907 (Hua XXIV, p. 46). Tous ces exemples témoignent du fait que Husserl a d'abord utilisé le mot « Einfühlung » dans un sens indépendant de la question de l'intersubjectivité.
13   Husserl, E., « Seefelder Manuskripte über Individuation », in Hua X, Text 35, pp. 237–153 (traduction française : Bruce Bégout, « Edmund Husserl, Manuscrits de Seefeld sur l'individuation », in *Alter*, 4, 1996, pp. 371–386).
14   Husserl, E., « Individualität von Ich und Icherlebnissen », in Hua XIII, Text 1, pp. 1–3.

a laissé entendre plusieurs fois que la découverte de la réduction phénoménologique remontait à 1905. À la fin de sa vie par exemple, il affirmait encore qu'il était parvenu « à une conscience de soi expresse, et cependant encore imparfaite, de sa méthode » quatre ans après la parution des *Recherches logiques*[15]. En 1933, dans son fameux article des *Kantstudien*, E. Fink affirme que le premier écrit sur la réduction date de 1905[16]. Dans la mesure où cet article a été contresigné par Husserl, nous pouvons supposer qu'il accepte cette présentation historique[17]. Dans le protocole d'une conversation qu'il a eue avec Husserl et Fink le 9 novembre 1931, Dorion Cairns rapporte pour sa part que, selon Husserl, « la réduction apparut pour la première fois dans un écrit, sous une forme primitive, l'été qui suivit [1905], à Seefeld »[18]. Il serait possible de multiplier les témoignages de ce type. Il est donc certain que la rencontre de Seefeld en 1905 a été un événement décisif dans la découverte de la réduction. Pourtant, il ne faut pas perdre de vue que, dans tous ces témoignages, Husserl parle d'une version « imparfaite » ou « primitive » de la réduction. En fait, lorsqu'on lit les manuscrits de Seefeld, on a du mal à y trouver les traces d'une exposition de la réduction phénoménologique. C'est non seulement l'expression « phänomenologische Reduktion » qui est absente, de même que des expressions synonymes, mais encore et surtout, loin d'aboutir à une mise en évidence de la distinction noético-noématique, comme c'est le cas par exemple dans les célèbres leçons de 1907 sur l'idée de la phénoménologie, les manuscrits de Seefeld restent dans l'ensemble dominés par la théorie de la *species*, caractéristique des *Recherches logiques*. En d'autres termes, les textes de Seefeld ne peuvent pas être présentés comme des témoignages de la réduction phénoménologique *transcendantale*. Cet écart entre les affirmations tardives de Husserl sur la découverte de la réduction phénoménologique et le contenu effectif des textes de Seefeld a conduit certains auteurs à relativiser leur importance. Certains, parmi les plus autorisés, ont même émis l'hypothèse que Husserl aurait confondu les textes rédigés à Seefeld en 1905 avec les appendices qu'il y a apposés vers 1917[19]. L'affirmation selon laquelle la réduction phénoménologique serait issue de problèmes liés à la conscience intime du temps doit, elle aussi, être précisée. Certes, les manuscrits de Seefeld ont été édités dans un volume consacré au temps[20]. Certes, dans le témoignage déjà cité, D. Cairns affirme lui aussi que les questions abordées à Seefeld sont

---

15   Cf. Hua VI, p. 246. Cf. également la lettre de Husserl à G. Misch du 17/04/1937.
16   Fink, E., « Die phänomenologische Philosophie Edmund Husserls in der gegenwärtigen Kritik », op. cit., p. 80.
17   De toute façon, dans sa lettre du 30 mars 1933 au père Feuling, Husserl affirmait la même chose.
18   Cf. Cairns, D., *Conversations with Husserl and Fink*, op. cit.
19   Cf. Bernet, R., « Einleitung », in *Edmund Husserl. Texte zur Phänomenologie des inneren Zeitbewusstseins (1893–1917)*, Felix Meiner Verlag, Hamburg, 1985, pp. XXXI–XXXII.
20   Il n'empêche que, selon le classement opéré par Husserl lui-même, ils n'appartiennent pas au groupe « C », c'est-à-dire aux textes sur la constitution formelle du temps, mais au groupe « A VII » qui inclut les textes de phénoménologie mondaine consacrés à la saisie du monde.

issues des leçons de 1904–1905 sur le temps. Il n'empêche que le problème abordé par les manuscrits de Seefeld n'est pas celui de la constitution de la conscience intime du temps, mais celui de l'individuation, et pas seulement de l'individuation temporelle.

1.2. *L'école de Munich*

Dans la première édition des *Recherches logiques*, Husserl avait sévèrement critiqué le psychologisme des premiers écrits de Th. Lipps. Cette critique allait conduire à un chassé-croisé historique étonnant, mais extraordinairement fécond. Piqué au vif, Lipps entreprit en effet de discuter les *Recherches logiques* avec ses étudiants les plus proches. Initialement, son intention était de se défendre contre la critique de Husserl et, éventuellement, de déceler une forme de psychologisme dans ses textes. Cette entreprise eut un effet inverse à celui escompté. Contre toute attente, les étudiants de Lipps furent pris d'un véritable engouement pour la pensée de Husserl. Ce fut là le point de départ du Cercle phénoménologique de Munich qui allait compter dans ses rangs quelques-uns des disciples les plus éminents de Husserl. Scheler ne rejoignit Munich qu'en 1906, laissant sur la phénoménologie l'empreinte que l'on sait. Cependant, les premiers membres du Cercle de Munich ne furent pas moins influents. Souvenons-nous que A. Reinach, lorsqu'il quitta Munich pour rejoindre Husserl, devint le véritable cœur, le véritable instructeur, du Cercle de Göttingen dont l'influence fut décisive pour l'épanouissement de la phénoménologie. M. Geiger, Th. Conrad, A. Gallinger furent également des membres significatifs du Cercle de Munich. Dans une certaine mesure, l'avenir de la phénoménologie s'est joué davantage à Munich qu'à Göttingen ou à Fribourg. Il faut réserver ici une place spéciale à deux élèves parmi les plus anciens de Lipps : J. Daubert et A. Pfänder. Daubert fut le premier à se rendre à Göttingen. Husserl reconnut en lui la première personne qui ait véritablement lu et compris les *Recherches logiques*. Aussi, malgré le fait qu'il ne publia jamais rien et qu'il n'acheva même pas ses études, sa rencontre avec Husserl constitue à n'en pas douter un événement significatif. Husserl rencontra Pfänder pour la première fois en 1904, lorsque, à l'invitation de Lipps, il donna, à Munich, une conférence sur les « présentations fondées » (*Phantasie*, signe, conscience d'image, souvenir, etc.). Peu après, il reçut l'ouvrage que Pfänder venait de publier sous le titre *Einführung in die Psychologie*. Il semble que cet ouvrage ait profondément impressionné Husserl. Toujours est-il que, suite à ces rencontres, il suggéra, par l'intermédiaire de Daubert, l'idée de vacances communes au cours de l'été 1905. Ces vacances eurent lieu précisément à Seefeld. Tout indique qu'elles ont eu une influence décisive sur la pensée de Husserl, aussi nous allons tenter d'en préciser l'agenda et la teneur.

1.3. *La rencontre de Seefeld et son importance*

Au cours du semestre d'été 1905, A. Reinach et J. Daubert, entre autres, vinrent de Munich assister aux cours que Husserl consacrait alors à la théorie de jugement. C'est à cette époque que Husserl forgea le projet de vacances communes. Nous ne nous attarderons pas sur le détail de l'organisation de ces vacances. Il importe néanmoins de souligner que l'initiative vint de Husserl et que le motif n'en était pas la détente après un semestre d'enseignement, mais l'étude de problèmes phénoménologiques communs[21]. Manifestement, ce séjour de travail fut intense[22] et il semble qu'il laissa à tous les participants de cette rencontre une impression profonde[23]. Pourquoi ces « vacances » furent-elles si importantes dans le parcours intellectuel de Husserl et de ses jeunes collègues munichois ? La réponse n'est pas aisée. En effet, des rencontres de Seefeld, il ne reste presque plus aucune trace écrite. Néanmoins, certains indices laissent à penser que la question centrale était l'élaboration d'une phénoménologie générale de la perception. C'est bien ce sujet que Husserl avait abordé au cours du semestre d'hiver 1904-1905 dans ses leçons intitulées « Hauptstücke aus der Phänomenologie und Theorie der Erkenntnis »[24]. C'est de ces mêmes questions qu'il avait entretenu les phénoménologues de Munich lorsqu'il avait fait sa conférence devant *l'Akademischer Verein für Psychologie* en mai 1904[25]. Ces questions l'agitent encore au moment de son départ pour Seefeld[26]. Or il importe de se souvenir que, suite à sa conférence de Munich, il avait reçu le livre de Pfänder intitulé *Einführung in die Psychologie*. Il y est ménagé une place tout à fait privilégiée à deux interrogations : la nature de la perception et l'origine de l'identité numérique du sujet.

Nous avons signalé qu'il ne restait pas, ou presque, de trace écrite des discussions de Seefeld. On possède néanmoins, dans le *Nachlass* husserlien, un certain nombre de notes de Husserl qui remontent à cette rencontre. Ces notes portent sur la perception sensible et sur l'identité numérique du sujet. On peut donc, avec K. Schuhmann, émettre l'hypothèse d'une influence de l'*Einführung in die Psychologie* de Pfänder sur les manuscrits husserliens de Seefeld[27]. Il ne faut pas, néanmoins, surestimer cette influence. Si, peut-être, Pfänder est venu éveiller chez

---

21 « Edmund hat vom Semesterschluss bis jetzt durchgearbeitet und will auch in Seefeld in der Arbeit bleiben. Er hofft dort gute Bedingungen dafür zu finden ». (Lettre de Malvine et Edmund Husserl à la famille Albrecht datée du 10 août 1905).
22 « Edmund arbeitet hier tüchtig, darauf legt er besonderen Wert ». (Lettre de Malvine Husserl à la famille Albrecht datée du 23 août 1905).
23 Cf. Schuhmann, K., *Die Dialektik der Phänomenologie*, op. cit., pp. 130-131.
24 Cf. Hua XXIII.
25 Cf. Spiegelberg, H., *The Phenomenological Movement*, op. cit., p. 169.
26 Cf. lettre à Hocking du 10 août 1905.
27 Cf . Schuhmann, K., *Die Dialektik der Phänomenologie*, op. cit., pp. 149-150.

Husserl des interrogations qui n'étaient jusque là que latentes, c'est bien à partir des acquis de sa phénoménologie aux alentours de 1905 que Husserl essayera d'y répondre dans les manuscrits de Seefeld.

1.3.1. Les manuscrits sur l'individuation

Les *Manuscrits de Seefeld* dont il sera ici question portent sur le problème de l'individuation. Ce problème se posait de façon urgente dans les *Recherches logiques* déjà, mais il a revêtu une dimension particulièrement aiguë dans le cadre de l'eidétique généralisée. Souvenons-nous que le Je pur, cette « fiction », avait été décrit positivement comme « l'a priori théorétique dans son ensemble ». Autrement dit, il s'agissait d'un système d'idéalités, d'essences universelles, supratemporelles et suprasubjectives. La question se pose tout naturellement de savoir comment ces idéalités, ces espèces, ces essences, s'individualisent pour exprimer le monde concret. Dans les *Recherches logiques*, la théorie de la *species* avait répondu à cette question, de façon fort programmatique, à travers l'idée de particularisation dans le vécu intentionnel. Or, dans le cadre d'une eidétique généralisée, la théorie de la *species* est difficilement applicable pour le motif, très simple, que cette théorie abroge la distinction entre l'essence et le vécu. La question de l'individuation revêt donc, à partir de 1903, une forme extraordinairement problématique. Précisons que cette difficulté, à laquelle la théorie de la constitution noématique viendra répondre par la suite, se pose pour tous les objets et, notamment, pour le Je personnel. Il est difficile de comprendre comment, si le sujet empirique est réduit, les significations idéalement unitaires s'individualisent dans la multiplicité des actes donateurs de sens et surtout, comment le sujet lui-même en vient à s'individuer.

De l'aveu même de Husserl, la percée la plus significative des réflexions de Seefeld est consignée dans un petit feuillet qu'il appelle le *Hauptblatt*. Tournons-nous dès à présent vers cette « page capitale ».

1.3.1.1. *Le* Hauptblatt. Il est difficile de cerner l'importance du texte désigné par Husserl comme étant « la méditation fondamentale » de Seefeld. Au premier abord, les deux feuillets qui le composent semblent cryptiques et l'on comprend mal, entre autres, pourquoi Husserl a donné à ce *Hauptblatt* le titre « L'immanent ».

Les développements du *Hauptblatt* s'articulent autour de la notion d'*identité*. Plus précisément, nous allons voir que Husserl y opère une distinction entre deux types d'identités : l'identité individuelle et l'identité spécifique. Souvenons-nous que, dans les *Recherches logiques*, la véritable identité était l'identité idéale de l'espèce. C'est elle qui, se particularisant dans une multiplicité de vécus privés, assurait l'identité de la signification indépendamment du fait que ce soit moi ou qui que ce soit d'autre qui la vise. Cette identité idéale était présentée comme indifférente au temps, supratemporelle, supraempirique et suprasubjective. En un mot : universelle.

Au premier regard, les textes de Seefeld ne s'écartent guère de la conception des *Recherches logiques* : Husserl y affirme que « le spécifique, dans les extensions diverses de la durée, <est> ‹toujours le même›. »[28]. Autrement dit, l'identité de l'espèce se signalerait par une invariance subjective et temporelle, une indifférence au regard de toute multiplicité réelle.

Rappelons-le : selon la théorie de la *species* professée par les *Recherches logiques*[29], l'identité du rouge visé dans une multiplicité d'actes distincts par des personnes distinctes ou à des moments distincts repose sur la relation de particularisation qu'entretient ce rouge visé avec l'espèce « rouge ». En bref, ce rouge particulier, le rouge qui est perçu ici et maintenant, doit son identité à sa relation avec l'espèce. Les *Manuscrits de Seefeld* précisent cette conception déjà présente dans les *Recherches logiques*. Dans la perception d'un objet rouge, c'est un cas particulier du genre ou de l'espèce « rouge » qui est perçu, et ce genre reste identique en dépit des variations temporelles et subjectives. Le genre ou l'espèce « rouge » est indifférente au temps.

Parallèlement à l'identité « spécifique », nous voyons apparaître également une autre conception de l'identité : l'identité individuelle. Le rouge, la couleur que nous percevons, est « temporellement étendu », c'est-à-dire non pas indifférent au temps mais, précisément, intrinsèquement temporel. Nous avons un remplissement intuitif temporel, mais aussi une continuité dans laquelle l'identité individuelle de la couleur dure : « L'individuel, déterminé selon le genre comme couleur, est le même pendant ou dans l'extension de la durée. »[30].

Nous avons donc ici, outre l'identité spécifique (supratemporelle et suprasubjective), une identité *individuelle* qui se découvre, ou plutôt se constitue, dans le temps. Il serait cependant erroné de penser que cette identité individuelle, parce qu'elle est temporelle, s'oppose de manière contradictoire à l'identité supratemporelle de l'espèce. L'identité individuelle est étroitement liée à l'identité spécifique. Elle ne se dégage que dans la mesure où le remplissement temporel s'accomplit dans une conformité continue à l'espèce. Cela ne signifie pas non plus que le rapport de l'individu au genre est « la même chose », formulée autrement, que le rapport du particulier à l'espèce. Il y a une différence très nette entre la particularisation d'une espèce dans un acte de visée et la constitution spatio-temporelle d'une identité individuelle (et donc unique) dans la continuité d'une visée. Peut-être est-ce parce que Husserl a vu rétrospectivement dans cette nuance les prémices de la distinction noético-noématique qu'il a intitulé après coup ce feuillet « L'immanent », marquant par là l'extension de la sphère d'immanence qu'a constituée la découverte de la face noématique du vécu.

Toujours est-il qu'il nous semble que cette distinction entre l'identité spécifique et l'identité individuelle est bien ce qui, aux yeux de Husserl, constitue la médi-

---

28   Hua x, p. 246.
29   Hua xix/1, pp. 104–106.
30   Hua x, p. 246.

tation fondamentale de Seefeld. Nous nous appuierons sur celle-ci pour tenter de comprendre la suite des *Manuscrits de Seefeld* consacrée à l'individualité du Je et de ses vécus.

La conception approfondie de l'identité développée à Seefeld – selon laquelle l'individuation de l'objet repose essentiellement sur une invariance spatio-temporelle dans un remplissement continu conforme à l'espèce – est-elle susceptible de rendre compte de l'individualité du Je ? C'est à cette interrogation que Husserl devra répondre s'il veut, sur la voie tracée par la recension d'Elsenhans, éviter le psychologisme latent des *Recherches logiques*.

Nous verrons que cette difficulté le contraindra à engager sa recherche sur une voie éminemment aporétique. Nous savons que le problème de la constitution du sujet phénoménologique trouvera son traitement définitif dans l'élaboration de la phénoménologie du temps. Nous savons également que cette question se distinguera nettement de celle de la constitution de la personne. Néanmoins, deux difficultés nouvelles vont apparaître, qui tranchent nettement avec les développements précédents et auxquelles Husserl va s'affronter jusqu'à la fin de sa vie. Comment constitue-t-on l'individualité d'autrui ? Quelle est l'importance constituante de la pluralité des sujets ?

Ces deux interrogations vont conduire Husserl à un renversement d'importance, puisqu'il va s'imposer à lui, d'une part, que l'expérience d'autrui ne peut plus être fondée dans la suprasubjectivité et, d'autre part, que l'intersubjectivité transcendantale doit être reconnue comme le fondement subjectif de toute objectivité. En conséquence, l'expérience d'autrui n'apparaîtra plus comme la saisie d'une signification suprasubjective, mais comme un cas particulier de modification qualitative : l'*Einfühlung*.

Cette évolution ne se fera pas de façon abrupte, mais sera le fruit d'une longue maturation que Husserl n'aura jamais peut-être menée à terme. Dans les paragraphes suivants, nous tenterons d'exposer les premières perplexités de Husserl et les premières amorces d'une philosophie phénoménologique de l'intersubjectivité. Ces perplexités voient le jour dans une série de pages issues des *Manuscrits de Seefeld*. Ces pages, les « Ich Blätter », ont été intitulées plus tardivement par Husserl « Sur l'individualité du Je et des vécus du Je » et son assistante, Edith Stein, a précisé en marge : « Sur le Je propre et étranger ».

1.3.1.2. *Les Ich Blätter.* Husserl décrit donc l'identité individuelle de l'objet comme étant l'invariance du remplissement spatio-temporel. Peut-on considérer que l'identité personnelle elle-aussi est une identité individuelle parmi d'autres, trouvant son unité dans un remplissement continu et spécifiquement identique du temps et de l'espace ? Certains philosophes sensualistes ont peut-être considéré que l'identité du sujet repose sur la continuité d'un remplissement spatio-temporel sensible, mais il n'en est guère, à ma connaissance, qui aient lié cette théorie à l'idée d'une conformité à l'espèce idéale, un peu comme si l'identité personnelle se découvrait dans le remplissement continu, en divers lieux du temps et de l'espace, d'une signification idéale « Je ». Il y a à cela un motif essentiel : une telle conception eut réduit à néant le témoignage de la pluralité humaine. Husserl, quant à lui, reconnaît à l'identité personnelle une invariance *sui generis*, distincte de l'invariance dans le temps et l'espace : l'identité personnelle est, en tant que telle, *identifiante*.

> Je suis *le même* alors que ‹mes› sentiments, mes volitions, mes intentions, de mes présomptions changent. Quel est le point d'appui de cette identité? Ce ne sont pourtant pas les contenus sensibles, ni rien de ce que l'on peut obtenir des contenus sensibles par des identifications phénoménologiques : le rouge en tant qu'il dure, en tant qu'il se transforme, etc. Je suis le même lorsque *j'appréhende* constamment ce rouge, lorsque je procède à une identification permanente, lorsque je saisis telle ou telle apparition, lorsque j'ai une représentation de ces choses, lorsque je les juge, lorsque j'ai une présomption, que je doute, que je sens, que je veux[31].

Autrement dit, l'identité du Je est le fondement de l'identité individuelle de l'objet. Il faut donc distinguer soigneusement non seulement l'identité spécifique de l'identité individuelle, mais encore l'identité de l'objet et l'identité du sujet, faute de quoi, à trop vouloir éviter le psychologisme, on risque de tomber dans un objectivisme brutal. Husserl découvre ici un nouvel aspect de la question de l'identité. En ce qui concerne le « Je », l'identité individuelle aurait, en quelque sorte, une double face, puisque le « Je » est à la fois une unité individuelle et ce à partir de quoi l'identité individuelle se constitue. La syntaxe de Husserl elle-même, dans le passage dans lequel il exprime cette ambiguïté de l'idéalité personnelle, témoigne de la relative confusion dans laquelle ces questions le plongent[32]. En effet, l'identité individuelle se trouve tout d'abord, négativement, déterminée dans son originalité. Elle se

---

31 Hua XIII, p. 1.
32 « Was ist das Fundament für diese Selbigkeit, und welche Individuation liegt hier konstituierend zugrunde? Ist es die Form des Zusammenhanges aller dieser Momente, und gewinnt der Zusammenhang empirische Einheit durch „Assoziation und Gewohnheit"? Es stände also der phänomenologischen Einheit im Fluss der „Zeit" (der „subjektiven") gegenüber der empirische Einheit durch die empirischen Hin- und Rückweise, welche die Komplexionen beseelen, durch ihre Einheit hindurchgehen und eine neue Einheit, eine empirisch apperzeptive, eine empirische Transzendenz schaffen? Dafür ist der sinnliche Gehalt „Zufall", nicht Einheit Schaffendes, bzw. Begründendes. Zugrunde liegt vielmehr die empirische Dingapperzeption (Leib) und darauf gebaut die Komplexionen von „psychischen Momenten", welche erst eine neue Apperzeption ermöglichen ». (Hua XIII, p. 1). Dans un des rares commentaires qui aient été consacrés à ce texte, Marianne Sawicki en paraphrase la teneur en ces termes : « Si le fondement de mon identité était ‹la forme de connexion de tous ces moments› et [s'il] obtenait la connexion *unité empirique* par ‹association et habitude›», alors ce serait une unité dans le flux. Dans ce cas il s'agirait de quelque chose de créé plutôt que de *créatif*; et donc il resterait encore à rendre compte de sa propre création et animation. Mais, continue Husserl, la personnalité n'est pas quelque chose qui se découvre phénoménologiquement comme un datum discret ; plutôt, il est une unité de validité dans la pluralité perçue – comme la substance d'une chose. » (Sawicki, M., *Body, Text and Science. The Literacy of Investigative Practices and the Phenomenology of Edith Stein*, op. cit., pp. 59–60).

distingue en effet aussi bien de l'identité de l'objet que de l'identité spécifique. Pourtant, comme pour les choses matérielles, l'identité du sujet se constitue dans le temps. « Nous ‹ constatons › l'identité dans la continuité du changement. (Cette constatation ne consiste naturellement pas à trouver un contenu tout prêt) »[33]. « La personnalité n'est aucunement un *datum* phénoménologique que l'on peut trouver tout prêt, c'est une ‹ unité dans la multiplicité ›, unité de validité, pas un moment phénoménologique réel. »[34]. Positivement, cependant, l'identité personnelle se voit reconnaître une importance capitale en tant qu'elle est identifiante. Autrement dit, plus que jamais, le sujet phénoménologique s'avère être le mystère des mystères.

Cette énigme conduit Husserl à explorer une nouvelle voie. De même que l'individualité de l'objet suppose que celui-ci puisse être distingué d'autres objets de la même espèce, il doit être possible de faire la distinction entre notre individualité personnelle propre et celle des autres personnes. Que sait-on de l'identité des *autres* personnes que nous même ? Dans quelle mesure celles-ci, comme individualités, ont-elles une valeur identifiante ? Et tout d'abord, en quoi l'expérience de personnes autres que moi se distingue-t-elle de l'expérience d'objets matériels ?

Les autres personnes se donnent comme des objets auxquels j'attribue une conscience que je ne « vois » pas. C'est en cette conscience « invisible » pour moi que réside leur individualité personnelle. Quelle est-elle ? Dans le domaine de la perception des objets matériels, il existe d'autres exemples d'objets imperceptibles et dont nous avons pourtant une certaine conscience. L'intérieur de la terre, les étoiles fixes, sont des objets dont nous connaissons l'existence, avec lesquels nous avons un certain lien de conscience, et que pourtant nous ne pouvons pas percevoir. Ne rencontre-t-on pas là une situation similaire à celle qui caractérise notre expérience des vécus d'autrui ? Une différence capitale saute aux yeux : s'il m'est impossible, pour des raisons contingentes, de percevoir l'intérieur de la terre ou les étoiles fixes, tous deux étant masqués par d'autres réalités empiriques (l'écorce terrestre ou d'autres étoiles) dont la perception, pourtant, tout en me les cachant, me les indique, il n'en reste pas moins qu'il m'est possible *idealiter* de percevoir ces réalités cachées par d'autres. Il m'est possible idéalement, comme en témoignent les récits de fiction, de voyager au centre de la terre ou aux confins de la galaxie. L'imperceptibilité du centre de la terre et des étoiles fixes est une imperceptibilité *de facto* et non pas *de jure*. Il en va tout autrement des phénomènes psychiques propres d'autrui. Bien que je « voie » l'autre, je ne peux pas vivre *ses* phénomènes ni même les penser sans les modifier aussitôt par cela même que je les pense. Lorsque je pense les phénomènes d'autrui, ils deviennent précisément « mes » phénomènes et, dès lors, ne sont plus les siens. Il y a là une relation d'essence en raison de laquelle, pour utiliser la terminologie plus tardive de Husserl, les vécus d'autrui ne

---

33 Hua x, p. 245.
34 Hua xiii, p. 2. Rem : *Reell* a été introduit plus tard. Contrairement à Iso Kern, nous le conservons.

peuvent jamais être vécus par moi de façon « originaire »[35]. Il nous semble que les *Recherches logiques* n'avaient pas encore pleinement conçu l'importance de cette impossibilité. Certes, à l'époque de Halle, Husserl énonçait très clairement que la communication indicative des vécus d'autrui ne nous donnait jamais ces vécus en propre ; seule l'idéalité de la signification conservait son identité d'un sujet à l'autre. Cependant, il ne nous semble pas que Husserl, dans les *Recherches logiques*, ait noté expressément le fait que la compréhension des vécus d'autrui modifie radicalement ceux-ci en faisant devenir « miens » des vécus qui étaient « siens ». C'est là seulement un détail, mais il a son importance puisqu'il montre que ce qui peut être communiqué des vécus d'un sujet à ceux d'un autre n'est jamais pleinement identique mais, au contraire, se déplace dans une certaine pluralité. Il n'est pas étonnant dès lors que, en 1905, Husserl se soit interrogé sur ce qui fonde cette « incompatibilité » (*Unverträglichkeit*) des vécus de personnes différentes.

Quel est le fondement de cette distinction idéale en raison de laquelle chaque phénomène appartient originairement à un et un seul Je individuel ? Cette distinction, pense Husserl, est précisément l'expression de ce que l'on appelle l'individualité personnelle et nous avons vu qu'elle ne repose pas uniquement, comme dans le cas des objets empiriques, sur une identité spatio-temporelle. La différence entre mes vécus et ceux d'autrui ne réside pas seulement dans l'individuation spatio-temporelle des corps (*Körper*), elle consiste, confesse Husserl, en une *différence inconnue*.

> L'apparition que j'ai depuis ‹mon point de vue› (le lieu de mon corps dans le maintenant), je ne peux l'avoir d'un autre point de vue ; en changeant de points de vue, l'apparition se modifie selon sa loi, et les apparitions sont manifestement incompatibles [*unverträglich*]. Je puis posséder l'apparition incompatible dans un autre temps, si j'occupe un autre lieu dans l'espace. Et, de la même manière, un ‹autre› peut à présent posséder la même apparition en se trouvant précisément à présent à un autre lieu.
>
> Faut-il s'exprimer ainsi : si je maintiens les apparitions telles que je les possède ou que je me les présentifie, leur essence exclut la compatibilité ; mais si je suppose une *différence inconnue* (analogue à celle du temps : en un temps différent subsiste bien une compatibilité malgré des apparitions, certes maintenues comme essentiellement identiques, mais incompatibles dans le même temps), il y a à nouveau une compatibilité. Cette différence est la différence des individus. Aussi la continuité du temps et de l'espace n'est-elle pas encore ce qui individualise complètement. Bien plutôt est-ce l'individualité égoïque[36].

---

35 « Ich „sehe" den Anderen, aber seine Phänomene habe ich nicht gegeben, und ich nehme denkend andere, nicht gesehene Personen an und mit ihnen Phänomene, die ich nicht habe und nicht haben kann. Evidenterweise wären es sonst meine und nicht ihre Phänomene, und ein Phänomen kann nur einen Ichzusammenhang angehören. Freilich, worin gründet diese Evidenz ? » (Hua XIII, p. 2).
36 Hua XIII, pp. 2–3 (nous soulignons).

C'est un peu l'acte de naissance de ce qu'il est convenu d'appeler le « problème » de l'intersubjectivité chez Husserl que nous rencontrons ici. C'est non seulement cette énigmatique « différence inconnue » entre les consciences individuelles dont l'individualité, déjà, est mystérieuse qui pose problème, c'est aussi le fait que cette « différence inconnue » soit reconnue jouer un rôle individualisant au même titre que le temps et l'espace. Désormais, et c'est un événement capital, l'objectivité est reconnue dépendante d'une nécessaire pluralité. L'identité individuelle des objets ne dépend donc pas seulement d'une invariance spatio-temporelle, mais aussi d'une invariance « intersubjective ». Une opposition radicale par rapport à l'approche des *Recherches logiques* et à l'idée d'une objectivité « suprasubjective » se fait jour. Certes, en 1905, les vues de Husserl sont encore profondément marquées par la théorie de la *species*. Certes, l'identité de l'objet renvoie à l'identité idéale et suprasubjective de l'espèce. La différence réside cependant dans cette idée, très nouvelle par rapport aux *Recherches logiques*, que l'identité de l'individu est non seulement, comme nous l'avons vu, temporelle, mais aussi intersubjective. L'identité de l'individu n'est plus indifférente au temps et au sujet, mais déterminée constitutivement par ceux-ci. Dire que nous voyons poindre ici les premiers signes d'une identité intersubjective et non plus suprasubjective ne signifie pas pour autant que l'architectonique des *Recherches logiques*, selon laquelle la suprasubjectivité fonde l'expérience de l'autre et donc l'intersubjectivité, soit dépassée dès 1905. Il nous semble plutôt que l'orientation prise dans la lettre à Hocking soit encore présente et qu'il faille au contraire prendre acte d'une radicalisation de l'approche de Halle et dès lors, du maintien, un peu monstrueux, d'une eidétique généralisée.

1.4. *L'apparition du problème de l'intersubjectivité*

Le trajet qui a conduit à poser, pour la première fois en son sens propre, la question de l'intersubjectivité peut être résumé comme suit. C'est probablement dans le cadre de discussions générales sur le problème de la perception que Husserl en est venu, à Seefeld, à approfondir la question de l'individuation. En effet, sur ce point, la théorie de la *species* n'était plus applicable comme telle dans le cadre de l'eidétique généralisée. En 1905, il élabore donc une théorie un peu plus précise. Outre l'identité de l'espèce, il pose une identité individuelle qui se constitue par un remplissement spatio-temporel continu, conforme à l'espèce. L'identité individuelle ainsi comprise ne suffit cependant pas à rendre compte de l'identité personnelle. Le sujet possède en effet une identité *sui generis*, l'identité d'une conscience identifiante. Les différents sujets personnels sont, dit Husserl, « incompatibles » en raison d'une « différence inconnue » : l'identité individuelle en tant que telle. Cette pluralité de consciences individuelles identifiantes détermine l'identité de l'objet au même titre que le temps et l'espace. En d'autres termes, la pluralité intersubjective fonde l'identité individuelle de l'objet ; elle est une condition constitutive de l'objectivité.

Nous le voyons, le chemin parcouru par Husserl pour aboutir à la question de l'intersubjectivité n'est ni la résultante de la rencontre, somme toute contingente, avec le thème lippsien de l'*Einfühlung*, ni expressément la réponse à un solipsisme issu de la réduction ; elle n'est pas même issue directement de questions sur le temps. Le problème de l'intersubjectivité en son sens véritablement constituant est issu de contraintes essentielles et non de contingences historiques. Comme toujours chez Husserl, ce sont les deux bornes constituées par le relativisme et l'objectivisme qui ont joué ici le rôle de garde-fou et d'impulsion dynamique. Une certaine forme de solipsisme dissimulée dans les *Recherches logiques* impose l'eidétique généralisée, l'individuation personnelle impose la pluralité, et l'objectivité, du coup, se voit transposée sur un terrain radicalement neuf.

Au terme de ses réflexions de Seefeld, Husserl se trouve confronté à deux interrogations nouvelles : d'une part, il lui faut rendre compte de manière satisfaisante de l'expérience d'autrui, c'est-à-dire de l'expérience de vécus non originaires ou, pour le formuler autrement, de vécus qui, bien que leur contenu soit la particularisation d'une espèce suprasubjective, ne sont pas pour autant individuellement identiques aux miens ; d'autre part, il lui faut rendre compte de la constitution d'unités individuelles intersubjectivement identiques, c'est-à-dire d'objets qui tout en devant leur identité à leur référence à une idéalité, doivent leur individualité à leur liaison constitutive à une pluralité de sujets.

Les réponses à ces questions ne sont pas sorties toutes armées de la tête de Husserl, elles se sont dégagées progressivement, avec hésitation, au cours de plusieurs décennies. Nous verrons dans notre *Troisième partie* comment Husserl a essayé, dans les premières années de l'époque de Göttingen, de répondre à la question de l'expérience d'autrui en élaborant phénoménologiquement la théorie de l'*Einfühlung*. Nous verrons également qu'il se trouvera, dans cette tâche, confronté à un problème fondamental dont il n'est peut-être jamais sorti.

2. *De l'eidétique généralisée à la monadologie*

Husserl nous a laissé relativement peu de traces de ses réflexions sur l'intersubjectivité au cours des années 1905–1909. Hormis un ensemble de textes critiques sur Lipps rédigés avant 1909, mais dont le contenu a été retravaillé vers 1916 et que nous prendrons en considération dans la *Troisième partie* de cette étude, l'essentiel des manuscrits sur l'intersubjectivité antérieurs à 1909 sont rassemblés sous les signatures A.VI.10, B.II.2 et B.I.4. L'interprétation de ces textes est périlleuse, parce qu'ils ont été rédigés au cours d'une période de remaniements intenses de la conception husserlienne de la phénoménologie. Au cours de ces années en effet, plusieurs avancées majeures ont vu le jour. L'évolution la plus remarquable étant probablement le développement, dès 1904–1905, d'une phénoménologie de la conscience intime du temps appelée à occuper une place primordiale dans la description husserlienne de la conscience intentionnelle. Le second élément marquant est la formulation précise et la théorisation explicite de la réduction phénoménologique transcendantale vers 1907. Cette époque voit également, aux alentours de 1908, le passage d'une théorie de la signification centrée sur l'espèce et sa particularisation à une théorie centrée sur la corrélation (pour les « perceptions empiriques » d'abord) avec le développement de la dimension noématique (phénoménologique ou ontique) comme corrélat de la dimension noétique (phénologique ou phansique). Comme on le voit, la conception générale des *Recherches logiques*, la théorie de la *species* notamment, subit à cette époque des mutations profondes, mais celles-ci ne se font pas en un temps. Toute la difficulté pour l'interprète consiste dès lors à savoir, pour chaque texte, dans quelle théorie Husserl s'inscrit : théorie de la *species* ou théorie de la corrélation noético-noématique, ou encore une des multiples variantes qui ont conduit de l'une à l'autre.

Malgré ces obstacles, l'examen attentif de cette période de la pensée de Husserl est indispensable. En effet, une des thèses les plus importantes et les plus énigmatiques de sa théorie de l'intersubjectivité voit le jour au cours de ces années de transition. Il s'agit de la théorie phénoménologique de la monadologie. Nous ne pensons pas que cette théorie soit apparue chez Husserl suite à une influence externe[37]. Nous pensons pour notre part que c'est la rencontre entre l'eidétique généralisée et le problème de l'intersubjectivité qui est à l'origine de la conception husserlienne de la monadologie. C'est ce que nous allons essayer d'indiquer succinctement ici, tout en étant conscient que ce sujet, très vaste, demanderait une étude indépendante et que nous ne pourrons donc que l'effleurer.

Un certain nombre d'articulations se dégagent des manuscrits sur l'intersubjectivité rédigés entre 1905 et 1909. Nous pouvons les schématiser comme suit. En premier lieu, la fameuse « différence inconnue » qui distingue les sujets personnels les uns des autres va être identifiée à l'unité phénoménologique de la conscience intime du temps. Cette identification entraînera trois difficultés cardinales concernant, respectivement, les questions de la simultanéité, du Je pur, et de la relation constituant-constitué. Tout d'abord, la question se posera de savoir si le temps qui englobe les différentes consciences individuelles dans un même « maintenant » ne relèverait pas d'une *Allbewusstsein*. La question n'est pas insensée dans la mesure où Husserl a lié indissolublement la conscience individuelle et le flux du temps. Deux réponses seront avancées selon que Husserl penchera vers la théorie de la corrélation ou vers celle de la *species*. Dans le premier cas, la distinction entre une tem-

---

37   On a quelquefois supposé que Husserl aurait été influencé sur ce point par D. Mahnke. Ce n'est sans doute pas tout à fait inexact, mais il faut néanmoins se souvenir qu'à l'époque dont nous parlons Mahnke était encore étudiant et que c'est précisément sous la direction de Husserl qu'il entama l'étude de Leibniz. En un premier temps, c'est donc vraisemblablement Husserl qui a influencé Mahnke et non l'inverse. D. Mahnke a étudié sous la direction de Husserl à Göttingen de 1902 à 1906. Son travail intitulé *Die neue Monadologie* n'a été publié qu'en 1917.

poralité immanente, constitutive de l'individualité personnelle, et une temporalité empirique, constituée et intersubjective, permettra à Husserl d'évacuer l'hypothèse d'une *Allbewusstsein*. Dans le second cas, comme en 1903, l'eidétique généralisée, avec son « Je pur » conçu comme un système d'idéalités, apparaîtra comme une parade au postulat « fichtéen » d'un Je pur réel. Se pose alors derechef, comme en 1905, la question de l'individuation personnelle ou, comme Husserl l'écrit dans ses manuscrits de 1908–1909, de la « subjectivation ». Par là nous sommes reconduit aux interrogations sur le « différence inconnue ». On ne sera donc pas surpris d'être dialectiquement renvoyé à l'opposition entre temps immanent et temps empirique issue non pas de la théorie de la *species*, mais de la théorie de la corrélation. Ce n'est cependant pas la seule voie qu'ait suivie Husserl. S'interrogeant sur la relation entre constituant et constitué il a également forgé l'idée d'un Je pur constituant, ce qu'il appelle un « esprit supérieur, créateur de la nature ». Or, aussi surprenant que cela puisse paraître, il n'épousera pas dans ces textes la « métaphysique mythique et mystique du Je » qu'il avait critiquée en 1903. Au contraire, dans ces réflexions, c'est sa conception monadologique de la phénoménologie qui voit le jour.

Comme on le voit, malgré leur apparent désordre, les réflexions de Husserl sur l'intersubjectivité entre 1905 et 1909 sont en fait les indices épars d'un vaste raisonnement systématiquement ordonné, qui mène de manière rationnellement motivée aux thèses idéalistes de sa philosophie ultérieure. Nous avons essayé ici de rendre la structure générale de ce raisonnement ; dans les paragraphes qui suivent nous allons en détailler successivement les différentes étapes textuelles.

2.1. *L'individualité personnelle et le flux temporel*

2.1.1. Questions d'heuristique

Avant d'aller plus loin, il importe de préciser quelques spécificités heuristiques qui ne sont pas sans importance lorsqu'on aborde les manuscrits sur l'intersubjectivité. La publication des textes du *Nachlass* sur l'intersubjectivité est l'aboutissement d'un exercice éditorial d'un type particulier. Bien que cette édition ait été critiquée à plusieurs reprises par des interprètes autorisés[38], il faut prendre conscience, d'une part, des choix extrêmement délicats auxquels elle a dû consentir et d'autre part, du renouvellement de la lecture de Husserl dont elle a été l'origine. Iso Kern, l'éditeur de ces textes, a adopté deux partis pris éditoriaux, probablement inévitables, mais dont l'incidence ne doit pas être sous-estimée.

---

38 Cf. Brand, G., « Edmund Husserl : Zur Phänomenologie der Intersubjektivität », in *Philosophische Rundschau*, 25, 1978, pp. 54–80 ; Brand, G., « Edmund Husserl : Zur Phänomenologie der Intersubjektivität, Texte aus dem Nachlass », in *Phänomenologische Forschungen*, 6/7, 1978, pp. 28–117 ; Depraz, N., « Les figures de l'intersubjectivité. Étude des *Husserliana* XIII–XIV–XV », in *Archives de Philosophie*, 55, 1992, pp. 479–498 ; etc.

Premièrement, il fallait bien déterminer un critère de choix pour sélectionner les manuscrits relevant, ou non, de la phénoménologie de l'intersubjectivité. Fallait-il se limiter à l'apparition d'un concept (*Intersubjektivität*) ou bien fallait-il au contraire considérer de manière plus large le déploiement d'une thématique ? L'option strictement « conceptualiste » aurait probablement été trop étroite, aussi Kern a-t-il pris le parti de choisir les textes du *Nachlass* portant sur le « thème » de l'intersubjectivité. Un tel choix pose un problème épineux. Il n'est pas facile, en effet, de déterminer avec précision la thématique de l'intersubjectivité. Nous savons que ce concept recouvre deux significations distinctes dans la tradition philosophique. Ce sont dès lors également deux thématiques distinctes qui auraient pu servir de *criterium*. Manifestement, Iso Kern a fait le choix de sélectionner les textes portant sur le thème de l'intersubjectivité en concevant celui-ci à la manière dont Husserl l'a décrit à l'époque de Fribourg et non pas à la manière dont, par exemple, Volkelt, à l'époque de Husserl, concevait l'intersubjectivité. Ce choix avait pour lui l'évidence du bon sens, parce qu'il était impossible de préjuger de la présence, dans les textes inédits, d'une autre thématique de l'intersubjectivité que celle connue alors. Le consensus en faveur d'une étude de l'intersubjectivité à partir des textes de l'époque de Fribourg se retrouve donc jusque dans le choix des textes publiés dans le volume XIII de l'édition *Husserliana*, volume pourtant consacré pour l'essentiel aux manuscrits rédigés à l'époque de Göttingen.

Un second choix éditorial lourd de conséquences doit être pris en considération : le classement chronologique. Les manuscrits du *Nachlass* n'ont pas été classés par Husserl et ses assistants selon les seuls critères de la chronologie. Des unités thématiques sont entrées en ligne de compte. Iso Kern a dû consentir à publier de manière dispersée des textes qui formaient sans aucun doute une unité dans l'esprit de Husserl et qui, du reste, se présentaient effectivement comme tels dans les manuscrits originaux du *Nachlass*. Le texte de Seefeld dont nous avons déjà parlé est un exemple caractéristique d'un tel traitement. Tandis que le texte principal, daté de 1905, est publié en tête de volume, sa « suite » datée de 1909 est reportée dans les appendices[39]. De plus, ici aussi, le consensus en faveur de l'époque de Fribourg a joué un rôle déterminant puisque, à plusieurs reprises, des passages importants pour saisir l'unité du raisonnement husserlien n'ont pas été publiés par Kern, cela, semble-t-il, parce qu'ils ne formaient pas corps avec les thèmes caractéristiques de Fribourg. Ce parti pris historique est d'autant plus aventureux que, dans le cas qui nous occupe, les textes sur lesquels il pèse sont des écrits précoces. C'est en effet dans de tels textes qu'il y a le plus de chance qu'existe chez Husserl une approche de l'intersubjectivité distincte de celle déployée à Fribourg et c'est donc dans ceux-là

---

39 Hua XIII, *Beilage* I et VII. Ces deux appendices constituent, dans la pagination originale du manuscrit, la suite immédiate du *Text 1* : « L'individualité du Je et des vécus du Je ». À l'examen, il apparaît que la problématique développée dans les appendices est effectivement la suite logique de celle développée dans le *Text 1*.

que tout a priori historique de ce type eut dû être écarté avec la plus grande rigueur. Il est donc d'autant plus capital de garder à l'esprit les particularités éditoriales du travail de Kern que les textes que l'on étudie sont proches du début du siècle.

2.1.2. La « suite » des *Manuscrits de Seefeld* : l'individualité personnelle

L'appendice VII du volume XIII de l'édition *Husserliana* dont nous traitons ici a pour titre « L'incompatibilité des différentes consciences individuelles. Les unités de conscience préempiriques en tant qu'unités séparées »[40]. Cet intitulé laisse clairement entendre qu'il est question de cela même qui avait été abordé en 1905 et que Husserl avait appelé alors, très significativement, une « différence inconnue ». En 1905, l'individualité personnelle nous était apparue comme une identité *sui generis*, distincte de l'identité de l'espèce et de l'identité individuelle des objets. Son examen avait conduit à prendre conscience de l'existence d'une incompatibilité d'essence entre les vécus de personnes différentes. Cette incompatibilité constituant le fond même de la différence entre les individus, il s'avérait nécessaire d'en découvrir l'origine afin d'éclairer l'énigme de l'individualité personnelle.

Puisqu'il s'agit là d'une incompatibilité entre des vécus, il faut garder à l'esprit l'analyse du vécu intentionnel pratiquée dans les *Recherches logiques*, en particulier la différence entre *Materie* et *Qualität*. Il est difficilement concevable que la *Materie* de l'acte puisse, en tant que telle, constituer la différence entre les vécus de consciences personnelles distinctes. En effet, la matière intentionnelle est précisément un contenu idéal suprasubjectif. Étant indifférente à tout sujet, elle ne peut pas être le fondement de l'incompatibilité des vécus personnels. Il est bien entendu possible que les vécus de personnes distinctes aient des contenus intentionnels différents, c'est même le cas le plus fréquent. Cependant, ce n'est là qu'une circonstance de fait ; idéalement, toute matière intentionnelle peut être le contenu de quelque vécu que ce soit. Il est peu crédible également que l'incompatibilité des vécus de personnes différentes émane uniquement d'une différence qualitative apportée à une matière identique ; un peu comme si chaque personne avait une qualité propre, déterminant le contenu idéal de ses vécus comme étant les siens. Autrement dit, l'incompatibilité des vécus de consciences individuelles différentes « ne concerne pas le contenu des *cogitationes* »[41].

La « différence inconnue » en raison de laquelle les vécus de personnes distinctes sont incompatibles (au même moment) serait donc, pense Husserl, une différence d'être (*Sein*), de réalité (*Wirklichkeit*), ou encore d'*haecceitas*. Il ne faut pas concevoir cette eccéité comme une matérialité ou une réalité positive, mais comme une unité phénoménologique d'un type particulier. Les vécus d'une même personne (son immanence) sont en effet tous repris dans l'unité d'un même flux

---

40 Hua XIII, p. 17.
41 Hua XIII, *Beilage* VII, p. 17.

temporel préempirique, unifiés par une forme temporelle immanente unique qui les englobe tous en une totalité indivise. Ce serait donc l'unité phénoménologique préempirique de la temporalité immanente qui, traversant l'ensemble des vécus, constituerait l'identité numériquement distincte d'une conscience individuelle, son eccéité. Autrement dit, un vécu serait précisément le mien pour cette raison qu'il appartiendrait à une même connexion temporelle que mes autres vécus. L'appartenance à cette réalité-là – la réalité phénoménologique – déterminerait l'individualité. En d'autres termes, ce qui déterminerait l'individualité personnelle et, partant, l'incompatibilité des vécus de personnes distinctes, serait l'appartenance de ces vécus à un flux temporel et phénoménologique unique et numériquement distinct.

Cette conception renvoie à la phénoménologie de la conscience intime du temps développée vers 1905. Elle réaffirme des thèses bien connues sur la constitution du sujet phénoménologique. Cependant, elle pose un problème majeur lorsqu'on prend en considération la pluralité des consciences et le problème de la perception d'autrui. L'important pour notre propos ne tient pas tant au fait que Husserl ait lié l'individualité personnelle au flux de la temporalité phénoménologique, même si cette confusion entre ce qui fonde l'identité du Je transcendantal (la synthèse temporelle immanente) et ce qui fonde l'individualité personnelle (l'acquisition historique des *habitus*) est significative de certains partis pris. Pour l'heure, seules comptent pour nous les conséquences que ces partis pris pourraient engager en ce qui concerne l'expérience d'autrui.

2.2. *Le rejet de l'*Allbewusstsein

2.2.1. L'unité du temps

Lorsque j'appréhende les vécus d'autrui par *Einfühlung*, je pose ceux-ci comme étant simultanés (ou successifs) aux miens. Les vécus de l'autre et mes vécus propres appartiennent donc à une même temporalité globale par rapport à laquelle ils sont, ou ne sont pas, simultanés. Quelle est cette « temporalité globale » ? Quel est le flux phénoménologique qui englobe les vécus de personnes différentes ? Dans la suite de notre travail, nous verrons que cette nécessité d'une temporalité commune, et plus précisément l'exigence d'un « maintenant » commun à deux flux de vécus, jouera un rôle essentiel et hautement problématique dans la théorie husserlienne de l'*Einfühlung*. En 1909 cependant, le problème se pose encore de façon relativement simple. À cette époque, ce n'est pas tant la simultanéité qu'il faudrait reconnaître entre vécus de personnes différentes qui pose question, mais plus généralement le fait que les différentes consciences individuelles appartiennent toutes à une temporalité unique. En effet, Husserl a instauré une relation bijective entre l'individualité personnelle et le flux du temps. Si tel n'était pas le cas, c'est-à-dire si à chaque flux temporel ne correspondait pas une individualité personnelle distincte et vice-versa, il deviendrait délicat de parler de personnes numériquement distinctes. À partir de ce constat, une remarque en forme d'objection se lève immédiatement. Si tel est le cas, c'est-à-dire si à tout flux temporel il faut lier une conscience individuelle, il semble qu'il faille reconnaître l'existence d'une *Allbewusstsein*, d'une conscience totale qui englobe tous les flux individuels dans une seule temporalité en quelque sorte suprasubjective. Comme on l'imagine, Husserl ne peut admettre une telle hypothèse. Sa réponse s'appuiera sur la distinction noético-noématique récemment découverte ainsi que sur la distinction entre temporalité immanente et temporalité empirique. « Le temps objectif, écrit-il, le temps ‹empirique›, le temps de la nature, ne doit pas être confondu avec le temps *phansiologique*, le temps de l'*immanence* »[42]. Autrement dit, nous ne pouvons arguer du fait que le temps empirique, le temps de la nature, soit commun à toutes les consciences pour justifier que celles-ci soient englobées dans une conscience totale unique. Ce qui individualise les consciences, ce n'est pas le temps empirique, mais une temporalité immanente, phansiologique ou, comme Husserl le dira plus tard, noétique. C'est avec cette temporalité immanente seulement que se noue la relation bijective dont nous venons de parler.

C'est donc l'introduction de la distinction noético-noématique dans la phénoménologie du temps qui, en un premier temps, permet de contrer l'hypothèse d'une *Allbewusstsein*. Nous aurons l'occasion de voir, dans notre *Troisième partie*, que cette réponse ne suffira pas et que Husserl devra poursuivre ses recherches bien au-delà de ce qui est atteint ici. D'ores et déjà une circularité transparaît dans la « solution » suggérée par Husserl. On ne peut en effet, sans pétition de principe, se contenter d'expliquer l'appartenance des consciences individuelles à une même temporalité en distinguant temporalité immanente (individuelle) et temporalité empirique (intersubjective), si l'on n'a pas, auparavant, rendu compte de la constitution de la temporalité empirique à partir de la multiplicité des flux temporels individuels[43].

Pour l'heure cependant, Husserl est encore suffisamment confiant dans sa réponse à l'hypothèse d'une *Allbewusstsein* pour renvoyer avec assurance à l'*Einfühlung* dont, cependant, il vient à peine d'entamer l'étude :

> Et cela va de pair avec l'appréhension des moi étrangers moyennant l'empathie. Ch' (la chair étrangère) reçoit par empathie une conscience ‹étrangère› Co', un enchaînement d'écoulements d'apparitions qui n'est pas donné de façon immanente et ne doit être donné que par empathie. Co' : Ch' = Co : Ch ; cette proportion est quasiment appliquée. Toute difficulté disparaît alors, si l'empathie peut, à titre de conscience de *donnée*, valoir pour la conscience étrangère. Consciences

---

42 Hua XIII, *Beilage* VII, p. 19.
43 Dans les leçons de 1905, c'est par la distinction entre une intentionnalité transversale et une intentionnalité longitudinale que Husserl tente de répondre à cette difficulté. Non sans, du reste, soulever d'autres questions métaphysiques.

étrangère et propre sont dans un temps objectif, et cela est ‹perceptible›, de la même manière, en effet, que ce même temps est précisément perceptible. Il serait absurde d'exiger autre chose; cela voudrait dire que l'on confond les rapports temporels objectifs avec les rapports temporels préempiriques, les choséités avec la conscience absolue[44].

2.2.2. *Allbewusstsein* et Je pur

Nous avons déjà rencontré la notion d'*Allbewusstsein* dans la correspondance de 1903 entre Husserl et Hocking. Dans celle-ci, Husserl dénonçait le mysticisme métaphysique de la conception fichtéenne du Je pur. Nous pouvons attribuer deux motifs principaux à ce rejet. Premièrement, il y a le refus, par Husserl, de toute métaphysique. Plus exactement, de toute métaphysique succombant à la critique kantienne, c'est-à-dire, pour Husserl, de toute démarche non-intuitive. Deuxièmement, il y a un motif lié à la réfutation du psychologisme et à la défense de l'objectivité. Il apparaît en effet clairement qu'il est impossible de faire dépendre les idéalités suprasubjectives d'une subjectivité réelle quelle qu'elle soit. L'hypothèse métaphysique d'un « Je pur » réel, d'une conscience absolue englobant toutes les consciences particulières, lui semble dès lors injustifiée. S'il fallait accepter l'idée d'un Je pur, disait-il, ce serait uniquement comme une « fiction » dont la teneur positive serait d'être « l'a priori théorétique dans son ensemble, le système complet des formes et des lois relevant du penser ‹propre› possible comme tel ». Le Je individuel entretenait avec ce Je pur un rapport non pas réel, ce qui aurait confiné à la mystique, mais un rapport idéal. En d'autres termes, le Je pur ne serait autre que l'ensemble des structures eidétiques. Cette eidétique généralisée s'est révélée être gravée de lourdes difficultés concernant l'individuation en général et l'individualité personnelle en particulier. En fin de compte, la question de l'individualité personnelle avait conduit à celle de l'expérience d'autrui. Quoi qu'il en soit, le rejet de toute forme d'*Allbewusstsein* est manifeste. Comment dès lors comprendre cette affirmation surprenante issue d'un manuscrit de 1908–1909?

> Ainsi, le concept de *Je pur* acquiert son sens. Ou un concept-de-Je qui se scinde en une pluralité: plusieurs Je qui sont particularisés ou qui sont dans l'unité de l'absolu, laquelle est une unité qui englobe tous les Je. Ce n'est pas une ‹unité réelle› mais une unité d'une espèce absolue qui ne doit être confondue avec rien de réel. Alors, en quoi consiste cette unité associatrice des consciences, cette unité qui coule de consciences absolues en consciences absolues? Elle consiste en la nécessité appartenant à l'essence de chaque Je absolu, en référence à sa forme et à sa matière dans sa constellation déterminée: poser un monde logiquement; dans la possibilité idéale de justifier cette position selon des principes logiques et de poser, selon cette

---

[44] Hua XIII, p. 20.

manière justifiée, un monde psychophysique en tant qu'un monde de plusieurs choses et de plusieurs individus, comme un monde qui est commun à tous les individus. C'est en raison de cela que tous les Je absolus se trouvent en relation, qu'ils ont la même contrainte et qu'ils ne peuvent pas poser chacun un autre monde mais seulement un monde commun à tous. Dès lors, chaque individu psychique posé exprime, en considération absolue, un Je absolu. […] La justification logique signifie : possibilité pour chaque conscience-de-Je : non pas possibilité réale mais possibilité idéale.[45]

On ne peut manquer d'être frappé par la proximité des thèses avancées dans ce texte précoce avec le « fichtéisme » que Fink, plus tard, affirmera avoir décelé dans les manuscrits tardifs de Husserl.

Dans certains manuscrits, assure Fink, il en arrive à la curieuse idée d'un Moi-originel, d'une subjectivité-originelle, qui précéderait la distinction entre la subjectivité primordiale et la subjectivité transcendantale d'autres monades ; dans ces textes, par conséquent, Husserl essaye d'une certaine façon de supprimer la pluralité dans la dimension du transcendantal, ce qui le conduit à une problématique analogue à celle du dernier Fichte[46].

Ces déclarations ont été sévèrement critiquées et sont donc sujettes à caution[47]. Se pourrait-il néanmoins qu'il faille leur accorder quelque crédit en ce qui concerne les manuscrits précoces ? Nous ne le pensons pas. Écartons d'emblée l'hypothèse d'une confusion, dans le chef de Fink, entre les manuscrits précoces et les manuscrits tardifs. L'immaturité des textes de 1908–1909 est trop évidente, ne serait-ce qu'en

---

45 « So gewinnt der Begriff *reines Ich* seinen Sinn. Oder ein Ichbegriff, der auch in eine Vielheit sich spaltet : viele Ich, die geeinigt sind oder in der Einheit des Absoluten, die eine alle Ich umspannende Einheit ist. Es ist keine „reale Einheit" sondern eine Einheit absoluter Art, die mit keiner realen zusammengeworfen werden darf. Denn worin besteht diese bewusstseinsverbindende, vom absoluten zum absoluten Ich laufende Einheit ? Sie besteht in der zum Wesen jedes absoluten Ich mit Rücksicht auf seine Form und seinen Stoff in seiner bestimmten Konstellation gehörigen Notwendigkeit : eine Welt logisch zu setzen, in der idealen Möglichkeit dieser Setzung nach logischen Prinzipien zu rechtfertigen, und in dieser gerechtfertigten Weise eine psychophysische Welt zu setzen als eine Welt vieler Dinge und vieler Individuen, und als eine Welt welche allen psychischen Individuen gemeinsam ist ; und darin liegt, dass alle absoluten Ich so in Beziehung stehen, dass sie dieselbe Verbindlichkeit haben und dass sie nicht jeder eine andere Welt setzen können, sondern eine allen gemeinsame Welt. Denn jedem gesetzten psychischen Individuum entspricht in absoluter Betrachtung ein absolutes Ich. […] Die logische Berechtigung besagt Möglichkeit für jedes Ichbewusstsein : nicht reale sondern ideale Möglichkeit » (ms. B.I.4. p. 19b).
46 Fink, E., « Discussion de la conférence d'Alfred Schütz : ‹ Le problème de l'intersubjectivité transcendantale chez Husserl › », in *Cahiers de Royaumont. Philosophie N° III. Husserl*, Les éditions de minuit, Paris, 1959, p. 373.
47 Cf. Zahavi, D., « The Self-Pluralization of the Primal Life. A Problem in Fink's Husserl Interpretation », in *Recherches husserliennes*, 2, 1994, pp. 3–13.

raison de la terminologie employée, pour qu'elle n'ait pas sauté aux yeux d'un spécialiste de sa trempe. Du reste, la véritable question serait plutôt de savoir si, de fait, dans ses textes précoces, Husserl se commet avec la « métaphysique mythique et mystique » qu'il dénonçait par ailleurs chez Fichte, c'est-à-dire à une démarche non-intuitive qui établit un rapport de dépendance entre les idéalités et un Je pur réel.

Tel ne nous semble pas être le cas. Au-delà d'une proximité de façade, une différence très nette distingue les propositions de Fink des affirmations défendues dans les manuscrits précoces de Husserl. En effet, ces derniers renouvellent la distinction revendiquée dans la lettre à Hocking afin d'opposer la conception husserlienne du Je pur à celle de Fichte : le Je pur est un ensemble d'a priori logiques idéaux, il n'est rien de réel, c'est une fiction. Même si Husserl parle, en 1908-1909, d'un Je pur s'auto-pluralisant dans une multiplicité de Je individuels, il n'en demeure pas moins qu'il maintient strictement la distinction entre l'idéal et le réel laquelle, on s'en souvient, formait le support de son refus du mysticisme fichtéen. Cette « auto-pluralisation » ressemble donc plus à la vieille théorie de la *species* qu'à une quelconque métaphysique fichtéenne.

Cependant, il demeure que ce manuscrit entretient une ambiguïté en ce qui concerne ce que Husserl appelle l'« absolu ». En effet, ce terme désigne ici à la fois l'unité idéale qui englobe tous les psychismes particuliers (le Je pur comme a priori théorétique dans son ensemble) et un élément idéal propre à chaque individu psychique particulier, ce que l'on pourrait déjà appeler, en un certain sens l'« eidos ego ». Il faut donc préciser que, dans tous ces textes, Husserl ne désigne pas par « absolu » la propriété d'un étant quel qu'il soit, mais une certaine « manière » de considérer les choses. « En considération absolue » ne signifie rien d'autre que le passage à l'eidétique, c'est-à-dire le passage à un autre type d'intuitivité. En d'autres termes, lorsque Husserl parle « en considération absolue », loin de céder à la métaphysique, il s'en dégage résolument.

En définitive, il apparaît effectivement que ce texte participe davantage de la théorie de la *species* que de celle de la corrélation, c'est pourquoi, du reste, on y retrouve des idées proches de l'eidétique généralisée de 1903. Pas un instant Husserl ne concède une quelconque réalité empirique au Je pur. L'idée d'auto-pluralisation du Je pur, qui est absente de la lettre à Hocking, exprime en fait une difficulté que nous avons déjà rencontrée dans l'eidétique généralisée : la question de l'individuation. Cette interrogation, inévitable, apparaît plus clairement ailleurs dans le manuscrit sous le titre de « subjectivation ».

2.3. *La monadologie*

Le manuscrit B.I.4. introduit une précision par rapport aux textes de 1903 et de 1905. Il s'agit de l'idée de *subjectivation* (*Subjektivierung*) :

> Le flux du temps n'est pas intuitif, pas objectal. Mais il peut être rendu objectal réflexivement et abstractivement. Et ce flux du temps devient alors ‹subjectivé› comme ‹vécu› de l'individu psychique, et cela précisément par le cofonctionnement essentiel de la chair constituée intentionnellement[48].

Il convient de préciser davantage en quel sens la question de la « subjectivation » renouvelle celle de l'individualité personnelle. Par « subjectivation », Husserl ne vise pas, comme tel, le « devenir sujet » du flux du temps, mais l'attribution des « sensations », qui sont le contenu du flux temporel, à un sujet personnel. Autrement dit, il ne s'agit plus de déterminer l'individualité personnelle à partir du temps immanent mais, dans une sorte d'« analyse régressive », de rendre compte de l'attachement d'une temporalité initialement non subjective à un sujet individuel. La notion de subjectivation est donc, dans une certaine mesure, le pendant de celle d'« auto-pluralisation ». Dans la subjectivation, un flux temporel unique se « pluralise » dans une multiplicité de temporalités subjectives. Il faut néanmoins préciser que le flux du temps, comme le « Je pur », est conçu ici comme une forme idéale et non pas comme un écoulement réel, de sorte qu'il ne saurait être question d'une « métaphysique mythique et mystique du Je ». Cependant, ce n'est plus tant l'opposition entre temporalité empirique et temporalité immanente qui permet ici à Husserl de rendre compte de l'individuation, mais l'opposition entre une forme idéale du temps (non intuitif et non objectal) et la particularisation de celle-ci dans la temporalité immanente. En ce sens, la notion de subjectivation, telle qu'elle est abordée ici, ressemble à s'y méprendre à une application, assez brutale il est vrai, de la théorie de la *species* à l'eidétique généralisée de la lettre à Hocking. La limite entre la phénoménologie et la métaphysique devient dès lors infinitésimale. Il suffirait en effet que le Je pur, conçu comme temporalité absolue, acquière un statut réel pour que la subjectivation prenne la forme d'un *fiat* théologique. Certaines déclarations du manuscrit B.II.2, daté de 1907-1908, semblent suggérer une telle dérive[49]. On y trouve, par exemple, des affirmations à caractère théologique telles que : « *Un esprit supérieur serait créateur de la nature*, créateur du monde avec tous ses esprits, et précisément comme d'un monde téléologique. »[50]. Pourtant, Husserl affirme sans nuances : *Wir treiben hier keine Mystik!*[51] Essayons de dénouer cet apparent paradoxe.

---

48 « Der Zeitfluss ist nicht anschaulich, nicht gegenständlich. Aber er kann abstraktiv und reflektiv gegenstaendlich gemacht werden. Und dieser Zeitfluss wird nun „subjektiviert" als „Erlebnis" des psychischen Individuums, und zwar durch die wesentliche Mitwirkung des intentional konstituierten Leibes » (ms. B.I.4., p. 38).
49 Ce manuscrit a d'ailleurs été intitulé « Métaphysique – Conscience absolue – monadologie » par son transcripteur.
50 « *Ein höchster Geist wäre Schöpfer der Natur*, Schöpfer mit allen ihren Geistern, und zwar als einer teleologischen Welt » (ms. B.II.2., p. 25.b).
51 Ms. B.II.2., p. 17.a.

Dans le manuscrit B.II.2. Husserl s'interroge sur la relation de la conscience absolue avec ce qu'elle constitue, en premier lieu son corps. La conscience absolue étant constituante de toute réalité empirique, elle est éternelle, suprasubjective, immuable. La question se pose donc de rendre compte plus clairement de la « subjectivation » ou encore de l'auto-pluralisation du Je pur. Pour ce faire, Husserl fait un usage allégorique de deux mouvements dynamiques : la dynamique de l'assoupissement et de l'éveil (« Une monade s'éveille, elle devient chair »)[52] et surtout, la dynamique de l'évolution et de l'involution inspirée de la philosophie de Leibniz. Husserl reprend cette terminologie à son compte pour décrire, « en considération absolue », la naissance et la mort des sujets personnels. « Dans l'absolu », le sujet ne naît ni ne meurt, mais une monade passe du stade de l'involution au stade de l'évolution, puis retourne au stade de l'involution. Il ne semble pas que Husserl ait jamais complètement abandonné cette manière de voir les choses comme en témoigne, parmi d'autres, ce passage du manuscrit B.IV.6. postérieur aux *Ideen* I et intitulé : *Sur la théorie de l'idéalisme transcendantal*. « Chaque sujet a une période-de-vie de subjectivité prémondaine, ensuite une phase-de-vie dans le monde et ensuite une phase de subjectivité postmondaine : celle de la mort »[53].

Husserl reconnaît faire ici une certaine forme de métaphysique. Cependant, précise-t-il, cette métaphysique ne succombe pas à la critique kantienne[54]. Autrement dit, elle est « phénoménologique » et non pas « mythique et mystique ». Qu'est donc cette métaphysique phénoménologique si ce n'est un prolongement de l'eidétique généralisée ? Comme telle, elle se heurte d'ailleurs au problème de l'individuation, ce que Husserl, du reste, reconnaît : « Un esprit supérieur serait créateur de la nature [...] ; sinon l'individuation ferait défaut. C'est la difficulté principale »[55].

L'eidétique généralisée s'est cependant considérablement modifiée entre 1903 et 1908–1909. La structure idéale n'est plus unitaire, mais pluralisée. Il s'agit précisément pour Husserl d'une « monadologie » et non plus d'un « je pur » conçu comme système idéal. « En considération absolue », les multiples consciences individuelles sont dans un rapport d'harmonie universelle, parce qu'elles sont liées eidétiquement dans la constitution concordante du monde.

---

52 « *Eine Monade erwacht: sie bekommt einen Leib* » (ms. B.II.2., p. 16.b).
53 « *Jedes Subjekt hat eine Lebensperiode vorweltlicher Subjektivität, dann eine Lebensphase in der Welt und dann eine Phase nachweltlicher Subjektivität: die des Todes* » (ms. B.IV.6., p. 4.b).
54 Cf. ms. B.II.2., p. 25.a.
55 « *Ein höchster Geist wäre Schöpfer der Natur* [...] ; *sonst fehlte die Individuation. Das ist die Hauptschwierigkeit* » (ms. B.II.2., p. 25.b).

2.4. La monadologie et le rejet de la métaphysique

La monadologie qui voit le jour vers 1908 dans le manuscrit B.II.2 a donc une double signification. D'une part, elle témoigne de l'inébranlable refus que Husserl oppose à l'encontre de toute métaphysique « mythique et mystique », c'est-à-dire toute théorie philosophique qui ne puisse pas être justifiée phénoménologiquement. D'autre part, elle manifeste, « en considération absolue », une structure monadologique de la subjectivité transcendantale.

Cette introduction de la pluralité dans la subjectivité transcendantale est certes une étape déterminante dans la pensée de Husserl. Il faut cependant éviter de surévaluer les résultats de 1908. On ne peut pas dire que la monadologie ait atteint, à cette date, un véritable statut phénoménologique. À cette époque, elle n'est encore qu'une structure qui, de l'extérieur de la phénoménologie proprement dite, s'impose à elle. En effet, il faudra attendre plusieurs années avant que Husserl parcoure le cheminement réductif qui allait lui ouvrir un accès intuitif à la subjectivité transcendantale comme pluralité de monades. Cette étape fera l'objet de notre *Quatrième partie*.

TROISIÈME PARTIE

Introduction à la Troisième partie

La *Troisième partie* de ce livre en constitue, pensons-nous, le cœur argumentatif et l'apport philosophique essentiel. Cet intérêt tout particulier ne tient pas à quelque réflexion profonde et pénétrante, fruit d'une « intuition ailée », que nous aurions introduite ici de notre propre fait, mais à ceci que se rencontre ici le plus clairement ce que nous avons appelé dans notre *Introduction générale* une « démonstration phénoménologique ». C'est en effectuant les recherches dont les résultats seront exposés ici que nous avons été le plus profondément fasciné par la rigueur de la phénoménologic husscrlicnnc. La « démonstration phénoménologique » que nous nous proposons d'exposer repose sur les contraintes eidétiques attachées aux vécus de présentifications. Cette *Troisième partie* aura donc un aspect plus analytique, au sens kantien du terme, que les parties précédentes ; elle sera aussi moins historique et, partant, plus difficile.

Nous nous sommes efforcé de restituer avec le plus de clarté possible la valeur logique et phénoménologique de la réflexion de Husserl. Nous avons longuement hésité à user, pour ce faire, du formalisme introduit par E. Marbach dans l'étude des représentations de conscience[1], ce qui aurait eu le mérite de donner une forme claire, précise et linéaire à notre exposé.

Deux motifs majeurs nous ont détourné de ce projet. Premièrement, il nous aurait fallu exposer, élargir et adapter le formalisme de Marbach, ce qui aurait occasionné un travail préliminaire beaucoup trop important par rapport à l'objet principal de notre travail. Deuxièmement, il nous est apparu que l'utilisation d'un formalisme, même si elle apportait beaucoup à la compréhension théorique, risquait de nuire profondément à l'exercice intuitif qui est propre à la démarche phénoménologique.

En conséquence, nous avons pris le parti de nous exprimer ici d'une manière plus « classique », c'est-à-dire dans un texte continu. Nous avons cependant tenté de préserver autant que possible l'aspect déductif de la démonstration. *Grosso modo*, les trois chapitres que comprend cette *Troisième partie* sont agencés les uns par rapport aux autres selon un ordre syllogistique. Le premier chapitre (chapitre 5), en décrivant la structure intentionnelle des différentes présentifications, serait en

---

[1] Cf. Marbach, E., *Mental Representation and Consciousness. Towards a Phenomenological Theory of Representation and Reference*, Kluwer Academic Publishers (Coll. Contributions to Phenomenology 14), Dordrecht/Boston/London, 1993.

quelque sorte la majeure, le deuxième chapitre (chapitre 6), en formulant un certain nombre d'exigences eidétiques, fonctionnerait un peu comme la mineure tandis que le troisième chapitre (chapitre 7), traitant plus directement de l'*Einfühlung*, serait une forme de conclusion à l'ensemble du raisonnement. Enfin, entre ces prémisses et la conclusion, la question de l'hallucination occuperait la position du moyen terme. Dans le détail cependant, les choses sont plus complexes et c'est, étant donné le nombre des prémisses, plutôt d'un sorite qu'il faudrait parler. Nous nous permettons d'attirer plus particulièrement l'attention du lecteur sur le sixième chapitre qui, en dépit de sa concision, assume dans notre raisonnement une fonction démonstrative cruciale.

CHAPITRE 5

L'étude des présentifications à l'époque de Göttingen
Les leçons de 1904-1905

Nous avons déjà noté que le mot « Einfühlung » apparaît chez Husserl à un moment historiquement daté de son parcours philosophique. Ce n'est guère qu'aux alentours de 1905, soit quatre années après la publication du second tome des *Recherches logiques*, que ce terme fleurit sous sa plume. La précision historique de cette date laisse peu de doute. Non seulement, elle s'appuie sur l'absence factuelle de ce vocable dans les textes antérieurs, mais en outre, elle est confirmée par la date de la rencontre par Husserl, en 1904, de Theodor Lipps à qui il allait emprunter ce terme. Encore une fois, dire que le terme « Einfühlung » est absent des écrits de Husserl avant 1904-1905 ne revient pas à soutenir que toute référence à l'altérité soit absente de sa pensée avant cette date, pas plus qu'à affirmer qu'une théorie de l'expérience d'autrui n'y soit pas, en quelque manière, décelable. Nous avons montré, dans la première partie de notre étude, qu'il y avait bien, dès l'époque de Halle, un traitement embryonnaire de l'expérience d'autrui. À cette époque, elle était calquée sur le modèle de la communication linguistique et donc sur la transmission, médiatisée par l'indication, d'une signification suprasubjective saisie par idéation.

Dans les premières années de l'époque de Göttingen, Husserl a été conduit à redéfinir sa philosophie et à prendre plus clairement ses distances par rapport à la psychologie descriptive. Cette prise de distance a été, au moins partiellement, motivée par sa correspondance avec Hocking et par la prise de conscience qui en a résulté de la présence d'une forme de solipsisme dans les *Recherches logiques*. Dans un premier temps, la solution apportée à ce solipsisme a consisté en une radicalisation de la démarche des « Recherches » et en l'instauration de ce que nous avons appelé une eidétique généralisée. Cette solution allait en fait poser plus de problèmes qu'elle n'en résolvait, puisqu'elle débouchait sur les difficultés abyssales de l'individuation. Trois difficultés majeures se posaient alors : 1) comment expliquer l'individuation du sujet ? 2) comment expliquer la constitution d'un individu personnel étranger ? 3) comment expliquer la constitution d'objets intersubjectivement identiques ?

La première de ces difficultés sera abordée dès 1905 avec l'étude approfondie de la temporalité phénoménologique[1]. La seconde, qui forme l'objet de notre

---

1 Cf. Hua x.

Troisième partie, sera traitée sous le titre d'« Einfühlung » à partir de cette époque également. Quant à la troisième, nous avons vu que, dans un premier temps, elle a conduit Husserl à ranimer la conception leibnizienne de la monadologie. Nous verrons, dans notre *Quatrième partie*, comment il tentera de fonder cette conception phénoménologiquement.

L'*Einfühlung* intervient chez Husserl comme une nouveauté d'ordre non seulement terminologique, mais aussi méthodologique et philosophique. Premièrement, par ce détour de vocabulaire, il marque l'inscription du problème de l'expérience d'autrui dans les colonnes de la phénoménologie dite « modale » et plus précisément dans la phénoménologie des modifications temporelles de la conscience ou *présentifications* (*Vergegenwärtigungen*). Deuxièmement, le terme *Einfühlung* signale la découverte, ou la recherche, d'une modification *sui generis*, distincte de l'indication à laquelle les *Recherches logiques* assignaient l'origine phénoménologique de l'expérience d'autrui[2].

On sait que, très tôt après qu'il eût pris connaissance de la théorie lippsienne de l'*Einfühlung*, Husserl entreprit d'en corriger l'« ignorance phénoménologique »[3] au moyen d'une analyse fouillée de la structure intentionnelle qui sous-tend l'expérience d'autrui. Le socle théorique de cette étude est la théorie des modifications qualitatives de la conscience.

L'étude des modifications qualitatives de la conscience (ou « caractères d'actes ») est déjà présente dans les *Recherches logiques* où elle s'exprime par la distinction entre *Qualität* et *Materie*. Par la suite, dans le premier tome de ses *Ideen*, Husserl apporte quelques éclaircissements importants à cette théorie. L'approche de 1913 se distingue de celle de 1901 par la claire conscience de la distinction noético-noématique. On sait du reste que Husserl lui-même reprochait aux *Recherches logiques* d'en être restées à une conception trop exclusivement noétique de la conscience. L'évolution qui conduit aux *Ideen I* se signale, entre autres, par l'adoption d'un nouveau vocabulaire, mais elle ne se limite pas à un tel perfectionnement conceptuel. Nous verrons dans la *Quatrième partie* de cette étude que la découverte par Husserl d'une « immanence intentionnelle » ou d'une « transcendance dans l'immanence » représente une authentique évolution philosophique par rapport aux positions des *Recherches logiques* ou, à tout le moins, un développement de ce qui, dans celles-ci, n'était qu'une potentialité. L'époque que nous allons prendre en compte est entièrement prise dans la tension qui va de la conception des *Recherches logiques* à l'idéalisme transcendantal des *Ideen*. À partir de la décou-

---

2 Cf. Hua XIX/1, pp. 39–41. Voir à ce propos l'étude vivifiante de Pol Vandevelde : « *Vergegenwärtigung* et présence originale chez Husserl. Le rôle de l'articulation langagière », in *Recherches husserliennes*, 6, 1996, pp. 91–116.
3 Hua XIII, Text 2, p. 24.

verte de la dimension noématique, vers 1907, les relations entre la matière de l'acte et ses qualités seront abordées dans le cadre plus global de l'étude des structures noético-noématiques.

Dans la mesure où les premiers textes de Husserl sur l'*Einfühlung* en tant qu'expérience d'autrui sont contemporains de cette évolution, il est important que nous décrivions succinctement la conception husserlienne de la structure du noème en 1913, puisque c'est dans cette structure que viendra s'insérer la description de l'expérience d'autrui.

Le noème est une signification ou un sens unitaire constitué dans le flux des donations de sens noétiques. La structure de la signification (ou du sens) visée ou constituée est semblable de part et d'autre de la corrélation noético-noématique, c'est pourquoi Husserl parle de parallélisme noético-noématique. La différence réside en ceci que du côté noétique, c'est-à-dire du côté de la donation subjective de sens, il n'y a qu'un flux perpétuel, sans autre unité que la forme propre du flux, tandis que du côté noématique l'identité du sens est fixée dans une synthèse continue d'identité (*ein übergreifendes Identitätsbewusstsein*). En étudiant la structure du noème, nous n'adoptons donc pas une position *contraire* à l'étude du vécu dans les *Recherches logiques*, mais parallèle et complémentaire.

Le noème s'articule autour d'un *noyau central*: le sens objectif toujours déterminable à partir d'expressions objectives et identiques[4]. Nous nous souvenons que Husserl, à l'époque de Halle, avait appelé cette dimension du vécu intentionnel sa « matière ». Le noyau noématique est lui-même une réalité complexe dans laquelle une multiplicité de *prédicats variables* viennent déterminer un moment central, plus intime, un pur *x identique* et déterminable[5]. Tandis que les prédicats peuvent intervenir dans la détermination d'une multiplicité de noyaux noématiques, le x a un statut invariable, indéterminé, obtenu par abstraction de tous les prédicats.

Nous nous souvenons que, dans les *Recherches logiques*, le vécu concret n'était pas encore complètement décrit par l'essence intentionnelle, c'est-à-dire par l'unité de la *Qualität* et de la *Materie*. Dans les *Ideen I* également, il faut prendre en compte, en plus du noyau et des qualités, la dimension de *plénitude* (*Fülle*)[6]. La plénitude du noème, ou plutôt, la plénitude du noyau noématique, concerne le remplissement intuitif de la visée noétique. La conscience peut être plus ou moins obscure ou plus ou moins claire en fonction de ce remplissement.

De même que dans l'essence intentionnelle du vécu, la qualité venait compléter la matière, dans le noème le noyau est caractérisé par une multiplicité de *modes de donation*[7]. Nous distinguerons deux grandes classes de modes de données: les présentifications et les modalités doxiques. Les *modalités doxiques* sont les

---

4   Hua III/1, § 91.
5   Hua III/1, § 131.
6   Hua III/1, § 132.
7   Hua III/1, §§ 99, 100.

modalités qui concernent l'être et la croyance[8]. Ces modalités, la certitude, le doute, la supposition, la conjecture, etc. sont toutes des modalisations d'une *doxa* originaire (*Urdoxa*). Deux caractères doxiques occupent une place particulièrement éminente : la position et la neutralité. La *position* (*Setzung*), dans son sens le plus large, désigne l'ensemble des croyances quant à l'être ou au non-être d'un objet. Ainsi, la négation, tout comme l'affirmation, est une forme de position. À la position s'oppose la *neutralité* qui est un caractère doxique à part[9]. La neutralisation désigne la mise en suspens de toute position, c'est une absence de croyance qui ne pose même pas une négation. La modification de neutralité jouera un rôle capital dans la conception husserlienne de la réduction, mais aussi dans la description de plusieurs présentifications importantes. En effet, les différents modes de données peuvent se combiner les uns aux autres de telle manière, par exemple, que certaines présentifications sont caractérisées par certains types de modifications doxiques.

Les présentifications ne sont pas des modifications de l'*Urdoxa*, mais de la donnée originaire (*originär*), c'est-à-dire de la présentation perceptive. L'étude des présentifications – auxquelles appartient l'*Einfühlung* – a atteint un degré d'accomplissement conceptuel remarquable dès 1904–1905 dans le cours intitulé *Phantasie und Bildbewusstsein*, c'est-à-dire bien avant le développement de la distinction noético-noématique. Les descriptions effectuées dans ces leçons, bien que précoces, sont plus complètes et plus systématiques que celles des *Ideen* sans pour autant que les deux présentations, pour ce qui nous occupe, divergent sur l'essentiel.

Nous pensons qu'il serait utopique de chercher à comprendre la théorie husserlienne de l'*Einfühlung* sans avoir auparavant fait un examen minutieux des leçons de 1904–1905. En effet cette théorie naissante des présentifications constitue le dispositif conceptuel dans lequel s'enracine, dès les premières années de Göttingen, l'interprétation husserlienne de l'*Einfühlung*. Nous entamerons donc notre étude par une présentation systématique de *Phantasie und Bildbewusstsein*.

1. *Les deux grandes classes de présentifications*

Étant donné que notre but n'est pas tant l'analyse phénoménologique des présentifications que la fixation d'un certain nombre de figures de conscience canoniques qui puissent servir de base à une étude comparative de l'*Einfühlung*, notre présentation des leçons de 1904–1905 sur l'imagination et la conscience d'image ne suivra pas à la lettre l'ordre d'exposition proposé par Husserl lui-même. Tandis que ce dernier distingue d'emblée les présentifications simples des présentifications

---

8   Hua III/1, §§ 103, 104, 105.
9   Hua III/1, § 109.

complexes, ou les présentifications neutres et positionnelles, nous procéderons, pour notre part, à un classement fondé sur la distinction entre présentation et présentification.

Cette distinction est établie d'emblée au départ de l'attitude naturelle[10]. Au titre de présentation, on ne compte guère qu'une seule modalité de conscience : la *perception* (*Wahrnehmung*). Celle-ci a le caractère d'acte de la donnée originaire d'un objet présent. C'est donc une modalité qui constitue son objet de telle manière que non seulement elle le pose comme existant, mais aussi comme présent.

Il y a également un large éventail d'actes de conscience qui ne posent pas leur objet dans la présence pure et simple. Ce sont des actes dont le caractère est tel que leur objet se donne à la conscience comme présent de façon modifiée, c'est-à-dire comme présentifié. De nombreuses modalités de conscience relèvent de cette sphère des présentifications. Nous allons ici en étudier quelques représentants majeurs : la conscience d'image (*Bildbewusstsein*), le signe (*Zeichen*), le symbole (*Symbol*), l'erreur (*Täuschung*), le souvenir (*Erinnerung*), l'hallucination (*Halluzination*), et la fantaisie (*Phantasie*). Nous étudierons également quelques formes de présentifications complexes comme les souvenirs fondés dans des consciences d'images ou les fantaisies fondées dans des consciences d'images. Nous réserverons l'étude de l'*Einfühlung* à notre septième chapitre. Précisons d'ailleurs que l'*Einfühlung* elle-même n'est pas étudiée dans les leçons de 1904–1905. Dans un bref sixième chapitre, nous essayerons de dégager ce qui, dans l'étude des présentifications, rejoint les questions capitales du solipsisme et de l'objectivité.

Les présentifications ont pour structure commune qu'il faut distinguer en elles le représenté (*das Vorgestellte*) de la chose elle-même. Autrement dit, les présentifications comportent une *appréhension fondative* (*eine zugrunde liegende Auffassung*) qui informe les contenus sensibles de telle façon que le constitué renvoie au présent de façon modifiée. Or, si on considère cette saisie fondative, on constate déjà une première distinction : certaines saisies fondatives opèrent dans le champ des présentations, d'autres opèrent en dehors de ce champ[11].

Pour plus de clarté, nous considérerons séparément ces deux classes de présentifications. Dans un premier temps, nous porterons notre regard sur les présentifications dont la saisie fondative opère dans le champ de la perception (les présentifications « perceptives »); dans un second temps, nous considérerons les présentifications dont la saisie fondative opère hors du champ de la présentation (les présentifications « imaginatives »)[12].

10   Hua XXIII, *Text* 1, § 1.
11   Hua XXIII, *Text* 1, § 21.
12   Les termes de présentifications « perceptives » et « imaginatives » n'appartiennent pas au lexique husserlien. Ils sont d'autant plus arbitraires que Husserl utilise fréquemment le concept allemand d'*Imagination* comme terme générique pour l'ensemble des présentifications. Nous les introduisons pour des raisons de facilité malgré le fait qu'ils risquent d'entraîner une certaine confusion. Les présentifications « perceptives » ne sont pas des *perceptions*, mais leur saisie fondative opère

1.1. *Les présentifications dont la saisie fondative opère dans le champ perceptif. Conscience d'image, signe, symbole, erreur*

Considérons tout d'abord la structure générale de cette première classe de présentifications. Nous reviendrons ultérieurement sur celle-ci pour l'étudier plus en profondeur. Il s'agit, nous l'avons dit, de présentifications dont la saisie fondative prend place dans le champ de la présentation. Pour un motif qu'il nous faudra élucider, cette présentation fondative se modifie ensuite en présentification. Nous aurons donc à rendre compte d'une *double saisie* : d'une part une présentation, la saisie perceptive d'un objet présent, de l'autre une présentification, une saisie non-perceptive d'un objet représenté. Ces deux saisies sont les *moments* d'un acte total de présentification « perceptive ». Autrement dit, ces deux saisies entretiennent entre elles un rapport de dépendance. Plus précisément, la seconde saisie est dépendante (*unselbständig*) de la première. Étant donné ce lien de dépendance, il est tout à fait possible de traiter des rapports entre l'image et l'objet représenté sans avoir approfondi jusqu'au bout la question de savoir si ces rapports concernent l'objet de la première saisie – l'objet perçu – ou, au contraire, l'objet – représenté – de la seconde saisie. Cette précision préliminaire prendra toute sa valeur dans la suite de nos développements. Elle était cependant nécessaire avant que nous ne commencions à répondre à cette autre question : qu'est-ce qui *motive* la présentation fondative à se modifier en présentification ?

Cette question est d'une importance capitale : de sa résolution dépend la claire compréhension de ce que sont les présentifications « perceptives », mais aussi de ce en quoi elles se distinguent définitivement des autres présentifications. Afin de ménager un accès plus intuitif à ces questions, nous partirons d'un exemple. Considérons un tableau, le portrait de la fille naturelle de Cosme Ier qui est exposé au Palais des Offices à Florence[13]. En quoi cette image diffère-t-elle d'une

---

immédiatement dans le champ perceptif ; de même, toutes les présentifications « non perceptives » ne sont pas des *imaginations*, mais leur saisie fondative n'opère pas immédiatement dans le champ perceptif. Pour plus de précisions, on lira avec profit l'article très informé de Luc Claesen : « Présentification et fantaisie », in *Alter*, 4, 1996, pp. 123-159.

13   Ce tableau est repris dans l'inventaire général du Musée des Offices sous le numéro de référence 1472. C'est un portrait de Bia, fille naturelle de Cosme Ier. Si nous avons choisi cet exemple, qui n'est pas de Husserl, ce n'est pas seulement en raison de notre affection particulière pour le maniérisme italien, mais parce que, précisément, il s'agit d'un *portrait*. Les exemples classiquement proposés par Husserl (*Le chevalier, la mort et le diable* de Dürer ou la *Madonne* de Raphaël, etc.) sont tous des représentations d'objets fictifs. Il est difficile, à partir de tels exemples, d'étudier ce que Husserl appellera, dans *Ideen I*, la conscience de portrait (cf. Hua III/1, §99). Nous avons donc choisi d'utiliser un exemple plus large. Ce choix pose également des problèmes puisque, à bien des égards, il est surdéterminé. Par exemple, il suppose une préconnaissance historique afin que la peinture de Bronzino puisse être saisie comme le portrait de Bia, fille naturelle de Cosme Ier. Nous ne prendrons pas en considération ces présupposés culturels ; Husserl, d'ailleurs, n'en parle pas. Nous nous limiterons à illustrer ici les structures intentionnelles élémentaires et, pour ainsi

perception au sens strict ? C'est bien un objet présent que j'ai devant les yeux, une toile chargée de peinture, avec sa réalité tangible, son grain, son odeur, un ensemble de données sensibles convergentes en fonction desquelles j'affirme : « Un objet est là ! ». Pourtant, cet objet n'est qu'un support pour ma conscience, il s'efface comme un semblant qui renvoie à autre chose que lui-même, Bia, la fille naturelle de Cosme Ier. Quel motif se trouve ici qui explique cette modification de l'intentionnalité ?

Tâchons de voir en quoi cette conscience de portrait diffère d'une présentation au sens strict. Notons bien qu'il ne s'agit pas de savoir ce qui, dans la perception de cette toile encadrée, diffère de la perception *stricto sensu*. Une telle question serait absurde. Cette toile est incontestablement un objet de perception au sens strict, elle se donne dans une immédiate présence en personne. La véritable question est de savoir en quoi le portrait de la fille naturelle de Cosme Ier, tel qu'il a été peint par Bronzino, diffère de Bia, la fille naturelle de Cosme Ier, autrement dit, *en quoi l'image diffère-t-elle de l'objet qu'elle représente ?* La question ainsi clarifiée, la réponse coule de source[14]. Il y a une *non-conformité (Unangemessenheit)* de l'intention et de l'extension de ces deux objets de conscience. Concernant l'extension tout d'abord, l'image est bordée d'un cadre qui la limite à un buste. Le fond de la toile, lui-aussi, s'interrompt. Le décor est limité par le cadre tandis qu'il s'étend à l'infini en dehors du cadre. Concernant l'intention, le visage peint par Bronzino est comme transfiguré par une lumière venue de l'intérieur. C'est une des caractéristiques des portraits de Bronzino ; aucun être humain ne dégage une telle lumière. Encore une fois, la représentation entretient un rapport de non-conformité avec l'objet qu'elle représente.

Cette non-conformité ne doit pas être confondue avec le conflit. Tandis que dans un conflit les deux termes s'opposent et se contredisent de telle façon que l'un est incompatible avec l'autre sans qu'une modification ne vienne les harmoniser, dans la non-conformité une certaine harmonie persiste : l'image peinte par Bronzino *ressemble* à la fille naturelle de Cosme Ier. S'il nous fallait anticiper sur la terminologie des *Ideen I*, nous pourrions dire que, d'une certaine manière, la non-conformité concerne les prédicats, mais que le x noématique conserve son identité.

La non-conformité intensive et extensive de l'image à ce qu'elle représente ne suffit pas à fournir les motifs phénoménologiques qui nous font poser cet objet présent devant nos yeux comme une image. Elle permet seulement de comprendre pourquoi l'un n'est pas confondu avec l'autre, un peu comme dans le cas de ces jumeaux qu'une légère différence suffit à distinguer. Même si elle joue un rôle essentiel dans la présentification, la non-conformité ne fournit donc pas encore le motif véritable de la modification de la présentation en présentification.

---

dire, statiques, des présentifications.
14 Hua XXIII, *Text* 1, §27.

Pourquoi en effet ne considérerions-nous pas ce portrait comme une chose de notre environnement au même titre que les autres objets qui nous entourent ? N'est-ce pas ce qui se passe, par exemple, lorsque nous sommes abusés par un trompe-l'œil ?

Nos considérations sur la conformité et la non-conformité sont donc insuffisantes. Pourtant, elles nous ont donné un embryon de réponse. Nous avons vu que le cadre imposait une rupture brutale dans l'environnement, aussi bien en extension qu'en intention. Cette rupture marque plus et autre chose que la non-conformité de l'image vis-à-vis de l'environnement (*Umgebung*); elle ouvre un véritable *conflit* (*Widerstreit*)[15]. Ce conflit avec l'environnement est le motif phénoménologique de la modification de la présentation en présentification.

Mon environnement présent, le monde de mes perceptions, se caractérise par sa cohésion (*Zusammenhang*). Chaque élément s'y inscrit selon une articulation logique aux autres. Il ne s'y ouvre nulle béance, nulle rupture ou saut. Chaque objet a son lieu, il se rapporte aux autres selon une continuité extensive et une proximité intensive déterminée. Cette cohésion me permet d'apprésenter aux profils qui me sont présentés la série des profils cachés en raison d'une certaine association déterminée avec mes écoulements kinesthésiques. Or, introduite dans cette cohésion propre à l'environnement, l'image ouvre un conflit. Elle ne fait pas série avec l'environnement. Mon environnement perceptif est extérieur au cadre de l'image, il est le fond sur lequel l'image apparaît. Il m'est impossible d'apprésenter dans le champ perceptif les profils annoncés par l'image. Le fond sombre de la toile de Bronzino contraste violemment avec l'éclairage artificiel du musée. En raison de ce conflit, l'image n'apparaît plus comme une présentation au sein des présentations, elle acquiert un statut modifié par rapport à celles-ci : elle *présentifie*. Retenons ceci : la modification de la présentation en présentification est, en quelque manière, la « solution » trouvée par la conscience pour rétablir la cohésion du champ perceptif. Dès que l'image est constituée comme « image », la cohésion du champ perceptif se restaure, le conflit s'apaise.

Ici aussi il est possible de recourir à la terminologie des *Ideen I*. Nous pourrions dire que c'est le conflit du noyau noématique avec son environnement qui exige, pour rétablir la cohésion, une modification qualitative.

Nous voyons que la non-conformité de la représentation et du représenté, de même que le conflit avec l'environnement, sont des conditions nécessaires de la fondation d'une présentification. Sans non-conformité, pas de distinction entre le représentant et le représenté. Sans conflit, pas de distinction entre présentification et présentation.

---

15 Hua XXIII, *Text* 1, §§ 22 et 26.

1.1.1. La structure tripartite des présentifications « perceptives »

Nous avons établi que les motifs des présentifications « perceptives » tiennent au conflit du support perceptif avec l'environnement. Il est temps à présent de considérer plus attentivement la structure intime de cette présentification. Nous n'avons en effet usé jusqu'ici que d'une caractérisation et d'une terminologie relativement floue. Tout au plus a-t-on fait état d'une double saisie, d'image présentifiante et d'objet présenté, mais sans prendre la peine de cerner plus finement les différents moments de cette présentification. Il faut, en conséquence, exposer plus clairement la structure tripartite de la présentification « perceptive »[16].

Revenons à notre exemple. Lorsque nous décrivons notre conscience dans l'expérience que nous faisons du portrait de la fille naturelle de Cosme Ier, nous découvrons non pas un, mais trois objets de conscience distincts : la toile peinte par Bronzino, l'image de la fille naturelle de Cosme Ier et, présentifiée, Bia, la fille naturelle de Cosme Ier, sur laquelle se dirige la conscience à travers le portrait. Husserl utilise pour qualifier ces trois objets les termes « image-chose physique » (*physisches Bildding*), « image-objet » (*Bildobjekt*) et « sujet-de-l'image » (*Bildsubjekt*). Avant d'étudier les rapports intentionnels qui lient ces trois objets, ou plutôt ces trois moments, il convient d'en établir plus précisément les caractères propres.

L'image-physique est une *présentation*. Elle se trouve devant nous à la manière de n'importe quel autre objet perçu, dans une donation de soi plus ou moins claire, mais toujours positionnelle. Cette présentation se suffit à elle-même : elle a le statut d'une unité de conscience indépendante. Il est toujours possible de considérer la toile de Bronzino comme un objet physique présent au milieu des autres et du même type qu'eux. Si, par exemple, je suis aveugle, je perçois cette toile en la touchant, mais rien ne la distingue d'un autre objet de même format. Si mon intérêt, en tant que voyant, est celui d'un restaurateur de cadres, la toile ne m'apparaîtra pas non plus selon la modalité de l'image.

Cependant, cet objet physique peut éveiller en moi un intérêt particulier en tant qu'*image* dans la mesure où les renvois apprésentatifs de cet objet entrent en conflit avec les données de mon environnement présent. Une nouvelle saisie se fonde alors sur la saisie présentante de l'image-physique et constitue l'*image-objet*. L'image-objet est véritablement, nous le verrons, le point de différence central entre les présentifications « perceptives » et les présentifications « imaginatives ». À proprement parler, l'image-objet est irréelle, c'est un *fictum*, une *Scheinbild*[17]. Ses contenus sensibles, cependant, sont des sensations, des impressions données dans la présence et non des fantasmes. Ces sensations expérimentent une double saisie, comme matériaux d'un objet physique d'une part, et comme irréalités renvoyant

---

16   Hua XXIII, *Text* 1, § 9.
17   Hua XXIII, *Text* 1, § 26.

à un autre objet d'autre part. Cette deuxième saisie, à l'égard de laquelle les sensations informées par la première appréhension jouent le rôle de prédonnées, est, nous l'avons vu, motivée par une conscience de conflit avec l'environnement. L'image-objet est donc dépendante d'une présentation qui la fonde et qui lui donne sa prédonnée. Cette dépendance s'exprime aussi par son insertion, en tant que présentification, dans l'environnement lui-même présenté. C'est uniquement au prix de cette insertion que le conflit se résout. La présentification, en tant que telle, n'est pas en conflit avec l'environnement des présentations qui l'entourent : elle s'en détache.

L'image-objet entretient un lien intentionnel – le lien de présentification proprement dit – avec le *sujet-de-l'image* qui lui correspond. Le sujet-de-l'image est ce qui est présentifié par l'image-objet. À proprement parler, il est absent, il est « comme si » (*als ob*) au milieu de réalités phénoménales. Le sujet-de-l'image n'est pas nécessairement ce vers quoi se dirige l'intérêt de l'acte dans une présentification. S'il est clair qu'un intérêt tourné exclusivement vers l'image-physique annule la présentification, il arrive, dans la conscience artistique notamment, que l'intérêt soit dirigé sur l'image-objet et non sur le sujet-de-l'image sans pour autant que la conscience de présentification s'évanouisse.

1.1.2. Relations entre image-physique, image-objet et sujet-de-l'image

L'image-physique, l'image-objet et le sujet-de-l'image sont liés par des rapports intentionnels complexes. Il faut mentionner en premier lieu des rapports de *fondation* et de *dépendance* entre l'image-physique et l'image-objet. L'image-objet est dépendante de l'image-physique et fondée sur elle. Il y a ensuite des rapports intentionnels de représentation entre l'image-objet et le sujet-de-l'image. L'image-objet représente son sujet ; ils sont les deux pôles d'une même intentionnalité (seconde il est vrai).

Comme on le voit, les relations entre l'image-objet et l'image-physique, d'une part, et entre l'image-objet et le sujet-de-l'image, d'autre part, ne sont pas parallèles ; au contraire, il y a une dépendance et une fondation d'un côté, une coappartenance intentionnelle de l'autre. Considérons en premier lieu la relation entre l'image-objet et l'image-physique.

1.1.2.1. *La relation entre l'image-objet et l'image-physique.* Jusqu'ici nous n'avons examiné qu'un seul type de modifications d'acte : les présentifications. Nous savons pourtant qu'interviennent également des modifications doxiques et que celles-ci se combinent avec les présentifications pour constituer des caractères d'acte complexes. Nous avons insisté sur l'opposition, dans les modalités doxiques, entre position et neutralité. Et nous avons dit que, dans le cas des présentifications « perceptives », l'image-physique est nécessairement saisie selon le caractère de la position. À supposer que nous saisissions la toile de Bronzino selon un mode neutralisé, aucun conflit avec l'environnement ne se déclarerait et par conséquent, aucune présentification « perceptive » ne serait constituée. Qu'en est-il de l'image-objet ?

Supposons que le mode doxique de la position caractérise non seulement l'image-physique, mais également l'image-objet dans son rapport de fondation sur l'image-physique. En d'autres termes, considérons que l'image-objet, indépendamment de son rapport avec le sujet-de-l'image, soit posée. Dans notre exemple, cela voudrait dire que l'image de la fille naturelle de Cosme Ier serait appréhendée comme la véritable fille naturelle de Cosme Ier. Précisons : cela ne voudrait pas dire que Bia serait posée comme étant là, devant nous, pas plus que l'image-physique ne serait encore posée puisqu'elle serait modifiée en image-objet en raison d'un conflit avec l'environnement. Il faut considérer que l'image-objet elle-même, ce buste transfiguré, serait posé comme la véritable fille de Cosme Ier.

Une telle éventualité sape à sa base la possibilité d'une *véritable* image-objet et d'une présentification de son sujet corrélatif. Il n'y a plus *à proprement parler* de présentification « perceptive », ni de présentification d'aucune sorte. Il y a une conscience d'un type particulier que Husserl appelle « erreur ‹ à la Panoptikum › » (*Täuschung*)[18]. Pour être tout à fait précis, si cette conscience – la conscience d'une image-objet selon la modalité doxique de la position – est effectivement une *erreur*, elle n'est pas pour autant une *conscience d'erreur*. Nous ne devenons conscients de notre erreur qu'après coup, lorsque l'image-objet, pour des motifs que nous étudierons plus loin, est neutralisée. En ce sens, l'erreur est une présentification « perceptive » *inaboutie*.

Nous nous souvenons que, dans les *Recherches logiques*, nous avons tenté de comprendre l'expérience d'autrui à partir de l'exemple de la poupée, c'est-à-dire à partir d'un cas d'erreur « à la Panoptikum ». À cette époque cependant, la conscience d'erreur ne nous révélait pas l'échec d'une présentification – la position indue d'un *fictum* pour une réalité –, mais l'échec d'une perception. Une fois la dissociation opérée, la conscience de la saisie erronée de la dame s'accompagnait de la saisie perceptive, et non pas imaginative, de la poupée.

L'étude de la *Täuschung* nous apprend que la modalité doxique de la position, appliquée à la saisie fondative de l'image-objet, a pour conséquence de faire échouer la présentification. Autrement dit, les présentifications « perceptives » n'aboutissent que dans la modalité doxique de la neutralité. Au premier abord, cette affirmation est assez déroutante, elle va en effet à l'encontre d'une confusion fréquente entre modification de *Phantasie* et de *Neutralität*[19]. Rappelons tout d'abord que la fantaisie est une présentification et la neutralité une modification doxique. Si

---

18   Hua XXIII, *Text* 1, p. 40.
19   Cette confusion est dénoncée par Husserl au § 111 des *Ideen I*. Il arrive cependant que les commentateurs la perpétuent.

la fantaisie est effectivement une présentification doxiquement neutralisée, cela ne veut pas dire qu'elle soit *la seule* présentification dans laquelle la neutralisation entre en jeu.

Déjà dans les *Recherches logiques*, Husserl montrait clairement que le signe s'efface dans l'acte de signifier. De la même façon, l'image-objet est neutralisée, ce qui veut dire qu'on n'affirme rien quant à son existence. Il s'agit bien d'une neutralisation et non pas d'une modification attentionnelle ou thématique car, nous l'avons dit, l'image-objet peut effectivement être le thème de ma visée, dans la considération artistique par exemple, sans que pour autant elle cesse d'être une image-objet. Cependant, affirmer la nécessaire neutralité de l'image-objet ne signifie absolument pas que le sujet-de-l'image soit posé ou ne le soit pas.

Cette exclusive étant installée, nous pouvons nous appliquer à la considération des présentifications « perceptives » accomplies, c'est-à-dire celles dans lesquelles la saisie fondative de l'image-objet est neutralisée.

La neutralité de l'image-objet est une condition de possibilité de la double saisie. Concernant le rapport de l'image-objet et de l'image-physique, les caractères sont à présent clairement établis. À l'égard de l'image-physique, l'image-objet est : fondée (*fundiert*), dépendante (*unselbstandig*), neutralisée (*neutralisiert*). Ces trois caractères sont la condition nécessaire à la constitution d'un rapport intentionnel de présentification « perceptive ».

1.1.2.2. *La relation entre l'image-physique et le sujet-de-l'image.* Nous avons vu précédemment, que le rapport entre « l'image » et « l'objet représenté » est susceptible de variations intensives et extensives quant à sa conformité. Dans la mesure où nous ne disposions pas alors d'une conception claire de la structure tripartite des présentifications « perceptives », nous avions adopté une terminologie provisoire et imprécise. Or, lorsqu'on considère cette non-conformité avec les précisions conceptuelles dont nous disposons à présent, nous voyons se dessiner une situation apparemment paradoxale.

Nous savons que l'objet représenté est le sujet-de-l'image. En revanche, il est plus difficile de savoir si la non-conformité par rapport au sujet-de-l'image est celle de l'image-objet ou celle de l'image-physique. À première vue, la question importe peu car, quoiqu'il en soit, la non-conformité avec le sujet-de-l'image ne peut se manifester que si la présentification s'accomplit, c'est-à-dire si l'image-objet est constituée. Or, la constitution de cette image-objet dépend de la non-conformité de celle-ci au sujet-de-l'image. De même, si c'est l'image-objet qui est en contradiction avec l'environnement, n'est-ce pas une démarche circulaire que de motiver la production de cette image par cette même contradiction ?

Tout bien considéré, ce cercle n'est vicieux que si on néglige les caractères propres de l'image-objet et si on oublie ce que nous avons déjà dit à propos du conflit, à savoir que la contradiction se résout dans la modification de la perception fondatrice en présentification. En tant que neutre, fondée et dépendante, l'image-objet n'entre plus en conflit avec son environnement qui, de son côté, est posé, indépendant et fondateur. Le paradoxe apparent se résorbe donc dès lors que l'on considère que c'est l'image-physique qui entre en conflit avec l'environnement. Dans un deuxième temps, ce conflit fonde une nouvelle saisie, dépendante et neutralisée, de ce même objet, mais cette fois comme image-objet. L'image-objet, même si elle est non-conforme à son sujet, n'entre pas non plus en conflit avec son environnement. Nous allons voir, en étudiant les rapports entre image-objet et sujet-de-l'image, quelles sont les formes de cette non-conformité.

1.1.2.3. *La relation entre l'image-objet et le sujet-de-l'image.* Il résulte de nos analyses que l'image-objet en tant que fondée, dépendante et neutralisée, n'est pas en contradiction avec l'environnement. Pour quel motif un lien de représentation s'instaure-t-il entre cette image-objet et le sujet-de-l'image[20] ?

Le motif – plus ou moins conforme – qui lie l'image-objet au sujet-de-l'image est la *ressemblance* (*Ähnlichkeit*)[21] ou encore, dans la terminologie précoce de 1904–1905, l'*analogie* (*Analogie*)[22]. Par exemple, c'est parce que le portrait de la fille naturelle de Cosme Ier peint par Bronzino *ressemble* à Bia, la fille naturelle de Cosme Ier, qu'il peut se constituer une relation de présentification que Husserl caractérise comme *conscience d'image*.

La conscience d'image est donc une conscience fondée dans une image-physique et dépendante d'elle. C'est une conscience neutralisée dans laquelle une image-objet est en relation intentionnelle de présentification avec un sujet-de-l'image qui lui ressemble. Précisons que la ressemblance n'est pas l'identité, elle ne concerne que des «traits» (*Züge*), c'est pourquoi elle est susceptible d'être plus ou moins conforme. Dans la terminologie des *Ideen I*, elle ne concernerait que le x noématique.

La ressemblance n'est cependant pas le seul cas possible de motivation entre image-objet et sujet-de-l'image. Husserl signale une modalité de présentification «perceptive» où cette relation n'est pas motivée par la ressemblance, c'est-à-dire, dit-il, par un lien *interne* à la relation entre l'image-objet et le sujet-de-l'image, mais par un lien *externe*[23]. Il s'agit de la saisie symbolique. La saisie symbolique et la saisie en image ont ceci en commun que toutes deux renvoient par delà elles-mêmes (*über sich hinausweisen*). Ces deux saisies sont pourtant différentes. La saisie symbolique renvoie hors d'elle (*aus sich hinausweisen*) et plus profondément encore, dans le cas de la saisie signitive qui est un cas particulier de saisie symbolique, la saisie renvoie

---

20 Hua XXIII, *Text* 1, § 13.
21 Hua XXIII, *Text* 1, § 12.
22 Hua XXIII, *Text* 1, § 15.
23 Hua XXIII, *Text* 1, §§ 15 et 16.

à un objet intrinsèquement étranger (*innerlich fremde*). La saisie en image, quant à elle, renvoie à un objet similaire à elle-même, mais surtout elle renvoie à cet objet par elle-même (*durch sich selbst hindurchweisen*)[24].

Les présentifications « perceptives », dans lesquelles la relation de l'image-objet et du sujet-de-l'image est motivée extérieurement et non par la ressemblance interne, forment une classe particulière désignée par le titre général « saisie symbolique ». Husserl précise qu'il faut distinguer deux familles dans la classe des représentations symboliques: les symboles au sens originaire et les signes (*Zeichen*).

Selon Husserl, les *symboles* se distinguent des signes par la présence en eux d'un « lien aux choses ». Les hiéroglyphes par exemple, s'ils ne sont pas à proprement parler des images au même titre que des portraits, conservent quand même une certaine parenté avec l'image. Quand aux *signes* proprement dits, ils seraient le résultat de l'érosion (*Abschleifung*) historique de ce lien aux choses[25]. Autrement dit, dans un signe, il n'y aurait plus à proprement parler d'image.

Le signe était déjà décrit abondamment par Husserl dans la Première recherche logique. À cette époque, la phénoménologie du signe jouait un rôle prépondérant dans la description de la fonction communicative du langage. L'argumentation de Husserl s'enracinait alors dans une distinction subtile entre les signes signifiants (les expressions) et les signes non signifiants (les indices). Cette distinction est absente des leçons de 1904-1905, mais on la retrouve encore dans les textes plus tardifs. Il semble que – dans la mesure où ses recherches ne s'inscrivent ici ni dans le cadre de la théorie de la connaissance ni dans celui de la théorie de la signification – Husserl ne s'intéresse, dans les leçons de 1904-1905, qu'à la dimension *indicative* du signe. Ces leçons précisent, en quelque sorte, la théorie de l'association des idées qui était, à l'époque de Halle, le fondement du processus indicatif.

Précisons enfin que, de même que, dans la saisie symbolique, Husserl opère une distinction entre symbole et signe, dans la saisie en image il distingue les images fonctionnant de manière intérieurement représentative (*innerlich repräsentativ*) et celles fonctionnant de manière extérieurement représentative (*äusserlich repräsentativ*). Si nous nous sommes peu intéressé jusqu'ici à cette dernière figure, c'est qu'il s'agit, en fait, d'une présentification « imaginative » fondée dans une présentification « perceptive ». Husserl l'appelle le « slogan illustratif » (*illustratives Schlagwort*). Nous y reviendrons.

---

24 « Der meinende Blick wird bei der symbolischen Vorstellung von dem Symbol hinweggewiesen; bei der bildlichen Vorstellung auf das Bild hingewiesen » (Hua XXIII, Text 1, § 15, p. 34).
25 Remarquons que cette manière de concevoir l'origine des signes selon un processus d'évolution historique n'est pas nouvelle. On la rencontre déjà en 1890 dans un article intitulé *Sur la logique des signes (Sémiotique)* (cf. Husserl, E., *Philosophie der Arithmetik. Mit ergänzenden Texten (1890-1901)*, éditeur: Lothar Eley, Martinus Nijhoff (Coll. Husserliana XII), Den Haag, 1970, pp. 345-346).

1.2. *Les présentifications dont la saisie fondative opère en dehors du champ perceptif*

Dans ses leçons de 1904, Husserl présente constamment les présentifications « perceptives » comme « plus complexes » que les présentifications « imaginatives »[26]. Cette affirmation n'est exacte que si l'on considère exclusivement la *structure* de ces deux familles de présentification ; elle perd sa pertinence si on considère les implications proprement philosophiques qui sont en jeu. Sur le plan de la structure, les présentifications « perceptives » sont plus complexes en raison de la double saisie dont elles dépendent constitutivement. Les présentifications « imaginatives », en revanche, se constituent dans une saisie simple, de la même façon que les perceptions.

Cette simplicité structurelle débouche sur une complexité philosophique considérable. Bien que les présentifications « imaginatives » aient la même structure de saisie unique que les présentations, elles sont bien des présentifications. Bien plus, elles sont entièrement séparées du monde des présentations, elles sont dans un « autre monde ». On ne peut donc pas dire que les présentifications « imaginatives » soient, comme les présentations, des saisies simples de contenus sensibles du type de l'*Empfindung*. Elles sont décrites par Husserl comme des saisies simples de contenus sensibles d'un type particulier et énigmatique : les *Phantasmata*.

Cette distinction lexicale entre sensation et fantasme, même si on accepte sans examen qu'elle recouvre une distinction d'essence, comme c'est le cas par exemple entre les sensations et les sentiments (*Gefühle*), ne suffit pas à faire comprendre pourquoi cette saisie simple doit être comprise comme une modification temporelle et non comme la simple saisie présentante de ces fantasmes. Il nous faut trouver, hors du champ de la présentation, le motif fondateur des présentifications « imaginatives ».

On se souvient que, dans le cas des présentifications « perceptives », un conflit avec l'environnement motive la modification de la perception de l'image-physique en représentation du sujet-de-l'image par l'image-objet. Serait-il possible qu'un conflit du même type soit l'origine motivante des présentifications « imaginatives » ? Si tel est le cas, une chose est certaine : ce conflit ne peut pas se déclarer vis-à-vis de l'environnement perceptif. En effet, les présentifications « imaginatives » ont précisément pour caractéristique d'être complètement extérieures à toute présentation. Il semble dès lors que la tentative pour découvrir les motifs de la présentification « imaginative » soit dans une impasse. Si les motifs liés à un conflit avec l'environnement perceptif sont exclus, nous ne voyons pas quels autres motifs pourraient être invoqués.

Il ne faut cependant pas abandonner immédiatement l'espoir de découvrir un conflit d'un genre particulier, pour ainsi dire interne, qui soit au fondement des

---

[26] Hua XXIII, *Text* 1, § 21.

présentifications « imaginatives ». Souvenons-nous que, dans le cas de la présentification « perceptive », le conflit à l'égard de l'environnement se laissait pressentir dans la non-conformité de l'image-objet à l'égard du sujet-de-l'image. N'y a-t-il pas, dans le cas des présentifications « imaginatives », une certaine non-conformité dont nous pourrions nous servir comme d'un point de départ ?

Il n'y a pas d'image-objet dans les présentifications « imaginatives ». Il y a, en revanche, une représentation et un représenté. Entre ceux-ci, une certaine non-conformité se laisse découvrir, mais celle-ci ne concerne pas l'intention et l'extension, comme c'était le cas pour les présentifications « perceptives ». Sur ces deux plans, les présentifications « imaginatives » peuvent afficher une conformité parfaite à l'égard de ce qu'elles représentent. Elles peuvent présentifier de façon tout à fait complète, sans oublier la moindre partie, dans les moindres détails, avec une minutie scrupuleuse. Pourtant, malgré cette conformité intensive et extensive, il n'y a pas identité. Une non-conformité d'un autre ordre se dessine. Quelle est-elle ? Les représentations des présentifications « imaginatives » sont non-conformes à leur objet et cela à trois titres que nous allons étudier successivement.

En premier lieu, on remarque une non-conformité graduelle en ce qui concerne la vivacité et l'intensité des présentifications « imaginatives » vis-à-vis de ce qu'elles présentifient[27]. Cette non-conformité réaffirme la complète rupture entre la sphère des présentations et la sphère des présentifications « imaginatives ». Dans la sphère des présentations, on fait également l'expérience de variations d'intensité et de vivacité en fonction de la plénitude intuitive de la visée. Les sensations sont plus ou moins fortes, la lumière est meilleure, le volume sonore est plus ou moins élevé, les odeurs sont plus ou moins concentrées, le touché plus ou moins affiné, mais la présentation *en elle-même*, formellement parlant, est sans gradualité. Pour les présentifications « imaginatives », il y a toute une gradualité dans la présentification *elle-même*. Dans le cas du souvenir par exemple – qui est une présentification « imaginative » – lorsque je me souviens d'avoir entendu le Gloria de Vivaldi dans la cathédrale de Sienne, je peux me déplacer en souvenir dans la cathédrale et entendre le Gloria plus ou moins fort selon ma position souvenue dans la cathédrale. Ces modifications graduelles d'intensité et de vivacité ne diffèrent en rien de celles que l'on retrouve dans l'écoute présentante, mis à part qu'il s'agit ici d'un souvenir. En revanche, dans cette présentification, il y a comme une pâleur par rapport à l'écoute actuelle. Avec le temps, selon mes dispositions, pour une foule de motifs, ce souvenir peut varier dans son intensité de souvenir, *il présentifie avec plus ou moins de vivacité et d'intensité*. Les modifications d'intensité que je percevais alors, lorsque je me déplaçais dans la cathédrale, se présentifient elles aussi avec plus ou moins d'intensité de souvenir. C'est là une variation entièrement interne à la présentification ; on n'en trouve nulle correspondance dans l'ordre des présentations.

---

27 Hua XXIII, *Text* 1, § 27.

Par ailleurs, selon Husserl, les présentifications « imaginatives » ont un caractère protéiforme[28]: elles peuvent être considérées de façon changeante, de près ou de loin, selon telle ou telle perspective, et cela sans aucune des contraintes qui caractérisent la présentation. Plus précisément, les présentifications « imaginatives » sont caractérisées par une discontinuité dans la suite de leurs apparitions, ce qui contraste nettement avec la continuité et la cohérence du champ perceptif.

En troisième lieu, les présentifications « imaginatives » sont caractérisées par leur intermittence: elles vont et viennent, disparaissent et réapparaissent librement[29].

Cette série de non-conformités des présentifications « imaginatives » vis-à-vis de ce qu'elles présentifient laisse apercevoir un *conflit fondateur*. Chacune de ces non-conformités s'oppose sur un mode conflictuel au caractère cohérent du monde des présentations. La perception se donne avec une vivacité et une intensité stable, dans une continuité de forme et de structure, sans intermittence qui ne soit structurellement motivée par un écoulement kinesthésique. La perception est cohérente aussi bien en ce qui concerne la vivacité et l'intensité qu'en ce qui concerne la continuité et la constance. À cette cohérence, le caractère protéiforme des présentifications « imaginatives » s'oppose sur le mode du conflit. La découverte de cette conflictualité vient apporter une réponse inattendue à la question du motif de la constitution des présentifications « imaginatives ». Cependant, encore une fois, la réponse qui s'annonce prend des allures de paradoxe qu'il nous faudra résoudre.

La conclusion qui s'impose à nous est donc que les présentifications « imaginatives » s'opposent au champ perceptif lui-même dans son ensemble[30]. Or, cette réponse semble à première vue être un paradoxe, puisque notre difficulté initiale était de rendre compte des motifs fondateurs des présentifications « imaginatives » sans avoir recours à la sphère des présentations. À y regarder de plus près, il apparaît pourtant que ce paradoxe n'est qu'apparent. Les présentifications « imaginatives » ne sont pas un élément conflictuel au sein des présentations, leur caractère protéiforme s'oppose sur le mode du conflit avec la cohésion du champ perceptif *dans son ensemble*. C'est précisément dans ce conflit que ces présentifications se dévoilent comme extérieures et étrangères au champ perceptif, comme formant, vis-à-vis de lui, un champ indépendant, non pas fondé en lui, mais concurrent.

1.2.1. Modalisations internes du champ imaginatif (*Phantasiefeld*)

Avant d'étudier plus profondément la structure interne du conflit entre champ perceptif et champ imaginatif, il convient de décrire les diverses présentifications qui composent ce dernier. Nous distinguerons, en premier lieu, la *fantaisie* et le

---

28   Hua XXIII, *Text* 1, § 28.
29   Hua XXIII, *Text* 1, § 29.
30   Hua XXIII, *Text* 1, §§ 24, 32, 33, 36.

souvenir[31]. Nous verrons ensuite que le souvenir et la fantaisie, bien qu'étant des présentifications « imaginatives », peuvent être fondés dans des présentifications « perceptives ». Enfin, nous aborderons les questions soulevées par deux présentifications surprenantes à bien des égards : l'*hallucination* et l'*Einfühlung*.

Comme cela s'était déjà rencontré dans l'étude des présentifications « perceptives », nous retrouvons, dans la sphère des présentifications « imaginatives », une influence des modalités doxiques et plus particulièrement de l'opposition entre neutralité et position. Dans la fantaisie simple – la *Phantasie* au sens strict – un objet se présente, en conflit avec le champ perceptif, mais sur le mode de la *neutralité*. Par exemple, lorsque j'imagine un centaure, je ne pose pas ce centaure comme existant en quelque manière que ce soit, ni sur le mode doxique du doute ni sur celui de la certitude : toute position d'existence est neutralisée. Ce centaure est une pure fantaisie de mon imagination et cependant il est bien présent d'une certaine manière : il est là, maintenant, et il ne renvoie à rien d'autre qu'à lui-même. Si le caractère protéiforme de ce centaure n'entrait pas en conflit avec le champ perceptif, il pourrait être posé comme un centaure perçu. La neutralité de la fantaisie est donc ce qui rétablit la cohésion entre le fantasmé et le champ perceptif.

Il existe cependant un cas particulier de fantaisie qui participe d'une certaine position : il s'agit de la fantaisie fondée dans une conscience d'image[32]. Par exemple, lorsqu'un géologue met au jour l'image fossilisée d'un animal disparu, cette image lui sert de fondement pour imaginer cet animal inconnu jusqu'alors[33]. La conscience intentionnelle qui nous relie à cet animal préhistorique est effectivement une fantaisie, elle a bien un caractère protéiforme en raison duquel elle entre en conflit avec le champ perceptif. Elle n'est pas une perception, ni, à proprement parler, une image. Husserl reconnaît à cette fantaisie *une certaine forme de position* qui reste fort énigmatique. La modalité doxique de la supputation (*Anmutung*), qui semble devoir s'attacher à ce type de conscience, est une modalité positionnelle et non la neutralité. En un certain sens, les *Recherches logiques* avaient déjà été confrontées à un problème similaire lorsqu'elles traitaient de la question de la vraisemblance et du renvoi indicatif. D'ailleurs, à cette époque déjà, Husserl utilisait l'exemple des ossements fossilisés, mais dans le cadre plus large de l'indication en général.

Dans une certaine mesure, nous nous trouvons, avec la fantaisie, dans la même situation, en ce qui concerne les présentifications « imaginatives », qu'avec la

---

31 « Les représentations de *Phantasie* se divisent en simples représentations [*Vorstellungen*] et souvenirs. Les derniers sont, de même [que les perceptions], caractérisés par la croyance. Dans le souvenir l'objectité apparaît intuitivement, mais d'elle, au sens primaire, rien n'est donné » (Hua XXIII, p. 81).
32 Hua XXIII, *Text* 1, § 41.
33 Cf. Hua XXIII, p. 84.

conscience d'image, en ce qui concerne les présentifications « perceptives ». En effet, nous nous souvenons que la neutralité de l'image-objet avait été posée comme une condition nécessaire à l'accomplissement de toute présentification « perceptive », la position de l'image-objet devant être interprétée comme une *Täuschung*. Nous retrouvons ici un certain parallélisme dans la mesure où une fantaisie, dans son caractère protéiforme, doit-être interprétée comme une *hallucination* sitôt qu'elle est animée par le caractère doxique de la position[34]. Poser l'image protéiforme d'un centaure comme existant véritablement devant moi relèverait en effet de l'hallucination manifeste, à moins que, comme dans le cas des ossements fossilisés, cette image protéiforme soit posée sur un fondement matériel qui la rende vraisemblable. Nous avons signalé, au sujet de la *Täuschung*, qu'il fallait distinguer l'erreur proprement dite de la conscience de cette erreur. Il en va de même avec l'hallucination mais la difficulté qui se pose pour élucider cette prise de conscience est bien plus complexe. Cette présentification forme un des points essentiels de notre sixième chapitre.

Avant de revenir à cette difficile question, il nous faut nous interroger sur la possibilité d'autres présentifications « imaginatives » positionnelles. Pour que de telles présentifications soient possibles, il faudrait qu'une autre modalisation que la neutralité vienne rétablir la cohésion entre l'image protéiforme posée et le champ perceptif. C'est ce qui se produit dans le cas du *souvenir* (ou de l'attente). Husserl ne décrit clairement cette modification que dans la suite de ses leçons, publiée séparément dès 1927 sous le titre : *Leçons pour une phénoménologie de la conscience intime du temps*[35].

Ce texte nous éclaire sur plusieurs points[36]. Nous apprenons tout d'abord que le caractère positionnel du souvenir concerne non seulement l'existence de son objet mais sa situation à l'égard du présent. Autrement dit, le souvenir pose son

---

34 Hua XXIII, *Text* 1, § 20. Nous pensons que Rudolf Bernet a donné, dans toute une série d'articles, une analyse phénoménologique très informée de cette question. Même si ce n'est pas toujours de Husserl seulement que parle Bernet, mais aussi de Freud, Lacan, Schopenhauer et Merleau-Ponty, il déclare dans une formule remarquablement synthétique : « Quand cette distance disparaît, quand l'inconscient se substitue au réel et quand l'imagination se donne pour la perception, le sujet se noie dans le délire » (cf. Bernet, R., « L'inconscient entre représentation et pulsion », in *Philosophie*, 50, 1996, p. 73). On consultera également : Bernet, R., « Délire et réalité dans la psychose », in *Études phénoménologiques*, 15, 1996, pp. 25–54 ; « Imagination et fantasme », in J. Florence et al (éds.), *Psychanalyse. L'homme et ses destins*, Peeters, Louvain/Paris, 1993, pp. 191–106 ; « L'analyse husserlienne de l'imagination comme fondement du concept freudien d'inconscient », in *Alter*, 4, 1996, pp. 43–67. De notre côté, notre chapitre VII s'intéressera de plus près à ces questions. Pour un éclairage différent, voir : Housset, E., « Identité personnelle et folie. Husserl et Binswanger », in *Études phénoménologiques*, 27–28, 1998, pp. 214–236.
35 Le cours sur « Phantasie und Bildbewusstsein » constitue la troisième partie des leçons intitulées « Hauptstücke aus der Phänomenologie und Theorie der Erkenntnis ». La quatrième partie était constituée par les « Vorlesungen zur Phänomenologie des inneren Zeitbewusstseins », dont les complexités éditoriales sont bien connues du lecteur. Nous n'y reviendrons pas.
36 Cf. Hua X, § 23.

objet comme *non simultané*. Nous apprenons également que la fantaisie au sens strict, dans la mesure où elle est neutralisée, ne possède pas ce caractère de non simultanéité. Nous pouvons donc formuler les définitions suivantes :

1) La *Phantasie* au sens strict est une présentification « imaginative » neutralisée et simultanée (ou indifférente au problème de la simultanéité).
2) Le souvenir et l'attente sont des présentifications « imaginatives », positionnelles et non simultanées.
3) L'hallucination est une présentification « imaginative » simultanée et positionnelle et qui, pour ces raisons, ne prend pas conscience de son caractère de présentification.

De même que la fantaisie, le souvenir peut se donner à notre conscience sur le fondement d'une conscience d'image. Husserl étudie cette éventualité sous le titre de *slogan illustratif*. Cette variante distingue le souvenir au sens courant du souvenir éveillé par une image[37]. « Par exemple, une gravure sur bois de la Madone de Raphaël nous rappelle l'original que nous avons vu à la galerie de Dresde. Les images peuvent fonctionner comme signes-de-souvenir analogiques »[38]. Même si cette saisie en image est essentiellement similaire à la saisie symbolique, dit Husserl, c'est pourtant encore une image qui est saisie ici. « Ils opèrent en effet encore comme des images [*bildlich*] mais de plus également en tant que souvenirs, ils doivent en même temps fonctionner *associativement* et reproduire dans le souvenir la présentation par image complète »[39].

On soulignera la présence conjointe dans cette présentification fondée des thèmes de l'analogie et de l'association. Nous savons que tous deux assumeront une fonction essentielle dans la description de la constitution de l'intersubjectivité à l'époque de Fribourg. Nous aurons également l'occasion d'y revenir dans notre chapitre 7.

Cette notion de souvenirs fondés est approfondie dans les *Leçons pour une phénoménologie de la conscience intime du temps*. Plus précisément, Husserl en traite sous le titre de *souvenirs du présent* (*Gegenwartserinnerungen*)[40]. Les souvenirs fondés, qu'ils le soient sur un symbole ou encore, plus simplement, sur une perception antérieure ou une simple description, peuvent être prolongés, sans donnée intuitive, jusqu'au présent actuel : « J'utilise l'‹image-souvenir› mais je ne

---

37 Hua XXIII, *Text* 1, §16.
38 Hua XXIII, *Text*, 1, §16, p. 35.
39 Hua XXIII, *Text*, 1, §16, p. 35.
40 Hua X, A, §29. Voir aussi les développements de Fink sur le souvenir du présent dans « Vergegenwärtigung und Bild. Beiträge zur Phänomenologie der Unwirklichkeit. (1930) », in *Studien zur Phänomenologie (1930–1939)*, Martinus Nijhoff (Coll. Phaenomenologica 21), Den Haag, 1966, §19 (traduction française : Didier Franck, « Re-présentation et image. Contributions à la phénoménologie de l'irréalité », in *De la phénoménologie*, Les éditions de Minuit, Paris, 1974).

pose pas le remémoré comme tel, je ne pose pas l'objectif du souvenir interne dans la durée qui lui revient. Ce qui est posé, [...] nous ne le posons pas *comme* ‹ passé › »[41].

Le souvenir-du-présent nous confronte donc, un peu de la même façon que la fantaisie fondée dans la conscience d'image, à une présentification « imaginative » positionnelle et simultanée ; il se trouve donc lui aussi dans une proximité ambiguë et paradoxale avec l'hallucination. Dans les deux cas, c'est une fondation[42] qui doit venir marquer la différence.

---

41 Hua X, A, p. 51.
42 Husserl utilise, pour déterminer la fondation en jeu dans ces deux présentifications fondées, l'expression « auf Grund ». Il faut dès lors considérer que la fondation dont il est question ici relève davantage de la *Begründung*, qui fait référence à un enracinement dans un motif rationnel et justificateur, que de la simple *Fundierung*.

CHAPITRE 6

Influence de l'étude des présentifications sur les questions du solipsisme et de l'objectivité à l'époque de Göttingen

L'étude des présentifications à Göttingen

Jean-Paul Sartre a souligné avec raison que l'analyse husserlienne de l'imagination – ce concept étant pris au sens large – a marqué une nouvelle étape dans l'étude des différentes figures de conscience. Pour notre part cependant, nous pensons que l'apport capital de Husserl ne réside pas tant dans l'éclaircissement structurel qu'a autorisé l'approche intentionnelle – dans la dénonciation de la confusion classique entre le signe et l'image – que dans les justifications d'essence que Husserl a mises en évidence. En ce sens, Sartre se méprend sans doute lorsqu'il suggère l'abandon de la démarche eidétique[1].

La véritable force de l'approche husserlienne ne se situe pas seulement dans une clarification conceptuelle, ni même dans l'exposé systématique des structures internes des diverses présentifications. La puissance de ses arguments s'affirme d'abord dans la pertinence incontournable, eidétique, des *motifs* phénoménologiques qu'ils exposent et qui rendent compte de l'origine constitutive des présentifications. En d'autres termes, nous estimons que l'étude des *conflits fondateurs* est l'apport philosophiquement le plus prégnant de la phénoménologie husserlienne des présentifications.

Il ne suffit pas, en effet, de fournir une description satisfaisante de la structure de la conscience d'image, de distinguer celle-ci du souvenir ou de la fantaisie: il faut, en outre, rendre compte de l'origine phénoménologique de la conscience de

---

1 « En tous les cas, Husserl ouvre le chemin et aucune étude de l'image ne saurait négliger les riches aperçus qu'il nous donne. Nous savons à présent qu'il faut repartir à zéro, négliger toute la littérature préphénoménologique et tenter avant tout d'acquérir une vue intuitive de la structure intentionnelle de l'image. Il faudra aussi poser la question nouvelle et délicate des rapports de l'image mentale avec l'image matérielle (tableaux, photos, etc.). Il conviendra aussi de comparer la conscience d'image avec la conscience de signe, afin de délivrer définitivement la psychologie de cette erreur inadmissible qui fait de l'image un signe et du signe une image. [...] Il est possible que, en cours de route, nous devions quitter le domaine de la psychologie eidétique et recourir à l'expérience et aux démarches inductives ». (Sartre, J.-P., *L'imagination*, Presses Universitaires de France (Coll. Quadrige), Paris, 1994 (première édition, 1936), pp. 158–159.

cette image *en tant qu'image*, de ce souvenir *en tant que souvenir*, de cette fantaisie *en tant que fantaisie*. Tant que ce travail de retour à l'origine des choses mêmes n'a pas été mené à son terme, on ne peut guère revendiquer avoir accompli une tâche plus louable que ces « faiseurs de plans » jadis dénoncés par Kant[2].

Les conflits fondateurs sont les motifs en raison desquels les présentifications se donnent à notre conscience comme des modifications de la présence et non plus comme des présentations pures et simples. Sans conflit, il n'y aurait pas de véritable prise de conscience de la présentification. Nous avons vu que l'erreur et l'hallucination sont des exemples de telles *présentifications inabouties*. Dans ces deux figures de conscience, le conflit n'est pas vu et dès lors, il ne peut pas motiver la conscience de présentification. Ce n'est que dans une conscience rétroactive, lorsque le conflit a été vu, que la conscience d'erreur ou d'hallucination peut être constituée.

Lorsque l'on prend en compte cette question des présentifications inabouties, on réalise que l'étude des conflits fondateurs occupe, dans l'économie générale de la philosophie de Husserl, une place plus déterminante qu'il n'apparaît au premier abord. En effet, c'est de la pertinence de cette étude que dépend la claire compréhension des différences constitutives entre objectivité et erreur ou encore, entre objectivité et hallucination. Si le motif en raison duquel l'hallucination et l'erreur deviennent conscientes n'est pas élucidé, si, en conséquence, il est impossible de justifier phénoménologiquement la distinction entre la connaissance objective et l'hallucination ou l'erreur, alors il est impossible d'établir phénoménologiquement une ligne de démarcation entre le vrai et le faux.

L'étude des conflits fondateurs s'avère donc être une condition nécessaire au dépassement phénoménologique du relativisme. Sans une claire distinction entre la connaissance objective (la saisie évidente) et les connaissances illusoires que constituent l'erreur et l'hallucination, tous les acquis de la rationalité s'écroulent et avec eux, le projet husserlien d'une fondation phénoménologique de la raison. Comme on le voit – bien que la littérature secondaire ne lui ait accordé qu'une attention discrète – l'étude des conflits fondateurs joue un rôle déterminant dans la philosophie de Husserl.

Nous l'avons souligné à de nombreuses reprises : la question de l'objectivité est étroitement liée à l'objection de solipsisme et au problème de l'intersubjectivité. Souvenons-nous que, depuis Kant, l'objectivité a été définie comme une identité « pour tous sujets possibles ». La fondation subjective de la phénoménologie et, plus précisément, la réduction phénoménologique, semblent reconduire à un solipsisme sur la base duquel l'objectivité serait mise en péril. Nous avons montré comment, à l'époque de Halle et dans les premières années de l'époque de Göttingen, Husserl a eu recours à la notion de suprasubjectivité pour répondre à

---

2   Cf. Kant, I., *Prolegomena zu einer künftigen Metaphysik die als Wissenschaft wird auftreten können*, op. cit., A 19–20.

cette objection. Dans les *Recherches logiques* pourtant, il semble que l'éventualité de l'erreur et de l'hallucination ne mette nullement en péril les droits de l'objectivité ; ceux-ci seraient pleinement garantis par la possibilité de l'intuition évidente d'idéalités suprasubjectives. Husserl reconnaissait alors que la connaissance scientifique ne pouvait être envisagée que par l'homme « normal », mais c'était là, pensait-il, un critère empirique qui ne préjugeait en rien de la validité idéale, indépendante de telles contingences[3]. Qu'en sera-t-il des questions de l'hallucination et de l'erreur si nous les considérons à la lumière de l'analyse intentionnelle des présentifications ?

L'étude husserlienne des conflits fondateurs pourra-t-elle se satisfaire, pour garantir l'objectivité, de la théorie précoce de la suprasubjectivité ou bien faudra-t-il accorder à l'intersubjectivité un rôle fondateur plus essentiel dans la constitution de l'objectivité ? Nous savons que, dès l'époque de Halle (dans la critique du relativisme individuel), l'exigence d'objectivité a été mise en balance avec la question du solipsisme. Il a été démontré que la suprasubjectivité des idéalités, dans cette philosophie précoce, assumait la fonction délicate de désamorcer le piège du solipsisme. Nous savons également qu'à l'époque de Fribourg, Husserl affirmera clairement, en réponse à l'objection de solipsisme, la fondation intersubjective de l'objectivité. En ce qui concerne l'époque de Göttingen, nous avons constaté, dans les premières années, une radicalisation de l'approche des *Recherches logiques*. Nous savons que cette radicalisation – l'eidétique généralisée – ne pouvait se maintenir à terme et qu'elle a pris, « en considération absolue », la forme d'une monadologie. En termes de phénoménologie descriptive cette fois, les motifs qui fondent la prise de conscience de l'erreur et de l'hallucination permettent-ils, lorsqu'on les analyse avec soin, de maintenir la thèse selon laquelle la suprasubjectivité préserve de l'objection de solipsisme la fondation phénoménologique de l'objectivité ? Dans ce chapitre, nous allons tenter de montrer qu'il faut répondre négativement à cette question. Il existe des motifs essentiels en raison desquels il est impossible de s'en tenir à la thèse de la suprasubjectivité. Husserl sera petit à petit contraint à se tourner vers une conception de plus en plus intersubjective et cela alors même que l'abandon de la suprasubjectivité lui semble être une concession faite au psychologisme.

Non seulement la question de l'objectivité est pressante en raison du caractère intenable de toute position relativiste, mais en outre elle est perturbante, car elle semble conduire à des conclusions paradoxales. Nous l'avons annoncé, l'*Einfühlung* est considérée par Husserl comme une forme de présentification *sui generis*. Or, si les présentifications n'aboutissent que dans la mesure où un conflit est vu, si l'hallucination et l'erreur ne deviennent conscientes qu'en raison d'un conflit qui présuppose, en quelque manière, l'intersubjectivité, si, dès lors, l'objectivité n'est

---

3   Cf. Hua XVIII, pp. 27–28.

finalement constituée que sur le fondement de l'intersubjectivité, alors il faut bien reconnaître, de façon paradoxale, que l'*Einfühlung* elle-même ne peut être distinguée de l'erreur et de l'hallucination que sur le fondement d'une « intersubjectivité » (à tout le moins d'une « pluralité ») qui lui préexiste.

Ces interrogations posent deux questions auxquelles il conviendrait d'apporter quelques éléments de réponse. En premier lieu, il conviendra de se demander quel est le conflit qui motive la conscience rétroactive de l'erreur et la conscience de l'hallucination ; en second lieu, il faudra tenter d'éclairer la situation paradoxale de l'*Einfühlung*.

1. *La structure interne du conflit*

Dans notre chapitre précédent, nous avons fait référence à deux types distincts de conflits fondateurs. Nous avons mentionné, d'une part, le conflit qui oppose l'image et son environnement – conflit qui fonde les présentifications « perceptives » – et d'autre part, nous avons fait référence au conflit entre le champ perceptif et le champ imaginatif – conflit fondateur des présentifications « imaginatives ».

Nous avons souligné que, en ce qui concerne les présentifications « imaginatives », leur simplicité structurelle s'accompagne d'une complexité philosophique considérable. Pour les présentifications « perceptives », en revanche, le conflit entre l'image-physique et son environnement nous est apparu comme l'expression, somme toute assez simple à comprendre, d'une rupture dans la cohésion interne du champ perceptif. À la rigueur, hormis en ce qui concerne la conscience d'erreur, les descriptions de notre chapitre précédent pourraient suffire pour présenter ce premier type de conflit. Par contre, l'idée que le champ imaginatif entre en conflit avec le champ perceptif dans son ensemble demeure largement énigmatique.

Dans la mesure où le conflit entre l'image et son environnement est un conflit interne au champ perceptif et où ce même champ perceptif est ce qui entre en conflit avec le champ imaginatif, il semble qu'il faille commencer par une étude de la structure interne du champ perceptif lui-même. Cela permettra de comprendre mieux comment, d'une part, un conflit s'ouvre en lui entre l'image et son environnement et, d'autre part, comment il entre en conflit avec le champ imaginatif.

Nous essayerons de décrire plus précisément la structure interne de ces conflits à partir des concepts de *concordance* (*Übereinstimmung*) et de *coexistence* (*Coexistenz*)[4], qui préciseront la notion déjà introduite de cohésion (*Zusammenhang*).

---

4   Sur tout cela, cf. Hua XXIII, *Text* 1, §§ 24, 32, 33, 36 ; Hua XVI, § 29 ; Hua IV, § 15.

1.1. *La concordance et la coexistence dans la structure interne du champ perceptif*

Les leçons de 1904 sur la conscience d'image et la fantaisie avaient déjà donné une caractérisation de la cohésion interne du champ perceptif[5]. Le monde de la perception a sa cohésion propre, avons-nous remarqué alors. Cette propriété acquiert un sens plus profond lorsqu'on la lie à celles de la coexistence et de la concordance. Le champ perceptif global est composé de plusieurs champs perceptifs *particuliers* (champ visuel, olfactif, tactile, auditif, gustatif). Chacun de ces champs a sa cohésion interne propre, distincte de celle des autres, et peut coexister avec les autres de manière concordante ou non.

Conjointement à la cohésion particulière, la cohésion globale du champ perceptif est déterminée par la propriété de la coexistence : chaque champ perceptif particulier coexiste avec les autres. Je peux voir, sentir, toucher, entendre, goûter *en même temps*. La cohérence et la coexistence sont cependant deux propriétés distinctes. Par exemple, je peux voir, dans l'eau, un bâton brisé à angle droit et, le touchant, faire l'expérience, discordante mais coexistante avec la précédente, d'un bâton rectiligne. Avec la pluralité coexistante des champs sensibles particuliers, il faut donc, en outre de la notion de cohésion, introduire celle de concordance.

Dans ce bref chapitre, il ne s'agira pas de retracer la genèse de la notion husserlienne de concordance, mais plutôt de se faire une idée plus précise de la tension dans laquelle son interprétation de l'objectivité et l'intersubjectivité se développera à l'époque de Göttingen. En d'autres termes, en prenant appui sur les concepts privilégiés d'hallucination et d'erreur, nous essayerons de décrire *par avance* le changement dans lequel se trouve engagée la conception husserlienne de l'objectivité quant aux concepts de suprasubjectivité et d'intersubjectivité. Cette clarification permettra de mieux comprendre les enjeux et les impératifs, souvent paradoxaux, dans lesquels la phénoménologie de l'*Einfühlung* s'est développée entre 1905 et 1913.

Dans la mesure où nous souhaitons mettre en évidence la *tension* dans laquelle les questions de l'erreur et de l'hallucination – posées à neuf en 1904–1905 – plongent la philosophie de Husserl, il serait plus fructueux de se tourner vers des textes plus tardifs. En particulier, il serait souhaitable de se pencher immédiatement sur les écrits postérieurs à ce que l'on appelle quelquefois le « tournant idéaliste » de Husserl et que l'on situe généralement aux alentours de 1907.

Le cours intitulé *Chose et espace*[6] étudie, dès 1907, et de manière approfondie, les questions de la coexistence et de la concordance des champs perceptifs particuliers au sein du champ perceptif global. Ces leçons, qui sont la conséquence immédiate

---

5 Hua XXIII, *Text* 1, §§ 32, 36.
6 Husserl, E., *Ding und Raum. Vorlesungen 1907* ; éditeur Ulrich Claesges, Martinus Nijhoff (Coll Husserliana XVI), Den Haag, 1973. À l'avenir nous abrégeons : Hua XVI.

de la découverte du pôle noématique de la conscience, marquent le premier effort de Husserl pour élaborer, dans le cadre de l'idéalisme transcendantal, une authentique phénoménologie de la perception. Dès cette époque, les analyses sont placées sous le signe de la *corrélation* entre la conscience et son objet[7]. Plus précisément, l'identité de l'objet y est conçue comme le corrélat d'une *conscience d'identité*[8]. Cette conscience d'identité se constitue dans une *continuité* temporelle et dans une *concordance* des différentes données sensibles[9]. Cette constitution elle même est motivée par des enchaînements kinesthésiques et la détermination, sur leur base, d'un système de lieux ou d'une spatialité originaire[10].

Bien qu'ils soient d'une importance capitale dans la genèse de la pensée husserlienne, nous négligerons les développements techniques de *Chose et espace* qui nous entraîneraient trop loin de nos préoccupations immédiates. Nous leur préférerons le texte, plus tardif et malheureusement plus délicat d'un point de vue heuristique, de *Ideen II* (environ 1912).

La première partie de *Ideen II*[11] présente une analyse approfondie de la coexistence et de la concordance des champs sensibles perceptifs particuliers au sein du champ perceptif global. Cette analyse a le mérite de donner une caractérisation explicite de l'importance de ces deux facteurs pour la phénoménologie de la raison réclamée dans *Ideen I* et dont *Ideen II* doit décrire les couches constitutives. La question de l'objectivité est donc au cœur de ce texte, ce qui n'était pas véritablement le cas en 1904–1905[12]. Par ailleurs, nous verrons que cette description aboutit à la mise en évidence d'un rôle constitutif dévolu à l'intersubjectivité et à l'*Einfühlung*. Tous ces éléments justifient que nous fassions un saut en avant et que nous accordions un privilège au texte de *Ideen II* par rapport à celui de *Chose et espace*.

Bien que la distinction, revendiquée en 1912, entre nature psychique, animale et matérielle soit absente du texte de 1907[13], les deux ouvrages s'accordent pour reconnaître un lien étroit entre la question de la spatialité et celle de la constitution de la chose matérielle. La caractéristique essentielle de la nature matérielle, ce qui la distingue de la nature psychique et animale, est l'*extension* (*Ausdehnung*). Cette dernière ne suffit pourtant pas à expliquer la constitution de la chose matérielle.

---

7   Hua XVI, § 2, voir aussi, Hua II, p. 19.
8   Hua XVI, § 10.
9   Hua XVI, chap. 5.
10 Hua XVI, chap. VIII et IX.
11 Husserl, E., *Ideen zu einer reinen Phänomenologie und phänomenologischen Philosophie. Zweites Buch: Phänomenologische Untersuchungen zur Konstitution*, éditrice: Marly Biemel, Martinus Nijhoff (Coll. Husserliana IV), Den Haag, 1952. À l'avenir nous abrégeons: Hua IV.
12 Dans les leçons sur l'imagination et la conscience d'image, il ne semble pas que la question de la phénoménologie de la raison soit au centre du débat. En 1907 par contre, l'introduction intitulée *L'idée de la phénoménologie* revendiquait clairement l'étude phénoménologique de l'essence du connaître. La question de l'objectivité passera pourtant au second plan dans *Chose et espace*, même si elle reste présente.
13 On trouve néanmoins une conception claire de cette distinction dès 1909. Cf. Hua XIII, Text 3.

En se limitant à l'extension, on ne rend compte que de la constitution des seules choses sensibles (*Sinnendinge*)[14] ou plutôt, des seules *apparences sensibles* (*sinnliche Erscheinungen*)[15].

Une chose, ou apparence, sensible est le corrélat objectif, avec son identité et sa spatialité propre, d'un champ perceptif sensible particulier. Les différentes apparences sensibles, correspondant aux différents sens, peuvent coexister de façon concordante, se recouvrir les unes les autres en se confirmant. Par exemple, la représentation visuelle que j'ai de cette rose peut coexister avec le parfum qui s'en dégage. Néanmoins, une telle coexistence concordante entre les apparences sensibles ne suffit pas non plus à rendre compte de la nature matérielle *objective*. Les apparences sensibles concordantes ne constituent qu'un schème sensible, un *fantôme* de chose matérielle sans véritable objectivité[16]. À première vue, il semble surprenant d'affirmer que le corrélat objectif d'une saisie dans laquelle les apparences sensibles se rapportant à tous mes sens coexistent de façon concordante ne soit qu'un fantôme. Il faut cependant prendre en compte la possibilité du changement des circonstances extérieures. Il peut toujours arriver qu'alors même qu'une identité se constitue dans la multiplicité des apparences sensibles – le même cube vert par exemple se donnant comme identique, l'ensemble de ses apparences sensibles s'unifiant dans une coexistence concordante – un changement des circonstances extérieures, de l'éclairage par exemple, me fasse apparaître l'objet comme différent : non plus un cube vert mais bleu.

La constitution de l'objectivité matérielle exige, outre la constitution d'une identité dans la multiplicité des schèmes sensibles, la constitution d'une identité au sein d'une multiplicité de *circonstances* (*Umstände*)[17]. L'identité dans la multiplicité des circonstances constitue une *nature objective solipsiste*[18]. Autrement dit, une nature qui n'est pas encore pleinement objective.

L'idée d'une objectivité solipsiste, absente dans les autres textes de Husserl, et son opposition à la notion de fantôme, permettent d'élaborer une conception plus précise de l'origine phénoménologique de l'erreur et de la conscience d'erreur. En 1904-1905, Husserl concevait l'erreur comme la saisie positionnelle d'une image-objet sur le fondement d'une image-physique. Autrement dit, dans l'erreur, un simple *fictum*, un fantôme, serait posé comme étant l'objet véritable (la même thèse, on s'en souvient, avait déjà été suggérée dans les *Recherches logiques*, dans l'exemple de la poupée). Les développements de 1912 en apprennent davantage sur les motifs qui permettent de prendre conscience de cette erreur et d'opérer une dissociation entre conscience d'image et perception. Nous demeurons dans l'erreur

---

14 Hua IV, §10, p. 21.
15 Hua IV, §15, p. 39.
16 Hua IV, §15.
17 Hua IV, §16.
18 Hua IV, §18, pp. 77-79.

tant qu'un conflit ne s'est pas déclaré entre nos champs perceptifs particuliers, ou encore tant qu'un conflit ne s'est pas déclaré entre un schème sensible et les circonstances qui l'environnent. Par exemple, je m'aperçois que la dame est une poupée parce que, en la touchant, je réalise qu'elle est en cire, ou encore parce que, en m'approchant, le changement des circonstances m'apprend qu'elle est inanimée.

La concordance des différents schèmes sensibles entre eux, l'identité du fantôme dans la multiplicité des circonstances, ne suffit pas non plus à constituer une objectivité au sens le plus accompli du terme. L'objectivité au sens strict réclame l'*identité intersubjective*:

> La ‹chose vraie› est désormais l'objet qui persiste dans son identité au sein d'une multiplicité d'apparitions qui s'offrent à une pluralité de sujets, et ce, encore une fois, en tant qu'objet *intuitif* en relation avec une communauté de sujets normaux; ou encore, abstraction faite de cette relativité, elle est la *chose de la physique*, avec sa détermination logico-mathématique. La chose de la physique est naturellement la même, qu'elle soit constituée de façon solipsiste ou de façon intersubjective. Car une objectivité logique est *eo ipso* une objectivité au sens de l'intersubjectivité. Ce qu'un sujet connaissant connaît dans une objectivité logique (donc de telle sorte que la chose ne soit affectée d'aucun index marquant la dépendance de sa teneur de vérité à l'égard de ce sujet et de son fond subjectif), c'est ce que tout sujet connaissant peut connaître tout aussi bien, pour autant qu'il remplisse les conditions auxquelles doit satisfaire *tout* sujet dans la connaissance de tels objets[19].

Même si cette conception marque une différence fondamentale par rapport à l'approche des *Recherches logiques* – avec l'idée de la constitution intersubjective d'une objectivité noématique, ce n'est déjà plus la suprasubjectivité qui garantit l'identité objective –, on ne peut pas dire pour autant que l'intersubjectivité est considérée à cette époque comme le fondement de la suprasubjectivité : l'identité des idéalités non-empiriques reste encore conçue selon la thèse de la *species*. Néanmoins, à ce moment déjà, Husserl est conscient des contraintes essentielles en raison desquelles, sans description adéquate de la constitution intersubjective, il est impossible de distinguer phénoménologiquement hallucination et objectivité. La réfutation du relativisme exposée dès l'époque de Halle impose donc, de façon impérative, un élargissement de la phénoménologie à la sphère intersubjective. Il semble donc bien qu'un cheminement inéluctable se profile déjà, cheminement en raison duquel l'approche constitutive impose de renverser la hiérarchie posée dans les *Recherches logiques* entre suprasubjectivité et intersubjectivité.

On ne peut que citer un passage significatif des *Méditations cartésiennes* pour prendre conscience de l'évolution qui s'amorce ici : « La constitution transcendan-

---

19 Hua IV, p. 82.

tale de tels objets [l'intuition catégoriale] […] présuppose la constitution préalable d'une intersubjectivité transcendantale »[20].

De même que la description de l'objectivité solipsiste nous avait éclairé en ce qui concerne l'erreur et sa prise de conscience, la description de l'objectivité intersubjective nous permet de voir où doit se situer le motif de la prise de conscience de l'hallucination. Nous savons à présent que la prise de conscience d'une hallucination ne peut se réaliser qu'à partir de la saisie du conflit de celle-ci avec les perceptions d'autres Je que le mien propre. Sans constitution de l'intersubjectivité, sans échange avec autrui, il m'est impossible de distinguer entre objectivité et hallucination[21]. Cette thèse marque déjà, avec force, la distance qui sépare la conception husserlienne de la conception néo-kantienne de l'objectivité.

Cependant, à première vue, la distinction qui apparaît en 1912 entre objectivité solipsiste et objectivité intersubjective ne semble pas encore être véritablement présente en 1904–1905. D'ailleurs, on n'en trouve nulle trace dans le texte, pourtant postérieur, de *Chose et espace*. Il conviendrait donc de chercher à savoir comment Husserl, en 1904–1905, concevait le conflit entre champ perceptif et champ imaginatif et si cette compréhension précoce présentait quelque possibilité de rendre compte de la prise de conscience de l'hallucination.

1.2. *Le conflit en 1904–1905*

Revenons au problème de la concordance des champs perceptifs sensibles au sein du champ perceptif global. Le détour par *Ideen II* nous a appris que les différents champs perceptifs particuliers pouvaient être concordants dans une coexistence simultanée[22]. Mieux encore, cette concordance serait une condition nécessaire à la constitution du monde objectif. Si nous considérons le champ imaginatif pour lui-même, nous constatons que ce phénomène de concordance interne se manifeste également : une concordance entre les différents champs sensibles (fantasmatiques) particuliers au sein de la fantaisie est possible. En lui-même, le champ imaginatif, malgré son caractère protéiforme, satisfait aussi bien que le champ perceptif aux exigences de la coexistence concordante. Je peux imaginer, ou me souvenir, de tel ange du Bernin à *San Andrea delle Fratte* à Rome en ayant une concordance parfaite entre ma « vision » imaginaire et mon « toucher » imaginaire.

---

20 Hua I, p. 111.
21 Même si, avant 1920, Husserl reste convaincu que cette exigence phénoménologique n'est impérative que dans le cas des objectivités matérielles ou des significations empiriques, il demeure que, dès l'époque de Göttingen, les éléments sont là qui le conduiront nécessairement à réformer son jugement.
22 Nous avons appris de plus que ces champs perceptifs particuliers pouvaient aussi coexister en tant que champs appartenant à des flux de conscience individuels distincts.

Qu'en est-il de la concordance et de la coexistence des champs sensibles imaginatifs avec ceux de la perception ? À première vue, il y a ici aussi possibilité d'une concordance. Ainsi, je peux, en touchant, les yeux fermés, la reproduction de l'ange du Bernin sur le *Pont Saint-Ange*, me souvenir visuellement de l'original à *San Andrea delle Fratte*. Considérons à présent les choses « champ particulier à champ particulier ». Je suis dans l'église, je regarde l'ange du Bernin, et au moment même où celui-ci me rappelle sa reproduction sur le pont, ma vision perceptive s'évanouit pour céder la place à une vision imaginative. Une impossibilité de coexistence *simultanée* se manifeste dès lors que l'on considère fantaisie et perception « champ particulier à champ particulier ». Le champ de vision imaginatif et le champ de vision perceptif ne peuvent pas coexister simultanément. Soulignons qu'il convient de maintenir une certaine distinction entre coexistence et simultanéité. La notion de simultanéité, nous le verrons, se rapporte soit à la relation de l'intention et de son objet soit à la relation de deux *Urimpressionen* dans le flux originaire de la subjectivité absolue. La coexistence de deux vécus n'implique pas nécessairement la simultanéité de leur objet. Je peux, par exemple, vivre une relation de coexistence entre une perception et un souvenir, mais leur objet ne peut pas être simultané. En raison de cette distinction, il n'y a pas de pléonasme à parler de *coexistence simultanée*.

Selon Husserl, l'impossibilité de coexistence simultanée tient au caractère de la *localisation* :

> Le conflit ne semble pas non plus exister à l'intérieur du sens de l'ouïe. Il concerne manifestement seulement la *localisation*, qui est le fondement de l'ordre spatial objectif-phénoménal. Les champs de vision perceptif et imaginatif ont les mêmes valeurs-d'ordre, les mêmes ordres-de-lieu phénoménologiques. Simultanément, deux intuitions ne peuvent pas être amenées à l'unité d'une seule intuition dans laquelle les valeurs locales se reproduisent[23].

En fin de compte, le conflit entre le champ imaginatif et le champ perceptif se ramène, en 1904–1905, à un conflit de localisation entre deux ordres spatiaux. Il ne semble pas que, comme telle, cette conception soit suffisante pour rendre compte du conflit fondateur de la conscience d'hallucination. En revanche, nous savons, grâce à notre lecture des *Manuscrits de Seefeld*, que la localisation joue un rôle important dans la constitution de l'identité personnelle et dans la distinction entre les individus personnels. L'approche des leçons de 1904–1905 apporte donc un éclairage intéressant aux premières interrogations husserliennes sur l'intersubjectivité. Nous y reviendrons dans le prochain chapitre.

Lorsqu'on se tourne vers les thèses des *Manuscrits de Seefeld*, thèses approximativement contemporaines des descriptions de *Phantasie und Bildbewusstsein*,

---

23 Hua XXIII, p. 76.

on ne peut manquer d'être frappé par le sentiment qu'elles exposaient déjà, pour une bonne part, les contraintes structurelles en raison desquelles Husserl allait petit à petit accepter l'idée que l'objectivité soit constituée intersubjectivement. En posant, d'une part (en 1904), que le conflit entre le champ perceptif et le champ imaginatif est un conflit de localisation, en enchaînant donc, par là-même, la question de la prise de conscience de l'hallucination au problème de la localisation ; en posant, d'autre part (en 1904–1905), que l'individualité personnelle est liée à l'incompatibilité simultanée des différents points de vue spatiaux et que l'individualité personnelle est donc individualisante au même titre que le temps et l'espace, il semble clair que Husserl devait être conduit à affirmer que l'identité objective est liée constitutivement à une pluralité de sujets occupant des lieux distincts. Nous avons vu pourtant qu'il ne s'est pas immédiatement tourné vers cette solution à laquelle, cependant, il semblait être conduit par la nécessité. Il est probable qu'il n'a consenti à l'abandon de la conception néo-kantienne de l'objectivité, c'est-à-dire à la théorie de la suprasubjectivité, qu'avec une certaine réticence. Il semble qu'il se soit trouvé, à cette époque, dans un certain porte-à-faux. D'une part, abandonner la théorie de la suprasubjectivité lui semblait conduire au relativisme, d'autre part, l'étude des conflits fondateurs lui imposait, pour éviter le relativisme, d'abandonner cette thèse. Il n'est pas certain que Husserl ne soit jamais pleinement sorti de ce dilemme pénible. C'est pourquoi, jusque dans sa philosophie tardive, on retrouve les traces du privilège de la suprasubjectivité.

1.3. *Les paradoxes de l'*Einfühlung

La question du conflit fondateur de la conscience d'erreur et surtout de la conscience d'hallucination nous a conduit à mettre en évidence le caractère constituant de l'intersubjectivité. Il importe de souligner que la thèse d'une intersubjectivité constituante de l'objectivité, ainsi que la prise de conscience de la nécessité d'une étude phénoménologique de la perception d'autrui, n'interviennent pas chez Husserl simplement comme le résultat d'une prise de conscience provoquée par des événement contingents et extérieurs à l'économie interne de sa pensée. Il y a des motifs essentiels en raison desquels l'objectivité doit être constituée intersubjectivement ; ces motifs sont posés très clairement en 1912, mais ils sont déjà potentiellement présents dès 1904–1905.

Nous avons déjà dit à quel point nous pensons que l'étude des conflits fondateurs occupe une place privilégiée dans les descriptions phénoménologiques. Or, il apparaît très tôt que l'objectivité doit, structurellement, être considérée comme une identité se rapportant à une pluralité de consciences individuelles. Que la pensée de Husserl ait tant hésité sur ces questions entre 1904 et l'époque de Fribourg s'explique probablement en partie par les paradoxes auxquels les contraintes de l'étude des conflits fondateurs semblaient le conduire.

Husserl se trouve en effet confronté à des exigences aux allures contradictoires. Tout se passe comme si le seul moyen de distinguer l'*Einfühlung* de l'hallucination était l'*Einfühlung* elle-même. Certes, en 1905, il n'est pas conscient de ce problème de la même façon qu'en 1912. En fait, nous allons voir que la façon dont le problème émerge historiquement est plus dérangeante encore parce que c'est *directement* de la difficulté de distinguer l'*Einfühlung* et l'hallucination que Husserl prendra conscience en premier lieu, et cela semble t il, avant même de réaliser explicitement l'impossibilité de fonder l'objectivité si cette distinction n'est pas déjà établie.

Quoiqu'il en soit, le paradoxe est bien présent. Il faut distinguer *Einfühlung* et hallucination et il semble que cette distinction exige le recours à l'intersubjectivité. Or, avec cette situation paradoxale, nous sommes en fait confrontés à deux questions distinctes : 1°) Quelle est la structure intentionnelle de la perception d'autrui (*Einfühlung*) ? 2°) Quelle est l'intersubjectivité qui permet de distinguer l'expérience d'autrui et l'hallucination ?

Lorsqu'on distingue ces deux aspects de la question, on voit mieux quelle a été la démarche de Husserl. Nous savons, par notre lecture des textes de Seefeld, qu'il a tenté, dès le départ, de répondre au premier aspect de la question au moyen des structures élaborées dans son cours de 1904–1905, c'est-à-dire en ayant recours au caractère de la localisation. Dans le prochain chapitre, nous montrerons l'aboutissement de cette recherche. En ce qui concerne le deuxième aspect de la question, il semble, d'après nos recherches précédentes, que Husserl ait voulu y répondre en élaborant une phénoménologie monadologique. Dans les textes précoces sur la monadologie, elle n'est encore qu'une structure formelle. Dans notre *Quatrième partie*, nous montrerons comment Husserl, finalement, en élaborera la teneur véritablement phénoménologique.

CHAPITRE 7

L'*Einfühlung* comme présentification à l'époque de Göttingen

Simultanéité et souvenir du présent

Nous avons argumenté en faveur de l'idée selon laquelle la question de l'intersubjectivité ne se serait pas, initialement, posée suite au solipsisme issu de la réduction phénoménologique. De même, nous avons insisté, dans le chapitre précédent, sur le fait que l'étude de l'*Einfühlung* n'est pas le résultat d'une prise de conscience contingente, mais l'aboutissement nécessaire de contraintes essentielles. Si cette affirmation est vraie en ce qui concerne la question, on ne peut pas en dire autant en ce qui concerne le concept. Il est hautement probable, comme nous l'avons déjà remarqué, que le concept d'« Einfühlung » soit un héritage de la pensée de Theodor Lipps. Il faut cependant ajouter que Husserl n'a jamais caché le fait qu'il le considérait comme inadéquat. En d'autres termes, « Einfühlung » est un terme hérité par Husserl de façon contingente pour désigner une problématique qui s'imposait à lui pour des motifs essentiels.

Étant donné cette contingence du terme « Einfühlung » et l'inadéquation à la chose que Husserl lui reproche, il serait inutile et probablement trompeur de chercher à comprendre ce que ce terme désigne dans la pensée de Husserl au moyen d'une enquête étymologique. L'étude des textes de Lipps, même si ceux-ci – en plus d'avoir fourni le concept – ont manifestement exercé une influence sur la description husserlienne de l'*Einfühlung*, n'aurait probablement pas non plus une importance capitale pour la détermination du sens précis de ce terme pour Husserl. Il est significatif à cet égard qu'il ait employé le concept d'« Einfühlung » dans son acception lippsienne – c'est-à-dire au sens d'un « se transporter dans un objet extérieur à soi » (*sich objektivieren*) –, acception qui désigne l'expérience esthétique aussi bien que l'expérience d'autrui, *avant* de l'utiliser dans le sens strictement husserlien et *après* avoir découvert la problématique que ce concept viendra désigner dans sa pensée.

C'est donc, assez logiquement, dans les textes de Husserl lui-même qu'il faut rechercher la signification que ce terme recouvre pour lui. Or, il n'est pas aisé, à la lecture de ces textes, de donner une définition univoque et claire de l'*Einfühlung*. Husserl désigne tantôt par ce terme la saisie d'une conscience étrangère, tantôt la perception d'autrui, tantôt la perception d'une chair étrangère, tantôt la saisie d'un vécu ou d'un psychisme étranger. Même si cette diversité se rassemble dans l'idée générale que l'*Einfühlung* est la saisie d'une immanence intentionnelle autre que la mienne, il reste que l'absence d'une définition explicite témoigne du caractère complexe de l'*Einfühlung* ou plutôt, de la difficulté qu'il y a à déterminer de façon précise le *terminus ad quem* de ce vécu : est-ce la chair étrangère, le vécu étranger, la conscience étrangère, autrui ?

Il semblerait qu'avec l'*Einfühlung*, nous soyons confronté à ce que Fink appelait un « concept opératoire »[1] ; c'est dès lors la fonction et la structure de ce concept que nous devons rechercher si nous voulons comprendre ce qu'il signifie. Dès le départ, l'*Einfühlung* a été abordée par Husserl comme un type *sui generis* de présentification. Ce point de départ n'est pas indifférent : il contient en lui-même le paradoxe que nous avons effleuré au chapitre précédent. En effet, si l'*Einfühlung* doit être conçue comme la modification qualitative d'une matière ou d'un noyau noématique unique « Je », alors il faut s'interroger sur ce qui fonde l'identité intersubjective (ou suprasubjective) de ce noyau, ce qui nous entraîne au paradoxe.

Apparemment, le choix de ce point de départ, qui contraste avec l'approche des *Recherches logiques*, aurait été motivé par le caractère *non-originaire* de l'*Einfühlung* :

> Nous avons une expérience originaire des choses physiques dans la ‹ perception externe › ; nous ne l'avons plus dans le souvenir ou dans l'anticipation de l'attente ; nous avons une expérience originaire de nous-même et de nos états de conscience dans la perception dite interne ou perception de soi ; nous n'en avons pas d'autrui et de son vécu dans l'*Einfühlung*[2].

Tout se passe comme si la non-originarité de l'*Einfühlung*, en interdisant à celle-ci d'être une présentation, lui imposait également d'être une présentification.

Signalons immédiatement que dire que l'expérience d'autrui est non originaire n'implique pas pour autant qu'elle soit *non-positionnelle*. Lorsque je fais l'expérience d'autrui, je pose une existence personnelle autre que la mienne, même si je ne la pose pas nécessairement sur le mode de la certitude. Il faudra chercher à situer l'*Einfühlung* parmi les diverses formes de présentifications que nous avons décrites. Il faudra également chercher à mettre au jour le conflit fondateur de la conscience d'*Einfühlung*.

---

[1] Fink, E., « Operative Begriffe in Husserls Phänomenologie (1957) », in E. Fink, *Nähe und Distanz. Phänomenologische Vorträge und Aufsätze*, Verlag Karl Alber, Freiburg/München, 1976, pp. 180–204 (traduction française : Jean Kessler, « Les concepts opératoires dans la phénoménologie de Husserl », in E. Fink, *Proximité et distance. Essais et conférences phénoménologiques*, Jérôme Millon, Grenoble, 1994, pp. 147–167).

[2] Hua III/1, p. 11.

D'emblée, ces deux questions renvoient au problème délicat de la *corporéité*. En effet une des premières choses que nous devrons tenter d'établir consiste à savoir si l'*Einfühlung* est une présentification « perceptive » ou « imaginative », à moins qu'elle ne soit un troisième type de présentification resté inconnu jusqu'ici.

Dans ce débat, la question de la corporéité occupe indéniablement une place capitale. On a beaucoup insisté, depuis Husserl, sur le caractère ambigu de la corporéité, en soulignant, parfois excessivement, la dualité du *corps* (*Körper*) et de la *chair* (*Leib*)[3]. Une chose pourtant est incontestable : même si notre corps se distingue des autres corps physiques en ceci qu'il est vivant et sentant, il n'en demeure pas moins que, *pour partie, ce corps peut être l'objet d'une perception*. Le corps de chair (*Leibkörper*) a une face matérielle et, dans l'expérience d'autrui, cette face matérielle est *perçue*. La face matérielle de la corporéité (le corps) suggère donc que l'*Einfühlung* soit une présentification « perceptive ». D'un autre côté, le véritable objet de l'*Einfühlung* n'est pas cette face matérielle : dans la perception d'une poupée, il n'y a pas de véritable *Einfühlung*, alors même que la dimension matérielle est présente. Il est donc tout aussi probable que l'*Einfühlung* soit une présentation « imaginative » dans laquelle le corps ne jouerait qu'un rôle annexe. Aussi inattendu que cela puisse paraître, il s'avérera que cette dernière hypothèse est la bonne.

Nous savons que la détermination du statut « perceptif » ou « imaginatif » de l'*Einfühlung* n'est pas une question gratuite. Les conflits fondateurs, de même que la structure générale, sont profondément distincts dans ces deux classes de présentifications. Quoiqu'il en soit, dans les deux hypothèses, la corporéité occupera une place centrale en ce qui concerne la question du conflit fondateur. Dans l'hypothèse de la présentification « perceptive », tout indique que c'est le corps qui assumera la fonction d'image-physique ; c'est donc lui qui entrera en conflit avec l'environnement. Dans l'hypothèse de la présentification « imaginative », en revanche, nous avons vu que la question de la localisation était le facteur déterminant pour comprendre le conflit entre champ perceptif et champ imaginatif ; or, il est très clair que la corporéité est ce qui localise la conscience.

Dans la mesure où la perception du corps semble, par nécessité, occuper une place privilégiée dans la structure intentionnelle de l'*Einfühlung*, nous envisagerons d'abord l'hypothèse d'une présentification « perceptive ».

---

3   La façon dont il faut traduire en français le mot allemand « Leib » est, comme le dit très bien Natalie Depraz, une *crux phaenomenologica*. Nous avons finalement suivi les recommandations données par cet auteur et nous avons traduit « Leib » par « chair », « Körper » par « corps », « Leibkörper » par « corps de chair » et « Körperleib » par « chair corporelle ». Cependant, il nous semble qu'une traduction telle que « corps vivant » aurait, à bien des égards, été plus proche de la pensée de Husserl. (Cf. Depraz, N., « La traduction de *Leib* : une *crux phaenomenologica* », in *Études phénoménologiques*, 26, 1997, pp. 91–109).

1. *L'*Einfühlung *et les présentifications « perceptives »*

Nous avons appelé « présentifications ‹ perceptives › » les présentifications dont la saisie fondative opère dans le cadre de la perception. Il semble que, dans le cas de l'*Einfühlung*, nous nous trouvions face à une présentification de ce type, puisque le corps est effectivement un objet matériel perçu. Selon cette hypothèse, l'*Einfühlung* serait une présentification similaire à la conscience d'image, au signe ou au symbole ; elle reposerait sur une double saisie motivée par un conflit avec l'environnement et se rapporterait à son sujet par un lien de ressemblance. Un certain nombre de textes semblent cautionner une telle thèse

À l'époque de Halle déjà, les *Recherches logiques* accordaient au signe, et plus précisément à l'indication, un rôle fondamental dans l'expérience d'autrui. De plus, il est significatif que Husserl, à cette époque, ait décrit la présentification inaboutie d'une poupée comme une erreur, de même qu'en 1904 il appelle « erreurs » les présentifications perceptives inabouties. Plus tardivement, nous avons cité des passages de *Ideen II*[4] qui vont explicitement en ce sens[5]. Cette orientation sera présente au moins jusqu'à la fin de l'époque de Göttingen, puisque Husserl en discutera encore en 1918[6].

En ce qui concerne la période intermédiaire, on retrouve de nombreuses indications comparables. Voici rapidement quelques exemples.

Vers 1910, dans un texte consacré aux différentes « couches » (*Stufen*) de l'*Einfühlung*, Husserl plaçait, en premier lieu, la *perception de la chair*[7]. Il faut cependant remarquer que c'est tout d'abord la perception de *notre* chair qui est visée dans ce texte ; de l'autre, seul le corps est perçu. Il précisait par ailleurs que, dans l'*Einfühlung*, les vécus étrangers viennent à l'*expression* en un sens spécifique[8]. La chair étrangère se donnerait dans une expression médiatisée par une indication[9].

---

4 Cf. Hua IV, § 45.
5 « Ainsi se forme, peu à peu, un système de signes et il y a finalement une analogie effective entre un tel système signifiant de l' ‹ expression › des événements psychiques, qu'ils soient passifs ou actifs, et le système signifiant de la langue pour l'expression des pensées [...]. On pourrait partir directement de là (et cela a déjà été tenté) pour étudier de façon systématique l'‹ expression › de la vie psychique et mettre en évidence pour ainsi dire, la grammaire de cette expression ». (Hua IV, p. 166).
6 « Il faut bien distinguer dans l'*Einfühlung* :
   1) La compréhension de la chair en tant que l'objet-zéro empathisé dans un environnement orienté.
   2) La compréhension des ‹ extériorisations › charnelles, ‹ expressions › des états, prises de positions, modes d'attitudes, projets etc. étrangers, ou même du caractère qui se manifeste. Donc, expression dans la mimique, dans le geste ». (Hua XIII, *Beilage* XLIX, p. 435).
7 « ‹ Perception › de la chair (comme couche inférieure de l' ‹ Einfühlung ›) » (Hua XIII, *Text* 4, p. 62).
8 Cf. Hua XIII, *Text* 4.
9 « Une grande part de cette spiritualité au sens supérieur, saisie avec l'appréhension de la chair comme homme, est saisie à travers l' ‹ expression › ». (Hua XIII, *Text* 4, p. 64).

En 1913, dans un texte intitulé « Körper und Ausdruck », Husserl fera, dans le même sens, une comparaison explicite entre l'expression et les mouvements typiques du corps[10]. Plus tardivement, en 1914–1915, il précisera que la *ressemblance* entre le corps de chair étranger (*fremder Leibkörper*) et ma chair corporelle (*Körperleib*) est un présupposé fondamental de l'*Einfühlung*. Il ajoutera qu'il conçoit cette relation de ressemblance sur le mode de l'*indication*[11]. La même année, faisant à nouveau référence à la question de la ressemblance, il comparera l'*Einfühlung* à une conscience d'image « en miroir » (*Spiegelbild*). Le corps étranger étant présenté comme l'image-objet, la *Scheinbild* – ou plutôt le *Scheinkörper* –, de ma chair[12]. Il y aurait donc une double saisie dans laquelle le corps étranger serait modifié en un semblant à travers lequel je saisirais ma propre chair. Il reste évidemment à expliquer pour quel motif ma chair propre présentifiée serait, en fin de compte, posée comme une chair étrangère.

Dans les deux textes de 1914–1915 que nous avons cités, Husserl utilise, pour qualifier la relation qui est en cause, l'expression étrange de « Spürung »[13], qui fait référence à une capacité de dépister, de sentir des traces. Il faut souligner qu'il utilisait déjà cette expression en 1908, la présentant comme une alternative préférable au concept d'*Einfühlung*[14]. Notre enquête devra nous permettre de savoir ce qu'il désigne précisément par ce terme.

Tous ces exemples laissent supposer que l'*Einfühlung* appartient effectivement à la catégorie des présentifications « perceptives ». Dès lors, la corporéité étrangère serait une image-physique dont le conflit avec l'environnement motiverait la modification en image-objet renvoyant, par ressemblance, à un sujet-de-l'image. Quelquefois même, Husserl va jusqu'à envisager la possibilité que la corporéité soit un système d'indication servant de support à une communication expressive. Dans ce cas, les mimiques et les attitudes qui sont perçues sur la corporéité étrangère indiquent ses vécus. Il y aurait une typique des comportements qui exprimerait le fait d'être un homme, ou, par exemple, un chat : « Le chat, de la façon dont il bouge, dont il fait sa toilette, dont il joue ; chaque mouvement est un mouvement-de-chat ‹caractéristique›. […] L'homme dans tous ses mouvements, dans toutes ses actions, dans ses discours, ses écrits, etc. – est un homme ! »[15]

Cette présentation est séduisante, mais elle est grevée de difficultés considérables. Si un rapport de ressemblance est en jeu, il convient de déterminer : 1°) Entre

---

10 Hua XIII, *Beilage* XV.
11 Hua XIII, *Text* 9, pp. 270–271.
12 « Ainsi, il correspond à mon corps de chair [*Leibkörper*], un corps fictif [*Scheinkörper*], une image en miroir, qui renvoie à son original : ma véritable chair ». (Hua XIII, *Text* 12, p. 327).
13 Cf. Hua XIII, *Text* 9, p. 271 et *Text* 12, p. 327.
14 « Toute perception et toute position véritable (souvenir, attente, empathie) (on doit sans doute aussi nommer la *Spürung*) a son mode de remplissement possible (respectivement, selon son type, sa loi), son sens, lequel requiert tel ou tel mode de remplissement ». (Hua XIII, *Beilage* III, p. 5).
15 Hua XIII, *Beilage* XV, p. 69.

quelle image-objet et quel sujet-de-l'image s'établit-il ? 2°) Quel conflit motive la modification de l'image-physique en image-objet ? 3°) Cette présentification relève-t-elle du symbole ou plutôt de la conscience d'image ?

La seule image-physique qui puisse être au fondement de cette présentification est le corps étranger. C'est en effet la seule chose empirique qui puisse être véritablement perçue. Sur ce point, la terminologie de Husserl est quelquefois dangereusement imprécise. Il est en effet de nombreux passages dans lesquels il parle de l'expérience perceptive de la chair étrangère et non pas du corps étranger. Précisons cependant qu'il s'en faut de beaucoup que, dans les premières années de Göttingen, il ait dressé entre le corps et la chair une opposition aussi tranchée que celle que les commentateurs ultérieurs ont introduite. Pour lui, à cette époque, la chair est un corps animé d'un psychisme[16], mais dans ce que je perçois, ce psychisme étranger manque[17]. En d'autres termes, lorsqu'il parle de la perception d'une autre chair, c'est de la perception de cette chair à travers le corps qui est en question[18]. Le corps est donc l'image-physique qui sera modifiée en image-objet. « Ainsi, à mon corps de chair, correspond un corps apparent [*Scheinkörper*], un reflet [*Spiegelbild*] qui renvoie à son original : ma véritable chair »[19].

Avant d'envisager la question du conflit, il faut d'ores et déjà considérer la question de la ressemblance et du sujet-de-l'image. À ce propos, une certaine confusion imprègne les développements de Husserl. On trouve fréquemment des affirmations selon lesquelles « le corps de chair [*Leibkörper*] étranger est semblable au mien »[20]. Une telle proposition, en utilisant l'expression « corps de chair », ne nous permet pas de savoir si le corps étranger entretient, immédiatement, un rapport de ressemblance avec ma chair, ou bien seulement avec mon corps. Certains passages semblent opter pour la première solution : « De même je peux reconnaître un corps de chair [*Leibkörper*] étranger dans sa ressemblance avec ma chair »[21]. Mais cette conception n'éclaire nullement le problème. Il n'est pas question d'une ressemblance entre un corps jouant comme image-physique et ma chair dont il est question, mais d'une ressemblance entre un *Leibkörper* et ma chair.

D'autres textes sont heureusement plus précis : « Un corps [*Körper*] apparaissant extérieurement m'est donné extérieurement comme un homme – comme une chair et un sujet charnel – lorsqu'il exige, à travers sa ressemblance avec le mien,

---

16   Par exemple : « Ma chair est tout d'abord un corps ». (Hua XIII, p. 258), « Ma chair est constituée comme corps ». (Hua XIII, p. 264), « Seul un corps peut être une chair ». (Hua XIII, p. 328).
17   Cf. Hua XIII, p. 22. Voir aussi nos développements sur les *Manuscrits de Seefeld*.
18   « Une autre chair est corporellement [*körperlich*] un *analogon* de mon corps de chair [*Leibkörper*]. À travers cette corporéité objective perçue, une âme est introduite grâce à cette analogie ». (Hua XIII, *Text* 2, p. 21).
19   Hua XIII, *Text* 12, p. 327.
20   Hua XIII, *Text* 10, p. 289. Ou encore : « Der fremde Leibkörper ist ähnlich meinem Körperleib ». (Hua XIII, *Text* 9, p. 270)
21   Hua XIII, *Beilage* XXXIX, p. 286.

l'aperception en tant que chair et en tant que porteur d'un sujet (l'aperception demande une chair et un sujet ressemblant à ceux qui m'apparaissent intérieurement) »[22].

De toute évidence, nous sommes confronté à une figure complexe de présentification « physique ». Le corps étranger ressemble à mon corps. De telle sorte que, entre ces deux objets empiriques se noue, en un premier temps, la relation de présentification. Cependant, les choses ne s'arrêtent pas là : cette première présentification en appelle une seconde par laquelle une chair, semblable à la mienne, est présentifiée.

Pour élaborer cette double relation, Husserl aura recours à des concepts déjà utilisés dans les *Recherches logiques* et dans *Phantasie und Bildbewusstsein* : l'association et l'analogie. Dans les *Recherches logiques*, il avait fait référence à l'« association des idées » pour rendre compte de l'essence de l'indication. À cette époque, il ramenait cette association à une « coappartenance sensible ». Dans les leçons de 1904–1905, il n'avait qu'un emploi relativement vague des termes « ressemblance » et « analogie ». Cependant, ce dernier terme était employé plus particulièrement dans le cas des présentifications fondées, figures complexes pour lesquelles il utilisait également la notion d'association. Dès 1909, il utilise l'analogie dans un sens très précis : « Une autre chair est sur le plan corporel [*körperlich*] un *analogon* de mon corps de chair. Par le biais de la corporéité perçue, quelque chose de psychique est également, en vertu de cette analogie, exigé en sus »[23].

Il a souvent été remarqué que les conceptions de Husserl sur la structure formelle de l'analogie ont évolué au fil des années. En 1909, il s'en tient encore à une approche relativement simpliste de l'analogie proportionnelle selon laquelle le rapport entre ma conscience et ma chair est analogue au rapport entre la chair étrangère et la conscience étrangère[24]. Même si Husserl n'est pas toujours parfaitement rigoureux dans sa terminologie, il serait donc correct de parler d'une *ressemblance* entre mon corps et le corps étranger et d'une *analogie* entre ma chair et la chair étrangère.

---

22 Hua XIII, *Text* 8, p. 266. Voir également : « Aber vermöge der Ähnlichkeit hinsichtlich der Körperlichkeit wird die fremde Hand auch als Hand „aufgefasst", und damit wird die Körperlichkeit in den Zusammenhang einer Leiblichkeit mit all dem, was zu dieser gehört, hineingestetzt ». (Hua XIII, *Text* 3, p. 49) ; ou encore « Der fremde Körper, der als Leib, und als Leib eines zweiten empirischen Subjekts, aufgefasst „werden" und „Wahrnehmung" eines „Nebenmensch" ergeben soll ». (Hua XIII, *Text* 13, p. 333). Voir également : Hua XIII, *Beilage* XI.

23 Hua XIII, *Text* 2, p. 21.

24 Hua XIII, *Beilage* VII, p. 20. À ce propos, lire : Ricœur, P., « Analogie et intersubjectivité chez Husserl d'après les inédits de la période 1905–1920 », in A. Morshouwer (éd.), *Einige facetten van opvoeding en onderwijs, opstellen aangeboden aan Stephan Strasser ter gelegenheid van zijn 70e verjaardag en van zijn afscheid als hoogelaar aan de universiteit van Nijmegen*, Malmberg Den Bosch, Nijmegen, 1975, pp. 163–170 ; Courtine, J.-Fr., « L'être et l'autre. Analogie et intersubjectivité », in *Études philosophiques*, 3–4, 1989, pp. 497–516 ; et Depraz, N., « De l'altérité dans l'aperception comme structure fondamentale de la conscience. Accéder à autrui par son aperception », in *Études phénoménologiques*, 19, 1994, pp. 11–38.

Les *Méditations cartésiennes* sont très claires à ce sujet : « Il est clair d'emblée que seule une ressemblance liant, à l'intérieur de ma sphère primordiale, le corps là-bas avec mon corps peut fournir le fondement-de-motivation [*Motivationsfundament*] pour la saisie analogisante du corps là-bas en tant que chair »[25].

Nous avons donc répondu à une première question : un lien de ressemblance se noue entre le corps étranger (l'image-objet) et mon corps (le sujet-de-l'image). Avant d'avancer davantage dans la description de l'*Einfühlung*, il conviendrait dès à présent de chercher à définir le conflit fondateur de cette première présentification. En d'autres termes, il conviendrait de savoir quelle est l'origine phénoménologique de la modification du corps étranger en « Scheinkörper », en image-objet renvoyant à mon propre *Körper*. Husserl est assez avare de renseignements à ce propos, mais nous verrons que ce silence résulte de motifs essentiels et non de faiblesses philosophiques.

Rappelons-nous que notre étude des leçons de 1904–1905 avait mis en évidence deux conditions distinctes à la fondation d'une présentification « perceptive » : la non conformité et le conflit. La non conformité était le motif en raison duquel l'image n'était pas confondue avec son sujet. C'est en raison d'une certaine non conformité d'intention et d'extension, ou en raison de différences prédicatives, que l'image se distingue de l'original. Dans le cas présent, il est aisé de comprendre que la ressemblance qui lie mon corps à un autre corps n'est pas une identité. Le corps d'autrui diffère du mien pour une foule de motifs : il est plus grand ou plus petit, plus gros ou plus mince, etc.

En ce qui concerne le conflit proprement dit, il est ce qui fonde la conscience d'image. Or, dans le cas de l'*Einfühlung*, la présentification n'aboutit pas dans une conscience d'image : je ne vise pas une image de moi-même lorsque je fais l'expérience d'autrui. Autrement dit, il n'y a pas, et il ne peut pas y avoir, de conflit fondateur dans cette première étape, sans quoi l'*Einfühlung* se limiterait à la saisie d'une image de mon propre corps[26].

En fait, lorsque Husserl parle de conflictualité, il est particulièrement significatif qu'il conçoive celle-ci comme une incompatibilité de localisation entre deux corps. Or, nous savons que les conflits de localisations sont caractéristiques des présentifications « imaginatives » et non pas des présentifications « perceptives ».

---

25   Hua I, p. 140.
26   « Ist diese Vorstellung (die eventuell dunkel sein kann und vielleicht sogar leer) eine Bildvorstellung? Analogisiere ich, verbildliche ich in meinen Erlebnissen Fremde? […] Davon kann doch keine Rede sein ». (Hua XIII, *Text* 10, p. 311). « Sehe ich den Anderen, so sehe ich seinen Körper und fasse ihn in einer verstehenden Weise als Menschen auf. Das Verstehen ist hier nicht ein „Bild"-haben, sowenig ein Ding sehen besagt, es hinsichtlich der Rückseite anschaulich haben. Der Körper wird nicht nur als Körper (mit Unsichtigkeiten) aufgefasst, sondern er wird als Leib aufgefasst, und dem Leib gehört also ein Seelisches zu : Das alles ist unanschaulich ». (Hua XIII, *Text* 13, p. 341).

Ainsi donc, la deuxième question est désamorcée sans pour autant que tous les problèmes soient résolus. En fait, nous sommes reconduits à une nouvelle série de problèmes et à la nécessité d'expliquer une seconde présentification. En effet, il apparaît que l'*Einfühlung* est finalement une présentification fondée dans une présentification physique. « À propos de l'aperception ‹ chair étrangère › nous avons affaire à une aperception fondée […] : au-dessus la perception corporelle nous possédons encore la couche du ‹ psychique-charnel › co-appréhendé obscurément »[27].

Il conviendrait encore rendre compte de cette co-appréhension du psychisme sur le fondement de cette première présentification « perceptive ». Faut-il considérer que l'*Einfühlung* appartient à la famille des présentifications « imaginatives » ?

Avant de répondre plus précisément à cette question il est nécessaire d'introduire quelques précisions supplémentaires à propos de l'analogie. Dans ses leçons de 1904–1905, Husserl avait fait usage du terme « analogie » notamment pour désigner la structure dans laquelle se constituent les souvenirs fondés dans une conscience d'image. Nous avons fait remarquer alors que Husserl avait recours à l'association et à l'analogie. Il serait plus exact de dire qu'en 1904–1905 l'association est en quelque sorte le moyen terme qui autorise le renvoi analogique. Dans l'exemple donné par Husserl dans *Phantasie und Bildbewusstsein*, c'est l'association du « slogan illustratif » et de l'original qui fonde le souvenir de l'original. Cette notion d'association remonte, on le sait, à la description husserlienne de l'essence de l'indication et à l'association des idées. On retrouve dans la théorie tardive de la constitution de l'intersubjectivité une notion qui, en quelque manière, en est l'héritière et qui a été précisée et développée dès les premières années de Göttingen, à savoir la notion d'*apprésentation*. Dès 1909, Husserl utilise le terme « comprésence » (*Kompräsenz*) – un terme auquel il préférera par la suite celui d'apprésentation (*Appräsenz*) – pour désigner la relation du psychisme étranger et de son corps dans la structure de l'*Einfühlung*[28]. Husserl accorde à l'« apprésentation » une signification relativement large. Dans son sens le plus restrictif, ce concept désigne la manière dont les profils cachés d'un objet matériel se donnent à la conscience. Par extension, il utilise également ce concept dans le cadre de l'étude de l'*Einfühlung*. Il ne faut pas pousser trop loin la comparaison entre l'apprésentation des profils cachés d'un objet matériel et l'apprésentation du psychisme étranger dans le corps étranger. Si, dans les deux cas, il s'agit d'une liaison passive et spontanée, une différence de taille demeure : le psychisme étranger m'est inaccessible par essence. Nous reviendrons plus précisément sur cette question lorsque nous traiterons de l'*Analogieschluss*.

Quoiqu'il en soit, cette théorie de l'apprésentation ne suffit pas à expliquer la co-appréhension du psychisme étranger sur le fondement de la perception de son corps.

---

27 Hua XIII, *Text* 3, p. 53.
28 Cf. Hua XIII, *Text* 2.

2. L'Einfühlung *et les présentifications « imaginatives »*

Nous sommes donc conduit à poser que l'*Einfühlung* est une présentification fondée dans une présentification « perceptive ». Notre étude des leçons de 1904–1905 nous a permis de découvrir deux présentifications de ce type : les souvenirs fondés dans une présentification « perceptive » et les fantaisies fondées dans une présentification « perceptive ». Dans les deux cas, bien qu'il y ait un point de départ perceptif, il s'agit sans nul doute de présentifications « imaginatives » et non de présentifications « perceptives ». Il apparaîtra bientôt que cette affirmation n'est pas gratuite, mais nécessaire.

A première vue, rien n'empêche qu'il y ait des présentifications « perceptives » fondées dans d'autres présentifications « perceptives » mais, en fait, par delà les apparences, une telle figure est impossible par essence. Pourtant, le simple fait que Husserl parle quelquefois de la *ressemblance* entre la chair étrangère et ma chair semble déjà plaider en faveur d'une telle hypothèse concernant l'*Einfühlung*. Dans les leçons de 1904–1905 déjà, la façon dont il décrivait le souvenir fondé dans une conscience d'image – le « slogan illustratif » – prêtait à confusion. Non seulement cette présentification était abordée dans le cadre d'un raisonnement sur les présentifications « perceptives » mais en outre, l'exemple choisi – une reproduction dans un catalogue d'exposition – décrivait le souvenir fondé sur une conscience d'image, d'une autre conscience d'image, suggérant par là que, en fin de compte, ce qui était fondé, c'était une présentification « perceptive » (une conscience d'image fondée dans une conscience d'image) et non une présentification « imaginative » (le souvenir d'une conscience d'image, fondé dans une conscience d'image).

Il y a une nécessité d'essence en raison de laquelle seules des présentifications « imaginatives » peuvent être fondées sur des présentifications « perceptives ». Cette nécessité repose, de façon un peu surprenante, sur l'impossibilité de redoubler les modifications de neutralité[29]. Husserl distingue la modification de neutralité de la fantaisie par ceci que la fantaisie peut être redoublée, ce qui n'est pas de cas de la neutralisation. Je peux avoir une fantaisie de fantaisie, mais je ne peux pas neutraliser ce qui est déjà neutralisé. Or, pour qu'une conscience d'image fonde une autre conscience d'image, il faudrait que l'image-objet (qui est neutralisée) de la conscience fondatrice serve d'image-physique à la conscience fondée et soit donc neutralisée à nouveau, ce qui est impossible par essence. En revanche, il n'y a aucune impossibilité d'essence à ce que cette conscience d'image fonde, ou motive, une présentification « imaginative ». Dans une telle présentification, l'image-objet, simplement transitoire, n'interviendrait pas comme une image-physique qu'il faudrait neutraliser une deuxième fois ; elle « éveillerait » simplement

---

29 Hua III/1, § 112.

une présentification imaginative qui pourrait être soit neutre (fantaisie), soit positionnelle (souvenir). Autrement dit, il ne semble pas qu'il puisse y avoir d'autres présentifications fondées que celles décrites dès 1904–1905.

En ce qui concerne l'*Einfühlung*, il convient de se souvenir de ce qui était déjà posé dans les *Manuscrits de Seefeld* : l'originarité des phénomènes d'autrui m'est inaccessible par essence. Autrement dit : « le psychisme co-représenté manque »[30]. Cette non-originarité essentielle de ce qui est co-appréhendé dans l'*Einfühlung* annonce déjà une extériorité essentielle par rapport au champ perceptif. Tout indique donc que ce qui est apprésenté dans l'*Einfühlung* relève du champ imaginatif.

Ni cette absence essentielle du psychisme apprésenté dans l'*Einfühlung*, ni l'inclusion de ce dernier dans le champ imaginatif, n'impliquent que la présentification dont il est question ici soit une présentification neutralisée, une fantaisie pure et simple. Husserl souligne fréquemment le caractère positionnel de l'*Einfühlung*. Dès 1908, il affirme : « Mit der Einfühlung ist Setzung vollzogen »[31]. En 1917, c'est-à-dire l'année de son arrivée à Fribourg, il écrivait encore : « En se rattachant à quelque chose qui a été objet d'expérience, quelque chose qui ne l'a pas été peut être posé [*zur Setzung kommen*] comme co-présent, et l'apprésentation a alors lieu »[32].

On pourrait, éventuellement, se demander si cette position qui accompagne l'*Einfühlung* ne concerne pas uniquement la présentification perceptive qui est à son fondement. En effet, si nous avons souligné que les présentifications « perceptives » n'aboutissent que dans la modalité de la neutralité, nous avons précisé que cette neutralité ne concerne que l'image-objet et non le sujet-de-l'image, lequel peut, indifféremment, être posé ou neutralisé. Nous avons montré cependant que la présentification « perceptive » qui fonde l'*Einfühlung* n'aboutit pas. En un certain sens, il y a effectivement constitution d'une image-objet, d'un *Scheinkörper*, mais aucune image-physique n'est posée. Dès lors, lorsque Husserl parle de position de l'*Einfühlung*, c'est bien du psychisme apprésenté sur le fondement d'une présentification « perceptive » qu'il est question.

Parmi les modifications étudiées en 1904–1905 et appartenant à la famille des présentifications « physiques », il n'en est que deux qui satisfont explicitement au critère de la position : le *souvenir* et l'*hallucination*.

Nous retrouvons ici la difficulté mise en évidence dans le chapitre précédent : la difficulté d'une distinction entre l'*Einfühlung* et l'hallucination. Cependant, la question qui se pose à présent est plus directe que celle qui était apparue à la lecture des *Ideen II*. Il ne s'agit plus de mettre au jour le conflit fondateur de la conscience d'hallucination et de la conscience d'*Einfühlung*, mais, plus abruptement, de distinguer structurellement ces deux consciences. Expliquons-nous.

---

30 Hua XIII, *Text* 2, p. 22.
31 Hua XIII, *Beilage* II, p. 4.
32 Hua XIII, *Text* 14, p. 375.

Le problème qui se présente concerne moins la question de la position que celle de la *simultanéité*. En effet, l'*Einfühlung* est non seulement une présentification positionnelle, mais également une présentification simultanée : « La présentification est une position, un *analogon* du souvenir mais pas un souvenir : il n'y a là aucun retour en arrière temporel, il y a le présentifié analogique posé en tant qu'étant maintenant »[33].

Or, à première vue, la seule présentification « imaginative » qui soit à la fois positionnelle et simultanée, hormis l'*Einfühlung*, est l'hallucination. Il devient dès lors crucial, si nous voulons éviter le relativisme, d'établir une distinction structurelle stricte entre hallucination et *Einfühlung*. Le problème posé par cette distinction est d'autant plus criant que, comme nous l'avons vu au précédent chapitre, l'hallucination est une conscience inaboutie ; elle ne prend conscience d'elle-même qu'après coup, sur le fondement d'une communication intersubjective.

Si l'on considère avec plus de soin les éléments disponibles en 1904-1905, on constate qu'il existe encore d'autres solutions pour rendre compte de cette simultanéité positionnelle. Tout d'abord, l'hallucination n'est pas la seule présentification « imaginative » simultanée qui ait été décrite par Husserl dans ses leçons. La fantaisie est, elle aussi, une présentification « imaginative » simultanée.

Or, on se souvient que le cas particulier de la fantaisie *fondée dans une conscience d'image* possède, selon Husserl, « un certain caractère de croyance ». Plusieurs arguments plaident en faveur d'une interprétation selon laquelle l'*Einfühlung* serait une présentification de ce type. Premièrement, d'un point de vue structurel, une telle approche rendrait compte de manière satisfaisante du caractère fondé de l'*Einfühlung*, de sa simultanéité et, dans une certaine mesure, de sa position. Au fond, même le fait que le caractère de croyance attaché à cette fantaisie fondée soit limité témoignerait simplement de l'incertitude essentielle de toute expérience d'autrui. Ensuite, nous avons vu que les fantaisies fondées reposent sur un travail rationnel ; elles relèvent davantage de la *Begründung* que de la *Fundierung*. Apparemment, cet enracinement rationnel semble s'accorder assez bien avec nombre de textes de Husserl faisant référence à une « interprétation » à l'œuvre dans l'*Einfühlung*[34]. Enfin, cette « interprétation » pourrait expliquer l'usage du terme « Spürung ». Par cette métaphore, Husserl essaierait de désigner avec plus de précision la présentification imparfaitement qualifiée d'« *Einfühlung* ». En bref, nous expérimenterions autrui un peu de la même manière que nous imaginons un animal à partir d'une interprétation de ses traces.

Aussi « séduisante » que soit cette hypothèse en ce qui concerne les déterminations structurelles de l'*Einfühlung*, elle est en fait constamment rejetée par Husserl. Ce rejet s'exprime très tôt dans la critique husserlienne de l'*Einfühlung* en tant que

---

33 Hua XIII, *Beilage* XI, p. 56.
34 « Also der fremde Leib wird als Subjekt einer Selbstwahrnehmungssphäre durch ein anderes Subjekt interpretiert […] ». (Hua XIII, *Text* 8, p. 251).

« raisonnement par analogie » (*Analogieschluss*). Cette critique, qui apparaît dès 1907–1908[35], est encore présente dans les *Méditations cartésiennes*[36].

En 1904–1905, la fantaisie fondée dans une présentification « perceptive » était présentée comme possédant un certain caractère de croyance en vertu d'un raisonnement, d'une activité de la pensée. Or, l'expérience d'autrui n'est manifestement pas le résultat d'une déduction ou d'un raisonnement, mais une donnée intuitive : c'est une apprésentation, non une conclusion. Pour utiliser une terminologie plus tardive, l'*Einfühlung* relève de la synthèse passive et non des synthèses actives. Au milieu de l'époque de Göttingen, Husserl formulait déjà une critique déterminante de cette approche de l'*Einfühlung* :

> Le raisonnement doit, quant à son sens, être un raisonnement empirique : il doit par conséquent être attestable empiriquement. Aussi la première prémisse propositionnelle doit-elle être établie moyennant expérience. La relation signifie qu'avec le corps (ce corps-ci) dont ont fait l'expérience sont codonnés des phénomènes psychiques qui lui appartiennent, lesquels sont codonnés dans l'*expérience*. La vérification de la proposition conclusive requiert donc la même chose pour les corps des autres. *Là, on n'en fait pas l'expérience en même temps.* Non seulement on n'en fait pas une fois l'expérience, mais, par principe, on n'en fait pas l'expérience[37].

En d'autres termes, non seulement l'interprétation de l'*Einfühlung* comme un raisonnement ne recouvre pas le phénomène de l'expérience d'autrui, mais en outre elle présuppose la donnée de l'autre[38]. Par conséquent, il faut rechercher un fondement plus profond à l'*Einfühlung*.

3. *L'*Einfühlung *comme présentification complexe*

L'échec de la tentative d'interprétation de l'*Einfühlung* comme une fantaisie fondée dans une présentification « perceptive » nous place devant une alternative : soit l'*Einfühlung* est un certain type de souvenir fondé dans une présentification

---

35 Hua XIII, *Beilage* IX. (Gegen die Theorie des Analogieschlusses auf fremde Ich. Kritik an Benno Erdmann).
36 « Es ist von vornherein klar, dass nur eine innerhalb meiner Primordialsphäre jenen Körper dort mit meinem Körper verbindende Ähnlichkeit das Motivationsfundament für die „analogisierende" Auffassung des ersteren als anderer Leib abgeben kann.
 Es wäre also eine gewisse verähnlichende Apperzeption, aber darum keineswegs ein Analogieschluss ». (Hua I, § 50, p. 140–141).
37 Hua XIII, *Beilage* IX, p. 37.
38 « Aber hätte dieser Schluss Sinn, wenn ich nicht schon Erfahrung von mir und den Andern hätte und somit unmittelbaren Grund, diese Unterscheidung zu machen?
 Wenn ich schon eine Mehrheit von Menschen in der Erfahrung habe, kann ich schließen ». (Hua XIII, *Beilage* IX, p. 37).

« perceptive », soit c'est un phénomène tout à fait à part, une saisie d'un nouveau type, distincte des présentifications « perceptives » et « imaginatives ». Selon cette seconde hypothèse, l'*Einfühlung* ne serait pas précisément une présentification *sui generis*, mais, plus précisément, une intuition *sui generis* aux côtés de la perception empirique et de l'intuition catégoriale. Peut-être est-ce à un phénomène de ce type que pense Husserl lorsqu'il utilise la métaphore de la *Spürung* ?

Il existe effectivement des déclarations qui semblent pencher vers cette idée de l'*Einfühlung* comme nouveau type de saisie. Par exemple, il déclare en 1909 :

> Nous possédons deux sortes d'aperception, à savoir deux types fondamentaux de perception, qui sont des perceptions par appréhension :
>
> 1) des perceptions, des conceptions par appréhension dans lesquelles des choses matérielles, des corps spatiaux sont donnés ;
>
> 2) des perceptions de chairs, qui sont en même temps en soi des corps et, allant de pair avec cela, des perceptions de personnes, par quoi on doit à présent laisser ouverte la question de savoir si nous devons là encore distinguer à nouveau entre deux sortes de perceptions, simplement entrelacées l'une à l'autre, à savoir des perceptions de la chair et des perceptions de l' ‹esprit›, de l'âme, etc.[39].

Pourtant, il s'agit derechef d'une fausse piste. Les passages qui semblent suggérer que l'*Einfühlung* serait une intuition *sui generis* visent en fait, simplement, la différence entre la perception de la chair et la perception du corps. Quant à l'idée d'une perception non médiate des vécus d'autrui, Husserl l'a explicitement condamnée[40]. Du reste, le seul fait qu'il ait toujours considéré l'*Einfühlung* comme une présentification incite à prendre avec précaution les rares textes où il est question d'une immédiateté de l'*Einfühlung*.

L'unique piste qui s'offre encore serait donc celle d'une *Einfühlung* conçue comme un souvenir fondé dans une présentification « perceptive ». Nous avons déjà cité des textes dans lesquels la proximité de l'*Einfühlung* et du souvenir était soulignée par Husserl. En fait, le parallèle entre ces deux présentifications est continuellement présent dans la réflexion husserlienne sur l'expérience d'autrui[41]. Ainsi, les *Méditations cartésiennes* déclarent : « De même que mon passé remémoré transcende mon présent-vivant en tant que sa modification, de même l'être étran-

---

39 Hua XIII, Text 3, p. 42. Voir aussi : « Wenn ich nun einen fremden Leib wahrnehme, so habe ich eine neuartige Apperzeption, und doch zurückbezogen auf die Eigenleibapperzeption ». (Hua XIII, Text 9, pp. 272–273).

40 « Die Auffassung eines äußeren Körpers als Leib ist also nicht eine unmittelbare Auffassung ». (Hua XIII, Text 9, p. 277).

41 Nous ne faisons pas ici la distinction, plus claire après 1904, entre *Erinnerung* et *Wiedererinnerung*. On se reportera à l'excellent travail de Klaus Held et aux développements illuminants qui y sont faits sur les relations entre ressouvenir et *Einfühlung*. (Held, K., *Lebendige Gegenwart* (Coll. Phaenomenologica 23), Martinus Nijhoff, Den Haag, 1966, pp. 151–156).

ger apprésenté transcende l'être propre »[42]. La difficulté cependant est toujours la même : le souvenir (ou le ressouvenir) se rapporte au passé, l'*Einfühlung* au présent.

Le problème posé par la simultanéité dans la description husserlienne de l'expérience d'autrui a été remarqué et signalé par de nombreux auteurs. Dès 1959, Alfred Schütz a noté que la thèse d'un monde commun suppose une simultanéité des actes de l'ego et de l'alter-ego[43]. D'autres auteurs, en revanche, ont simplement *présupposé* la simultanéité pour expliquer la constitution de l'alter-ego. David Carr, par exemple, de même que Harisson Hall et Peter Hutcheson,[44] ont non seulement en commun d'avoir une même conception « analytique » de l'objection de solipsisme, mais aussi de prendre appui sur la notion de simultanéité sans chercher, ni parvenir, à la justifier[45]. D'autres lecteurs se sont efforcés de résoudre la question posée par Schütz en insistant sur la dimension *génétique* de l'analyse husserlienne de l'*Einfühlung*. Klaus Held, par exemple, pense que, dans une démarche statique, si on cherche à fonder une saisie positionnelle dans une saisie non positionnelle, il y a nécessairement succession temporelle et qu'il devient alors impossible de rendre compte de la simultanéité[46]. Le problème de l'intersubjectivité serait donc essentiellement de nature génétique. De nombreux commentateurs ont, par la suite, souscrit à cette thèse[47]. Didier Franck a cependant objecté que celle-ci tombait sous le coup d'une autre critique de Schütz : la présupposition de l'étranger[48]. Schütz avait intro-

---

42   Hua I, § 52, p. 145.
43   Schütz, A., « Le problème de l'intersubjectivité transcendantale chez Husserl », in *Husserl. Cahiers de Royaumont, Philosophie N° III*, Paris, Les éditions de minuit, 1959, pp. 436–464.
44   Carr, D., « The "Fifth Meditation" and Husserl's Cartesianism », in *Philosophy and Phenomenological Research*, 1973, pp. 14–35. Voir aussi : *Phenomenology and the Problem of History*, Northwestern University Press, Evanston, 1974 ; Hall, H., « Idealism and Solipsism in Husserl's "Cartesian Meditations" », in *Journal of the British Society for Phenomenology*, 7, 1976, pp. 53–55 ; Hutcheson, P., « Husserl's Problem of Intersubjectivity », in *Journal of the British Society for Phenomenology*, 11, 1980, pp. 144–162.
45   « Tandis que l'acte remémoré ne peut jamais être simultané avec le ressouvenir, le cas particulier de la *Fremderfahrung* est précisément celui dans lequel l'objet de l'acte est simultané avec le sujet de l'acte » (Carr, D., « The "Fifth Meditation" and Husserl's Cartesianism », op. cit. p. 25). « Chacune de ces possibilités et ces systèmes associés d'expérience excluent toute autre comme possibilité simultanée d'un sujet singulier ». (Hall, H., « Idealism and Solipsism in Husserl's "Cartesian Meditations". », op. cit. p. 16).
46   Held, K., « Das Problem der Intersubjektivität und die Idee einer phänomenologischen Transzendentalphilosophie », in U. Claesges und K. Held (Hrsgs.), *Perspektiven transzendentalphänomenologischer Forschung*, Martinus Nijhoff (Coll. Phaenomenologica 49), Den Haag, 1972, p. 3–60.
47   Mentionnons par exemple Allen, J., « Husserl's Overcoming of the Problem of Intersubjectivity », in *The Modern Schoolman*, 54, 1978, pp. 261–27 ; Valone, J., « Intersubjectivity and Accessibility », in *Analecta Husserliana*, 15, 1983, pp. 293–317 ; Haney, K. M., « A Critique of Husserl's Use of Analogy », in *Journal of the British Society for Phenomenology*, 17, 1986, pp. 143–154 ; *Intersubjectivity Revisited. Phenomenology and the Other*, Ohio University Press, Athens, 1995 ; Yamaguchi, I., *Passive Synthesis und Intersubjektivität bei Edmund Husserl*, op. cit., etc.
48   Franck, D., *Chair et corps. Sur la phénoménologie de Husserl*, op. cit.

duit cette objection pour critiquer la possibilité d'une réduction au propre ; Franck la reprend mais en se référant à un passage d'*Expérience et jugement* selon lequel la synthèse passive présupposerait l'étrangèreté (*Fremdheit*)[49]. L'argumentation de Franck semble forcer le texte dans la mesure où ce que vise Husserl dans ce passage, ce n'est pas autrui, mais la cohérence et la concordance : l'homogénéité et l'hétérogénéité[50]. Cependant, la lecture de Franck contient peut-être une certaine part de vérité. Nous ne pensons pas, en effet, que l'approche génétique *résolve* le problème de la simultanéité ; elle le restitue simplement dans un cadre plus large et plus précis. Ce point de vue s'éclairera davantage lorsque nous considérerons plus attentivement cette question. La description phénoménologique de la simultanéité a été élaborée à partir de 1905 et a été publiée, en 1927, dans les *Leçons pour une phénoménologie de la conscience intime du temps*, après un important remaniement éditorial dû à E. Stein. Il est vraisemblable que Husserl accordait une certaine importance à cette analyse, puisqu'il s'y attache à deux reprises dans le cours du texte (§ 33 et § 38) et y revient également deux fois dans les appendices (appendices 5 et 7).

Il est peut-être bon de se souvenir que, vers 1909, Husserl avait répondu à l'objection métaphysique d'une *Allbewusstsein* qui serait, en dernier recours, le fondement de la simultanéité intersubjective, à partir d'une distinction entre le temps immanent, préempirique, subjectif, et le temps empirique, intersubjectif[51]. Contrairement au texte de 1909, qui insiste sur la simultanéité liée à la temporalité constituée, les leçons prétendument « de 1905 », lient la simultanéité au flux originaire de la conscience de temps. La simultanéité n'est pas d'abord celle de deux objets constitués, mais elle renvoie à l'immanence réduite. Par exemple, lorsque Husserl s'interroge : « De quel droit peut-on dire que la perception et le perçu sont simultanés ? »[52], il cherche la réponse en suivant une démarche réductive : « Mettons à présent hors de cause les objets transcendants et demandons-nous ce qu'il en est, dans la sphère immanente, de la simultanéité de la perception et du perçu »[53].

En recherchant l'origine de la simultanéité dans l'immanence constituante, Husserl transpose le problème d'une relation entre objets constitués à une relation entre sensations ou impressions originaires :

> Si nous comparons tout d'abord deux sensations originaires [*Urempfindungen*] ou plutôt, corrélativement, deux données originaires apparaissant toutes deux véritablement dans une conscience comme données originaires, comme maintenant, elles

---

49 *Chair et corps*, op. cit., p. 127.
50 « Les synthèses de contenu les plus générales des données sensibles mises en relief, qui sont en chaque cas unifiées dans le présent vivant d'une conscience, se font selon la parenté (homogénéité) et l'étrangèreté (hétérogénéité) ». (E. U. § 16). A mettre en relation avec cette affirmation : « L'étranger premier en soi (le premier non-moi), c'est l'autre moi » (Hua I, § 49).
51 Hua XIII, *Beilage* VII, p. 19.
52 Hua X, A, *Beilage* V, p. 109.
53 Hua X, A, *Beilage* V, p. 110.

diffèrent l'une de l'autre par leur matière [*Materie*] mais elles sont simultanées, elles sont toutes deux maintenant, et dans le même maintenant elles ont nécessairement la même valeur quant à la situation temporelle[54].

L'origine de la simultanéité serait donc située dans la sphère de la temporalité originaire : elle se rapporterait à une relation entre deux sensations originaires. Cette nouvelle approche de la simultanéité ne donne pas encore de véritable description phénoménologique de son origine. Savoir que la simultanéité concerne avant tout les sensations originaires ne nous permet pas encore de comprendre comment elle se constitue.

> Avec les sensations originaires qui introduisent le processus rétentionnel se constitue originairement la simultanéité, par exemple d'une couleur et d'un son, leur être dans un ‹ maintenant actuel › mais les sensations originaires elles-mêmes ne sont pas simultanées, et à plus forte raison nous ne nommons pas les phases du pré-en-même-temps [*Vor-zugleich*] des phases de conscience simultanées[55].

Autrement dit, ce ne sont pas les sensations originaires elles-mêmes qui sont simultanées ; la simultanéité est constituée *à partir* des sensations originaires.

Pour comprendre cette affirmation surprenante, il faut considérer la manière dont sont décrites les différentes couches constitutives du temps[56]. Husserl distingue, comme nous le savons, une couche de la temporalité constituée, empirique : le temps objectif. Cette première couche comprend elle-même plusieurs degrés d'objectivité : physique, solipsiste, intersubjective. Une deuxième couche, plus profonde, est celle de la temporalité préempirique, immanente : c'est la couche des sensations originaires. Enfin, la couche la plus profonde est celle du flux absolu, la conscience originaire constituante du temps. Tandis que les unités empiriques, tout comme les unités immanentes, sont dans le temps, c'est-à-dire temporelles[57], le flux absolu se distingue ontologiquement par son atemporalité : le flux est hors du temps, c'est une forme absolue, immuable, en laquelle toute temporalité s'origine[58]. Husserl, qui conçoit le flux absolu comme une « subjectivité absolue », présente celle-ci comme une transcendance ineffable : « Pour tout cela, les noms nous font défaut »[59], écrit-il. Lorsque l'on sait qu'en 1907, dans un passage décrivant la méthode intuitive, Husserl lie le privilège de la vue sur la parole à l'expérience mystique[60], on comprend que, en 1932, il « pouvait reprendre telles quelles des pages

---

54 Hua x, A, §33, p. 71.
55 Hua x, A, §38, p. 78.
56 Hua x, A, §§34 et 37.
57 Hua x, A, §35.
58 Hua x, A, §36.
59 Hua x, A, §36, p. 75.
60 « Par conséquent le moins possible d'entendement, mais autant que possible l'intuition pure (*intuitio sine comprehensione*) ; c'est en effet le langage des mystiques, décrivant la vision intellec-

entières de Maître Eckhart »[61]. On comprend également que les lecteurs ultérieurs aient pu voir là, malgré ses dénégations, les témoignages discrets d'une métaphysique husserlienne.

C'est donc, finalement, dans ce flux absolu que se constitue la simultanéité; plus précisément, c'est dans l'intentionnalité longitudinale (*Längsintentionalität*) constitutive de la forme du temps que le pré-en-même-temps atemporel, constitutif de la simultanéité, trouve son lieu[62].

En ce qui concerne cette question difficile de la simultanéité de la visée et de l'objet de l'*Einfühlung*, il me semble que l'on a trop peu considéré une présentification, un peu particulière, décrite dans les *Leçons sur le temps*: le souvenir-du-présent[63]. Pourtant, en plusieurs endroits et à différentes époques, Husserl a plaidé pour une compréhension de l'*Einfühlung* comme un souvenir-du-présent fondé dans une présentification « perceptive ». Dès 1909, il fait des remarques en ce sens[64], mais c'est probablement dans ses leçons de 1910-1911 intitulées *Problèmes fondamentaux de la phénoménologie* qu'il a acquis une conscience plus assurée de ce qu'il exprimera très clairement, à l'époque de Fribourg, dans son cours de 1925 sur la synthèse passive:

> Il s'agissait soit de perceptions, soit de présentifications; les présentifications étaient soit des présentifications du passé, comme lorsqu'un présent-vivant devient représenté, ou bien des souvenirs-du-présent tels que des représentations intuitives d'une coprésence, par exemple l'entrée de cette chambre ou la coprésence de vies psychiques étrangères avec la chair donnée perceptivement[65].

En 1910-1911, après avoir rejeté l'hypothèse d'une *Einfühlung* comme conscience d'image ou comme fantaisie fondée, Husserl déclare: « L'empathie [*Einfühlung*] pose l'empathisé [*Eingefühlte*] comme maintenant, et le pose dans le même maintenant qu'elle-même. Il faut maintenant faire attention à ce qui suit. Il y a aussi un maintenant présentifié (qui n'est pas ressouvenu), c'est-à-dire une présentification qui identifie le maintenant présentifié, quoiqu'il ne soit que présentifié, avec pourtant le maintenant actuel. Ainsi, par exemple, si je me présentifie le café ‹Roons›. Ainsi, le maintenant empathisé lui aussi est quelque chose de présentifié, et non pas quelque chose d'intuitionné lui-même; et par là, la simultanéité de l'empathie

---

tuelle qui ne serait pas un savoir de l'ordre de l'entendement, qui nous vient à l'esprit. Et tout cela consiste à laisser la parole purement au regard et à mettre hors jeu la visée transcendante qui est entrelacée avec la vue, à mettre hors jeu ce qui, intervenant en même temps, n'est qu'une prétendue possession d'une donnée, n'est que pensé, et éventuellement n'est qu'une réflexion surajoutée ». (Hua II, p. 62).

61 Cairns, D., *Conversations with Husserl and Fink*, op. cit., p. 91.
62 Hua X, A, §39.
63 Nous avons décrit cette présentification dans notre sixième chapitre.
64 « Allgemein können wir aber sagen: Alle vergegenwärtigte körperliche Gegenwart (Roons) könnte aktuelle Gegenwart sein: ich hätte die Sachen wahrnehmen können ». (Hua XIII, Text 3, p. 51).
65 Hua XI, §17, p. 70.

et de l'empathisé elle aussi, n'est pas quelque chose d'intuitionné soi-même »[66]. Quelques années après, en 1914-1915, il s'exprimera avec plus de clarté encore : « La saisie dans laquelle nous prenons intimement conscience de l'autre [*die einverstehende Auffassung*] est une saisie immédiate, une saisie immédiate d'un ‹ présent non présent ›, motivée par une perception externe »[67].

Nous constatons donc que Husserl, finalement, conçoit l'*Einfühlung* sur le modèle d'un souvenir-du-présent fondé dans une présentification « perceptive ». Il va de soi que cette description laisse des questions énormes en suspens. En premier lieu, nous ignorons la nature du conflit en raison duquel nous sommes conduit à poser que la chair présentifiée n'est pas notre chair. En d'autres termes, il faut décrire le motif phénoménologique suite auquel – en plus des distinctions de positionnalité, de neutralité, de simultanéité ou de non-simultanéité qui viennent rétablir une concordance entre le champ perceptif et le champ imaginatif en fondant une conscience de présentification – il faut établir une nouvelle modification entre « conscience de soi » et « conscience d'autrui ». Ensuite, la question du fondement d'une distinction entre hallucination et *Einfühlung* demeure irrésolue. Le recours au souvenir-du-présent offre effectivement une réponse relativement satisfaisante au problème de la simultanéité, mais il reste à distinguer, sans avoir recours à l'intersubjectivité constituée, le souvenir-du-présent et l'hallucination.

En ce qui concerne la première de ces questions, la réponse est relativement aisée. Nous avons montré dans notre sixième chapitre que les conflits fondateurs des présentifications « imaginatives » (comme c'est le cas ici) ont leur fondement dans des incompatibilités de localisation.

Dans les présentifications « imaginatives » telles que l'*Einfühlung*, le conflit s'exprimait dans l'impossibilité d'une coexistence simultanée *au même endroit*. Je ne peux pas imaginer le tableau « Les rois mages » d'Albrecht Dürer comme s'il était accroché au mur devant moi tout en voyant, en même temps, accroché au mur devant moi, le « Saint Dominique » de Come Tura. Dans le cas de l'*Einfühlung*, le conflit est en quelque sorte inversé, puisqu'il s'exprime par l'impossibilité que ma chair soit ici et là-bas, en même temps et sans modification.

En ce qui concerne la distinction entre l'*Einfühlung* et l'hallucination, on ne peut la comprendre qu'en acceptant qu'une certaine forme d'intersubjectivité précède l'*Einfühlung*. Quelle est cette intersubjectivité ? Quelle est cette précédence ?

---

66   Hua XIII, *Text* 6, p. 189. En fait, ce texte est une modification de 1921 ; en 1910-1911, Husserl déclare, de la même manière : « Mais ici il faut faire attention à ce qui suit. Il y a en effet aussi par ailleurs un maintenant présentifié, et, en cela, non ressouvenu, donc un maintenant qui est posé dans une présentification et non à la manière d'un soi-même, et qui est pourtant posé avec le maintenant actuel en tant que le même. Ainsi, par exemple, quand je me présentifie maintenant le Roons. Ainsi le présentifié est aussi un présentifié, mais non un intuitionné soi-même présentificationnellement ». (Hua XIII, *Beilage* XXVIII, p. 227). Le seul fait que Husserl soit revenu à plusieurs reprises sur ces questions indique l'intérêt qu'elles devaient avoir pour lui.

67   Hua XIII, *Text* 10, p. 311.

Comment y accède-t-on ? Ces questions resurgiront dans la quatrième et dernière partie de cette étude. C'est au terme de cette recherche seulement que nous pourrons acquérir une certaine compréhension de ce que peut être, et de ce qu'exige, la conception husserlienne de l'*Einfühlung* comme souvenir-du-présent fondé dans une présentification « perceptive ». Le fait cependant que l'*Einfühlung* ne puisse finalement être décrite structurellement que comme un souvenir-du-présent nous offre déjà une base intuitive intéressante. Tout souvenir en effet, même les souvenirs-du-présent, supposent une antériorité, une préconnaissance. C'est cette antériorité qui, en fin de compte, nous semble poser les problèmes les plus profonds.

QUATRIÈME PARTIE

Introduction à la Quatrième partie

Dans notre *Deuxième partie*, nous avons vu comment Husserl en était arrivé à proposer la structure formelle de la monadologie comme modèle de la subjectivité transcendantale. Dans notre *Troisième partie*, nous avons exposé les structures eidétiques qui gouvernent la perception d'autrui et nous avons montré que celle-ci avait la forme d'un souvenir-du-présent. Tout cela était apparu dans la pensée de Husserl suite à la découverte de la méthode réductive. Cette méthode elle-même a été introduite pour pallier à certaines faiblesses théoriques des *Recherches logiques*, notamment à une certaine forme de solipsisme. Dans cette *Quatrième partie*, nous allons revenir sur cette notion de « réduction phénoménologique ». Nous avions signalé en effet que la manière dont Husserl avait abordé la monadologie en 1909 était demeurée spéculative, qu'il manquait encore d'un accès véritablement intuitif pour que cette conception soit authentiquement phénoménologique. En d'autres termes, il fallait que la monadologie soit accessible à la réduction phénoménologique. Dans notre *Troisième partie*, nous avons complètement omis de parler du problème de la réduction. Ce sont pourtant les structures intentionnelles mises en évidence dans l'étude des présentifications qui vont nous permettre, à présent, d'étendre l'immanence phénoménologique à la pluralité.

Il apparaîtra que l'intersubjectivité transcendantale, elle aussi, s'est imposée à Husserl pour des motifs essentiels et non en raison de quelque choix personnel et contingent.

CHAPITRE 8

Les croisées de l'origine

Dès 1903, la *Recension d'Elsenhans* nous avait présenté la phénoménologie comme une science de l'*origine* (*Ursprung*)[1]. Cette revendication, déjà présente dans les *Recherches logiques*, ne s'est plus jamais démentie par la suite. La question de l'origine est à tel point consubstantielle de la phénoménologie que, dans un article célèbre – contresigné par Husserl – Eugen Fink *définira* la phénoménologie comme « la science de l'origine du monde »[2]. Cette définition sentencieuse, tout en affirmant une fois pour toutes la nouveauté de la phénoménologie par rapport aux autres sciences transcendantales, ressaisit dans une formule l'essence même de cette science nouvelle. Mieux que l'insistance précoce de la *Recension d'Elsenhans*, en marquant le statut particulier du rapport de la phénoménologie à l'origine, Fink entreprend également d'en exprimer la nouveauté. La phénoménologie cherche l'origine *constitutive* du monde, non pas une origine particulière (empirique, psychologique, historique, etc.), mais une origine absolue : l'origine à partir de laquelle le monde apparaît comme monde, son origine ontologique. Recherche de l'origine, la phénoménologie l'est donc avec un radicalisme qui ne souffre pas d'exception, puisque c'est du monde même, de la totalité de ce qui est, que la phénoménologie cherche l'origine. Ce radicalisme de la phénoménologie repose tout entier sur la méthode de la réduction phénoménologique. Celle-ci se présente comme la condition nécessaire de la phénoménologie et peut-être même comme la condition suffisante d'accès aux phénomènes.

---

1   « Personne ne soutiendra l'absurdité consistant à ranger la sphère de la logique pure (de la *mathesis* pure) dans la psychologie. C'est précisément à cette sphère que se rapporte le problème de la ‹ critique de la connaissance › : faire que la possibilité de la connaissance, qui est délimitée par les concepts et les lois purement logiques, soit rendue ‹ compréhensible › par un retour à leur ‹ origine ›, et résoudre de cette manière les profondes difficultés qui sont attachées à l'opposition entre la subjectivité de l'acte et l'objectivité du contenu et de l'objet de la connaissance (vérité et être) ». (Hua XXII, p. 205).
2   « La question fondamentale de la phénoménologie, par laquelle elle renoue, chemin faisant, avec de nombreux problèmes traditionnels et qui manifeste son opposition radicale au criticisme, peut se formuler comme la question de l'origine du monde ». (Fink, E., « La phénoménologie face à la critique contemporaine », in E. Fink, *Studien zur Phänomenologie (1930–1939)*, Martinus Nijhoff (Coll. Phaenomenologica 21), Den Haag, 1966 (traduction française Didier Franck : *De la phénoménologie*, Les éditions de minuit, Paris, 1974, p. 119).

Dès les toutes premières années de l'époque de Göttingen, la réduction du sujet empirique nourrissait un rapport étroit et complexe avec la question de l'altérité. Plus largement, il est admis que la réduction phénoménologique a joué un rôle prépondérant dans l'essor des interrogations sur l'intersubjectivité transcendantale. D'une part, la réduction du sujet empirique a servi de garde-fou contre le *solipsisme théorique*, puisqu'elle exclut la possibilité d'une inscription de l'origine de l'objectivité dans la subjectivité privée, d'autre part, la réduction phénoménologique-transcendantale risque de déboucher sur un *solipsisme transcendantal* en barrant l'accès à la dimension *constituante* de l'autre, ne faisant droit qu'à l'hypothèse d'un autrui *constitué*.

Ce premier croisement entre la question de l'intersubjectivité et la réduction phénoménologique en appelle immédiatement un second, lorsque l'on considère la question de l'origine avec le radicalisme qui convient aux ambitions de la phénoménologie. De même que la réduction du sujet empirique, en 1903, est apparue comme un moyen pour se prémunir de la tentation d'assigner à un *solus ipse* empirique l'origine de l'objectivité, de même il faut bien qu'une réduction plus radicale fournisse l'origine ultime et définitive à partir de laquelle l'intersubjectivité constituante de l'objectivité puisse être phénoménologiquement arraisonnée. D'où ce dilemme : soit l'origine est le sujet transcendantal conçu comme sujet transcendantal privé (flux unitaire) constituant en lui d'autres sujets transcendantaux individuels, soit l'origine ultime et dernière, l'origine du monde, est *déjà* une intersubjectivité transcendantale et c'est *après coup* et sur son fond qu'il faut rendre compte des relations mondaines qui se nouent entre moi et les autres sujets. Si l'on s'en tient à la première de ces thèses, on se trouve assez rapidement face à une confusion intenable entre le constituant et le constitué. Le radicalisme phénoménologique se trouve mis en péril, puisque le sujet transcendantal mis au jour par la réduction n'est pas l'origine *du* monde, mais l'origine de *son* monde, le rôle constituant des autres ne m'apparaissant que comme constitué et donc justement pas comme origine. Nos développements précédents sur les présentifications ont conduit, en raison de contraintes essentielles, à pencher vers la seconde thèse. C'est celle-ci que nous tenterons de défendre à présent. Nous montrerons comment Husserl, à la fin de l'époque de Göttingen, s'est frayé une voie d'accès pour étudier l'origine intersubjective du monde. Plus précisément, nous exposerons comment la méthode de la réduction phénoménologique, avant même la parution d'*Ideen I*, a permis d'atteindre l'intersubjectivité transcendantale, ou plutôt la pluralité transcendantale des monades. Ainsi comprise, la question de l'origine rejoint celle d'une « origine » de l'*Einfühlung* à partir de laquelle seule on pourrait distinguer réalité et hallucination. C'est déjà à cette hypothèse d'une « intersubjectivité » (et non d'une suprasubjectivité) originaire que nous a conduit notre étude des idéalités d'une part, et notre étude de l'*Einfühlung*, de l'autre. Nous proposons donc, dans cette dernière partie, de défendre la thèse selon laquelle l'origine du monde ne serait pas une unité subjective, mais une pluralité, une intersubjectivité. Ce serait seulement sur le fondement de cette pluralité originaire que l'expérience d'autrui, la communication linguistique et la constitution des idéalités pourraient, finalement, être expliquées.

Les écrits de l'époque de Göttingen ont laissé un témoignage d'une valeur exceptionnelle pour l'étude du canevas dans lequel s'entrecroisent, de multiples façons et à de multiples niveaux, les questions du solipsisme, de la ou « des » réductions, de l'intersubjectivité – transcendantale ou pas – et de l'origine du monde. Il s'agit de deux textes connus sous le nom de *L'idée de la phénoménologie* (1907) et de *Problèmes fondamentaux de la phénoménologie* (1910–1911). Ils ont tous deux fréquemment attiré l'attention des commentateurs[3]. Plusieurs raisons justifient que nous leur accordions une valeur particulière pour le présent travail. En premier lieu, tout indique qu'ils avaient un statut privilégié aux yeux de Husserl lui-même. *L'idée de la phénoménologie* est un ensemble de leçons qui constituait, au départ, la partie introductive d'un cours plus vaste dont la suite a été publiée sous le titre de *Chose et espace*. Cette introduction a été extraite par Husserl lui-même de l'ensemble dont elle faisait partie initialement. Jusqu'à la fin de sa vie, il en a tenu le manuscrit classé dans une farde à part, comme pour y avoir accès aisément. Ce n'est pas tout : dans cette même farde, *L'idée de la phénoménologie* côtoyait *Problèmes fondamentaux de la phénoménologie*. Ce second texte est, selon son éditeur, celui que Husserl, dans son *Nachlass*, cite le plus souvent. Le manuscrit en a été repris et retravaillé à de nombreuses occasions. Les commentaires et les synthèses à son sujet sont multiples et, surtout, Husserl s'y rapporte dans ses ouvrages ultérieurs et sa correspondance comme à un travail de référence sur la question de l'intersubjectivité.

---

3   Le texte *L'idée de la phénoménologie*, publié en 1958 par Walter Biemel comme deuxième volume de l'édition *Husserliana* a, depuis lors, été fréquemment utilisé comme exemple-type de la théorie husserlienne de la réduction phénoménologique. C'est en général à ce texte que les commentateurs ont recours lorsqu'ils veulent croquer rapidement les visées et les buts de la phénoménologie. En fait, lorsque Husserl a prononcé ces leçons en 1907, elles constituaient simplement l'introduction d'un cours de théorie de la connaissance beaucoup plus vaste, dont la suite nous est connue sous le titre de *Chose et espace*. L'intérêt de *L'idée de la phénoménologie* n'est cependant pas purement anecdotique : ce texte constitue effectivement un témoignage précieux de l'apparition de la réduction phénoménologique chez Husserl. Nous ne mentionnerons pas ici la bibliographie complète des auteurs qui ont, peu ou prou, fondé leur critique de Husserl sur une lecture approfondie de *L'idée de la phénoménologie* ; à titre d'aide-mémoire nous signalerons simplement quelques grands noms tels que J. Patočka, J.-L. Marion, M. Henry, etc.
Problèmes fondamentaux de la phénoménologie a été publié en 1973 par Iso Kern. Ce dernier ne se prive pas de souligner l'importance capitale de ce texte qui est issu de leçons dont le support écrit est demeuré inachevé. En fait, avant même la publication par Kern, Ludwig Landgrebe en avait fait une première retranscription et tout indique que celle-ci avait déjà attiré l'attention des jeunes phénoménologues puisque J. Patočka se réfère à ce texte dès 1969 (Patočka, J., *Le monde naturel et le mouvement de l'existence humaine*, Kluwer Academic Publishers (Coll. Phaenomenologica 110), Dordrecht/Boston/London, 1988, pp. 84–85). Par la suite, surtout sous l'influence d'Iso Kern, de nombreux commentateurs ont recherché dans ce texte une « autre voie » pour la phénoménologie ; citons L. Landgrebe, R. Boehm, N. Depraz, F. Dastur, J. English, etc.

Tous ces éléments invitent à penser que Husserl voyait en ces deux textes des apports décisifs pour la phénoménologie et des points d'ancrage fondamentaux pour ses recherches ultérieures. Tous deux renvoient sans doute à une question commune, dont les enjeux, à tout le moins, annoncent une certaine proximité avec la question de l'origine. Par ailleurs, Husserl présente le plus précoce d'entre eux comme le premier exposé systématique de la réduction phénoménologique, ce en quoi il violente quelque peu la chronologie. Quant au second, une note de *Logique formelle et logique transcendantale* le décrit comme le travail le plus accompli à cette date en ce qui concerne la question de l'intersubjectivité[4]. Il suffira de comparer la table des matières de ces deux ouvrages pour se rendre compte qu'ils suivent, du moins en ce qui concerne les étapes les plus significatives, un cheminement parallèle. Ce parallélisme structurel n'exige pas que les deux textes défendent des thèses identiques, mais il laisse supposer qu'ils poursuivent des buts similaires. En 1910 comme en 1907, le point de départ se situe dans une description de l'attitude naturelle. De part et d'autre, il s'agit de se déprendre de celle-ci en exerçant la réduction phénoménologique. Petit à petit la sphère phénoménologique dégagée par réduction est ensuite élargie à l'entièreté du flux de la conscience. Cette proximité du point de départ ne doit pas voiler des différences de fond considérables. Selon Husserl, ces textes présentent des «voies» différentes pour opérer la réduction phénoménologique et donc pour étudier l'origine du monde. À plusieurs reprises, il les opposera, affirmant l'originalité du cheminement suivi en 1910–1911 par rapport au cartésianisme de la démarche suivie en 1907 et reproduite par la suite dans les *Ideen I* de 1913[5].

Il importera tout d'abord de marquer plus précisément les proximités et les tensions qui s'établissent entre ces deux textes, puisqu'il semble clair qu'ils proposent chacun un chemin différent vers l'origine. Nous comprendrons mieux ensuite pourquoi le texte de 1910 est celui qui fait le mieux droit à la question de l'intersubjectivité. Avant cela, il serait bon de jeter un regard préalable à la notion, souvent discutée, de «voies de la réduction phénoménologique».

---

4   «J'ai développé déjà dans mes leçons de Göttingen (semestre d'hiver 1910–1911) les points principaux qui permettent de résoudre le problème de l'intersubjectivité et de surmonter le solipsisme transcendantal. Mais mener à bien véritablement cette tâche exigeait encore des recherches spéciales difficiles qui arrivèrent à une conclusion seulement beaucoup plus tard. Mes *Méditations cartésiennes* vont apporter sous peu un court exposé de la théorie elle-même. L'année prochaine j'espère aussi publier des recherches explicites à ce sujet». (Husserl, E., *Formale und transzendentale Logik. Versuch einer Kritik der logischen Vernunft. Mit ergänzenden Texten*, éditeur: Paul Janssens, Martinus Nijhoff (Coll. Husserliana XVII), Den Haag, 1974, p. 250. Traduction française: Suzanne Bachelard, *Logique formelle et logique transcendantale. Essai d'une critique de la raison logique*, Presses Universitaires de France (Coll. Épiméthée), Paris, 1965. (À l'avenir nous abrégeons: Hua XVII).

5   Cf. Hua XIII, *Beilage* XXX., Hua VIII, *Beilage* XX, etc.

Depuis les travaux de R. Boehm, de L. Landgrebe et, surtout, de I. Kern[6], il est de bon ton de distinguer entre trois « voies » de la réduction phénoménologique. À vrai dire, comme on l'a parfois noté, il y a quelque arbitraire dans cette trilogie puisque, si Husserl revendique effectivement une pluralité de voies, rien ne nous permet d'affirmer avec certitude qu'elles ne sont pas plus ou moins nombreuses que les trois retenues par Kern[7]. Selon ce dernier, il faut distinguer la voie *cartésienne*, la voie *ontologique* ou kantienne, et la voie *psychologique*. On retrouve effectivement ces trois qualifications dans les écrits de Husserl, mais jamais explicitement toutes les trois dans le même texte. Même les manuscrits tardifs sur la réduction phénoménologique ne parlent jamais que de deux cheminements, c'est pourquoi, pour notre part, nous nous rallions à la position d'E. Marbach, lorsqu'il affirme que la voie psychologique a un caractère propédeutique et qu'elle n'est, en fin de compte, qu'une sorte de « complément » à la voie ontologique[8].

La voie « cartésienne » serait celle suivie, entre autres, dans *L'idée de la phénoménologie* et dans *Ideen I*. C'est probablement la voie la plus facile à décrire ; c'est aussi la voie la plus pédagogique et par conséquent, c'est celle qui est la plus souvent exposée par Husserl. Elle repose sur la possibilité d'annihiler fictivement le monde (*Weltvernichtigung*) pour ne garder comme résidu que les *cogitationes*. Cette reprise phénoménologique du doute cartésien conduit à la mise en évidence d'un flux de données absolues dont l'indubitabilité est incontestable à l'encontre de la contingence du monde empirique, mais dont il est très difficile de « sortir » par la suite. C'est pourquoi, selon Husserl, cette voie comprend une erreur principielle[9] qui concerne précisément la question de l'intersubjectivité transcendantale. Plus exactement, l'erreur de la voie cartésienne serait de nous entraîner dans un « solipsisme d'une nouvelle sorte »[10]. Il n'est pas indifférent qu'il s'agisse d'une « nouvelle sorte » de solipsisme ; cela indique qu'il s'agit d'un autre solipsisme que celui rencontré en 1903 et auquel la réduction du sujet empirique avait tenté de répondre.

---

6   Cf. Boehm, R., « Einleitung des Herausgebers », in *Husserl, E., Erste Philosophie (1923/24) Zweiter Teil*, Martinus Nijhoff (Coll. Husserliana VIII), Den Haag, 1959. (À l'avenir nous abrégeons : Hua VIII). Landgrebe, L., « Husserls Abschied vom Cartesianismus », in L. Landgrebe, *Der Weg der Phänomenologie*, Gerd Mohn, Gütersloh, 1963, pp. 163–207. Kern, I., « Die drei Wege zur transzendentalphänomenologischen Reduktion in der Philosophie E. Husserls », op. cit., pp. 303–349.
7   À ce sujet, voir par exemple les critiques de Bernard Besnier dans : « Le spectateur désintéressé et la question des voies vers la réduction », in N. Depraz et M. Richir (éds.), *Eugen Fink. Actes du Colloque de Cerisy-la-Salle. 23–30 juillet 1994*, Rodopi, Amsterdam, 1997, pp. 161–214.
8   Cf. Marbach, E., « Die phänomenologische oder transzendentale Epoché und Reduktion », in Bernet, Kern, Marbach., *Edmund Husserl. Darstellung seines Denkens*, Felix Meiner Verlag, Hamburg, 1989, pp. 56–74.
9   « So war jedenfalls meine erste Auffassung in der Einführung der phänomenologischen Reduktion von 1907. In ihr liegt ein prinzipieller obschon nicht ganz leicht durchsichtig zu machender Irrtum ». (Hua VIII, *Beilage* XX, p. 433).
10 Hua VIII, *Beilage* XX, p. 434.

Par rapport à la voie cartésienne, qui est relativement simple à caractériser, la distinction entre les voies ontologiques et psychologiques est plus délicate. On trouve, en 1924, dans les leçons intitulées *Philosophie première*, une distinction clairement établie entre la voie cartésienne et la voie psychologique. En 1930, dans *La crise des sciences européennes et la phénoménologie transcendantale*, on trouve une distinction entre la voie psychologique et la voie ontologique. Cependant, le fait que l'on ne trouve pas, dans un même texte, les trois voies explicitement confrontées les unes aux autres nous laisse en présence d'une certaine ambiguïté.

À suivre la présentation proposée par Iso Kern, il faudrait distinguer ces deux voies de la façon suivante : la voie ontologique s'inspirerait du « renversement copernicien » opéré par la critique kantienne dans les rapports entre la conscience transcendantale et le monde. L'enjeu ne consisterait plus, comme chez Descartes, à rechercher la certitude absolue du cogito, mais plutôt à se rendre sensible à l'a priori universel de la corrélation entre la subjectivité transcendantale constituante et le monde constitué. Le monde-de-la-vie (ou toute ontologie en général) serait nécessairement le corrélat d'une subjectivité anonyme qu'il faudrait ressaisir par la réduction phénoménologique. Dans la mise en œuvre de cette réduction, l'éclairage passerait du monde à l'expérience du monde. Chaque objet de l'expérience deviendrait alors un « index » pour des constitutions intentionnelles a priori. Par cette conversion du regard, nous serions « immédiatement » reconduits à l'apriorité de l'intersubjectivité transcendantale.

La voie psychologique, quant à elle, chercherait à élaborer une eidétique du psychisme et s'opposerait donc à l'approche empirico-physique propre à la psychologie classique. L'étude eidétique des multiplicités intentionnelles et de leurs corrélats devrait conduire, selon des implications nécessaires, à la sphère transcendantale. En un certain sens, nos développements sur les présentifications, dans la mesure où ils mettent en question l'origine du monde constitué, relèvent d'une certaine forme de « voie psychologique ».

Concernant les textes que nous allons aborder à présent, ils sont généralement présentés comme des exemples typiques de deux cheminements réductifs distincts. Cependant, si *L'idée de la phénoménologie* relève, sans conteste, de l'approche cartésienne, les données sont moins claires en ce qui concerne *Problèmes fondamentaux de la phénoménologie*. Kern fait de cet ouvrage le représentant typique de l'approche ontologique en dépit du fait que la première partie de ce cours détaille l'élaboration d'une « psychologie a priori ». Natalie Depraz, pour sa part, y relève non sans raison la présence des deux voies « psychologique » et « ontologique »[11]. Nous pensons quant à nous que, dans *Problèmes fondamentaux de la phénoménologie*, la voie psychologique est le « parcours initiatique » au terme duquel on pénètre, par la voie ontologique, au cœur de la phénoménologie transcendantale. Étant donné

---

11   Cf. *Transcendance et incarnation*, op. cit.

l'ambiguïté de ces déterminations, nous ne chercherons pas, dans notre lecture, à mettre en évidence à tout prix ce qui relève de chacune des trois voies, mais nous tenterons plus simplement de montrer dans quelle mesure, en 1910–1911, Husserl prend ses distances par rapport à l'approche cartésienne pour explorer avec plus d'acuité les relations entre l'intersubjectivité et l'origine.

1. *Réduction et objectivité en 1907 et en 1910–1911*

La question de l'objectivité est au centre de l'œuvre de Husserl. Plus précisément, son leitmotiv, c'est l'explication des relations entre l'objectivité et la subjectivité. Comment l'objectif pénètre-t-il dans le subjectif ? Voilà l'interrogation sempiternelle à partir de laquelle la phénoménologie s'est constituée. Le nœud du problème réside en ceci que l'objectivité est généralement définie par son opposition à la subjectivité. Est objectif, ce qui est indépendant de tout sujet quel qu'il soit ! Autrement dit, l'objectivité est «suprasubjective». Du moins est-ce ainsi que Husserl concevait les choses dans la première édition des *Recherches logiques*. Même en 1903, la réduction du sujet empirique était largement motivée par la volonté de sauvegarder cette conception «suprasubjective» de l'objectivité. Pourtant, nous avons constaté qu'une série de motifs rationnels avaient contraint Husserl à évoluer vers une autre conception de l'objectivité. Celle-ci ne devait plus être entendue comme indépendante de toute subjectivité, mais au contraire comme constitutivement dépendante d'une pluralité de sujets : intersubjective. Cette évolution n'est pas seulement une modification dans la définition d'un mot. C'est une mutation profonde dont l'incidence se laisse deviner à tous les degrés de la pensée de Husserl. Le point le plus marquant et le plus significatif est sans doute l'inversion du rapport de fondation entre la supra- et l'inter- subjectivité qui s'est opérée entre les *Recherches logiques* et les années 1910. Il serait certainement possible de mettre en évidence des évolutions parallèles en différents points stratégiques de la pensée de Husserl, mais il sera sans doute plus éloquent de nous concentrer sur un aspect déterminant entre tous : la réduction phénoménologique.

La réduction phénoménologique est précisément le dispositif méthodologique au moyen duquel Husserl entend décrire «phénoménologiquement» la relation entre la subjectivité et l'objectivité. Ne revenons plus sur le constat que cette méthode a un lien extrêmement étroit, même s'il n'est pas exclusif, avec la question du solipsisme transcendantal et de l'intersubjectivité. Nous préférerons insister sur le fait que, étant donné les liens étroits de la phénoménologie et de la question de l'origine, la réduction doit également entretenir avec l'intersubjectivité des rapports plus profonds. En effet, si Husserl, à partir d'une certaine époque, assigne une origine intersubjective à l'objectivité, il faudra bien que cette «intersubjectivité originaire» soit en quelque sorte «atteinte» par la réduction, découverte par elle. Nous devrions donc retrouver, dans les relations entre la réduction et l'intersubjectivité, le reflet des deux attitudes que nous avons mises en évidence à partir de la question de l'objectivité. Nous allons voir que tel est bien le cas.

La réduction, telle qu'elle est présentée en 1907, privilégie encore une conception « suprasubjective » de l'objectivité. Celle-ci est intimement liée à la question cartésienne de l'indubitabilité. Dans les années 1910–1911 en revanche, Husserl commencera à explorer une autre conception de la réduction, déliée de l'exigence d'indubitabilité et menant à une saisie plus originaire de l'intersubjectivité, c'est-à-dire à une approche selon laquelle il y a une intersubjectivité qui précède et qui fonde la suprasubjectivité. Nous essayerons de mettre cette évolution en évidence en comparant successivement la manière dont Husserl, en 1907 et en 1910–1911, décrit 1) l'attitude naturelle, 2) les motifs qui, dans le monde naturel, conduisent à la réduction phénoménologique, et enfin 3) la manière dont cette réduction s'exerce et en fonction de quels buts.

1.1. *Le monde de l'attitude naturelle*

Nous ne nous livrerons pas ici à une présentation historique de la genèse de la réduction phénoménologique, mais à une confrontation thématique des cheminements suivis dans *L'idée de la phénoménologie* et dans *Problèmes fondamentaux de la phénoménologie*. Au sens le plus général, la réduction phénoménologique est l'opération méthodologique par laquelle on abandonne l'attitude naturelle pour adopter l'attitude spécifiquement phénoménologique. Quel que soit le sens que l'on donne au changement d'attitude appelé « réduction phénoménologique », il prend donc nécessairement son point de départ dans le monde de l'attitude naturelle. C'est à partir de celui-ci que, nous dégageant de lui, nous nous tournons vers le monde des phénomènes. Il faut insister sur le fait que le monde de l'attitude naturelle ne se définit pas en fonction de son *contenu*, mais en fonction de l'*attitude* dans laquelle on se rapporte à lui. Or, la manière dont Husserl décrit cette attitude n'est pas exactement la même en 1907 et en 1910 et la différence qui apparaît entre ces deux descriptions est révélatrice de certains partis pris quant au sens qu'il faudra donner à la réduction phénoménologique.

Même si nous avons constaté que l'on peut déjà déceler dans les *Recherches logiques* des signes précurseurs de la réduction phénoménologique, celle-ci n'acquiert son sens véritablement phénoménologique qu'avec la mise en évidence d'une dimension d'immanence nouvelle : l'immanence intentionnelle ou « noématique ». Cette découverte ne s'est pas faite en un jour : elle est le résultat d'une évolution et d'une recherche que Husserl a poursuivie pendant plusieurs décennies. Néanmoins, on s'accorde généralement à reconnaître que le cours de 1907 constitue, à ce propos, un point de départ d'une importance capitale pour le développement ultérieur de la phénoménologie. Selon Husserl lui-même, c'est dans ce cours qu'il expose pour la première fois de façon approfondie sa théorie de la réduction phénoménologique. À vrai dire, ces précisions historiques importent peu à ce stade de notre recherche. Ce qui est déterminant en revanche, c'est le fait que Husserl se réfère systématiquement aux leçons de 1907 (ou encore aux *Ideen I*) pour mettre en évidence, par contraste, l'originalité de la démarche inaugurée en 1910-1911.

Quels sont les traits saillants de l'approche de 1907 ? Tout d'abord, elle est tout entière tournée vers la question de la connaissance ou encore, dans la terminologie des *Ideen I*, vers l'élaboration d'une « phénoménologie de la raison » dans laquelle nous en viendrions à saisir l'essence du connaître. Aussi, ce qui caractérise l'attitude naturelle dans ce texte, c'est la *non problématicité de la possibilité de la connaissance* : les choses du monde naturel nous sont données comme « allant de soi » (*selbstverständlich*). C'est là, selon Husserl, leur caractère le plus manifeste et le plus général.

Dire que les choses « vont de soi » dans le monde de l'attitude naturelle n'implique pas que ce monde soit purement et simplement dénué de toute problématicité. La vie dans l'attitude naturelle n'est pas une félicité béate dans laquelle les difficultés liées à la survie, à la vie politique ou à l'existence au sens large seraient aplanies par une bénédiction surnaturelle ou une inconscience bienheureuse. La non problématicité que Husserl reconnaît à l'attitude naturelle concerne exclusivement la connaissance. Mais cela ne signifie pas non plus que la vie dans l'attitude naturelle consiste à s'abstenir de toute interrogation quelle qu'elle soit quant à la connaissance. Que du contraire ! Dans l'attitude naturelle, nous distinguons sans cesse entre des connaissances valides et erronées, nous consignons avec soin des formes de pensées qui conduisent, à partir de connaissances vraies, à d'autres connaissances vraies. En d'autres termes, l'attitude naturelle n'est nullement aveugle à la distinction du savoir et de l'ignorance, pas plus qu'elle ne néglige l'importance de la connaissance et des moyens appropriés pour l'atteindre. La non problématicité qui caractérise le rapport de l'attitude naturelle à la connaissance concerne spécifiquement *la possibilité* de la connaissance. L'attitude naturelle ne remet jamais en question, et même ignore complètement, le fait que, par l'intermédiaire d'une signification idéale, un individu puisse connaître objectivement un objet dans un vécu subjectif. C'est donc la possibilité d'une corrélation entre vécu, signification et objet qui va de soi et demeure inquestionnée. Cette manière de caractériser la question de la « possibilité » de la connaissance en faisant mention d'une « corrélation » entre vécu, signification et objet renvoie directement à la façon dont Husserl, dans la *Recension d'Elsenhans* entre autres, posait le problème de l'origine comme un problème lié « à l'opposition entre la subjectivité de l'acte de connaissance et l'objectivité du contenu et de l'objet de connaissance »[12]. En d'autres termes, ce qui caractérise l'attitude naturelle, ce serait notamment qu'en elle la possibilité de la saisie subjective d'une identité suprasubjective demeure

---

12 Hua XXII, p. 205.

non problématique. En substance, l'attitude naturelle, en 1907, c'est l'aveuglement quant à l'énigme de la relation entre subjectivité et suprasubjectivité.

Le cours de 1910–1911 intitulé *Problèmes fondamentaux de la phénoménologie* s'intéresse moins à l'élaboration d'une phénoménologie de la raison qu'à une « phénoménologie générale de la conscience »[13]. Dès le départ donc, la question de la connaissance et de l'objectivité occupe dans ce texte une place plus secondaire que dans les leçons de 1907 ou même que dans les *Ideen I* de 1913. Étant donné cette approche en quelque sorte « plus générale », on ne sera pas surpris de constater que l'attitude naturelle se voie donner une définition moins exclusivement centrée sur la question de la possibilité de la connaissance qu'en 1907. Selon les « Problèmes fondamentaux », ce qui caractérise l'attitude naturelle ce n'est pas que la possibilité de la connaissance aille de soi, mais que les choses « se trouvent là d'avance » (*vorfindlich*)[14].

Entre la notion de *Selbstverständlichkeit*, qui caractérise la conception husserlienne de l'attitude naturelle en 1907, et celle de *Vorfindlichkeit*, qui détermine la même attitude trois ou quatre années plus tard, il n'y a qu'une nuance qui n'est pas celle de l'opposition. En un certain sens, la *Vorfindlichkeit* englobe la *Selbstverständlichkeit* dans la mesure où la possibilité de la connaissance est toujours une possibilité donnée d'avance dans l'attitude naturelle. Pourtant, cette nuance témoigne bien, à sa manière, d'une orientation différente de part et d'autre et nous verrons qu'elle portera ses effets jusque dans les éléments les plus déterminants de la méthode réductive. En vertu de sa définition, plus large, de l'attitude naturelle, l'approche de 1910–1911 développe une description du monde de l'attitude naturelle plus approfondie qu'en 1907 ou qu'en 1913. Encore une fois, il ne saurait être question ici d'oppositions entre les deux textes, tant il est vrai que ce qui caractérise le monde de l'attitude naturelle, c'est l'attitude et non le contenu du monde. Par rapport à *L'idée de la phénoménologie*, le texte de 1910–1911 apporte notamment une certaine précision en distinguant, dans le monde de l'attitude naturelle, le monde naturel et le monde scientifique. Cette distinction était peut-être sous-entendue dès 1907 mais elle n'était guère thématisée. Malgré son intérêt, nous n'entrerons pas davantage dans la description extrêmement approfondie que Husserl fait du monde de l'attitude naturelle. Ce qui importe avant tout, c'est d'avoir mis en évidence les différences les plus marquantes entre l'approche de 1907 et celle de 1910–1911. Tandis que le texte le plus précoce définit l'attitude naturelle comme une relation non problématique à la possibilité de la connaissance entendue comme saisie subjective d'unités suprasubjectives, « Problèmes fondamentaux » définit l'attitude naturelle comme une relation à un monde toujours déjà là, c'est-à-dire à un

---

13   Hua XIII, *Text* 6, p. 111.
14   Cette idée est présente également en 1913 lorsque Husserl caractérise l'attitude naturelle comme l'attitude dans laquelle nous sommes tournés vers des choses « disponibles » (*Vorhanden*).

monde *quotidien*, monde duquel les préoccupations scientifiques ne sont qu'une part, importante certes, mais néanmoins annexe.

Aussi infime que cette distinction puisse paraître à première vue, elle est le premier indice de différences profondes. Plus précisément, il s'avérera, d'une part, que les motifs invoqués pour opérer la réduction phénoménologique seront fortement différents dans les deux textes et, d'autre part, que les moyens et les buts poursuivis seront radicalement distincts. On constate dès à présent que, dès lors que la notion d'objectivité est engagée, le débat entre la suprasubjectivité et l'intersubjectivité est, lui aussi, dans une certaine mesure, concerné. En résumé, tandis qu'en 1907 l'attitude naturelle est celle qui néglige de s'interroger sur la possibilité pour un sujet individuel d'atteindre une unité suprasubjective, en 1910–1911 elle est comprise comme celle qui demeure dans une certaine naïveté quant à la possibilité de l'expérience d'autrui et quant à l'intersubjectivité du monde naturel et scientifique.

1.2. *Les motifs de la réduction phénoménologique*

La réduction phénoménologique, en quelque sens qu'on la conçoive, est une altération radicale de ce que *Ideen I* appelle «la thèse générale de l'attitude naturelle». Dès lors que cette «thèse» de l'attitude naturelle est présentée de façon différente dans les deux textes considérés, il est à prévoir que la réduction phénoménologique, d'un texte à l'autre, aura elle aussi un but et des motifs distincts. Tentons de clarifier les divergences de motifs qui distinguent l'abord de la réduction dans ces deux ouvrages.

Il est significatif que *L'idée de la phénoménologie* utilise de préférence l'adjectif «erkenntnistheoretisch» pour qualifier la réduction. La réduction phénoménologique étant posée comme «relevant de la théorie de la connaissance», leur lien est clairement souligné. La réduction visera à rétablir les droits d'une connaissance devenue problématique quant à sa possibilité même. Dans ce texte, c'est donc en raison de la prise de conscience d'une problématicité intrinsèque quant à la possibilité de la connaissance que nous sommes motivé à exercer la réduction phénoménologique. Cette prise de conscience s'éveille notamment lorsque l'on considère la corrélation qui s'établit entre le sujet et l'objet par l'intermédiaire d'une signification: «D'où sais-je, moi qui connais, et d'où puis-je jamais savoir avec certitude, que ce ne sont pas seulement mes vécus, ces actes de connaître, qui existent mais aussi ce qu'ils connaissent – d'où sais-je qu'il y a même quoi que ce soit qui puisse être opposé à la connaissance comme son objet?»[15]. Dans un texte un peu antérieur (1906–1907), Husserl s'exprime de manière encore plus limpide: «Mais n'y a-t-il pas ici un gros problème? La proposition, spécialement par exemple

---

15   Hua II, p. 20.

la vérité, est quelque chose de suprasubjectif, de supratemporel, d'idéal; l'acte de pensée est quelque chose de subjectif, de temporel, de psychologiquement réel. Comment l'idéal pénètre-t-il dans le réel, le suprasubjectif dans l'acte subjectif »[16]?

Cette dernière citation montre clairement que ce qui est problématique, c'est la possibilité pour la conscience subjective de saisir des unités suprasubjectives et pas simplement de se rapporter subjectivement à des objets. En d'autres termes, ce qui est problématique dans la connaissance des objets, c'est précisément que celle-ci se réalise subjectivement par l'intermédiaire d'une signification suprasubjective. C'est donc bien la problématicité de la corrélation entre le sujet et l'objet par l'intermédiaire d'une signification suprasubjectivement identique et par conséquent, le solipsisme théorique qui pourrait résulter de celle-ci, qui exigent que nous adoptions une attitude nouvelle, autre que l'attitude naturelle, une attitude philosophique. Il y a là ce que Husserl appelle une « difficulté abyssale » (*eine abgrundtiefe Schwierigkeit*) face à laquelle il s'exclame: « Dois-je donc adopter le point de vue du solipsisme? Une dure perspective »[17].

L'idée d'un solipsisme théorique, c'est-à-dire d'un solipsisme lié non pas à l'intersubjectivité mais à la suprasubjectivité, nous est à présent familière. En 1907, celui-ci se révèle être le motif principal en raison duquel il faut abandonner l'attitude naturelle et adopter l'attitude spécifiquement philosophique. La critique husserlienne du psychologisme avait précisé dès 1900 que, si l'on s'en tient à la « dure perspective » du solipsisme, on tombe dans un relativisme individuel proprement intenable, puisque les lois logiques, les idéalités elles-mêmes, deviennent douteuses. Tout ce qui, dans l'attitude naturelle, allait de soi, se voit alors marqué de l'indice du problématique. Dans *L'idée de la phénoménologie*, c'est précisément la prise de conscience de la problématicité de la connaissance qui marque l'entrée dans la philosophie. En 1907[18], comme déjà en 1903 et comme ce sera encore le cas en 1910–1911[19], Husserl tentera, en un premier temps, de dépasser le solipsisme théorique en pratiquant la réduction du sujet empirique. Cependant, en 1907, il apparaîtra que la « difficulté abyssale » du solipsisme théorique ne sera pas pleinement résolue à l'issue de cette première étape.

Tandis que dans *L'idée de la phénoménologie*, Husserl part d'une critique de la connaissance et entend établir celle-ci sur une « phénoménologie de la raison », dans les *Problèmes fondamentaux de la phénoménologie* il s'intéresse davantage à une « phénoménologie générale de la conscience ». Encore une fois, ce point de départ légèrement différent, bien qu'il préfigure déjà d'autres aboutissements, n'implique pas pour autant que Husserl poursuive, sous le titre de « phénoménologie », deux projets profondément opposés dans les deux textes. Pour reprendre l'expression

---

16   Hua XXIV, p. 142.
17   Hua II, p. 20.
18   Hua II, pp. 43–44.
19   Hua XIII, Text 6, §18.

de Fink, c'est dans *L'idée de la phénoménologie* et dans les *Problèmes fondamentaux de la phénoménologie*, comme déjà dans les *Recherches logiques*, une science de l'origine du monde qui est visée. Pourtant, la question de l'origine peut s'aborder selon des chemins variés et ce n'est pas parce que, en 1907 comme en 1910–1911, la phénoménologie étudie l'origine du monde que, dans les deux cas, le but et les motifs de la réduction phénoménologique sont identiques.

Dans *L'idée de la phénoménologie*, Husserl exige que la phénoménologie soit une science radicalement nouvelle. Cette revendication était déjà présente dans les *Recherches logiques* et elle ne sera jamais abandonnée. Il arrive souvent qu'on l'interprète comme n'étant *que* une auto-analyse historique. Une telle lecture nous semble partielle, et même fausse, pour deux raisons au moins. Tout d'abord, il faut se souvenir que la critique du psychologisme impose à la phénoménologie une attitude nouvelle non pas du seul point de vue historique, mais par principe. Afin d'éviter la μετάβασις εἰς ἄλλο γένος, il est nécessaire, par principe, d'adopter une attitude foncièrement nouvelle, c'est-à-dire non-naturelle. La nouveauté de la phénoménologie ne tient pas seulement à sa position dans l'histoire de la philosophie, mais, plus profondément, à la non-naturalité qu'elle revendique. De plus, comme l'a très bien noté E. Marbach, il serait possible de décrire chez Husserl, à côté des « trois voies » de la réduction, une « quatrième voie » qu'il qualifie d'« historique »[20]. Il y a en effet de nombreux textes dans lesquels Husserl présente la phénoménologie comme l'aboutissement historique de la rationalité grecque. Dès lors, la phénoménologie n'est pas historiquement neuve, elle est la reformulation récente de la nécessité philosophique séculaire selon laquelle il est impératif de quitter la quotidienneté pour entrer dans la nouveauté radicale du non quotidien, elle est le « vœu secret » de la philosophie. Il serait en conséquence contradictoire de considérer la phénoménologie comme une science radicalement nouvelle historiquement. La nouveauté est constitutive de la phénoménologie en ce sens qu'elle est une autre façon de désigner le rapport qu'elle entretient avec l'origine.

Cette exigence de nouveauté est, comme telle, le motif en raison duquel, selon la démarche des « Problèmes fondamentaux », nous sommes conduits à quitter l'attitude naturelle. Ce motif est énigmatique pour plusieurs raisons. Tout d'abord, il y aurait quelque contradiction à produire ici un motif issu d'une réflexion sur la possibilité de la connaissance (la réfutation du psychologisme) dans la mesure où il a été affirmé que le texte de 1910–1911 est moins directement préoccupé par la question de la connaissance objective que celui de 1907. À cette première remarque, on peut objecter que, si « Problèmes fondamentaux » est effectivement plus distant vis-à-vis de la question de la vérité objective et indubitable, cela ne signifie pas pour autant que ce texte ne soit attaché à aucune notion de vérité du tout. Dans ce texte, même si Husserl ne revendique pas pour la phénoménologie l'indubitabilité

---

20 Cf. supra.

absolue, il lui reconnaît néanmoins une validité propre, une effectivité. « Même si l'absence de doute absolue est une idée qui ne peut être pleinement réalisée dans aucune science actuelle, pas même dans celle qui est phénoménologique [...] même alors la phénoménologie, comme la science de la nature, conserve sa valeur, dans la mesure où il est seulement évident que, pour parler de principes, la donnée phénoménologique est une donnée effective [*wirklich*], et la méthode phénoménologique une méthode effective »[21].

Cette première mise au point ne suffit pas à justifier la nécessité d'un abandon de l'attitude naturelle au profit d'une attitude radicalement nouvelle. On ne voit pas ce qui, dans l'attitude naturelle, viendrait éveiller le désir d'une attitude nouvelle. Husserl, en dernier recours, déclarera : « À la phénoménologie, on n'a pas besoin du tout de prêter de motif pour qu'elle mette hors circuit la position d'expérience. En tant que phénoménologie, elle n'a pas de pareils motifs ; il se peut que le phénoménologue concerné en ait, et ce sont là des affaires privées »[22]. Dans une certaine mesure, on retrouvera encore cet argument dans *Ideen I*, lorsque Husserl présentera la réduction comme un acte de liberté du phénoménologue[23].

Husserl décrit la démarche suivie dans ses leçons de 1910-1911 comme une « montée [*Emporleitung*] vers l'idée de la phénoménologie »[24]. Nous avons dit plus haut que, outre le monde naturel, Husserl inclut le monde de la science dans le monde de l'attitude naturelle. Le monde scientifique est, selon lui, un monde d'idéalités saisies par idéation. Il se divise en plusieurs ontologies. Nous avons, d'une part, l'ontologie de la nature (les ontologies matérielles) qui comprend les sciences naturelles du physique et du psychique, et d'autre part, une ontologie formelle : une ontologie universelle qui traite de l'être en général et dans laquelle s'ordonnent toutes les sciences formelles.

La motivation à « monter » vers l'idée de phénoménologie à partir de ces sciences de l'attitude naturelle s'enracine dans la réflexion suivante : « la plus proche question

---

21 Hua XIII, *Text* 6, p. 158.
22 Hua XIII, *Text* 6, pp. 156-157.
23 Hua III/1, p. 63. Le caractère énigmatique qui accompagne le motif de la réduction phénoménologique continuera à poursuivre Husserl jusqu'à la fin de sa vie. Il ne concerne pas seulement l'approche non-cartésienne. Dans sa *Sixième méditation cartésienne*, Eugen Fink a puissamment dénoncé le problème de motivation qui se pose dans l'approche cartésienne, à un niveau plus profond que celui abordé en 1907, dès lors que l'on envisage l'élaboration d'une phénoménologie systématique. (Cf. Dok. II/1, §5). Il ne peut être question de détailler ces difficultés ici, mais nous pensons que, en ce qui concerne « Problèmes fondamentaux », elles s'évanouissent lorsqu'on abandonne les préjugés hérités de la démarche plus « cartésienne » de nombreux autres textes de Husserl sur la réduction. En d'autres termes, il ne semble pas que, finalement, les *Problèmes fondamentaux de la phénoménologie* soit « moins motivés » que *L'idée de la phénoménologie*. (Cf. Bouckaert, B., « De l'autre côté du miroir. Les motifs phénoménologiques de la réduction chez Husserl, Fink et Patočka. Contribution méthodologique à l'élaboration d'une phénoménologie première », in *Recherches husserliennes*, 17, 2002, pp. 87-116.
24 Hua XIII, *Text* 6, p. 195.

dont l'examen maintenant est de près requis, est celle de savoir si ces disciplines aprioriques sont l'ensemble de celles qui se présentent à nous dans l'attitude d'essence, donc si le domaine de l'a priori, sur le chemin qui a été suivi, est délimité complètement. Ce que nous avons vu précédemment au point de vue singulier comme au point de vue général et plus précisément au point de vue apriorique, *était déterminé par le point de départ dans l'attitude naturelle* »[25]. Il apparaît ici que la phénoménologie n'a pas besoin d'autres motifs que ceux qui fondent déjà les autres sciences. Le motif de la phénoménologie, pour « Problèmes fondamentaux », c'est la connaissance au sens large, et ce motif n'a pas besoin d'être approfondi précisément parce que, dans les *Problèmes fondamentaux de la phénoménologie*, la possibilité de la connaissance n'est pas problématique.

Le motif de la réduction phénoménologique tel qu'il prévaut en 1910–1911 est donc profondément différent de celui qui avait été avancé en 1907. Il ne s'agit plus d'une prise de conscience du caractère problématique de la possibilité de la connaissance naturelle, d'une interrogation sur la possibilité pour un sujet de saisir des unités suprasubjectives, mais d'une réflexion sur la possibilité d'élaborer une science nouvelle, distincte des sciences matérielles et formelles développées dans l'attitude naturelle.

Cette différence dans les motifs implique-t-elle en quelque manière une différence dans l'exercice et le but de la réduction phénoménologique ? On peut d'ores et déjà s'attendre à ce que la question de l'intersubjectivité soit devenue plus pressante en 1910–1911 qu'elle ne l'était en 1907, tant il est vrai que, selon « Problèmes fondamentaux », « La teneur théorique d'une science – comprise en tant que teneur de validité d'ensemble de la science – et la nature sont des unités intersubjectives »[26].

1.3. *L'exercice et le but de la réduction phénoménologique*

Malgré les divergences de leurs points de départ et des motifs qu'ils proposent à l'exercice de la réduction phénoménologique, « Problèmes fondamentaux » et « L'idée » se rejoignent dans la revendication commune d'une phénoménologie qui s'opposerait à l'attitude naturelle comme une attitude *par principe* nouvelle[27]. Des nuances importantes se laissent cependant remarquer dans la manière et les moyens par lesquels cette attitude nouvelle est atteinte et dans le but en raison duquel le phénoménologue adopte cette attitude.

L'idée de la phénoménologie se distingue des *Problèmes fondamentaux de la phénoménologie* par les motifs, plus nettement épistémologiques, qui doivent conduire à la réduction phénoménologique. Selon ce premier texte, lorsque nous considérons la possibilité qu'aurait le sujet d'atteindre un objet par l'intermédiaire d'une

---

25 Hua XIII, *Text* 6, p. 138. Nous soulignons.
26 Hua XIII, *Text* 6, p. 183.
27 Hua II, p. 24.

signification, nous prenons conscience que, dans l'attitude naturelle, toute connaissance est marquée du sceau de la problématicité. L'attitude nouvelle recherchée est, en conséquence, une attitude dans laquelle l'objet connu le serait de façon absolument non problématique. Selon Husserl, dès lors, il faut reprendre la démarche cartésienne du doute et se donner, dans la subjectivité, un objet *indubitable*. En 1907, comme plus tard dans les *Méditations cartésiennes*, la démarche cartésienne du doute, « modifiée convenablement », inspire la réduction phénoménologique ; c'est pourquoi Husserl a pu qualifier sa pensée de « néo-cartésianisme ». On se souvient que, dans ses *Méditations métaphysiques* de 1641, Descartes, à la recherche de données indubitables pour fonder la science, avait entrepris de mettre en doute la totalité du monde. Une seule chose lui était apparue comme indubitable : l'*ego* et ses *cogitationes*, c'est-à-dire l'immanence[28]. Husserl, dans la mesure où, lui aussi, est à la recherche de données indubitables, emboîte le pas à Descartes et « met entre parenthèses » la totalité de la transcendance pour se limiter à la donnée pure et absolue des phénomènes.

Avant d'exposer plus avant la portée de la « réduction phénoménologique », il convient de s'interroger sur sa possibilité. Il ne va pas de soi qu'une telle reprise du doute radical et hyperbolique soit effectivement réalisable. Plus précisément, on peut se demander s'il n'y a pas quelque contradiction à vouloir mettre en doute la thèse naturelle dans son ensemble. En effet, il ne faut pas oublier, que le point de départ de la réduction se situe nécessairement dans le monde de l'attitude naturelle. Dès lors, en mettant ce monde en doute dans la réduction, on perd vraisemblablement aussi les motifs qui conduisent à opérer cette réduction. On se retrouve alors dans une situation étrange dans laquelle la réduction perd son fondement au moment même où, s'appuyant sur lui, elle s'effectue. Précisons au passage que cette apparente contradiction interne de la réduction phénoménologique n'aurait eu aucune incidence dans l'approche de Descartes lui-même, puisque ce dernier voulait précisément sortir du doute en découvrant l'indubitable ; en revanche, elle n'est véritablement dérangeante que pour la phénoménologie, puisque celle-ci ne vise pas à sortir de la réduction, mais à y demeurer et à s'établir en elle[29].

On trouve, dans le § 31 de *Ideen I*, une réflexion sur la *possibilité* d'une entreprise telle que l'altération de la thèse naturelle. La « thèse naturelle » n'est certes pas un jugement articulé ou le produit d'un raisonnement concluant à l'existence du monde ; c'est le corrélat d'une croyance originaire (*Urdoxa*) qui constitue le fond de la vie de la conscience et à partir de laquelle se définissent les multiples

---

28 Cf. Descartes, R., *Œuvres et lettres*, Gallimard, (Coll. Pléiade), Paris, 1954, pp. 275–276.
29 À ce sujet, voir l'excellent article de A. Lowit : « L'‹ épochè › de Husserl et le doute de Descartes », in *Revue de métaphysique et de morale*, 1957, 4, pp. 399–417. Cette difficulté rejoint en quelque sorte celle soulevée par Fink dans la *Sixième méditation cartésienne* et dont nous avons déjà fait mention. Si, dans un premier temps, le motif de la réduction phénoménologique est plus palpable dans le cadre d'une réflexion sur la connaissance, dans un second temps nous sommes reconduit aux mêmes difficultés que lorsqu'on s'intéresse à une « phénoménologie générale de la conscience ».

modalités doxiques (certitude, doute, supposition, etc.). Or, le doute est lui-même une modalité doxique ; il est donc fondé sur la thèse naturelle. On peut se demander, en conséquence, si cela a encore un sens de douter de la thèse naturelle, et si cela ne nous conduit pas à une circularité.

Selon Husserl, même si la thèse naturelle n'est pas une prise de position actuelle, une thèse doxique au sens strict, elle n'en est pas moins une thèse et dans la mesure où elle est telle, *nous pouvons faire la tentative d'en douter*. Cela dépend de notre entière liberté. « Il est clair que nous ne pouvons pas mettre en doute un être, et dans la même conscience (entendons : sous la forme unitaire du ‹ en-même-temps ›) appliquer la ‹ thèse › au substrat de cet être, et donc en avoir conscience avec le caractère de ‹ présent ›. Autrement dit : nous ne pouvons en même temps mettre en doute une même *materie* d'être et la tenir pour certaine. Il est également clair que la tentative de douter de quelque objet de conscience en tant que présent a nécessairement pour effet de suspendre la ‹ thèse › ; *c'est précisément ce qui nous intéresse* »[30].

La réduction phénoménologique consisterait donc en une « mise-en-suspens » de la thèse naturelle par la *tentative* d'en douter. Cette mise-en-suspens ne serait donc pas, comme chez Descartes, un doute radical, mais une abstention : une réserve pleine de possibles encore ouverts. Cette nuance par rapport au doute radical cartésien ne doit cependant pas être entendue comme un abandon ou un assouplissement du radicalisme cartésien, au contraire. À certains égards, la mise-en-suspens husserlienne est plus radicale encore que le doute hyperbolique de Descartes. La réduction, bien qu'elle ne soit pas un doute radical, est plus radicale que le doute cartésien en ceci qu'elle suspend la thèse naturelle dans son ensemble, en ce compris la naturalité qui, chez Descartes, malgré l'hypothèse du malin génie, pouvait demeurer attachée aux *cogitationes*. Par-là s'indique aussi que lorsque – à la manière de Jean-Luc Marion, de Michel Henry et de nombreux autres commentateurs à leur suite – on énonce le principe phénoménologique « d'autant plus de réduction, d'autant plus de donation », la radicalité ou l'hyperbole ne doit pas porter sur la profondeur de l'exclusion, mais sur son extension[31].

Si le doute cartésien et la réduction husserlienne ne sont pas une seule et même chose, si d'un côté on trouve un doute hyperbolique dont il faut sortir et de l'autre une tentative de douter par laquelle la thèse naturelle demeure en suspens, tous deux partagent, à leur manière, une radicalité qui vise un but identique : ménager un accès à des données indubitables et immanentes. En résumé, nous pouvons dire que toute la démarche de Husserl dans *L'idée de la phénoménologie* est dirigée par la recherche de données absolues et indubitables.

---

30 Hua III/1, pp. 62–63. Nous soulignons.
31 Cf. Marion, J.-L., *Réduction et donation*, Presses Universitaires de France (Coll. Épiméthée), Paris, 1989 ; Henry, M., « Les quatre principes de la phénoménologie », in *Revue de métaphysique et de morale*, 1, 1990, pp. 3–27.

En 1910–1911, comme en 1907 et comme dans de nombreux textes par la suite, Husserl fait référence à Descartes comme étant le premier qui ait accompli une réduction phénoménologique. Néanmoins, dans « Problèmes fondamentaux », il élève une critique extrêmement importante contre les ambitions cartésiennes : « Tout ce qu'un psychologue empirique revendique […] ne devient *cogitatio* au sens absolu […] que par la réduction phénoménologique et ce n'est qu'ensuite […] que la donnée est pure et absolue […] de telle façon que le doute perdrait ici tout son sens. *C'est précisément à cela que tenait Descartes, tandis que ce n'est pas là pour nous l'affaire principale* »[32].

Certes, Husserl ambitionne lui aussi, à terme, une science absolue – cet objectif de scientificité ne le quittera jamais –, mais il reporte à plus tard la question de savoir si un tel objectif est réalisable. L'erreur de Descartes aurait été de vouloir fonder une science absolue sans avoir, auparavant, établi une phénoménologie systématique indépendamment de la visée de données indubitables.

On mesure ici à quel point la réflexion de Husserl s'écarte de son cheminement de 1907. Non seulement le motif de la philosophie n'est plus le caractère problématique de la possibilité de la connaissance, mais de plus, comme par une conséquence logique, le but de la réduction n'est plus l'acquisition de données indubitables. Il reste à savoir, après cette détermination négative, ce que Husserl décrira positivement, en 1910–1911, comme étant le but visé par la phénoménologie. Il faudra également chercher à apprécier dans quelle mesure le champ phénoménologique dégagé en 1907 recouvre celui découvert en 1910–1911 ou s'en sépare.

Souvenons nous que Husserl avait distingué, dans le monde de l'attitude naturelle, entre le monde naturel et le monde scientifique. Nous avons indiqué en outre que, en 1910–1911, le motif de la réduction phénoménologique résidait dans la volonté d'élaborer une science radicalement nouvelle, distincte de celles déjà élaborées dans l'attitude naturelle. Quelle est cette science ? Quelle réduction exige-t-elle ?

De façon un peu déroutante, Husserl introduit à cette nouvelle philosophie en des termes pour le moins énigmatiques : il use de métaphores « juridiques » dont on saisit mal, à première vue, la portée. Ayant énuméré les ontologies décrites dans l'attitude naturelle, il s'interroge : « tout est-il achevé avec cela ? N'y a-t-il pas d'autres orientations ? Qu'en est-il de la réflexion sur la pensée elle-même et sur tous les vécus qui, dans la cohésion de la pensée, sont significatifs pour la jurisprudence normative ? Qu'en est-il par exemple des multiples perceptions changeantes que nous avons d'une chose et qui, éventuellement, se trouvent au fondement du simple jugement d'expérience, perceptions selon lesquelles, s'orientant fidèlement à elles, le jugement d'expérience acquiert sa légitimité logique ?

---

32 Hua XIII, *Text* 6, p. 150. Nous soulignons.

Qu'en est-il avec toute la sphère de la connaissance au sens subjectif à la différence du sens visé en elle, son sens objectif, dont nous avons déjà admis le droit »[33] ?

Husserl entend donc élaborer une science de la connaissance *au sens subjectif* et plus précisément une science des lois a priori qui gouvernent la connaissance. L'idée d'une connaissance « au sens subjectif » semble nous transporter vers les rivages de la psychologie, c'est-à-dire justement pas vers une science « nouvelle », mais, au mieux, vers un chapitre nouveau d'une science de la nature. Il revendique pourtant un nouveau type de psychologie, une psychologie pure, apriorique. « De même qu'il y a un a priori [...] en ce qui concerne les choses physiques [...] de même il y a aussi un a priori psychologique, c'est-à-dire celui qui distingue [*auseinanderlegt*] ce qui appartient à l'essence ou au sens de la position empirique d'‹âmes›, de la position d'hommes, de la position de vécus en tant que vécus d'hommes, etc. »[34]. Probablement est-ce d'ailleurs pour anticiper cette nuance qu'il a eu recours à des termes juridiques. Par cet artifice, il escompte sans doute à distinguer, dans la sphère psychologique, entre le fait et le droit. Il apparaîtra du reste, que cette distinction ne recouvre plus, dans le présent contexte, la distinction entre l'idéalité et la réalité. Bien que son projet soit encore fort vague, Husserl le définit donc comme étant celui d'une psychologie pure ou a priori. Que faut-il entendre par-là ? Certainement pas une de ces *psychologies rationnelles* critiquées par Kant. Non pas une psychologie qui, par delà les phénomènes, prétendrait saisir les réalités substantielles, mais une science des *vécus purs*, détachés de leurs liens empiriques avec un Je personnel déterminé. En ce sens, il y a entre la psychologie pure et la psychologie naturelle le même rapport qu'entre la science pure de la nature et la science naturelle.

Se retrouve ici, dans une certaine mesure, la résolution à réduire toute empirie, y compris celle du Je personnel, déjà présente en 1903 dans la *Recension d'Elsenhans*. Cette comparaison avec la *Recension d'Elsenhans* n'est pourtant que partiellement valide : nous verrons bientôt que, dans son texte de 1910-1911, Husserl entretient un tout autre rapport à l'idéalité et que l'on n'y décèle nulle trace d'une quelconque

---

33 Le texte de Husserl étant pour le moins tourmenté, nous en risquons une traduction aussi claire que possible, en livrant l'original en note. La syntaxe employée elle-même, de même que le vocabulaire métaphorique aux allures juridiques, témoigne de la difficulté avec laquelle Husserl progresse vers des idées nouvelles pour lui.
 « Ist damit alles abgeschlossen ? Gibt es nicht neue Blickrichtungen ? Wie steht es mit der Reflexion auf das Denken selbst und all die Erlebnisse, die im Zusammenhang des Denkens für die normative Rechtsprechung von Bedeutung sind, z.B. die mannigfach wechselnden Wahrnehmungen, die wir von einem Ding machen und die dem schlichten Erfahrungsurteil evtl. zugrundeliegen und nach denen getreu sich orientierend das Erfahrungsurteil seinen logischen Rechtswert gewinnt ? Wie steht es mit der ganzen Sphäre der Erkenntnis im subjektiven Sinn im Unterschied von dem in ihr vermeinten, ihrem gegenständlichen Sinn, dem wir schon sein Recht haben zukommen lassen ? » (Hua XIII, *Text* 6, p. 139).

34 Hua XIII, *Text* 6, pp. 139-140.

« eidétique généralisée ». Il demeure néanmoins qu'il réclame ici, comme en 1903, une « psychologie » pure dans laquelle toute dimension empirique serait réduite : « Or, je pose la question : ne pouvons-nous pas acquérir une attitude de telle sorte que l'empirique, le propre de la donnée de l'attitude naturelle, demeure entièrement exclu, et cela de telle manière que son essence, en tant qu'essence de la nature, demeure aussi exclue, cependant que d'autre part, des composants demeurent retenus qui entrent *in individuo* dans l'essence de la nature ou bien dans la nature elle-même »[35] ? Cette entreprise d'exclusion de toute dimension empirique de telle manière que l'on parvienne à une science apriorique non-naturelle du vécu se heurte à nouveau à une objection de principe quant à la possibilité de son effectuation. Hocking déjà, avant même la *Recension d'Elsenhans*, avait fait mention d'une relation d'essence entre le vécu et le Je qui le vit. Comment dès lors dissoudre cette relation essentielle pour ne considérer que le vécu pur ?

La possibilité de cette entreprise réductive repose partiellement sur ce que Husserl appelle la *distinctio phaenomenologica*. La description approfondie qu'il a donnée de l'attitude naturelle a montré avec force que le Je est lié à un corps objectif empiriquement perceptible. Tous les vécus du Je sont liés à ce corps et localisés en lui. Nous savons, par notre expérience naturelle, que le Je ne peut se défaire de son corps, le voir d'un autre lieu ou le ressentir en n'y résidant pas. Autrement dit, il semble qu'une nécessité indissoluble relie entre eux le corps, le Je et les vécus. Pourtant, cette liaison n'est pas véritablement nécessaire « a priori ». Il n'appartient pas à l'*essence* de la chose corporelle d'avoir des vécus, mais d'être étendue. Dès lors, ce n'est qu'une nécessité de fait et non d'essence si les vécus, non étendus, sont liés à un corps objectif. Il nous est donc possible « a priori » de considérer les vécus en eux-mêmes, indépendamment de l'empirie.

L'argument de la *distinctio phaenomenologica*, qui est également présent dans *Ideen I*, doit assurer à Husserl la possibilité d'une réduction phénoménologique aux vécus purs, de la même manière que l'argumentation à partir de la tentative du doute avait assuré la possibilité de suspendre la thèse naturelle. Il faut cependant remarquer que cet argument ne justifie que la réduction, déjà effectuée dans les *Recherches logiques*, du « Je corporel »[36]. En effet, la *distinctio phaenomenologica*, en montrant l'indépendance essentielle du corporel (étendu) et du psychique (non étendu), ne garantit en rien la possibilité d'une distinction des vécus purs et du « psychisches Ich ». Nous reviendrons bientôt sur ce problème qui n'avait aucunement échappé à Husserl.

---

35 Hua XIII, *Text* 6, p. 141.
36 Précisons que, dans les *Recherches logiques*, Husserl opposait un *Ichleib* au *psychisches Ich*. Cependant, à cette époque, Husserl n'avait pas encore thématisé la distinction entre *Leib* et *Körper*. Nous pensons que le *Ichleib* des *Recherches logiques*, qui est présenté comme empirique et distinct du psychisme, est l'équivalent de ce que Husserl appellera *Ichkörper* à l'époque de Göttingen.

Tandis qu'en 1907 la réduction visait à ménager un accès à des données indubitables, l'indubitabilité des données phénoménologiques étant ce qui les distinguait des données de l'attitude naturelle, en 1910–1911 Husserl affirme qu'il ne poursuit pas immédiatement les motifs cartésiens. Qu'est-ce alors qui distingue les données phénoménologiques telles qu'il les conçoit en 1910–1911 des données de l'attitude naturelle ?

Les vécus saisis dans leur pureté, de même que les *cogitationes* cartésiennes, possèdent un certain nombre d'avantages par rapport aux choses de la nature. Bien que l'idéalisme phénoménologique ne contredise nullement la thèse réaliste selon laquelle les choses existent indépendamment du vécu qui les expérimente, il demeure que, quoiqu'elles soient « en et pour elles-mêmes », les choses naturelles restent, en ce qui concerne la connaissance que l'on peut phénoménologiquement en avoir, essentiellement présomptives. Aucun objet naturel ne peut, par essence, être saisi de façon absolue ; s'il le pouvait, il ne serait précisément plus un objet naturel. Tandis que les objets de l'empirie ne se donnent que par « apparitions » ou, comme Husserl le dira plus tard, par « esquisses », les vécus, eux, sont saisis « en soi ». « ‹ En soi-même › ; cela signifie : je transforme l'appréhension empirique en objet en et pour soi »[37]. Ce privilège du vécu pur sur la chose de la nature, en vertu duquel la saisie absolue d'un vécu est possible tandis qu'elle est exclue de plein droit en ce qui concerne la chose empirique, ne doit pas être purement et simplement confondu avec l'indubitabilité des *cogitationes* telle que Husserl la revendiquait en 1907. Nous verrons bientôt que les vécus purs, même s'ils jouissent, a priori, du privilège d'une saisie absolue *possible*, ne sont pas pour autant absolument indubitables. Plusieurs remarques importantes doivent être faites à ce propos ; elles ont la forme de quatre objections que Husserl, ayant introduit l'idée d'une réduction au vécu pur, se fait à lui-même[38]. La dernière de ces objections, la plus importante, met justement en question l'absoluité des vécus purs.

On a évoqué à plusieurs reprises la première des objections que l'on peut faire à une réduction au vécu pur : il s'agit de l'objection de solipsisme. « La recherche phénoménologique est-elle donc une recherche solipsiste ? Restreint-elle la recherche au Je individuel et, plus précisément, au domaine des phénomènes psychiques individuels »[39] ? On connaît la réponse à cette question. Une telle objection proviendrait d'une confusion entre l'immanence psychologique et l'immanence phénoménologique ; elle s'écroule aussitôt que l'on opère la réduction du sujet empirique.

La seconde objection, également connue et immédiatement liée à la première, concerne la possibilité d'une réduction de toute empirie, en ce compris celle du Je. Il a été partiellement répondu à cette objection en montrant la possibilité essentielle de la *distinctio phaenomenologica*. Cependant Husserl reconnaît que

---

37   Hua XIII, *Text* 6, p. 148.
38   Hua XIII, *Text* 6, chap. 3.
39   Hua XIII, *Text* 6, p. 154.

cette réponse n'est que partielle. La possibilité essentielle de distinguer le vécu pur et le Je empirique, ainsi que nous l'avons signalé en revenant aux *Recherches logiques*, ne dissout pas l'exigence essentielle du rattachement des vécus à une conscience simplement psychique et individuelle : « L'objection peut donc seulement vouloir dire que, en face du Je empirique, il y a encore à admettre un Je pur, en tant que quelque chose d'inséparable des *cogitationes*. [...] Nous avons seulement à dire que la recherche phénoménologique peut et doit parler de tout ce que, dans son attitude, elle trouve ; que quelque chose soit donné et à poser comme un je pur en tant que temps pur et quoi que ce soit, alors c'est là quelque chose de phénoménologique »[40].

Cette reconnaissance d'un Je pur en tant que temps pur est une nouveauté dans les textes de Husserl. On se souvient en effet que, dans les *Recherches logiques*, ce dernier refusait explicitement l'hypothèse d'un Je pur. Par la suite, dans sa correspondance avec Hocking, il n'utilisait guère l'expression « Je pur » que comme une « mauvaise expression » désignant, sur le mode de la fiction, l'ensemble systématique de la sphère eidétique. Accepter sans restriction l'idée d'un Je pur et identifier celui-ci à la temporalité phénoménologique est donc une orientation nouvelle sur laquelle nous reviendrons plus abondamment lorsque nous détaillerons les différents sens de l'immanence. Il faut néanmoins remarquer, dès à présent, qu'en assurant de cette manière la possibilité d'atteindre des vécus purs, Husserl succombe apparemment à une forme de solipsisme, celui-là même qu'il avait critiqué dans les thèses, trop fichtéennes, de Hocking.

Nous avons déjà fait mention également d'une troisième objection : elle concerne l'absence de motivation de la réduction phénoménologique. Dans la mesure où la poursuite de données indubitables n'est pas l'objet immédiat de Husserl, la seule motivation à la réduction semble être la recherche d'une science radicalement nouvelle, mais cette motivation n'est pas pleinement satisfaisante. C'est pourquoi il déclare : « À la phénoménologie, on n'a pas besoin du tout de prêter de motifs pour qu'elle mette hors circuit la position d'expérience »[41].

Cette troisième objection concernant les motifs de la réduction contient déjà une référence à une dernière objection. Celle-ci concerne le caractère absolu du donné phénoménologique. Dans l'approche cartésienne, la garantie de l'indubitabilité reposait, comme on le sait, sur la relation de celle-ci à l'ego, c'est-à-dire sur l'immanence. Autrement dit, l'exclusion des données transcendantes et douteuses assurait un sol d'immanence indubitable. Nous savons que, en 1910–1911, le but de Husserl n'est pas immédiatement de mettre au jour des données indubitables ; aussi fait-il sur cette question des déclarations qui auraient été impensables en 1907. « Même si l'absence absolue de doute est une idée qui ne peut être pleinement réalisée dans aucune science actuelle, pas même celle qui est phénoménologique,

---

40 Hua XIII, *Text* 6, p. 155.
41 Hua XIII, *Text* 6, p. 156.

même si les fixations de position phénoménologiques se trompent [...], même alors, la phénoménologie, comme la science de la nature, conserve sa valeur [...]. La donnée phénoménologique est une donnée effective [*wirklich*], et la méthode phénoménologique est une méthode effective »[42].

Cette déclaration annonce déjà ce qui va bientôt se révéler plus clairement, à savoir que la donnée phénoménologique n'est pas absolue au sens de l'indubitabilité des *cogitationes*. Cependant, cette affirmation ne deviendra claire que lorsque sera abordé plus profondément le thème de l'immanence et de sa portée.

2. Conclusion

Pour conclure cette enquête préliminaire sur les buts, les motifs et les orientations de la recherche husserlienne de l'origine, nous nous proposons de résumer les contrastes qui se dessinent entre les premiers développements de *L'idée de la phénoménologie* et ceux des *Problèmes fondamentaux de la phénoménologie*.

Les deux textes se distinguent tout d'abord par la manière selon laquelle ils abordent l'attitude naturelle. En 1907, l'attitude naturelle est décrite à partir de l'opposition entre « ce qui va de soi » et « ce qui est problématique ». Cette opposition s'inscrit dans le cadre d'une réflexion sur la possibilité de la connaissance, celle-ci étant décrite comme la capacité à établir une corrélation entre l'objet et les vécus subjectifs par l'intermédiaire d'une signification suprasubjective. Tandis que cette possibilité va de soi dans l'attitude naturelle, elle est problématique dans l'attitude philosophique. En 1910–1911, l'attitude naturelle n'a pas de lien privilégié avec la question de la possibilité de la connaissance. C'est une attitude « quotidienne » dans laquelle on est tourné empiriquement vers ce qui est là « d'avance ».

En outre, ces deux textes diffèrent quant aux motifs pour lesquels on adopte l'attitude phénoménologique. Dans *L'idée de la phénoménologie*, ces motifs sont épistémologiques : ils sont liés à l'exigence d'une saisie subjective d'unités idéales suprasubjectives. Dans les *Problèmes fondamentaux de la phénoménologie*, si tant est qu'il y ait quelques motifs autres que privés à la réduction phénoménologique et que ces motifs aient trait à la science, il n'est pas question d'une validité suprasubjective des énoncés que cette science pourrait formuler. La réduction vise à dégager un espace de recherche scientifique nouveau : la sphère des vécus purs. S'il y a dans ce projet un lien avec la connaissance, celui-ci diffère totalement de celui qui entre en jeu dans les préoccupations de 1907, puisque ce qui est concerné c'est la connaissance au sens subjectif et non pas au sens objectif ou suprasubjectif.

Enfin, ces deux textes ne s'accordent pas quant au but de la réduction phénoménologique. Tandis qu'en 1907, dans un geste typiquement cartésien, le but

---

42 Hua XIII, *Text* 6, p. 158.

de la réduction phénoménologique est de s'assurer des données indubitables, en 1910–1911 la question de l'indubitabilité passe au second plan. Ce qui importe avant tout dans ce texte plus tardif, c'est de saisir des vécus purifiés de toute empirie. Que ces vécus soient indubitables importe peu, pourvu qu'ils soient des données véritables.

Ce dernier contraste laisse supposer que la façon dont les deux textes vont décrire l'extension de l'immanence phénoménologique sera elle aussi fort différente. Montrer cette différence constituera l'objet de notre prochain chapitre.

CHAPITRE 9

Les multiples significations de l'immanence phénoménologique

Quoiqu'ils empruntent des « voies de la réduction » différentes, *L'idée de la phénoménologie* et les *Problèmes fondamentaux de la phénoménologie* s'accordent sur l'idée générale selon laquelle il faut réduire la transcendance pour dégager un domaine d'immanence. Qu'elle soit science de l'origine du monde ou science de l'origine des idéalités, c'est dans l'immanence que la phénoménologie déploie sa recherche. Autrement dit, l'origine que cherche la phénoménologie est immanente : c'est l'immanence transcendantale. Par-delà cet accord, la question qui se pose est celle de savoir dans quelle mesure l'immanence atteinte en 1907 par la tentative de douter de l'existence du monde est identique à l'immanence décrite en 1910–1911 à partir de la *distinctio phaenomenologica*. Les déclarations de Husserl, clairement divergentes en ce qui concerne son rapport à Descartes par exemple, permettent d'en douter.

Dans les *Recherches logiques*, déjà, Husserl opérait une forme de réduction de la transcendance. En revenant aux vécus intentionnels, il excluait les données empiriques de la conscience pour ne conserver qu'une immanence « psychique » ou « descriptive » au sens phénoménologique de ces termes. L'opposition immanent/transcendant était alors, dans une certaine mesure, parallèle à l'opposition idéal/réal. En 1903, la *Recension d'Elsenhans* avait apporté quelque précision à cette conception précoce de l'immanence. En réduisant le sujet empirique, Husserl avait définitivement rompu avec toute possibilité d'une confusion entre le réal et l'idéal et avait fermement ancré l'immanence dans la dimension de l'irréalité. La réduction du sujet empirique visait à éviter la confusion, encore possible dans les *Recherches logiques*, entre immanence psychologique et immanence phénoménologique. Quelques années plus tard, dans ses leçons intitulées *Introduction à la logique et à la théorie de la connaissance (1906–1907)*, il développera encore cette théorie. À cette époque, il faisait appel à « la méditation cartésienne fondamentale »[1] comme à un « véritable point d'Archimède de la philosophie »[2].

Le projet, dans cette « Introduction à la logique » comme dans la *Recension d'Elsenhans*, était de distinguer soigneusement la phénoménologie de la psychologie descriptive. En thématisant la réduction du moi empirique, Husserl visait à garantir

---

[1] Hua XXIV, p. 198.
[2] Hua XXIV, p. 211.

cette distinction : « Jamais la perception interne et la perception phénoménologique ne doivent être confondues »[3], déclare-t-il. C'est pourquoi : « La phénoménologie ou la science de la conscience est la véritable philosophie immanente, à la différence des philosophies positivistes immanentes qui parlent d'immanence et de l'exigence de la délimitation à l'immanence, mais ne connaissent pas l'immanence authentique ni la réduction phénoménologique qui la fournit »[4]. Husserl associe donc très tôt immanence et phénoménologie, mais surtout, il précise que l'immanence phénoménologique, la seule authentique, n'est pas l'immanence au sens usuel ou positiviste du terme. L'immanence, dans la mesure où elle est le lieu de l'origine du monde (ou des idéalités), est ce vers quoi la phénoménologie se tourne et ce « tournant vers l'immanence », même s'il a connu des antécédents historiques, reste, comme nous l'avons dit, radicalement nouveau. L'immanence, étonnamment, parce qu'elle n'est pas seulement le domaine de fait de la phénoménologie mais son domaine de droit, demeure toujours pour elle un *desideratum* à atteindre.

Rappelons que la réduction du sujet empirique était exigée tant en 1907 qu'en 1910–1911. Par ailleurs, il s'est dégagé, de la *Deuxième partie* de ce travail, que Husserl lie cette réduction au refus du solipsisme théorique. En 1907 par exemple, alors qu'il a expressément fait référence au solipsisme[5], il montre clairement, à partir de la distinction kantienne entre jugements d'expérience et jugements de perception, que la réduction du sujet empirique est indispensable au dépassement de celui-ci. « Pour nous, il ne s'agit naturellement pas d'un côté de jugements valables seulement subjectivement, qui sont limités dans leur validité au sujet empirique, et de l'autre de jugements valables objectivement, c'est-à-dire valables pour tout sujet en général : car le sujet empirique, nous l'avons mis hors circuit, et l'aperception transcendantale, la conscience en général, va bientôt prendre pour nous une signification tout autre et pas du tout mystérieuse »[6].

Outre le fait que l'on y trouve une première forme de réponse à la question du solipsisme, cette déclaration éclaire également la question de l'immanence phénoménologique. Il se démontre ici que la conscience phénoménologique, l'immanence, est effectivement un *desideratum*, une origine à atteindre. De plus, il apparaît que cette immanence n'est pas, et ne peut pas être, celle d'un *solus ipse*.

Cette démarche, qui consiste à dépasser le solipsisme en quelque sorte « par le bas », c'est-à-dire en purifiant davantage encore la sphère d'immanence, laisse perplexe[7]. Certes, cette perplexité est un peu apaisée lorsque l'on prend conscience

---

3   Hua XXIV, p. 216.
4   Hua XXIV, p. 219.
5   Hua II, p. 20.
6   Hua II, p. 48. Rappelons qu'en 1910–1911, un paragraphe entier est consacré à l'objection de solipsisme et que la réduction du sujet empirique y est proposée comme une solution à cette difficulté (cf. Hua XIII, Text 6, §18).
7   Déjà, on pourrait voir là une application un peu naïve du principe « d'autant plus de réduction, d'autant plus de donation » et une tentative d' « approfondir » le radicalisme de la réduction plutôt

que le solipsisme ainsi dépassé est davantage le pendant d'une objectivité suprasubjective que d'une objectivité intersubjective. Néanmoins, il reste que si l'on s'en tient à la définition que la tradition nous a laissée de l'immanence, cette démarche semblerait plutôt devoir conduire au solipsisme que nous en dégager. En effet, si l'on accepte la définition selon laquelle « Est immanent à un être ou à un ensemble d'êtres ce qui est compris en eux et ne résulte pas chez eux d'une action extérieure »[8], il est conséquent de supposer qu'une philosophie de la conscience, même non-empirique, dans la mesure où elle entend se limiter à l'immanence, débouche presque nécessairement sur un solipsisme.

Cependant, le solipsisme qui menace la phénoménologie à l'issue de la réduction phénoménologique est d'une tout autre nature que celui qui avait, auparavant, été combattu au moyen de la réduction du sujet empirique. Le solipsisme lié à la récession phénoménologique à l'immanence concerne plus immédiatement l'intersubjectivité, c'est-à-dire la pluralité des consciences particulières, que la suprasubjectivité. Il ne s'agit plus, au terme de la réduction, d'un solipsisme qui consisterait seulement à lier à une conscience particulière l'origine d'idéalités indifférentes à toute subjectivité quelle qu'elle soit. Le solipsisme dont la réduction menace la phénoménologie implique en outre qu'il n'y ait qu'une seule conscience authentique, celle mise au jour par la réduction.

Husserl ne paraît pas avoir immédiatement pris conscience de ce problème. Plus précisément, ce ne serait qu'entre 1907 et 1910 que cette difficulté se serait, petit à petit, imposée à son esprit. En effet, on ne trouve pas plus de témoignage d'une telle prise de conscience dans les leçons de 1906–1907 que dans celles de 1907 et de 1908. En revanche, on rencontre les traces d'une conscience plus claire de l'intersubjectivité dans le texte de 1910–1911 ainsi que dans les notes et les commentaires apportés tardivement aux textes plus précoces. Par exemple, dans les leçons de 1906–1907, on décèle par deux fois, attachées en notes à des déclarations sur l'immanence, des remarques très claires sur la dimension communicative et intersubjective de la phénoménologie[9]. Des documents du même ordre existent également pour les leçons de 1907 et de 1908.

---

que de l'« étendre ». Sur un tel chemin, la purification pourrait s'approfondir, dans une radicalité de plus en plus hyperbolique, et s'étendre à l'intentionnalité elle-même, qu'on réduirait, ainsi que les données eidétiques, etc. En fait, la réduction du sujet empirique est une *extension* de la réduction à un élément particulier du monde naturel, moi-même en tant que personne.

8   Lalande, A., Article « Immanent », in *Vocabulaire technique et critique de la philosophie, Volume 1: A–M*, Presses Universitaires de France (Coll. Quadrige), Paris 1991 (première édition 1926), p. 470.

9   « En outre le point de vue communicatif. La science est une unité intersubjective. Ce qu'un chercheur établit devient le bien commun de tous. L'objet scientifique est intersubjectif. Les sujets sont certes mis hors circuit dans la phénoménologie, mais, sans faire usage de leur existence dans le contenu de ses doctrines, elle prétend pourtant être une science et ses connaissances doivent aussi devenir un bien commun. Mais comment cela est-il possible » ? (Hua XXIV, p. 224, note 1). Voir aussi : « Note. Pour être complet, il ne faut pas oublier, après la fondation

L'idée de la phénoménologie et les *Problèmes fondamentaux de la phénoménologie* donneront l'un et l'autre une extension et une définition différentes de l'immanence phénoménologique. Dans les deux cas, les relations de l'immanence phénoménologique avec la question de l'intersubjectivité prendront des orientations distinctes. Nous verrons que *L'idée de la phénoménologie* échouera à décrire l'immanence phénoménologique comme une origine intersubjective – et donc plurielle – du monde, tandis que les *Problèmes fondamentaux de la phénoménologie* y parviendront, ou du moins, ébaucheront une voie pour y parvenir.

1. *Les deux sens de l'immanence en 1907*

L'idée de la phénoménologie est un ouvrage qui doit sa renommée à la distinction importante qu'il introduit entre l'immanence réelle (*reelle*) et l'immanence intentionnelle, distinction qui préfigure la distinction noético-noématique introduite dans *Ideen I*. On n'ignore pas à quel point cette distinction rencontrera, dans la suite de la pensée de Husserl, ainsi que dans la littérature secondaire qui en est issue, une fortune exceptionnelle. Cette double signification de l'immanence est d'autant plus importante pour notre propos qu'elle intervient également comme une reformulation de la conception de l'identité défendue dans les *Recherches logiques* au moyen de la théorie de la *species*. Dans ses leçons de 1908 sur la théorie de la signification par exemple, Husserl affirmait : « Il semble que le droit d'un concept de signification qui tire son sens de quelque chose de spécifique se trouvant dans le fait de signifier soit assuré. [...] C'est là le concept de signification avec lequel opèrent les *Recherches logiques* [...]. Cependant, sans s'en prendre au droit de ce concept, il semble aussi possible [...] de concevoir un autre concept. Le mot signification peut, semble-t-il, avoir un sens qui, sans toucher non seulement aucun acte, [...] touche tout au contraire quelque chose de corrélatif qui s'y oppose du côté objectif »[10]. Cette déclaration, bien qu'elle ne rejette pas la théorie de la *species* mais la considère, au contraire, comme quelque chose d'« assuré », accepte également la possibilité d'une autre compréhension de l'identité de la signification : une identité fondée non pas sur une relation à l'espèce, mais sur une synthèse d'identité. À dater de cette époque et dans les années qui suivront, Husserl parlera d'une corrélation entre le phénologique et le phénoménologique, ou entre le phansique et l'ontique, pour enfin, vers 1912, fixer définitivement sa terminologie en parlant d'une corrélation noético-noématique. Les leçons de 1907 marquent une étape importante dans cet approfondissement de la conception husserlienne de l'inten-

---

de la connaissance des essences dans la phénoménologie, d'examiner aussi, à cet égard, la question de la signification communicative de ses résultats et la possibilité d'une science phénoménologique comme intersubjective » (Hua XXIV, p. 227, note 2).
10 Hua XXVI, p. 35.

tionnalité. Comme nous l'avons déjà signalé, cette réorientation dans l'approche de l'identité idéale n'est pas sans incidence pour la question de l'intersubjectivité dans la mesure où il est précisément question d'élaborer une théorie de l'identité qui ne soit plus justifiée par le seul recours à la suprasubjectivité. Pourtant, nous constaterons qu'en 1907, c'est le primat accordé à la saisie des idéalités et à l'eidétique, c'est-à-dire à la suprasubjectivité en général, qui a joué un rôle essentiel dans la découverte de l'immanence intentionnelle. Plus précisément, il apparaîtra que l'élargissement du champ phénoménologique à l'immanence intentionnelle est étroitement dépendant du privilège accordé par Husserl à l'indubitabilité et que c'est précisément l'indubitabilité des idéalités ainsi que leur suprasubjectivité, qui autorisera cet élargissement.

C'est à partir du concept corrélatif de transcendance que Husserl introduit la notion d'immanence intentionnelle : « Si nous regardons de plus près ce qui est si énigmatique et ce qui nous met dans l'embarras lorsque nous commençons à réfléchir sur la possibilité de la connaissance, alors c'est la transcendance. […] À vrai dire, si nous y regardons de plus près, cette *transcendance a un double sens*. Ou bien on peut entendre par là le fait, pour l'objet de connaissance, de ne-pas-être-contenu-réellement [*das Nicht-reell-enthaltensein*] dans l'acte de connaître […]. Mais il y a encore une autre transcendance […] dont le contraire est une tout autre immanence, à savoir *la présence absolue et claire* [*die absolute und klare Gegebenheit*] »[11]. Cette immanence non-réelle, quoique absolument et clairement donnée, est précisément l'immanence intentionnelle.

Considérées à partir du motif pour lequel Husserl, dans ces leçons, réduit la transcendance, il semble à première vue que les deux significations de l'immanence ici proposées soient purement et simplement synonymes. En effet, dans la mesure où Husserl a recours à l'exclusion de toutes les données transcendantes dans le but de se prémunir contre la problématicité de la connaissance naturelle en fixant une sphère de données absolues et indubitables, il semble que ce qui se révèle comme une donnée absolue et claire dans la reprise husserlienne de la démarche cartésienne soient précisément les *cogitationes* pures, c'est-à-dire ce qui est réellement inclus dans la conscience. En dépit d'une fermeté apparente, il apparaîtra que ce raisonnement est bancal. En effet, il y a une différence de taille entre ces deux conceptions de l'immanence. Ce n'est pas parce que ce qui est réellement inclus dans la conscience est absolument donné que, nécessairement, seules les données réellement immanentes sont absolument données.

Cette différence, apparemment bénigne, aura un rôle déterminant dans le développement de la phénoménologie. C'est sur son fondement que celle-ci acquerra une véritable « rigueur scientifique ». La distinction entre immanence réelle et immanence intentionnelle n'a pas, en effet, simplement le statut d'une précision

---

11 Hua II, pp. 34–35.

de vocabulaire qui aurait été apportée tardivement aux acquis de la tradition scolastique. Elle est un apport original à la philosophie, mais, aussi et surtout, elle assume une fonction déterminante dans l'économie générale de la phénoménologie en répondant à un problème grave apparu dans l'exercice, d'abord naïf, de la réduction phénoménologique. La difficulté à laquelle nous faisons allusion s'annonce déjà dans la déclaration suivante, qui résume les acquis préliminaires de la réduction phénoménologique en 1907 : « Ainsi à tout vécu psychique correspond, sur la voie de la réduction phénoménologique, un phénomène pur, qui révèle son essence [*Wesen*] immanente (prise comme particularisée [*vereinzelt genommen*]) comme donnée absolue »[12].

Ce qui importe le plus dans cette déclaration est pudiquement introduit « entre parenthèses ». Nous voulons parler de l'idée d'une *essence particularisée* (*vereinzeltes Wesen*). Ainsi, dans un premier temps, la réduction phénoménologique livre, comme données absolues, des essences particulières et non pas universelles (*allgemeine*)[13]. La réduction phénoménologique de toute transcendance, en ce compris la transcendance du Je empirique, dévoile donc une sphère de données indubitables, essentielles et « non-solipsistes » dont le statut, cependant, ne peut que surprendre. Il apparaît clairement que ces données, même si elles ne peuvent plus être considérées comme des jugements de perception au sens kantien, c'est-à-dire comme des données valables pour un seul sujet empirique, ne sont pas non plus des données intersubjectives ou même simplement des données *universelles* (*allgemeine*)[14] ; elles oscillent donc dans une position médiane entre l'universalité et la particularité logique.

Ces essences particulières sont des données isolées, prises dans un flux permanent dans lequel aucune identité ne se dégage jamais, si bien qu'elles demeurent, dans un certain sens, subjectives. Nous pourrions malgré tout prendre le risque de donner une description plus positive de ces données de l'immanence réelle ou « noétique ». *Ideen I*[15] apporte quelques précisions à leur sujet. Nous appre-

---

12 Hua II. p. 45. Nous pouvons mettre ce passage en parallèle avec un autre, issu des « Problèmes fondamentaux » et qui vise à justifier la possibilité d'une « psychologie a priori ». « Il se comprend directement de soi-même qu'à une science pure de la nature doit correspondre, en parallèle, une psychologie pure » (Hua XIII, *Text* 6, p. 140).
13 Bien que Husserl utilise l'expression « vereinzelt » en l'opposant à « allgemein », il serait abusif de voir dans cette opposition une reproduction du couple logique du particulier et de l'universel. Husserl utilise « vereinzelt » dans un sens moins défini que « partikulär ». Nous aurions pu, par exemple, traduire aussi bien « vereinzelt genommen » par « pris isolément » dans la mesure où, ici, Husserl désigne effectivement l'isolement du vécu dans le flux héraclitéen de la conscience (Hua II, p. 47). En d'autres termes, les essences particularisées, même si – dans la mesure où elles sont des données réduites – elles sont indubitables et – dans la mesure où le sujet empirique a été réduit – elles sont « non solipsistes », demeurent « particulières » (et même, paradoxalement, « subjectives ») et donc ne sont ni suprasubjectives ni, encore moins, intersubjectives.
14 Cf. Hua II, p. 48. Nous avons cité plus haut ce passage de Husserl sur Kant.
15 Cf. Hua III/1, § 85.

nons ainsi que les moments réels de la conscience sont de deux types: hylétiques et noétiques, ou encore: matériels (*stofflich*) et formels. Ces moments s'écoulent sans cesse dans le flux d'une temporalité *déjà constituée*. Les moments noétiques animent ou donnent sens aux moments hylétiques qui sont, en quelque sorte, l'élément non-égoïque de la conscience. Or, cette «donation de sens», même prise, comme dit Husserl, «dans un sens très élargi du mot», ne laisse pas de poser des questions et cela d'autant plus que Husserl lui attribue «la présupposition eidétique de l'idée de norme». Comment admettre en effet que le sens, ou la signification noétique, qui doit bien être une idéalité, soit à la fois isolé dans le flux temporel constitué et en même temps, comme idéalité, supratemporel et suprasubjectif? Il n'est que deux moyens de satisfaire à cette double exigence. Soit maintenir, pour le seul pôle noétique, la thèse de la *species* (comme dans les leçons de 1906-1907) et par conséquent, lier les significations noétiques à une idéalité qui les précède et en raison de laquelle elles ont une suprasubjectivité au moins potentielle. Soit reconnaître une constitution plus originaire, comme Husserl semble le faire dans les *Ideen 1* lorsqu'il parle d'une temporalité «déjà constituée».

Quoiqu'il en soit, en s'en tenant à de telles essences particulières, tout «indubitables» qu'elles soient, il est impossible de revendiquer une quelconque forme de science. «L'essence de la science n'implique-t-elle pas comme corrélat l'objectivité de ce qui en elle est connu, scientifiquement fondé? Et ce qui est fondé scientifiquement n'est-il pas valable universellement [*allgemein giltig*]? Or qu'en est-il ici? Nous nous mouvons dans le champ des phénomènes purs. Mais pourquoi dis-je *champ*; c'est plutôt un perpétuel *flux héraclitéen* de phénomènes. [...] Mais quant à la *validité ‹objective›* de ces jugements, il n'en est manifestement rien, ils n'ont aucune ‹*signification objective*›, ‹ils ont seulement une *vérité «subjective»*›»[16].

Dans les *Recherches logiques*, Husserl avait combattu le relativisme individuel en mettant en avant les droits de l'idéation. À cette époque, c'était en quelque sorte la suprasubjectivité des idéalités saisies par idéation qui garantissait l'objectivité de celles-ci ainsi que la possibilité d'une pluralité intersubjective dans la mesure où l'expérience d'autrui en présupposait la saisie. Au début de l'époque de Göttingen, à partir de la *Recension d'Elsenhans* et de sa correspondance avec Hocking, il prend conscience d'un solipsisme théorique latent dans ses écrits de Halle. Pour le combattre, il introduit la réduction du sujet empirique. Sa philosophie prend alors l'aspect d'une eidétique généralisée. Dans ses leçons de 1907, il réalise en outre que, lorsque la réduction phénoménologique est conduite systématiquement selon un cheminement cartésien, elle conduit à des données qui restent particularisées, emportées dans l'écoulement d'un flux héraclitéen. Il est vrai que, dans l'intervalle qui sépare la *Recension d'Elsenhans* et *L'idée de la phénoménologie*, de nombreuses recherches, dont les *Leçons sur le temps* (1905), sont venues approfondir sa pensée.

16 Hua II, p. 47.

L'opposition du singulier et de l'universel le confronte donc à une nouvelle forme de solipsisme. Il tentera d'y répondre alors (en 1907), en usant, comme par le passé, de l'idéation. « L'absolue présence-en-personne dans une vue, se rencontre-t-elle uniquement à propos du vécu singulier [*singulär*] et de ses moments et parties singuliers, c'est-à-dire uniquement à propos d'une position intuitive d'un ceci-là ? N'y aurait-il pas une position intuitive ‹ d'autres données comme absolues, p. ex. › des universalités [*Allgemeinheiten*], de telle sorte qu'un universel vienne, par la vue, à la donnée allant-de-soi, qui elle non plus ne saurait être mise en doute sans absurdité »[17].

Pour être plus précis encore, Husserl rencontre, dans les premiers balbutiements de son cheminement cartésien, des données immanentes et indubitables qui sont à la fois particulières (*vereinzelt*) et singulières (*singulär*). Ces données de l'immanence réelle ressemblent à des ponctualités isolées dans un flux héracliten, dénuées de toute unité fixe et stable, à des singularités privées de toute universalité véritable. Si la distinction entre « particulier » et « singulier » est trop peu thématisée dans *L'idée de la phénoménologie*, elle est pourtant importante. Nous estimons en effet que l'extension de l'immanence effectuée en 1907, si elle parvient effectivement à « résoudre » le problème de « l'isolement » des données indubitables dans le flux du temps, échoue, dans une certaine mesure, lorsqu'il s'agit de dépasser complètement leur singularité. Il va de soi que Husserl, pour sa part, soutient dans son texte de 1907 que la singularité est effectivement dépassée et que des données universelles sont effectivement atteintes. Voyons ce qu'il en est au juste.

La saisie intuitive des idéalités nous mettrait en présence de données universelles, absolument indubitables, qui pourtant ne sont pas incluses à titre réel dans l'immanence. Tandis que l'immanence réelle est temporellement fluante, les idéalités sont stables et identiques supratemporellement : ni les données hylétiques ni les donations de sens noétiques ne participent d'une telle universalité. L'abstraction par idéation est donc, en 1907, ce qui permet de dépasser la singularité des données de l'immanence réelle, simplement cartésienne. « Qu'est-ce que les actes de vision particuliers [...] peuvent nous apporter ? [...] On ne voit pas comment on doit pouvoir porter ici des affirmations universellement valables, telles que nous en avons besoin ici. Une chose cependant semble nous aider : *l'abstraction par idéation*. Elle nous fournit, comme objets d'une intellection évidente, des généralités, des *species*, des essences [...] »[18]. En d'autres termes : « Ce ne sont pas les seuls objets particuliers mais aussi les *généralités, les objets généraux et les états-de-choses généraux, qui peuvent parvenir à l'absolue présence-en-personne* »[19].

---

17 Hua II, p. 50.
18 Hua II, p. 8.
19 Hua II, p. 51.

L'idéation apparaît dès lors comme une forme de rédemption (*Erlösung*)[20] face au péril d'un enfermement de la phénoménologie dans les données particulières. Cette introduction des idéalités d'essence universelles dans la sphère d'immanence phénoménologique a deux conséquences directes. Tout d'abord, elle permet de découvrir que l'immanence comme inclusion réelle n'est pas synonyme de l'immanence comme donnée indubitable. Les idéalités saisies par idéation ne sont pas réellement immanentes, mais elles sont indubitables. Ensuite, il apparaît qu'il faut accepter dans la sphère d'immanence phénoménologique une dimension non pas réelle, mais intentionnelle.

Cette ouverture de l'immanence phénoménologique à l'immanence intentionnelle ou, dans un vocabulaire plus tardif, à la dimension noématique, c'est-à-dire à une certaine forme de « transcendance dans l'immanence », vaut pour l'ensemble des données de conscience et pas seulement pour les idéalités. La perception empirique peut, elle aussi, être réduite à une dimension purement indubitable qui ne se limite pas aux *cogitationes* actuelles et fluantes, à la dimension noétique des contenus sensibles (*hylè*) et de leurs appréhensions (*morphè*), mais s'étend au *cogitatum qua cogitatum*, à l'objet intentionnellement saisi en tant que tel.

> Il suit de là que la réduction phénoménologique ne signifie nullement la limitation de la recherche à la sphère de l'immanence réelle, à la sphère de ce qui est inclus réellement dans le ‹ ceci › absolu de la *cogitatio* ; elle ne signifie d'aucune façon une limitation à la sphère de la *cogitatio* mais la limitation à la sphère des *pures données-en-personne*, à la sphère de ce qui n'est pas seulement objet d'un discours et d'une visée, ni non plus à la sphère de ce qui est perçu mais à la sphère de ce qui, exactement dans le même sens dans lequel c'est visé, est aussi donné, et donné-en-personne au sens le plus strict, de sorte qu'il n'y ait rien dans ce qui est visé qui ne soit donné[21].

En quelque sorte, c'est l'intuition eidétique qui permet de se libérer de la limitation à l'immanence réelle. Plus précisément, c'est uniquement en acceptant l'immanence intentionnelle que nous pourrions éviter l'impasse dans laquelle nous avait plongé la limitation au flux des *cogitationes* particulières. Étant donné que, dans *L'idée de la phénoménologie*, le motif de la récession à l'immanence est l'indubitabilité, seule l'indubitabilité des données idéales, non-immanentes au sens réel, peut l'autoriser à inclure la transcendance intentionnelle dans l'immanence phénoménologique.

À partir du moment où l'immanence intentionnelle est acceptée comme une donnée de droit pour la phénoménologie (principe des principes), tout l'enjeu consistera à décrire la constitution intentionnelle des objectivités noématiques, ou intentionnellement immanentes, à partir du flux noétique. C'est notamment sur cette base qu'il faudra rendre compte des différentes présentifications, en ce compris l'*Einfühlung*. Notons cependant qu'une difficulté essentielle réside ici.

20 Hua II, p. 8.
21 Hua II, pp. 60–61.

Le champ de la donnée phénoménologique nous apparaît à présent comme un champ partagé entre un versant noétique et un versant noématique. Nous avons déjà décrit la structure du noème et précisé que la structure du pôle noétique est parallèle à celle-ci : les données hylétiques y sont animées par des appréhensions qui les mettent en forme selon une structure homéomorphe à celle que l'on retrouve du côté noématique. D'un point de vue descriptif, la différence qui oppose le pôle noétique (subjectif) au pôle noématique (objectif) ne tient qu'à ceci que, du côté noétique, on ne trouve qu'un flux permanent de données hylétiques et de saisies qui s'écoulent et ne pourront jamais être appréhendées à nouveau dans leur originarité, mais seulement sous une forme reproductive. Du côté noématique en revanche, on rencontre une identité, une unité qui peut être suprasubjective, intersubjective, ou encore omnitemporelle (*allzeitlich*) comme Husserl le dira dans *Expérience et jugement*. Les « visées de sens » noétiques quant à elles, ne sont ni intersubjectives ni suprasubjectives. C'est pourtant sur leur base que les unités suprasubjectives ou intersubjectives se constituent. Or, comment expliquer que, dans l'*Einfühlung*, je puisse attribuer à autrui une signification qu'il partage avec moi (ego) si cette signification n'a pas été précédemment constituée comme intersubjective ? Sur quel fondement s'opérerait cette constitution ?

En somme, comme nous l'avons annoncé, le recours husserlien à l'idéation, s'il répond au problème de l'« isolement » des données phénoménologiques, ne répond pas à celui de leur singularité. Lorsque Husserl déclare : « La connaissance de l'universel est quelque chose de singulier, est à chaque fois un moment dans le courant de la conscience ; mais l'universel lui-même [...] est quelque chose qui est non pas singulier mais précisément général et est donc, au sens effectif, transcendant »[22], il confond indûment le problème posé par la singularité des données de la conscience subjective et celui posé par le caractère particulier des données de l'immanence réelle. Cette confusion, qui traverse l'ensemble du texte de *L'idée de la phénoménologie*, témoigne, selon nous, du fait que Husserl, en 1907, n'est pas encore clairement conscient de la distinction entre l'intersubjectivité et la suprasubjectivité ; c'est pourquoi il passe sans hésitation de l'une à l'autre. À cette époque, apparemment, il pense encore que les idéalités suprasubjectives sont *ipso facto* intersubjectives et que, dès lors, l'expérience d'autrui peut se fonder sur elles.

Un texte daté de mars 1911 – contemporain donc des « Problèmes fondamentaux » – témoigne de manière très claire de l'évolution de Husserl sur ce point : « Que les significations empiriques soient des unités idéales, cela ne veut pas dire qu'elles peuvent être pour ainsi dire échangées [*ausgetauscht*] intersubjectivement, que l'on peut exercer une science intersubjectivement, etc. Cela ne veut pas dire : en effet nous avons déjà, pour les significations d'un seul et même sujet une ‹ idéalité ›

---

22 Hua II, p. 9.

en tant qu'identité idéale. Mais il faut bien alors assurément poser la question de savoir ce que l'identité des significations et des valeurs de signification veut dire pour une association intersubjective »[23].

2. *Les trois sens de l'immanence en 1910–1911*

En 1907, le passage par l'eidétique, ou plus précisément par l'abstraction idéatrice, avait permis de dépasser la clôture individuelle à l'immanence réelle. Dans *L'idée de la phénoménologie*, l'idéalité était donc la première forme de transcendance acceptée dans l'immanence phénoménologique. À rebours de cette démarche, on retrouve régulièrement dans les annotations et les commentaires ultérieurs aux *Problèmes fondamentaux de la phénoménologie* des affirmations selon lesquelles, dans ceux-ci, « La réduction eidétique n'a pas été accomplie. La recherche considère la conscience phénoménologiquement réduite dans son flux individuel »[24]. Ces déclarations annoncent une distinction supplémentaire à celle, déjà exposée, selon laquelle le projet de Husserl, à cette époque, est d'effectuer une réduction aux vécus purs et non pas immédiatement d'atteindre des données indubitables. On se trouve donc en possession de deux textes dans lesquels la description de la réduction phénoménologique diffère au moins sur deux points capitaux.

En outre, ces deux premiers éléments, à partir desquels les deux ouvrages se distinguent, sont liés entre eux par une logique interne qui engage la distinction entre la supra- et l'inter-subjectivité.

D'un côté, en 1907, l'eidétique (l'abstraction idéatrice) offre au phénoménologue sa première « transcendance dans l'immanence ». C'est à partir de l'idéation que la phénoménologie s'élance au-delà de l'immanence réelle et s'approprie l'immanence intentionnelle. Cette ouverture du champ phénoménologique est immédiatement dépendante de la manière dont Husserl conçoit alors, sur le mode cartésien, le motif de la réduction phénoménologique, à savoir comme la mise au jour de données indubitables. Il y a donc une ligne de continuité et d'implications nécessaires en raison de laquelle, si on pose que la réduction a pour but de dégager des données indubitables, le seul moyen pour la phénoménologie de s'ériger comme science est de conquérir l'immanence intentionnelle en passant par l'idéation. Cette ligne de continuité se prolonge jusqu'aux questions touchant aux relations de l'intersubjectivité et de la suprasubjectivité, puisque nous savons

---

23 Hua XXVI, *Beilage* XIX, p. 203.
24 Hua XIII, *Text* 6, p. 162, n. 1. Voir aussi : « La ‹phénoménologie› n'est pas établie ici d'emblée en tant que doctrine d'*essence* ; mais la tentative est faite d'examiner si une phénoménologie expérimentale [*erfahrende*], qui n'est pas doctrine d'essence, est possible. [...] La réduction phénoménologique (non eidétique) donne ainsi comme résultat la possibilité d'aller dans le subjectif (le subjectif transcendantal) par delà l'impressionnel actuel » (Hua XIII, *Text* 6, p. 111, n. 1).

depuis l'étude des textes de Halle, que le point de départ cartésien selon lequel il faut rechercher, dans l'immanence individuelle, des données indubitables, impose que l'intersubjectivité ne puisse être fondée que dans la suprasubjectivité, ce qui, comme on l'a vu précédemment, a des implications essentiellement inacceptables. Tout se passe comme si le grand projet moderne d'une *mathesis universalis*, dont la tradition se poursuit de Descartes à Husserl, barrait, pour des raisons nécessaires, l'accès à l'intersubjectivité, ce qui, en retour, met ce projet lui-même en péril.

D'un autre côté si, comme Husserl en 1910-1911, on laisse en suspens la question de l'indubitabilité et qu'on repousse à plus tard la question de l'eidétique, il se peut que l'on assure mieux les droits de l'intersubjectivité et que, à terme, la rationalité elle-même en soit plus fermement établie. Encore faut-il étayer cette hypothèse. Dans la mesure où l'on accepte une phénoménologie non-absolue, non-indubitable, il n'est peut-être plus nécessaire d'avoir recours à l'eidétique pour ouvrir une sphère de transcendances immanentes qui, tout en n'étant pas indubitables, n'en sont pas moins des données véritables. Ce ne serait alors qu'après coup que l'origine des données idéales pourrait être mise en évidence.

Il apparaîtra en chemin qu'il faut prendre en compte un troisième sens de l'immanence, selon lequel celle-ci ne serait plus adossée à l'intériorité ou à la *nécessité* indubitable, mais à la *possibilité* d'une saisie authentique. Cette ouverture du champ phénoménologique à l'horizon du possible offrira une voie d'accès nouvelle pour l'étude phénoménologique de l'intersubjectivité.

Souvenons-nous que la *distinctio phaenomenologica* avait assuré la possibilité d'une réduction aux vécus purs. C'est en raison de celle-ci en effet, qu'il est a priori possible d'étudier les vécus indépendamment de toute dimension empirico-physique. Selon les termes de Husserl: «la réduction phénoménologique nous conduit tout d'abord à la donnée absolue que nous avons provisoirement appelée intuition phénoménologique, à la *perception* [*Wahrnehmung*] précisément phénoménologique, dont le caractère absolu, et par-là non douteux, peut assurément se défendre. Mais, entrelacés d'une certaine façon à elle, se détachent aussitôt d'autres modes de donnée (et cela toujours à l'intérieur de l'attitude phénoménologique), dont le caractère absolu ne peut plus entièrement se défendre dans le même sens (à savoir en tant qu'absence de doute)»[25].

Autrement dit, Husserl ne nie pas le caractère indubitable de la perception phénoménologique, il considère que le pur vécu, dans la dimension de la présentation (*Gegenwärtigung*), est exempt de toute forme de doute, mais il met en question l'indubitabilité des données non-présentes. Qu'en est-il des présentifications ou des données rétentionnelles par exemple? Considérons tout d'abord la dimension de la présentation: dans quelle mesure son indubitabilité est-elle éprouvée? Dans le pur maintenant, ainsi que Descartes déjà l'avait souligné, la per-

---

25   Hua XIII, *Text* 6, p. 159.

ception phénoménologique est une donnée absolue. Cependant, cette perception dure. Tout, dans le perçu, n'est pas purement présent. Qu'en est-il par exemple de la perception tout juste passée, de la donnée rétentionelle ? À première vue, le « tout juste passé » transcende le présent impressionnel et n'est plus, dès lors, une donnée absolue. Husserl, cependant, récuse cette première analyse de la donnée perceptive temporellement étendue. En effet, mettre en doute cette perception reviendrait à s'interroger sur la validité de ce qui « paraît » être donné en elle. « En tout cas, le doute présuppose donc la donnée, la donnée non douteuse de la visée qui est mise en doute. *Par-là, cette perception, ce phénomène de donnée empirique qui dure, est, dans son être propre et dans sa durée, donné, et donné absolument* »[26].

Il faut donc reconnaître la donnée indubitable de la perception phénoménologique et des rétentions qui lui sont attachées, car en douter présupposerait encore la donnée absolue de son vécu. Ainsi, l'argument cartésien réapparaît. Cependant, en étendant pour ainsi dire « en longueur » (l'expression est de Husserl) le cadre de la donnée phénoménologique au-delà de l'impression-originaire, nous avons, comme dans *L'idée de la phénoménologie*, admis en quelque manière une transcendance dans l'immanence. En effet, ce n'est pas seulement le vécu de rétention, la pure *cogitatio* cartésienne, qui est inclus dans l'immanence, mais également le *cogitatum* de cette rétention : un vécu de perception passé (une *cogitatio* passée) qui, pour sa part, n'appartient pas à l'immanence indubitable de la sphère cartésienne, au présent impressionnel.

L'extension « en longueur » du cadre phénoménologique conduit à accepter comme « immanentes » des données qui, pourtant, sont transcendantes à la sphère cartésienne de l'immanence réelle. Cette extension avait également été accomplie en 1907, mais, à cette époque, elle avait exigé, pour se justifier, l'usage de l'idéation. Il faut cependant mettre dès maintenant en évidence une différence importante entre la manière dont le texte de 1907 conçoit l'extension de l'immanence aux données rétentionnelles et protentionnelles et l'approche du texte de 1910–1911. Tandis que dans *L'idée de la phénoménologie*, l'accent est mis sur le *cogitatum* (l'objet)[27], en 1910–1911 il est clairement mis sur le *cogito* lui-même (le vécu en tant que tel). Husserl n'est nullement aveugle à la nouvelle démarche qu'il adopte en 1910–1911, puisqu'il la souligne dans une note déjà citée : « la réduction *eidétique* n'a pas été accomplie. La recherche considère la conscience phénoménologiquement réduite dans son flux individuel ». Cependant, il faut se demander si cette extension peut se poursuivre sans que l'indubitabilité de la donnée soit mise en péril. Qu'en est-il par exemple si l'on étend le cadre « en largeur » aux différentes présentifications ?

---

26 Hua XIII, *Text* 6, p. 161.
27 Cf. Hua II, pp. 67–68.

Envisageons le cas du ressouvenir. De même que pour la rétention, ce n'est pas seulement le vécu de ressouvenir qui est inclus dans l'immanence mais également, dans la mesure où l'on étend celle-ci aux présentifications, le vécu ressouvenu. Or, cette fois-ci, la transcendance introduite dans l'immanence phénoménologique n'est plus indubitable mais au contraire, elle est susceptible d'être illusoire. Il peut s'avérer après coup que deux événements qui, dans mon ressouvenir, apparaissaient simultanés se révèlent, dans un ressouvenir plus précis, être successifs. Dès lors, les deux ressouvenirs, bien que se rapportant au même ressouvenu, sont contradictoires. Bref, les vécus présentifiés ne sont pas indubitables. Le contraste que nous avons noté entre l'approche plus « noématique » de 1907 et l'approche plus « noétique » de 1910–1911, prend toute son importance ici. Husserl, dans « Problèmes fondamentaux » a étendu « en longueur » le champ d'immanence aux vécus retenus et attendus ; de même qu'il l'a étendu « en largeur » aux vécus présentifiés. Dans les deux cas, que ceux-ci soient ou non l'objet d'un autre vécu, ce sont bien des vécus qui sont ainsi acceptés dans l'immanence du pur vécu. L'illusion advient lorsqu'on considère l'objet de ces vécus, la simultanéité ou la non simultanéité de ce qui est ressouvenu dans le ressouvenir.

Lorsqu'on considère le champ du pur vécu, dit Husserl, on s'aperçoit qu'il y a partout « de la transcendance dans l'immanence phénoménologique, et partout la possibilité de l'illusion »[28]. En effet, ce ne sont pas seulement les vécus présentifiés au sens strict (souvenir, fantaisie, image, *Einfühlung*, etc.) qui sont douteux dans la sphère d'immanence phénoménologique, mais également tous les vécus. En effet, toute perception actuelle est non seulement suivie par une queue de comète de rétentions qui la soutiennent, mais elle est également entourée d'un halo de perceptions possibles, par un horizon d'intuitions possibles motivées et déterminées par les données précédentes, unifiées comme « perception » dans le flux du présent-vivant. « Faire l'expérience du présent donne alors son motif à faire l'expérience du futur. Mais la pureté de la réduction phénoménologique n'aide en rien à conférer à cette motivation une valeur de donnée absolue. Pendant que j'observe par exemple l'événement, un moustique me vole sur le nez et je dois éternuer. Du voir attendu, il n'y a alors plus rien »[29].

En fin de compte, le doute semble pouvoir s'étendre à l'ensemble de la sphère phénoménologique, si bien que l'on en vient à se demander si le projet husserlien d'une science radicalement nouvelle n'est pas utopique. Souvenons-nous pourtant qu'il ne revendiquait pas, pour cette science, le statut de l'indubitabilité absolue. Que les vécus purs soient des données effectives lui suffisait. « Peut-on admettre ces genres d'expérience phénoménologique qui n'ont pas un caractère absolu ? La réponse, vous vous y attendez bien. Personne n'exige du savant-naturaliste que les modes de donation sur lesquels il construit soient des modes de donnée absolus.

---

28 Hua XIII, *Text* 6, p. 166.
29 Hua XIII, *Text* 6, p. 165.

[…] Il n'y a donc rien qui fasse obstacle à l'essai, en réduction phénoménologique, d'une psychologie transcendantale, d'une science des vécus. […] Pourquoi donc, en face de la science empirique naturaliste, ne devrait-il pas pouvoir y en avoir une qui soit phénoménologique ? »[30].

Il est à peine besoin de souligner à quel point ces affirmations (la revendication d'une phénoménologie empirique) sont «blasphématoires» au regard des thèses de 1907. Toujours est-il que Husserl s'est ouvert, en abandonnant l'exigence d'indubitabilité, un vaste champ d'expériences phénoménologiques : « il devient dès alors visible que l'expérience phénoménologique ne dépend pas des *cogitationes* particulières [*vereinzelte*] qui sont les termes présents sur lesquels porte l'attention maintenant mais s'étend sur *le courant entier de la conscience* en tant que connexion temporelle unique, qui, assurément, dans sa largeur et sa longueur tout entières, ne tombe pas à chaque fois dans la lumière de l'intuition »[31].

Cette conception d'une phénoménologie «empirique», comme psychologie transcendantale ou pure, débouche sur une nouvelle conception de l'immanence et impose la mise en place d'une nouvelle réduction. Considérons une première fois la notion de «réduction phénoménologique double», notion qui jouera un rôle capital dans le prochain chapitre. Il suffira pour l'instant de faire voir qu'elle est une conséquence immédiate de la conception non-cartésienne de la phénoménologie ou, pour être plus précis, qu'elle n'a de sens et ne peut être accomplie que dans une démarche non-cartésienne.

La phénoménologie, telle que Husserl la décrit en 1910–1911, est une science des vécus purs. Ces vécus purs sont, en vertu de la *distinctio phaenomenologica*, indépendants – *de jure* si pas *de facto* – de l'empirie. Dans les présentifications, nous sommes conscients d'un vécu non-présent et non pas, immédiatement, d'un objet empirique. Nous pouvons donc exercer la réduction deux fois : une première fois sur le vécu actuel de présentification et, une seconde fois, sur le vécu présentifié qui est l'objet de la présentification. Par là, nous obtenons un champ de vécus purs. « Par exemple, dans le ressouvenir, non seulement une réflexion et réduction est possible, qui fait passer le ressouvenir lui-même en tant que vécu à l'état d'objet d'une perception phénoménologique absolument donatrice mais encore une seconde réflexion et réduction, qui s'écoule pour ainsi dire dans le ressouvenir et qui amène un vécu ressouvenu en tant qu'état de passé phénoménologique à la donnée mais non plus à la donnée absolue qui exclut tout doute ; et de même dans tous les autres cas »[32].

L'idée d'une réduction phénoménologique double est étroitement liée à la conception non-cartésienne de la phénoménologie. Plus précisément : elle est impensable dans une optique cartésienne, parce qu'elle suppose que les *cogitationes*

---

30 Hua XIII, *Text* 6, pp. 168–169.
31 Hua XIII, *Text* 6, pp. 176–177.
32 Hua XIII, *Text* 6, p. 168.

réduites puissent receler un résidu réductible, ce qui est absurde d'un point de vue cartésien. Cette réduction n'est donc envisageable que dans la mesure où ce qui est en question avant tout, c'est le vécu et non l'objet.

En résumé, la conception non-cartésienne de la phénoménologie exposée en 1910–1911 diffère de la conception cartésienne de 1907 sur quatre points capitaux. 1°) Les motifs de la réduction ne sont plus la problématicité, mais la liberté d'élaborer une science nouvelle. 2°) Les buts à atteindre par la réduction ne sont plus des données indubitables, mais des vécus purs. 3°) La transcendance entre dans l'immanence en raison de l'abandon de l'exigence d'indubitabilité et non à partir de l'eidétique. 4°) L'exercice de la réduction n'est plus une réduction simple dégageant un résidu irréductible, mais une réduction double, réitérable à merci. Il est donc naturel qu'elle débouche sur une nouvelle conception de l'immanence.

Dans les « Problèmes fondamentaux », Husserl dégage non pas deux, mais trois concepts distincts de l'immanence et de la transcendance. Les deux premiers, même s'ils sont formulés de façon quelque peu obscure, sont déjà connus.

Un premier sens, très général, de l'opposition immanence/transcendance peut être saisi à partir de l'opposition entre le présent et le non-présent. Est transcendant « l'objet de connaissance qui n'est pas lui-même présent dans l'acte de connaissance »[33]. On retrouve ici l'idée classique (cartésienne) d'une immanence réelle. Un second sens peut être décrit à partir de l'opposition entre la présence « en-chair-et-en-os » (*Leibhaftigkeit*) et le fait d'être simplement visé (*das Gemeintsein*). « Du côté de l'immanence se tient seulement ce qui est vu [*das Geschaute*] […]; du côté de la transcendance, se trouverait alors tout le reste; ainsi, avant tout, le non-présent, quoique conscient comme objet »[34]. Cette fois-ci, apparaît l'idée d'une immanence intentionnelle comme donnée absolue telle qu'elle a été développée en 1907.

La troisième signification de l'immanence est nouvelle: elle découle tout naturellement des positions originales adoptées dans « Problèmes fondamentaux ». Elle se comprend à partir de l'opposition entre ce qui est intuitionnable (*schaubar*) comme auto-présent (*Selbstgegenwart*), le vécu pur sous toutes ses formes, et ce qui est seulement intuitionnable comme auto-présenté (*selbstgegenwärtig*). Nous retrouvons ici l'idée de *distinctio phaenomenologica*, puisqu'on appelle « immanent » tout ce qui appartient à la sphère des vécus, et cela non pas en raison de leur indubitabilité ou de leur présence mais *de jure*, selon une partition, en quelque sorte ontologique, entre ce qui, par nature, voit, et ce qui, par nature, est visible et

---

33 Hua XIII, *Text* 6, p. 170. Précisons que, dans la version originale de son texte, Husserl avait inclus l'immanence intentionnelle du *cogitatum* dans cette première forme d'immanence. Par la suite, le texte déclarant que « Ce qui est phénoménologiquement intuitionné n'est pas non plus au sens propre dans l'acte. Mais, à cet égard, on ne parle pas de transcendance, puisque alors le terme opposé immanence n'aurait plus de sens », a été biffé ultérieurement.
34 Hua XIII, *Text* 6, p. 170.

apparaît. Ainsi, que le vécu soit douteux, qu'il soit passé ou présent, ou simplement à l'horizon, il reste un vécu et comme tel il peut être distingué de ce qui apparaît en lui. De façon significative, Husserl appelle cette phénoménologie, qui n'est plus une eidétique, une « science éventuelle »[35].

L'immanence phénoménologique n'est donc plus considérée comme un domaine de nécessités idéales et suprasubjectives, mais comme un champ ouvert de possibilités à explorer méthodiquement, selon une procédure pour ainsi dire « expérimentale ». Nous comprenons mieux ici les déclarations selon lesquelles « la ‹phénoménologie› n'est pas établie ici d'emblée en tant que doctrine d'essence ; mais la tentative est faite d'examiner si une phénoménologie expérimentale, qui n'est pas doctrine d'essence, est possible »[36].

---

35 Hua XIII, *Text* 6, p. 171.
36 Op. cit.

CHAPITRE 10

La réduction à l'intersubjectivité et l'acquisition de la pluralité phénoménologique des monades

La phénoménologie, c'est entendu, est une philosophie de l'origine. À la réflexion cependant, cette question de l'origine apparaît particulièrement épineuse. D'une part, il est impossible de s'y dérober en raison du caractère incontournable de la réfutation du psychologisme, d'autre part, il s'avère, à la lecture de *L'idée de la phénoménologie* et des *Problèmes fondamentaux de la phénoménologie*, que l'origine en question est située dans une sphère d'immanence dont la signification demeure indécise.

Par ailleurs, il est à présent acquis qu'il y a des motifs essentiels et contraignants en raison desquels cette origine phénoménologique – l'immanence – ne peut pas être solipsiste. Plus encore, le dépassement du solipsisme par un recours à la suprasubjectivité saisie par idéation est insuffisant parce que cette dernière opération exigerait d'être enracinée dans une intersubjectivité qui la précède. La phénoménologie est donc dans une posture délicate qui impose de déterminer une immanence intersubjective : une intersubjectivité transcendantale. On en vient donc à l'idée, apparemment étrange, d'une réduction *à* l'intersubjectivité et non pas *de* l'intersubjectivité. C'est à ce prix seulement que nous pourrions finalement expliquer non seulement la constitution de l'objectivité, mais encore l'expérience d'autrui et la distinction entre la structure intentionnelle de cette expérience et celle de l'hallucination. Le souvenir-du-présent dans lequel la conscience d'autrui nous est apprésentée exigerait d'être fondé dans une temporalité phénoménologique qui, pour n'être pas objective, n'en serait pas moins, déjà, intersubjective en quelque manière[1].

Dans les *Problèmes fondamentaux de la phénoménologie*, Husserl accomplit une avancée capitale vers la résolution de ce problème. Pourtant, il ne suivra pas jusqu'au bout ses intuitions puisque, en fin de compte, la temporalité originaire ne recevra pas une portée intersubjective, mais suprasubjective. Malgré le progrès philosophique majeur que constitue le passage, entre 1900 et 1910, d'une théorie de la connaissance centrée sur la suprasubjectivité à une théorie de l'origine du monde fondée sur l'intersubjectivité, Husserl restera, probablement jusqu'à la fin de sa vie, fasciné par l'idée moderne de suprasubjectivité et persistera à fonder

---

1   C'est pourquoi Fink affirme que « tous les souvenirs du présent présupposent un monde déjà existant » (cf. *Vergegenwärtigung und Bild*, op. cit., § 19).

l'intersubjectivité dans une suprasubjectivité rejetée, au fil des années, dans des couches d'immanence de plus en plus profondes[2].

Il reste que l'orientation qui se dessine dans les *Problèmes fondamentaux de la phénoménologie* et dont on retrouvera les traces jusque dans la *Krisis* pointe vers une phénoménologie d'un genre nouveau, une phénoménologie véritablement première, puisqu'elle décrit non seulement les structures intentionnelles, statiques et génétiques, qui constituent les phénomènes – c'est-à-dire les structures qui déterminent l'apparition d'un objet de conscience pour une conscience intentionnelle individuelle –, mais encore l'origine de ces structures elles-mêmes dans une pluralité originaire[3]. Nous nous proposons d'exposer ici, fût-ce de manière provisoire ou partielle, les assises méthodologiques de cette phénoménologie. Il apparaîtra qu'elles diffèrent profondément de celles décrites dans *L'idée de la phénoménologie* ou dans *Ideen I*. Elles permettront également d'envisager quelques pistes pour résoudre les difficultés particulières rencontrées au cours de cette étude.

1. *La voie cartésienne et la voie ontologique d'acquisition du flux entier de la conscience*

En parcourant *L'idée de la phénoménologie*, nous avons suivi un cheminement nettement influencé par la démarche cartésienne du doute. Dans ce texte, la préoccupation principale était d'étudier l'essence du connaître, d'élaborer une phénoménologie de la raison. Dans un geste typiquement cartésien, Husserl s'était attelé à la recherche de données indubitables et avait découvert celles-ci dans la sphère des *cogitationes*. Ce que je vis, au moment où je le vis, est indubitable pour moi. En conséquence, la sphère des *cogitationes* nous offre en premier lieu un ensemble d'essences individuelles ou particularisées.

La sphère des *cogitationes* apparaissait donc, de prime abord, comme une sphère limitée à l'instantanéité individuelle et à la particularité. Husserl avait résolu le problème posé par l'élaboration d'une science sur base de ces données singulières en ayant recours à l'eidétique. La présence de données idéales, universelles, suprasubjectives, dans la sphère de l'évidence phénoménologique avait permis de distinguer deux immanences différentes, toutes deux indubitables : l'immanence réelle et l'im-

---

2   Nous verrons qu'il existe pourtant, dans les manuscrits tardifs, des indices d'une réflexion sur une intersubjectivité originaire, à mettre sur le même pied que la rétention et la protention.
3   Pour l'idée de « phénoménologie première », voir : Bouckaert, B., « Vers une phénoménologie première : de Husserl à Maine de Biran et retour », in *Revue philosophique de Louvain*, 96, 1998, pp. 598–622, « La signification ‹ autre › de la phénoménologie. Notes propédeutiques sur quelques aspects paradoxaux de la théorie husserlienne de l'intentionnalité », in *Phänomenologische Forschungen*, 7, 2002, pp. 17–35 ; « De l'autre côté du miroir. Les motifs phénoménologiques de la réduction phénoménologique chez Husserl, Fink et Patočka. Contribution méthodologique à l'élaboration d'une phénoménologie première », in *Recherches husserliennes*, 17, 2002, pp. 87–116.

manence intentionnelle. Par là étaient établies l'évidence de la *cogitatio* et celle de l'*eidos*. Par ailleurs, la découverte d'une immanence intentionnelle allait permettre d'étendre l'évidence à l'ensemble du flux de la conscience.

Les *Problèmes fondamentaux de la phénoménologie* ont suivi un cheminement très différent. Dans ce texte, Husserl ne cherche pas à élaborer une phénoménologie de la raison, mais à découvrir une science nouvelle : la psychologie pure. Dans cette perspective, il n'a pas recours à l'eidétique pour asseoir le caractère scientifique de sa démarche. Une troisième notion d'immanence est apparue à côté des immanences réelle et intentionnelle : l'immanence comme vécu pur possible. Husserl assume donc ici l'idée d'un empirisme phénoménologique, lequel, comme tout empirisme, élabore un ensemble de connaissances, certes effectives, mais non-indubitables ou encore, dans une terminologie popperienne : falsifiables. Une différence importante sépare néanmoins cette nouvelle épistémologie husserlienne du faillibilisme de Popper. Il ne saurait être question pour Husserl de déterminer l'objectivité des vécus purs dans une série de tests intersubjectifs au sens où l'entend Popper, mais seulement de rendre compte, à partir de ces vécus purs, d'un processus intersubjectif de constitution qui soit l'origine véritable de toute objectivité.

Dans les *Méditations cartésiennes*, Husserl prend, derechef, le parti d'atteindre l'intersubjectivité transcendantale – l'origine du monde – en suivant la procédure cartésienne. Dès lors, dans une démarche qui, en quelque sorte, prolonge celle de *L'idée de la phénoménologie*, l'alter-ego transcendantal doit être atteint au terme d'un processus d'extension dont l'origine est située dans l'ego transcendantal. Cette approche de l'intersubjectivité transcendantale a été l'objet de critiques nombreuses auxquelles nous avons déjà fait allusion. Nous savons que Fink avait répondu à ces critiques en faisant mention de textes tardifs dans lesquels Husserl serait parvenu à l'idée d'un flux originaire, suprasubjectif, à partir duquel l'ego et l'alter-ego seraient distingués dans un processus d'auto-pluralisation. Les difficultés métaphysiques et phénoménologiques soulevées par cette réponse sont bien connues. L'approche des *Problèmes fondamentaux de la phénoménologie* n'offre-t-elle pas quelque possibilité de réponse à ces difficultés ? Nous chercherons tout d'abord à montrer comment, dans ces leçons de 1910–1911, Husserl étend le champ phénoménologique et, par la suite, comment il lui accorde une dimension intersubjective. À cette occasion, certains préjugés liés au projet d'élaborer une psychologie phénoménologique devront être abandonnés pour adopter des considérations plus clairement ontologiques.

1.1. *La notion d'arrière-fond ; qu'elle n'est pas une modification qualitative de la conscience*

Un concept, absent de *L'idée de la phénoménologie*, occupe une place primordiale dans les *Problèmes fondamentaux de la phénoménologie* : le concept d'arrière-fond (*Hintergrund*). Ce concept acquerra une importance d'autant plus grande du fait de l'extension de l'immanence phénoménologique à la sphère des vécus possibles.

Nous avons déjà traité des diverses modifications « qualitatives » de la conscience. Parmi celles-ci, nous avons fait mention des présentifications ainsi que les modifications doxiques. Un troisième type de modification qualitative doit être introduit à présent : il s'agit des modifications attentionnelles ou thématiques. Celles-ci s'ajoutent aux présentifications et aux modifications doxiques et se combinent à elles pour former des modifications complexes. L'étude des modifications attentionnelles offrira, par contraste, un point de départ commode pour cerner précisément la notion d'arrière-fond.

Lorsque je regarde un objet, ce dernier forme le thème de ma visée. C'est très précisément cet objet-là que je considère et sur lequel je focalise mon attention. Cependant, le thème de ma visée n'est pas la seule chose que je perçois. L'objet thématiquement perçu est entouré d'un arrière-fond d'objets qui, bien qu'ils ne soient pas le thème de ma visée, sont néanmoins présents, de façon athématique, dans le champ de ma perception. Ces objets perçus de façon athématique peuvent, librement, faire l'objet d'une visée thématique. Tandis qu'ils deviennent le thème de ma perception, l'objet précédemment visé reflue en marge et n'est plus perçu que de façon athématique.

En approfondissant cette dualité du thématique et de l'athématique, on peut se forger, par comparaison, une idée relativement précise de la notion d'arrière-fond. « *Ainsi, tout objet phénoménologique a son arrière-fond objectif*, qui est, pour la perception, arrière-fond de présent coconscient [*mitbewusst*] mais non covisé [*mitgemeint*] »[4].

Il importe de souligner une importante nuance descriptive entre la conscience d'arrière-fond et la conscience athématique. En effet, à la différence de l'opposition thématique/athématique, l'opposition avant-fond/arrière-fond n'appartient pas, à proprement parler, aux modifications qualitatives de la conscience. Le fait, pour un objet, d'appartenir à l'avant-fond ou à l'arrière-fond de la conscience ne doit pas être interprété comme une précision qualitative apportée à un noyau noématique. C'est le cas, en revanche, en ce qui concerne le fait, pour un objet, d'être ou non le thème de ma visée. Toute perception, par exemple, a un arrière-fond temporel de passé, de simultané et de futur auquel il est possible de revenir à volonté. L'objet d'arrière-fond ressaisi réflexivement conserve son identité noématique avec ses précisions qualitatives. Il n'en est pas de même en ce qui concerne les objets athématiques : par exemple, le passé et le futur ne peuvent pas être ressaisis comme un thème, mais seulement dans une présentification. Cette différence entre les couples thématique/athématique et avant-fond/arrière-fond peut sembler subtile et d'un maigre intérêt, mais il apparaîtra qu'elle est de la plus haute importance pour comprendre la pertinence phénoménologique et le caractère non-dogmatique de l'extension de l'immanence phénoménologique à la plura-

---

4   Hua XIII, *Text* 6, p. 172.

lité des monades. Nous y reviendrons lorsqu'il sera question de l'application de la réduction double à l'*Einfühlung*.

Lorsqu'on a pris conscience de ce que signifie précisément la notion d'arrière-fond, on réalise qu'elle englobe toute la sphère des vécus possibles qui sont prédéterminés légalement par un vécu effectif. Ainsi, toute perception prédétermine l'ensemble des présentifications dont elle peut être le support mais aussi l'ensemble des modifications qualitatives et attentionnelles qui peuvent lui être appliquées. De même, la face avant d'un objet perçu actuellement prédétermine la perception possible des faces cachées qui pourraient être perçues par la suite, etc. Or, il est nécessaire d'insister sur le fait que toute cette dimension de l'arrière-fond entre dans la sphère d'immanence phénoménologique telle que Husserl l'a définie dans les *Problèmes fondamentaux de la phénoménologie*. C'est pourquoi il peut affirmer que « L'expérience phénoménologique ne dépend pas des *cogitationes* singularisées qui sont maintenant les termes présents sur lesquels porte l'attention mais s'étend sur le *courant entier de la conscience* en tant que connexion temporelle unique, qui, assurément, dans sa longueur et sa largeur tout entière, ne tombe pas à chaque fois dans la lumière de l'intuition »[5].

Dès lors, c'est tout un champ phénoménologique qui appartient, d'emblée, à la sphère d'immanence. Par delà la pure présence cartésienne, le regard phénoménologique s'étend à toutes les consciences modifiées, à tous les arrière-fonds prédéterminés par la présence effective, c'est-à-dire à la sphère complète des vécus purs possibles. La manière dont cette extension « en longueur et en largeur » de l'immanence phénoménologique est effectuée en 1910–1911 tranche nettement avec la façon dont la même opération avait été présentée en 1907. Dans *L'idée de la phénoménologie*, c'est la découverte de l'immanence intentionnelle du noème sur l'exemple de l'idéation qui avait autorisé cette extension. En ce sens, c'était un recours à la saisie des idéalités suprasubjectives qui avait permis l'extension de la sphère phénoménologique à l'entièreté du flux de conscience. Dans les *Problèmes fondamentaux de la phénoménologie*, c'est une redéfinition de l'immanence en fonction de la catégorie de la possibilité et une réflexion sur la notion d'arrière-fond qui permet, sans recours à la suprasubjectivité, d'opérer le même élargissement.

1.2. Dépasser le préjugé cartésien ou passer à l'ontologie : la réduction phénoménologique double

La notion d'arrière-fond a permis de découvrir une extension « en longueur et en largeur » du champ phénoménologique. Il reste à s'interroger sur deux points. Premièrement : la rupture avec Descartes est-elle si nette qu'il apparaît de prime abord ? Deuxièmement, si nous acceptons que la réduction phénoménologique

---

5 Hua XIII, *Text* 6, pp. 176–177.

conserve des données non-absolues, il demeure qu'elle ne doit laisser intacts que des vécus purs. Pouvons-nous considérer que cette exigence a été pleinement satisfaite?

En ce qui concerne la première interrogation, Husserl fait effectivement état d'une «limitation artificielle» dont il est nécessaire de se dégager. «Cependant, dans les considérations menées jusqu'ici, nous avons fait usage d'une limitation artificielle que nous devons écarter. [...] Nous sommes partis d'un voir [*Schauen*] déjà phénoménologique ou de plusieurs actes d'un tel voir, et nous avons exercé ensuite la rétention, le ressouvenir, l'attente, etc. Mais ce ne sont que des cas d'exception artificiels»[6].

Jusqu'ici, alors même qu'il se démarquait de la démarche cartésienne, Husserl a suivi un cheminement qui, à maints égards, restait parallèle à celui de *L'idée de la phénoménologie*. Dans les deux textes, il est parti de l'attitude naturelle, a exercé la réduction phénoménologique et a ensuite tenté, de manière très différente dans les deux cas, d'étendre le champ phénoménologique aux diverses modifications de conscience. Il demeure que les deux démarches, dans un premier temps, s'accordent sur l'idée que la réduction doit conduire *d'abord* à une sphère d'immanence limitée à une pure présence, une vue, qu'il faut élargir *ensuite* pour qu'une phénoménologie soit possible. Or, les actes de pure vue, dans lesquels l'objet se donne dans une présence originaire, sont, dit-il, des cas d'exception (*Ausnahmefälle*). Ce point de départ était certes consubstantiel de la démarche suivie dans *L'idée de la phénoménologie* dans la mesure où celle-ci cherchait précisément à adopter une attitude dans laquelle nous n'ayons que des données de la pure vue. Dans les *Problèmes fondamentaux de la phénoménologie* en revanche, cette démarche témoigne, au contraire, d'un certain préjugé. En effet, puisque le but poursuivi dans ce texte n'est précisément pas d'acquérir des données indubitables, il n'y a aucune raison pour y adopter une démarche «en deux temps» qui, partant de l'indubitabilité de la pure présence, étendrait ensuite son emprise à tout le champ de la conscience. Un tel procédé, dans le texte de 1910–1911, ne serait que l'héritage du préjugé cartésien si fréquemment reproché à Husserl, c'est-à-dire à la fois un préjugé subjectiviste et un privilège accordé à la présence. Dans les *Problèmes fondamentaux de la phénoménologie*, Husserl considère ce préjugé comme une limitation artificielle (*künstliche Einschränkung*) qu'il est nécessaire de dépasser. «Prenons, dit il, le flux de la conscience comme il est, c'est-à-dire nous accomplissons dans l'attitude naturelle, dans laquelle nous nous trouvons, un regard sur les vécus du Je, et accomplissons sur eux et en eux la réduction phénoménologique: sur les perceptions, les rétentions, les souvenirs, les attentes, sur toutes les expériences internes et externes par lesquelles nous amenons à la donnée naturelle intuitive aussi bien la nature extérieure que nos vécus propres, les phénomènes de la nature psychique»[7].

---

6   Hua XIII, *Text* 6, p. 178.
7   Hua XIII, *Text* 6, p. 178.

Puisque le point de départ adopté dans les *Problèmes fondamentaux de la phénoménologie* n'exige pas que nous demeurions dans la limitation artificielle imposée par le point de départ cartésien, nous pouvons exercer directement la réduction phénoménologique sur la conscience naturelle dans son ensemble. La mise en évidence de cette limitation artificielle et de la possibilité de son dépassement ouvre des possibilités nouvelles pour l'effectuation rigoureuse de la réduction phénoménologique. En effet, en demeurant dans la limitation artificielle issue du préjugé cartésien, nous avons également, sans nous en apercevoir, laissé non-réduite une partie importante de la sphère phénoménologique. Souvenons-nous que, malgré une apparente proximité, nous avons mis en évidence une différence fondamentale entre la notion d'arrière-fond et la notion de conscience athématique. À la différence de la conscience athématique, avions-nous précisé, la conscience d'arrière-fond n'est pas une modification qualitative. La différence entre la conscience d'arrière-fond et la conscience qualitativement modifiée se résume à ceci que ce qui se trouve à l'arrière-fond, ce sont des vécus possibles attachés à un vécu effectif, tandis que les modalisations sont des qualifications attachées au noyau noématique d'un seul et même vécu. D'un côté, nous avons une pluralité de vécus concrets possibles, attachés comme horizon à un vécu concret effectif, de l'autre côté nous avons un seul et même vécu concret qualifié différemment selon qu'il est thématique ou athématique.

Une fois cette distinction clairement posée, il apparaît que l'extension de l'immanence phénoménologique laisse non seulement la possibilité du doute ouverte, mais admet en outre une dimension de vécus non réduits, puisque les vécus possibles qui sont présents à titre d'arrière-fond sont exempts de tout exercice réductif. La mise en évidence du préjugé cartésien permet à Husserl de combler ce déficit réductif en exerçant la réduction phénoménologique double. « Là s'indique maintenant le plus remarquable, que toute expérience admet une réduction phénoménologique double, une fois celle qui l'amène elle-même à la vue immanente pure, et une autre fois celle qui est exercée sur son contenu et son objet intentionnels »[8].

La manière dont Husserl décrit la réduction double dans ce passage est quelque peu trompeuse, c'est pourquoi elle a si souvent été présentée de façon simpliste voire erronée. La principale source d'erreur provient du fait que l'on interprète de façon hâtive la locution « ihrem intentionalen Inhalt und Objekt » (« son contenu et son objet intentionnel »). Ce passage désigne ce sur quoi est exercée la seconde réduction et il peut laisser croire qu'il s'agit tout simplement de l'objet, du *Gegenstand*, de l'expérience. En interprétant ce passage en ce sens, on ne voit pas clairement ce que peut apporter cette seconde réduction par rapport à la première. Au mieux, on pense naïvement qu'il s'agit de radicaliser la réduction, dans une démarche

---

8   Hua XIII, *Text* 6, p. 178.

d'approfondissement, en réduisant une nouvelle fois ce qui a déjà été réduit. Un peu comme si, en réitérant la réduction, on en augmentait, par accumulation, la « puissance »[9].

En fait, la réduction phénoménologique double ne prend son sens qu'à partir de la notion d'arrière-fond ou de présentification, car ce qui est réduit en second lieu c'est bien un vécu, mais un vécu qui est inclus à titre de contenu ou d'objet dans un autre vécu. « C'est-à-dire que, de même que nous pouvons, dans le ressouvenir, faire ‹après coup› attention à l'arrière-fond de l'objet souvenu qui, dans la perception originaire, était arrière-fond de perception sur quoi l'attention ne portait pas, de même nous pouvons, dans le ressouvenir, exercer une réduction phénoménologique sur l'avant-fond et l'arrière-fond, qui, dans la perception originaire, n'était pas accomplie, qui n'est donc pas elle-même ressouvenir d'une réduction antérieure »[10].

La réduction phénoménologique double offre donc la possibilité d'exercer la réduction sur des vécus qui ne sont pas actuels, des vécus présentifiés ou, simplement, possibles. Cette double réduction constitue, avec l'élargissement de la sphère d'immanence aux vécus purs possibles, le fondement d'une phénoménologie d'un nouveau type : ce que l'on a appelé une voie ontologique de la phénoménologie. Parler d'une phénoménologie qui emprunterait une voie ontologique, n'implique pas nécessairement qu'il soit question d'une ontologie phénoménologique entendue au sens d'une métaphysique des phénomènes. Nous désignons par cette expression une science exploratoire (une phénoménologie expérimentale, dirait Husserl) qui, partant de l'être du monde, ou de toute autre ontologie régionale, s'efforce, en exerçant « *sur* et *dans* toutes ces expériences les réductions en question »[11], de dévoiler l'origine phénoménologique du monde ou de telle ontologie régionale.

Cette méthode de phénoménologie « exploratoire » s'appuie fermement sur la notion husserlienne d'*index*. « Là où l'expérience naturelle pose une *unité transcendante*, [...] cette position sert d'*index* à des connexions pures de conscience, déterminées, qui, par réduction phénoménologique, sont montrables [*nachweisbar*] *dans* ces positions d'expérience, et cela, montrables, sous forme d'actes d'expérience phénoménologique »[12]. Autrement dit, l'entièreté du monde naturel, dans sa largeur et sa longueur, peut être phénoménologiquement explorée de telle manière que chaque événement objectif de ce monde renvoie de manière corrélative à des structures intentionnelles qui peuvent être explorées par réduction double.

---

9   Soulignons l'absurdité d'une telle lecture, puisque les modifications de neutralité (en ce compris la réduction phénoménologique) ne peuvent pas être « itérées ». Il semble que certains ténors de la « réduction radicale » n'aient pas toujours vu cette difficulté avec clarté.
10 Hua XIII, *Text* 6, p. 178.
11 Hua XIII, *Text* 6, p. 179.
12 Ibid.

Dans cette démarche d'exploration, le phénoménologue adopte une attitude de recherche très différente de celle qui était empruntée dans la démarche cartésienne. Il n'est plus dirigé par le fil conducteur de l'indubitable – conquérant, contre la relativité du monde naturel, des données absolues –, mais il se met à l'écoute d'une vie transcendantale qui se révèle à lui par ses résultats constitutifs et dont les structures inattendues sont toujours prêtes à le surprendre. Cette démarche, si elle est plus humble, peut aussi s'avérer plus fructueuse, puisqu'elle est moins susceptible de nous faire découvrir ce que, d'une certaine manière, nous connaissons déjà, puisque nous le cherchons. C'est en ne cherchant rien que nous pouvons être surpris par ce qui se donne à nous. Encore faut-il pouvoir accepter ce qui se donne ainsi lorsqu'il va à l'encontre de nos préjugés. L'histoire des sciences nous apprend que c'est peut-être cette acceptation qui est la chose la plus difficile et l'étape la plus décisive des véritables découvertes[13]. Nous avons un exemple frappant de cette productivité de la méthode exploratoire dans la découverte, par Husserl, de la pluralité phénoménologique des monades et un témoignage surprenant de la difficulté qu'il y a à en saisir les fruits dans les réticences que Husserl conservera jusqu'à sa mort quant à l'idée de fonder définitivement la suprasubjectivité dans l'intersubjectivité.

1.3. *L'acquisition de la pluralité transcendantale*

« La teneur théorique d'une science – comprise en tant que teneur de validité d'ensemble de la science – et la nature sont des unités intersubjectives »[14]. C'est par cette déclaration que commence, dans les *Problèmes fondamentaux de la phénoménologie*, le chapitre consacré au problème de l'intersubjectivité. Cette affirmation, la valeur intersubjective de la nature et des sciences théoriques, ne doit pas être comprise comme une simple reproduction du thème de l'identité suprasubjective. Il ne s'agit même pas d'une revendication d'ordre strictement épistémologique, mais plutôt de la production d'un index (au sens déjà défini), comme en témoigne le paragraphe qui clôture le développement de Husserl : « Ainsi la nature est un index pour une régulation qui enveloppe tout, qui enveloppe tous les courants de conscience qui se tiennent par *Einfühlung* en relation d'expérience les uns avec les autres, et spécialement, chaque point temporel objectif et chaque ‹ simultané › saisi objectivement, qui pose en quelque chose de un mon maintenant présent et le maintenant de chaque autre Je (et de même chaque maintenant passé de mon

---

13   On retrouvera cette idée aussi bien dans l'anarchisme de P. Feyerabend (Cf. Feyerabend, P., *Contre la méthode. Essai d'une théorie anarchique de la science*, Seuil, Paris, 1979) que dans la description que donne Th. S. Kuhn de l'influence des conditions externes à la science sur les changements de paradigmes (cf. Kuhn, Th. S., *La structure des révolutions scientifiques*, Flammarion, Paris, 1983 ; et surtout : *La révolution copernicienne*, Fayard, Paris, 1973).
14   Hua XIII, *Text* 6, p. 183.

souvenir avec chaque maintenant passé du souvenir d'un autre), chaque point temporel objectif, dis-je, est index pour une coordination légale entièrement déterminée, qui, pour ainsi dire, met chaque monade-Je en relation avec chaque autre, et cela eu égard à des motivations de conscience corrélativement correspondantes, entièrement déterminées »[15].

Deux questions distinctes surgissent ici. Premièrement, lorsqu'on considère le cas particulier de l'*Einfühlung*, quelles informations la réduction double nous offre-t-elle ? Deuxièmement, lorsqu'on considère la nature comme index phénoménologique, quelle origine transcendantale doit-on lui accorder ? Ces deux questions s'enchaînent l'une à l'autre de telle manière que le mouvement qui permet de répondre à la première conduira nécessairement à aborder la seconde.

1.3.1. *Einfühlung* et réduction double

La question qui, dans « Problèmes fondamentaux », conduira Husserl à faire une étude approfondie de l'*Einfühlung* est la même que celle qui, dans *L'idée de la phénoménologie*, l'avait conduit à mettre en avant les droits de l'idéation : le solipsisme transcendantal. « La réduction phénoménologique signifie-t-elle restriction aux connexions d'une conscience pure qui, dans l'appréhension empirico-psychologique, appartiennent à un Je empirique particulier [*einzeln*], et cela, au mien, à celui du phénoménologue ? »[16].

Même si cette question semble fort proche, dans sa formulation, de l'objection de solipsisme que Husserl s'était adressée à lui-même au §18 de « Problèmes fondamentaux » et à laquelle il avait répondu – dans ce texte comme dans la *Recension d'Elsenhans* et dans *L'idée de la phénoménologie* – par la réduction du sujet empirique, elle est en fait d'une toute autre nature. Elle se rapproche davantage de l'objection de solipsisme formulée dans les *Méditations cartésiennes* et bien davantage encore de ce que nous avons étudié dans *L'idée de la phénoménologie* à partir de la question des essences particulières.

Il est éloquent, à ce propos, que Husserl fasse usage des expressions « Je particulier » ou « conscience singulière [*singulär*] » pour désigner le problème auquel il se trouve confronté. Les vécus purs, hormis le fait qu'ils ne sont pas indubitables, ne sont-ils pas des données particulières, singulières, desquelles il est impossible de tirer quelque élément scientifique que ce soit ? Dans les *Problèmes fondamentaux de la phénoménologie*, Husserl lie directement la considération que les vécus purs sont des données particulières au fait qu'ils appartiennent à un Je unique (*einzig*), ce qui n'était pas explicitement le cas dans *L'idée de la phénoménologie*. Nous avions d'ailleurs souligné le fait qu'en 1907, il faisait un emploi relativement imprécis des qualificatifs « particulier » et « singulier ».

---

15   Hua XIII, *Text* 6, p. 191.
16   Hua XIII, *Text* 6, p. 184.

Dès lors, la question qui se pose en 1910–1911 est bien plus de savoir s'il peut y avoir une forme d'intersubjectivité des vécus purs que de savoir s'il peut y avoir une forme de suprasubjectivité des *cogitationes*. Dans sa réflexion sur ces questions, Husserl va revenir sur des considérations déjà rencontrées dans la *Deuxième partie* de ce travail, lorsque nous avons traité de l'individuation personnelle dans la « suite » des *Manuscrits de Seefeld*. On se souvient que, dans ce texte daté de 1909[17], Husserl avait interprété l'individualité personnelle en la liant à l'unité du flux temporel. Cette approche avait conduit à une objection de type métaphysique, l'hypothèse d'une *Allbewusstsein*. À cette époque, Husserl avait résolu cette difficulté en opérant une distinction entre la temporalité immanente et la temporalité empirique. Dans la *Troisième partie* de ce travail, nous avons vu que cette réponse n'est pas suffisante et qu'une étude plus approfondie de l'*Einfühlung* montre que la question de la simultanéité entre les vécus de l'ego et de l'alter-ego ranime, à un niveau plus profond, la même difficulté métaphysique. Nous savons en outre que Husserl, en fin de compte, ne s'était dépêtré de cette impasse qu'en développant l'idée de souvenir-du-présent. Dans une certaine mesure, le sixième chapitre des *Problèmes fondamentaux de la phénoménologie* résume les différentes étapes de ce parcours. Toutefois, les leçons de 1910–1911 apportent à ces raisonnements quelques idées nouvelles, aux conséquences considérables, telles que les notions d'arrière-fond, d'environnement ou de réduction double.

Pour répondre à la question : « les vécus purs sont-ils des données singulières ? », Husserl part du constat que tous les vécus appartiennent à un seul courant de conscience qui est précisément le courant d'un Je particulier (*einzig*). Du moins, semble-t-il, c'est bien à une telle conscience que mène la réduction aux vécus purs. Au départ de ce postulat, il n'y a guère que deux cheminements possibles si l'on veut sortir de la clôture individuelle dans laquelle nous sommes enfermés. Husserl les suivra l'un et l'autre, tour à tour, appliquant par là la démarche d'une phénoménologie « expérimentale ».

Dans une certaine mesure, le premier cheminement a déjà été emprunté par lui en 1907. Il consiste à chercher des données non-singulières dans la conscience individuelle. En 1907, Husserl avait découvert de telles données dans les vécus d'idéation. Le second cheminement consiste à se demander s'il n'est pas possible d'opérer la réduction phénoménologique de telle manière qu'elle ne laisse pas seulement comme « résidu » une immanence individuelle mais, au contraire, qu'elle révèle également une pluralité transcendantale.

En 1910–1911, Husserl s'engage dans le premier cheminement en considérant la conscience d'arrière-fond qui entoure tout vécu d'une sorte de halo (*Hof*) intentionnel. N'y aurait-il pas là quelque possibilité de sortir de l'enfermement dans la conscience singulière ? On sait que tout vécu pur est entouré d'un arrière-

---

17 Hua XIII, *Beilage* VII.

fond temporel de simultané, d'attendu, de passé. Il n'est pas douteux que ce halo appartienne au même flux temporel et donc à la même conscience singulière que le vécu pur auquel il se rapporte. Du moins est-ce bien là ce dont nous faisons intuitivement l'expérience, puisqu'il est toujours, par essence, possible de se tourner vers les vécus d'arrière-fond. « Mais comment en va-t-il maintenant, si nous avons deux souvenirs, dont chacun a son halo de souvenir, tandis qu'aucun lien intuitif de souvenir ne médiatise le contenu de l'un et celui de l'autre? [...] Deux flux de conscience posés par des souvenirs ne pourraient-ils pas être dépourvus de connexion? »[18].

La suggestion consiste à se demander si deux souvenirs que j'ai, mais entre lesquels je ne peux pas (ou plus) établir de lien intuitif (pas plus qu'éclairer la question de savoir s'ils se rapportent à des événements simultanés ou successifs, ou si l'un précède l'autre ou l'inverse), comme par exemple deux souvenirs ponctuels de ma prime enfance, n'appartiennent pas, en fait, à deux individus différents. Husserl ne cherche donc plus à sortir de la clôture individuelle en découvrant des données phénoménologiques universelles, mais en découvrant des données qui appartiennent à une autre immanence que la mienne propre. Aussi saugrenue que cette idée puisse paraître lorsqu'on la formule dans les termes de l'attitude naturelle, elle est pertinente lorsqu'on tient compte des acquis antérieurs de Husserl. En effet, si l'individualité personnelle dépend de l'appartenance des vécus à l'unité d'un flux temporel, il est logique de se demander si deux vécus appartenant à deux flux temporels dépourvus de lien intuitif l'un avec l'autre ne sont pas les vécus de deux personnes différentes.

Sans se laisser abuser par l'apparente cohérence logique d'un tel raisonnement, Husserl va s'en tenir à l'évidence phénoménologique et répondre par la négative à cette première hypothèse: « Deux souvenirs qui appartiennent à l'unité d'un présent de conscience qui les joint [...] appartiennent à un temps un, sont donc au sein de cette conscience d'unité, nécessairement intuitionnables en tant que simultanés ou successifs »[19].

Autrement dit, ce n'est pas parce que j'ai dans ma conscience actuelle deux vécus entourés de halos temporels distincts et dont je ne peux reconstituer intuitivement l'ensemble des relations temporelles dans le temps objectif que ces deux vécus n'appartiennent pas à l'unité d'une même temporalité phénoménologique. « Si donc je pars de n'importe lesquelles de mes expériences psychologiques internes et externes, et si j'accomplis sur elles une réduction phénoménologique, alors les *data* phénoménologiques qui se donnent comme résultats appartiennent de part en part, avec toutes leurs connexions, à un unique courant de conscience, à un unique Je phénoménologique, et cela non seulement pour les expériences

---

18   Hua XIII, *Text* 6, p. 185.
19   Hua XIII, *Text* 6, pp. 185–186.

en elles-mêmes mais aussi pour ce que nous pouvons, par réduction, trouver *en* elles en fait de connexions de motivation »[20].

En conclusion, puisque Husserl n'a pas recours à l'idéation – ce qui semble indiquer qu'il est conscient que c'est l'intersubjectivité et non pas la suprasubjectivité qui est en jeu –, le premier cheminement suivi en 1910–1911 se solde par un échec. Tout semble indiquer qu'il est impossible, et même essentiellement impossible, qu'une phénoménologie des vécus purs en vienne jamais à libérer la conscience phénoménologique de sa clôture individuelle.

Néanmoins, il est encore possible d'envisager le problème selon un autre axe, dont le projet serait d'accéder, par la réduction, à une sphère intersubjective, sans exiger pour autant que les vécus purs transcendent le flux de la conscience individuelle. Husserl s'engage sur cette voie en ces termes : « La réduction phénoménologique peut-elle en général en venir à l'idée de plusieurs Je phénoménologiques ? Sur la voie suivie jusqu'ici, non, naturellement. Mais nous n'avons pas non plus jusqu'ici tenu compte de l'*Einfühlung*, qui est pourtant une forme particulière de l'expérience empirique »[21].

À première vue, on voit mal ce qu'une telle entreprise peut apporter de véritablement neuf par rapport aux développements précédents sur les vécus purs et leur insertion dans le flux temporel. Au fond, comme Husserl lui-même le signale, l'*Einfühlung* est un vécu empirique comme les autres et on voit mal pourquoi, une fois purifié, il nous ferait sortir de la clôture individuelle. Le vécu d'*Einfühlung* est bien mon vécu, un vécu inséré dans un unique flux phénoménologique et qui, par conséquent, se rattache, comme les autres vécus, à un Je phénoménologique particulier. Cependant, un tel raisonnement perd de vue que nous ne cherchons plus guère désormais à déceler, dans la conscience phénoménologique, une donnée universelle qui nous fasse sortir de la clôture individuelle, mais à opérer la réduction de telle manière qu'elle ne reconduise pas à la seule conscience phénoménologique individuelle. La question consistera donc à envisager la réduction double dans le cas particulier de l'*Einfühlung*. Le raisonnement de Husserl opère tout d'abord, comme nous l'avons fait nous-même dans ce travail, en caractérisant le statut *sui generis* de l'*Einfühlung* au moyen d'une confrontation avec les autres types de présentifications. Si, dans un premier temps, Husserl reste indécis quant au statut précis à accorder à l'*Einfühlung*[22], on ne s'étonnera guère qu'il la caractérise, un peu plus loin, comme un souvenir-du-présent[23].

---

20 Hua XIII, *Text* 6, p. 187.
21 Hua XIII, *Text* 6, p. 187.
22 En fait, dans le § 38 de « Problèmes fondamentaux », Husserl se refuse même à qualifier l'*Einfühlung* comme une présentification « perceptive » (*Verbildlichung*) ou « imaginative » (*Phantasiebild*). En effet, il n'envisage pas ici l'hypothèse d'une présentification fondée.
23 Hua XIII, *Text* 6, p. 189.

Quoiqu'il en soit, il doit être possible, dans le cas de l'*Einfühlung* comme dans celui de n'importe quelle autre présentification, d'opérer une double réduction phénoménologique. Autrement dit, il doit être possible de réduire non seulement le vécu d'*Einfühlung*, mais aussi le vécu présentifié dans l'*Einfühlung* ainsi que tout son arrière-fond. Le vécu ainsi doublement réduit peut-il toujours être considéré comme appartenant à une conscience singulière? Suffit-il de dire que, dans l'attitude naturelle, l'*Einfühlung* est l'expérience par laquelle nous nous présentifions les vécus d'autrui pour que soit assurée la thèse selon laquelle le vécu saisi par *Einfühlung*, réduit dans le second temps de la réduction double, est un vécu pur étranger?

Une telle affirmation serait peut-être un peu rapide. Le vécu présentifié par *Einfühlung*, tout comme le vécu d'*Einfühlung*, appartient, une fois la réduction opérée, à un seul et même flux temporel immanent: le «mien». Ce n'est pas parce qu'il fait partie de la signification du vécu présentifié par *Einfühlung* d'être le vécu d'un autre Je, que *ipso facto*, le vécu pur qui est obtenu à partir de lui par la réduction phénoménologique ne s'insère pas dans ma conscience individuelle au même titre, par exemple, que mes fantaisies. Au fond, il n'y a pas de raison pour qu'un vécu présentifié par *Einfühlung* appartienne moins à ma conscience individuelle qu'un souvenir isolé qui ne serait relié temporellement par aucun lien intuitif aux autres vécus de ma conscience.

Pourtant, Husserl parle de «la loi suivant laquelle, par principe, un datum empathisé [*eingefühlte*] et l'expérience empathisante [*einfühlende*] correspondante elle-même, ne peuvent pas appartenir au même courant de conscience et donc au même Je»[24]. Que signifie cette «loi» sinon une position dogmatique? N'y a-t-il pas là une contradiction par rapport à la rigueur phénoménologique dont Husserl avait fait preuve plus haut, lorsqu'il avait envisagé l'hypothèse de deux souvenirs dénués de liens temporels intuitifs? Souvenons-nous néanmoins que l'étude de l'*Einfühlung* dans l'attitude naturelle nous a appris que la distinction entre mes vécus propres et ceux d'autrui repose sur une incompatibilité de localisation; autrement dit: «jamais un *datum* de l'un et de l'autre courant ne peut se trouver dans un rapport tel que l'un est l'environnement [*Umgebung*] de l'autre»[25]. Nous pouvons considérer, dès lors, que la «loi» énoncée par Husserl aurait une valeur eidétique dans la mesure où l'incompatibilité entre les environnements serait conservée dans la sphère doublement réduite. Or, si l'on se souvient de la comparaison que nous avons faite entre la conscience athématique et la conscience d'arrière-fond, il apparaît que tel est bien le cas, puisque ce qui est à chaque fois saisi et réduit, c'est le vécu *avec son arrière-fond*.

En clair, le véritable intérêt de la réduction phénoménologique double appliquée à l'*Einfühlung* n'est pas, comme on le pense trop souvent, qu'elle nous permet

---

24 Hua XIII, *Text* 6, p. 189.
25 Hua XIII, *Text* 6, p. 189.

d'atteindre le vécu pur d'autrui et par là, d'enrichir le catalogue expérimental des vécus purs. Sa signification la plus profonde, c'est qu'en important dans la sphère transcendantale les incompatibilités d'essence que nous avons découvertes en étudiant la localisation dans la sphère naturelle, elle fait éclater la clôture individualisante dans laquelle la phénoménologie demeurait prisonnière.

1.3.2. La nature comme index et l'idée d'une phénoménologie première

Ainsi donc la réduction double appliquée à l'*Einfühlung* fait s'écrouler, bien plus que l'étude de l'*Einfühlung* proprement dite, l'objection de solipsisme transcendantal. Par là se répète un constat déjà fait à plusieurs reprises : dans l'économie générale de la pensée de Husserl, la réduction intervient davantage pour résoudre l'objection de solipsisme (théorique, métaphysique, transcendantal) que pour la susciter.

La réduction phénoménologique ne débouche donc pas sur une conscience absolue individuelle ni même sur un flux absolu suprasubjectif, mais sur une pluralité de consciences phénoménologiques individuelles, impliquées les unes par les autres dans une connexion intersubjective (*intersubjektiver Zusammenhang*) et liées les unes aux autres par une *Einfühlung* qui n'est plus empirique, mais phénoménologique.

> Tout être phénoménologique se réduit alors à *un* (à ‹ mon ›) Je *phénoménologique*, qui occupe une position insigne en tant que Je percevant, se souvenant, empathisant, et en tant que par là, réduisant phénoménologiquement, et à d'*autres* Je posés dans l'*Einfühlung* et posés en tant que Je intuitionnant, se souvenant, éventuellement empathisant. En outre, pour mon Je, les objets de la nature sur lesquels une expérience a porté empiriquement, se réduisent, par la mise hors-circuit de leur existence, à des *index* pour certaines connexions actuelles de conscience, et des possibilités de conscience motivées correspondantes[26].

La notion d'index n'est pas nouvelle. Elle est étroitement liée à l'élargissement de l'immanence phénoménologique aux vécus purs possibles. Cette notion signifie que tout objet de conscience peut être considéré, dans un mouvement de retour en arrière, comme le corrélat objectif d'un enchaînement de conscience subjectif. Tout objet se donne alors comme un index pour des vécus constitutifs possibles. Or, avec l'élargissement de la subjectivité phénoménologique en une subjectivité plurielle, la sphère des vécus possibles auxquels les objets, pris comme index, peuvent renvoyer, s'est considérablement agrandie ou, pour être plus précis, a acquis une véritable épaisseur intersubjective. Nous avons déjà cité Husserl : « Ainsi la nature est un index pour une régulation qui enveloppe tout, qui enveloppe tous les courants de conscience qui se tiennent par *Einfühlung* en relation d'expérience les uns avec les autres [...] chaque point temporel objectif, dis-je, est un index pour

---

26   Hua XIII, *Text* 6, pp. 190–191.

une coordination légale entièrement déterminée, qui, pour ainsi dire, met chaque monade-Je en relation avec chaque autre, et cela eu égard à des motivations de conscience corrélativement correspondantes entièrement déterminées »[27].

« Problèmes fondamentaux » reste malgré tout excessivement discret sur les résultats d'une phénoménologie « expérimentale » qui prendrait la nature comme index. En fait, le passage cité clôt le sixième et avant-dernier chapitre de l'ouvrage, chapitre consacré à la pluralité des monades. Le septième chapitre, quant à lui, est resté inachevé. Nous y reviendrons.

Un problème délicat doit encore être traité. Au terme de notre *Troisième partie*, un problème phénoménologique est apparu en ce qui concerne les relations de l'*Einfühlung* et de l'hallucination. L'idée s'était imposée à nous que ces deux figures de conscience ne pouvaient être distinguées l'une de l'autre sans que référence soit faite à une intersubjectivité, ou, à tout le moins, à une forme de pluralité, antérieure à l'*Einfühlung*. Le problème était d'autant plus sévère que, faute d'être résolu, nous retombions dans une forme sublimée de relativisme. Or, la question se pose à présent de savoir si, avec l'acquisition de la pluralité transcendantale des monades, cette difficulté a enfin reçu sa solution. Sur ce point, deux aspects doivent être distingués. D'un point de vue méthodologique tout d'abord, le cheminement qui a été suivi dans les *Problèmes fondamentaux de la phénoménologie* semble conduire directement du monde à la pluralité des monades. Ce faisant, les difficultés qui pourraient survenir au cours d'une reconstruction transcendantale de la pluralité à partir de la sphère du propre sont évitées. D'un point de vue théorique cependant, une difficulté demeure. Les rapports d'implications mutuelles qui lient les monades entre elles au sein de la pluralité transcendantale sont déterminés par Husserl en termes d'*Einfühlung* transcendantale. De ce fait, les difficultés liées à la confusion toujours possible entre hallucination et *Einfühlung* se trouvent reproduites au niveau transcendantal. Précisons que le fait que Husserl, dans sa démarche de 1910–1911, ne recherche plus des données indubitables ne tempère nullement la dimension handicapante qu'implique cette confusion. Nous sommes bien, avec le relativisme issu de la confusion entre hallucination et *Einfühlung*, face à une figure de psychologisme et le caractère auto-destructif de telles figures de pensées ne doit pas être confondu comme tel avec l'exigence d'une objectivité absolue.

Nous avons fait usage à plusieurs reprises des métaphores d'extension « en longueur » et « en largeur » de l'immanence phénoménologique. Husserl utilise ces métaphores pour qualifier l'extension de l'immanence phénoménologique à tout le champ des vécus présentifiés et des vécus d'horizon[28]. Nous voudrions à présent formuler pour notre propre compte l'idée d'une extension de l'immanence phénoménologique « en profondeur ». Par cela, nous indiquons que c'est dès le stade de la constitution originaire que nous entendons situer l'extension de l'immanence.

---

27 Hua XIII, *Text* 6, p. 191.
28 Cf. Hua XIII, *Text* 6, p. 177.

Autrement dit, nous pensons que le présent-vivant ne doit pas seulement être étendu dans une phase qui inclut l'impression-originaire, la rétention et la protention, mais qu'en outre, une *Einfühlung* phénoménologique originaire s'adjoint à chaque phase de temps. Au fond, Husserl lui-même n'est pas loin d'affirmer la même chose lorsqu'il soutient, dans les *Problèmes fondamentaux de la phénoménologie*, que chaque point temporel est un index pour une pluralité de monades. Nous pensons en outre que cette dimension de pluralité originaire peut faire l'objet d'une étude phénoménologique propre. Cette phénoménologie devrait être appelée une « phénoménologie première », parce qu'elle étudierait l'origine des vécus intentionnels eux-mêmes[29]. Il ne peut être question de développer ici dans le détail une telle phénoménologie ; tel n'est pas l'objet du présent travail. Nous y reviendrons succinctement dans la *Conclusion générale*. Soyons clair : si nous sommes conduit à proposer de cette façon une radicalisation des positions explicites de Husserl ce n'est pas en raison d'un désir présomptueux de dépasser le maître mais, au contraire, parce que ce mouvement nous semble être le seul véritablement fidèle à sa pensée. Nous ne prétendons donc nullement faire œuvre de découverte, mais simplement déployer plus largement, avec beaucoup de réserve et de prudence, ce que Husserl n'a eu, malheureusement, que le temps, ou que le désir, d'ébaucher. Il serait opportun, dès lors, d'exposer plus précisément la relation qu'entretient la notion de pluralité originaire avec la philosophie explicite de Husserl. De cette manière, les motifs en raison desquels nous sommes conduit à faire cette proposition transparaîtront sans doute avec plus de clarté.

Avant de nous efforcer de chercher, dans les textes de Husserl, les témoignages d'une réflexion sur la pluralité originaire, essayons de montrer ce qui, dans sa pensée, demeure réfractaire à une telle notion. Tout au long de notre travail nous avons montré l'enchaînement de motifs essentiels qui a contraint Husserl à abandonner le préjugé d'un privilège de la suprasubjectivité sur l'intersubjectivité. Il semble acquis à présent que toute tentative de fonder l'intersubjectivité dans la suprasubjectivité aboutira, à terme, à une forme ou l'autre de psycholo-

---

29 Nous pensons, premièrement, que c'est uniquement dans une pluralité originaire que la distinction entre le normal et le pathologique peut trouver son origine. Plus profondément, il est probable que c'est dans une telle pluralité originaire que la pathologie prend sa source et que c'est également dans cette pluralité originaire que le sujet peut retrouver la trace de son équilibre. Depuis Freud, les travaux des différentes écoles psychanalytiques d'une part, et les différents représentants de la psychiatrie phénoménologique d'autre part, ont énormément apporté à l'étude des rapports entre l'intersubjectivité et l'hallucination. Nous pensons pour notre part qu'une élaboration fondamentale de ce que nous avons appelé une « phénoménologie première » peut offrir un support théorique important à des recherches plus pratiques de ce type. Il va de soi que, dans le cadre précis de ce travail, nous ne pouvons que rester très programmatique sur ces questions. Précisons encore que les enjeux d'une étude sur les rapports entre l'hallucination et l'intersubjectivité dépassent selon nous le cadre strict des interrogations sur la psychopathologie. À ce sujet, voir : Bouckaert, B., « Patočka et la méthode phénoménologique. Penser dans un monde de fous », in *Études phénoménologiques*, 29–30, 1999, pp. 79–92.

gisme. Nous savons également à quel point il était réticent à l'idée de dissoudre la *mathesis universalis* dans une origine pluralisée, ce qui lui semblait devoir mener au relativisme ou à une forme transcendantale de conventionnalisme. Il apparaît que, en deux points interdépendants de sa philosophie «établie» au moins, il est resté enchaîné à la conception qui veut que l'intersubjectivité soit fondée dans la suprasubjectivité. C'est pourquoi il nous semble que les mêmes motifs eidétiques qui ont, depuis les *Recherches logiques*, orienté son cheminement vers l'idée d'une intersubjectivité transcendantale, imposent derechef une notion de pluralité originaire.

En premier lieu, dans la théorie phénoménologique du temps, il demeure largement fasciné par la notion de suprasubjectivité. Plus précisément, le temps comme *forme* est «omnitemporel»; supra- et non pas inter-subjectif. Dans la mesure où l'origine de l'intentionnalité elle-même est dépendante de la constitution temporelle de la *hylè* originaire, il nous semble que le privilège accordé à la suprasubjectivité dans la phénoménologie du temps ne peut que se répercuter, par écho, à l'ensemble de sa philosophie.

En second lieu apparaît une difficulté qui, liée à celle que nous venons de soulever, témoigne elle aussi de la persistance du privilège de la suprasubjectivité. Cette difficulté, qui est présente dans «Problèmes fondamentaux», forme en outre un des thèmes privilégiés de notre recherche. Il s'agit du statut des idéalités. Il a été dit à de nombreuses reprises que, dans «Problèmes fondamentaux», Husserl n'a pas recours à l'eidétique pour justifier l'élargissement de l'immanence phénoménologique. En conséquence, les sciences eidétiques, les mathématiques par exemple, devraient trouver leur origine constitutive dans la pluralité transcendantale des monades, exactement de la même manière que les sciences naturelles. Le septième chapitre de «Problèmes fondamentaux» est précisément consacré à ces questions. Malheureusement, Husserl n'en a pas poursuivi la rédaction au delà des trois premiers paragraphes (§§ 40, 41, 42). De cet ultime témoignage, «Problèmes fondamentaux» ne laisse donc que des questions. Or, si la philosophie de Husserl a considérablement évolué entre 1911 et les années 1930 en ce qui concerne le statut des idéalités, il ne semble pas qu'elle ait jamais accordé à celles-ci un statut véritablement intersubjectif. Tout au plus considère-t-il qu'il s'agit d'unités omnitemporelles (*allzeitlich*) dont la saisie subjective ne débouche pas sur une individuation[30].

Dans le texte bien connu de *L'origine de la géométrie*[31] – alors même que Husserl y traite d'objets mathématiques dont l'existence «se déploie dans la temporalité et

---

30 À ce sujet, lire l'article remarquable de Dieter Lohmar: «Über die Zeit in der Mathematik: Überzeitlichkeit, Allzeitlichkeit oder Unzeitlichkeit der mathematischen Gegenstände?», *Alter*, 1, 1993, pp. 403–417.
31 Husserl, E., *Die Krisis der europäischen Wissenschaften und die transzendentale Phänomenologie*, éditeur: Walter Biemel, Martinus Nijhoff (Coll. Husserliana VI), Den Haag, 1954, *Beilage* III,

la spatialité pure »³², c'est-à-dire d'objets appartenant à une ontologie matérielle et non pas à l'ontologie formelle –, il affirme que « la géométrie doit être née un jour »³³ et que si « l'existence géométrique n'est pas existence psychique, elle n'est pas existence de quelque chose de personnel de la sphère personnelle de la conscience ; elle est existence d'un être-là, objectivement, ‹pour tout le monde› (pour le géomètre réel et possible ou pour quiconque comprend la géométrie). Bien mieux, elle a depuis sa proto-fondation une existence spécifiquement supra-temporelle et accessible, comme nous en avons la certitude, à tous les hommes et en premier lieu aux mathématiciens réels et possibles de tous les peuples, de tous les siècles, et ce sous toutes ses formes particulières »³⁴. Cette idéalité géométrique, manifestement suprasubjective, en vient à son objectivité idéale « à partir de son surgissement originaire intra-personnel (*innerpersonalen*) dans lequel elle se présente comme formation dans l'espace de conscience de l'âme du premier inventeur »³⁵.

Il ne semble donc pas que l'on trouve dans ce texte l'expression d'une inversion de la hiérarchie qui accorde un privilège à la suprasubjectivité par rapport à l'intersubjectivité et cela d'autant moins que, dans *L'origine de la géométrie*, c'est la communication linguistique qui assure la transmission des données. À tout prendre, la théorie qui est développée dans ce texte est plus proche, d'une certaine manière, des théories développées à Halle et à Göttingen sur la production des signes symboliques par « érosion historique », que des textes sur l'idéation et l'intuition des essences.

Finalement, l'approche de la temporalité et de l'idéalité par le Husserl de la maturité, lorsqu'on la considère en tenant compte des acquis que nous avons découverts dans les textes précoces, justifie notre « radicalisation » de ses positions en même temps qu'elle manifeste toute la distance qui sépare la philosophie explicite de Husserl de l'idée d'une intersubjectivité originaire. Il serait étonnant de ne trouver nulle part dans les textes tardifs l'expression d'une réflexion sur ce que nous appelons une pluralité originaire, alors que les travaux effectués à Göttingen semblent exiger avec tant de vigueur que cette notion, en fin de compte, soit étudiée par la phénoménologie. Il est tout à fait possible que Husserl n'ait trouvé aucun cheminement méthodologique qui lui permette de saisir intuitivement cette pluralité originaire. Il est possible, dès lors, qu'il n'en ait pas élaboré une phénoménologie structurée. Mais est-il pensable que le privilège de la suprasubjectivité ait

---

(traduction française: Jacques Derrida, « L'origine de la géométrie », in Husserl, E., *La crise des sciences européennes et la phénoménologie transcendantale*, Gallimard, Paris, 1976, pp. 403–427). À l'avenir nous abrégeons: Hua VI.
32 Hua VI, pp. 365–366.
33 Hua VI, p. 366.
34 Hua VI, pp. 367–368.
35 Hua VI, p. 369.

été si grand qu'on ne trouve nulle part, dans sa philosophie tardive, de réflexion, même interrogative et parcellaire, sur une pluralité qui, originaire, précéderait toute suprasubjectivité ?

Il est apparu à de multiples reprises au cours de notre travail que la pensée de Husserl est une pensée aux orientations multiples et dans laquelle se chevauchent, au même moment, des conceptions diverses et parfois même opposées. Nous avons vu par exemple que, au cours de l'époque de Göttingen et même à l'époque de Fribourg, on rencontre dans le *Nachlass* des textes à connotation métaphysique contemporains des déclarations les plus énergiques concernant le statut non métaphysique de la phénoménologie. Il en va de même avec l'idée d'une pluralité originaire. Nous avons vu que, dans les textes les plus connus, Husserl n'en est pas partisan. Le texte le moins favorable à une telle hypothèse est probablement celui des *Méditations cartésiennes*. Cependant, dans un manuscrit contemporain de la publication des *Méditations cartésiennes* (1931), on trouve la déclaration suivante : « Lorsque l'*Einfühlung* se produit, la communauté, l'intersubjectivité, sont en quelque sorte tout à fait déjà là et dès lors, l'*Einfühlung* est une simple opération de découverte »[36]. Et un peu plus loin : « À tout présent fluant appartient une continuité originaire (rétention) ; lui appartient-il aussi une *Einfühlung* originaire, ou bien plus, au lieu de l'*Einfühlung* qui est explicitante, une intentionnalité originaire de découverte de continuité avec les autres […] ? »[37].

Aussi loin que nous soyons informé, la personne qui s'est penchée le plus explicitement sur la question de l'*Ureinfühlung* chez Husserl est J. R. Mensch[38]. Le fait que Mensch cite les mêmes passages de Husserl que nous, ainsi que d'autres convergents, n'est certes pas un argument d'autorité à l'appui de notre thèse puisque Mensch entend confirmer la thèse de Fink selon laquelle Husserl, à la fin de sa vie, en viendrait à défendre l'idée d'une subjectivité originaire qui s'auto-pluraliserait en une multiplicité de consciences individuelles. Comme d'autres, nous sommes en désaccord avec cette interprétation. Nous ne pensons pas que l'*Einfühlung* originaire puisse être considérée comme le témoignage de l'auto-pluralisation d'un ego absolu qui la précéderait. Nous pensons tout au contraire que la pluralité, et non l'égoïté (même absolue), est originaire.

---

36 « Wenn Einfühlung eintritt, ist etwa durchaus schon die Gemeinschaft, die Intersubjektivität da und Einfühlung dann bloß enthüllendes Leisten ». (ms. c.17.v., p. 31).
37 « Zu jeder strömenden Gegenwart gehörigen Urkontinuierung (Retention) ; gehört dazu auch Ureinfühlung, oder vielmehr statt Einfühlung die explizierend ist, eine Urintentionalität der Bekundung einer Kontinuität mit den Anderen […] ». (ms. c.17.v., p. 32).
38 Cf. Mensch, J. R., *Intersubjectivity and Transcendental Idealism*, op. cit., § 9 : « Coincidence and Primal Empathy ».

Conclusion générale

Notre étude sur *L'idée de l'autre chez Husserl* nous aura finalement conduit à poser l'origine commune de l'expérience d'autrui et de l'identité intersubjective des idéalités dans ce que nous avons appelé une « pluralité originaire ». Ce faisant, nous avons quelque peu radicalisé les thèses expressément défendues par Husserl, puisque nous avons situé cette pluralité au même degré d'originarité que la rétention et la protention qui, dans le présent-vivant, sont intimement liées à l'impression-originaire. Autrement dit, nous pensons que l'impression-originaire ne s'étend pas seulement dans une phase de présent-vivant qui se prolonge, par rétention et protention, dans le passé et le futur, mais qu'il faut également reconnaître un prolongement intersubjectif « en profondeur » de cette impression-originaire, si bien que le présent-vivant est déjà, d'une manière qu'il faudra encore préciser, étendu dans une pluralité de consciences phénoménologiques individuelles distinctes. Ces conclusions – la proposition d'une pluralité originaire qu'étudierait une phénoménologie première – ne peuvent cependant pas constituer un point final. Elles rencontrent en effet, au plan phénoménologique comme au plan logique, deux objections majeures.

D'un point de vue phénoménologique tout d'abord, il faut reconnaître que nous avons été conduit à proposer cette notion d'intersubjectivité originaire sur la base de motifs rationnels et logiques d'abord, et non pas à l'issue des seules analyses intuitives. Si la réfutation du psychologisme – et la manière dont cette réfutation est venue s'opposer, au fil de notre étude, aux différentes formes de solipsismes – indique la nécessité d'une pluralité originaire, il ne nous semble pas, au point où nous en sommes, en avoir déjà fait voir le phénomène. À ce manque d'évidence intuitive de la notion de pluralité originaire s'adjoint, sur le plan logique cette fois, l'impression d'une construction paradoxale de notre raisonnement dans son ensemble. En effet, nos développements sur l'histoire de la réflexion husserlienne sur l'idée de l'autre se résument finalement à ceci que Husserl serait passé d'une conception fondant l'expérience d'autrui dans une intersubjectivité idéale (l'intersubjectivité « analytique » des idéalités ou, dans la terminologie de Husserl, la suprasubjectivité) à une conception fondant l'expérience d'autrui dans une sorte d'intersubjectivité originaire. Lorsqu'on considère ce passage d'une conception qui fonde l'intersubjectivité dans une autre intersubjectivité à une conception qui, elle aussi, fonde l'intersubjectivité dans une autre intersubjectivité, on ne peut se départir du sentiment que, sous le couvert d'un jeu de langage, nous n'ayons fait que revenir en fin de parcours à notre position initiale dont, pourtant, nous avons démontré les carences. En somme, tout notre travail n'aurait servi qu'à démontrer ce qui était connu depuis longtemps – à savoir que les idéalités sont intersubjectives – et la distinction, opérée dans notre *Introduction générale*, entre deux significations distinctes du mot « intersubjectivité » ne serait que le résultat d'une confusion abusive entre l'objet et l'attribut. En d'autres termes, la confusion serait issue de ceci que nous aurions masqué le fait qu'un objet est intersubjectif lorsqu'il est non seulement *ontologiquement dépendant* d'une pluralité de sujets, mais aussi et en même temps *empiriquement indépendant* de tout sujet quel qu'il soit. Bref, tous nos développements ne seraient-ils qu'une ornementation prétentieuse destinée à masquer un vaste artifice de langage ?

Ces deux objections – logique et phénoménologique – sont incontournables et on comprendra que nous ne puissions conclure notre recherche autrement qu'en essayant, avec précaution, d'indiquer, à titre programmatique, un certain nombre de pistes qui nous semblent devoir conduire vers une réponse.

Nous aborderons tout d'abord l'objection logique parce que, dans une certaine mesure, elle reproduit une difficulté récurrente dans l'histoire de l'interprétation des textes de Husserl. En ce sens, elle se révélera peut-être n'être que l'expression d'une ambiguïté constitutive de la phénoménologie elle-même. Souvenons-nous que les premiers lecteurs de Husserl déjà ont éprouvé un sentiment de confusion et de paradoxe en parcourant, après les « Prolégomènes », les cinq recherches logiques. En effet, tandis que, dans les « Prolégomènes », Husserl rejetait sévèrement le psychologisme et toute tentative de fondation de la logique dans le psychisme, dans les « Recherches » il semblait revenir sur ses pas en fondant l'idéalité dans les vécus intentionnels d'une conscience phénoménologique. Nous croyons qu'une forme de parallèle se dessine entre le paradoxe que les premiers lecteurs de Husserl ont cru déceler dans le texte inaugural de la phénoménologie naissante et celui que nous voyons apparaître de manière plus large dans la lecture que nous avons faite de l'évolution de la pensée de Husserl à l'époque de Göttingen. Nous pensons de plus que ce parallélisme a une portée plus profonde qu'on ne le supposerait en première analyse.

Si les premiers lecteurs de Husserl ont quelque fois reproché une forme paradoxale à l'argumentation d'ensemble des *Recherches logiques*, c'est en raison d'une compréhension insuffisante de la distinction entre conscience *psychologique* et conscience *phénoménologique*. Une grande partie de notre travail a d'ailleurs consisté à suivre attentivement les efforts faits par Husserl pour éclairer cette distinction et pour montrer que sa position ne tombait pas sous les coups de la critique du psychologisme. Il semble donc que le paradoxe auquel nous aboutissons au terme de notre enquête ne soit en somme que l'héritage d'une ambiguïté plus ancienne et contre laquelle la phénoménologie aurait eu, de tout temps, à se défendre. Autrement dit, de même qu'une confusion était possible à la lecture des *Recherches logiques* en raison d'un éclaircissement insuffisant de la distinction entre le logique et le psychologique, il se peut que la distinction entre intersubjectivité et pluralité originaire soit insuffisamment éclaircie au terme de notre travail et que cette insuffisance soit à l'origine de son apparence paradoxale. Peut-être sera-t-il possible, en poussant plus loin le parallèle déjà ébauché, d'approfondir cette distinction ou, au moins, de cerner les motifs ontologiques en raison desquels elle est inévitable.

Il y a entre la conscience phénoménologique et la conscience psychologique une différence ontologique essentielle qui était demeurée inaperçue de certains des premiers lecteurs de Husserl. Celui-ci a tenté de l'exprimer en opposant l'irréalité de la conscience phénoménologique à la réalité de la conscience psychologique. Par cette opposition entre le réel et l'irréel, Husserl témoignait du mystère dans lequel demeure inéluctablement l'origine constituante par rapport au monde constitué, mystère d'autant plus profond qu'il repose sur cette étonnante propriété de la conscience humaine qui la fait se porter toujours au-delà de ce qui lui est le plus proche, laissant toujours son propre fondement en quelque sorte « derrière elle » pour s'avancer vers ce qui, déjà, n'est plus elle. D'une certaine manière donc, la phénoménologie serait inéluctablement prise au jeu d'une certaine confusion prenant sa source dans ce que Martin Heidegger, dans ses termes et à partir des motifs existentiels qui étaient les siens, appelait l'« ek-sistence du *Dasein* ». La pluralité originaire, dans la mesure où elle appartient à la dimension la plus profonde de la sphère constituante, se situe probablement, elle aussi, dans une dimension ontologiquement distincte de l'intersubjectivité proprement dite. Il est vraisemblablement aussi difficile de faire saisir l'essence de la distinction entre l'intersubjectivité et la pluralité originaire qu'il est difficile de faire saisir l'essence de la distinction entre le psychologique et le phénoménologique. De telles différences ontologiques ne se peuvent saisir qu'intuitivement et, pour les exprimer, ainsi que nous en avons fait l'expérience, les mots prennent rapidement une tournure métaphysique.

Fink, nous nous en souvenons, parlait d'un « Moi-originaire, antérieur à la différence entre *ego* et *alter-ego* »[1]. Nous avons montré pourquoi nous pensons que la thèse de Fink est incorrecte. Nous n'acceptons pas l'idée d'un « Moi-originaire » qui nous semble devoir conduire au solipsisme métaphysique. Nous avons également essayé de comprendre comment et pourquoi Fink en était arrivé à imputer cette thèse à Husserl. Nous pensons qu'il y a là le reflet d'une distinction insuffisante de la notion de suprasubjectivité et de celle d'intersubjectivité. Il y a cependant dans la thèse de Fink une part de vérité, puisqu'il y a effectivement une antériorité à la distinction entre ego et alter-ego, mais cette antériorité est elle-même plurale : il s'agit précisément de la pluralité originaire qui est elle-même constituante des unités égoïques transcendantales. L'approche de Fink et de ses épigones illustre bien les dangers auxquels peut conduire une approche non-intuitive de la distinction entre

---

1   Cf. *supra*.

l'intersubjectivité et la pluralité originaire ou, plus précisément, entre le constitué et le constituant. Nous n'entrerons pas dans les subtilités de cette distinction – nous pensons avoir montré qu'il est ontologiquement impossible d'en donner une définition logique complète et consistante – mais nous chercherons plutôt, de peur que cette notion n'apparaisse comme le résultat d'une démarche purement spéculative, à en donner une illustration plus intuitive. La difficulté logique posée par notre étude renvoie donc, pour des motifs ontologiques, à la difficulté phénoménologique de la notion de pluralité originaire.

Une grande part de la difficulté et de la réticence rationnelle que nous éprouvons à admettre une « pluralité originaire » telle que nous l'avons décrite nous semble étroitement liée au double héritage du cartésianisme et de l'empirisme. Plus précisément, il nous semble que la conception cartésienne du *cogito* et la conception empiriste de la sensation ou de l'impression, qui ont profondément imprégné notre façon de concevoir le réel, rendent difficile à penser la notion de pluralité originaire. Souvenons-nous que Descartes affirmait que le « Je pense » inclut le « Je sens »[2]. De la même manière, Hume appelait « impressions » les sensations, passions et émotions qui apparaissent dans l'âme pour des motifs inconnus[3]. Hume, par ailleurs, précisait que les idées abstraites sont dérivées de ces impressions[4]. Pour les traditions empiriste et cartésienne, les sensations sont donc précisément ce qui constitue le sujet et le définit dans son individualité. Les sensations sont miennes, nul autre n'y participe et je suis moi par cela-même que je sens. C'est uniquement par habitude ou par abstraction que des idéalités, par transformation, apparaissent sur le fondement de ces sensations. Autrement dit, il y a une sorte d'hétéronomie radicale entre le sentir et le communiquer. La théorie de la sympathie par exemple, qui chez Hume est le fondement de la communication, ne repose nullement sur une communication sensible, mais sur une forme de déduction[5].

La notion husserlienne de *hylé* – qui est en quelque sorte le correspondant phénoménologique de l'impression humienne – se distingue profondément des conceptions strictement empiristes ou cartésiennes. Tout d'abord, même si la *hylé* est l'élément matériel de la face noétique de la conscience, elle n'a rien de réel puisque la réduction a été accomplie; elle ne doit donc pas être confondue avec la sensation qui est déjà du constitué. La *hylé* est un contenu réel (*reel*) et matériel (*stofflich*) pris dans le flux de la temporalité transcendantale. À la grande différence de la tradition empirique, la *hylé* apparaît chez Husserl comme l'élément non-

---

2 « Qu'est-ce qu'une chose qui pense ? C'est-à-dire une chose qui doute, qui conçoit, qui affirme, qui nie, qui veut, qui ne veut pas, qui doute, qui conçoit, qui imagine aussi, et qui sent » (*Méditations métaphysiques*, op. cit., p. 278).
3 Hume, D., *Treatise of Human Nature*, éditeur : L.A. Selby-Bigge, The Clarendon Press, Oxford, 1978, (première édition : 1739–1740), p. 1.
4 Ibid. p. 4.
5 À ce sujet, cf. Dubois, P., *Le problème de la connaissance d'autrui dans la philosophie anglaise contemporaine*, Vrin, Paris, 1969, p. 13.

égoïque de l'immanence intentionnelle. Selon Husserl, la *hylé* acquiert une première forme subjective dans une constitution originaire : la constitution temporelle. Cependant, malgré ces différences considérables, l'héritage de la tradition empiriste se retrouve encore, en quelque manière, dans la conception husserlienne de la *hylé* et, plus profondément, de l'impression-originaire. La *hylé*, alors même qu'elle est le non-égoïque originaire, reste attachée à la subjectivité privée et la théorie de sa mise en forme temporelle dans une constitution originaire est également la théorie de la constitution de l'ego transcendantal.

Nous pensons que le motif majeur qui rend la notion de pluralité originaire si difficile à penser tient à ceci qu'en raison de la conception classique de la sensation et de l'impression il nous semble inacceptable que la *hylé*, même sous forme d'impression-originaire, puisse être intersubjective en quelque manière que ce soit. Au premier abord, dire que la *hylé*, avant toute constitution originaire, est déjà intersubjective « d'une certaine manière » semble absurde. C'est pourtant à cette conclusion que nos recherches, finalement, semblent conduire et nous avons mis en évidence une série continue d'implications en raison desquelles, à moins d'accepter l'idée d'une pluralité originaire, nous succombons au psychologisme. Nous devons donc essayer de saisir intuitivement ce que pourrait être une telle pluralité. Dans cet effort, le parallèle déjà entamé avec la conception classique de la sensation pourra nous être utile. Souvenons-nous en effet de la notion d'« index » développée en 1910–1911. Nous avions souligné les perspectives méthodologiques ouvertes par cette notion. N'existe-t-il pas, dans la tradition philosophique, un certain nombre de penseurs qui ont développé une conception plus « intersubjective » de la sensation, de telle manière précisément que leurs travaux puissent nous offrir des « index » phénoménologiques susceptibles de reconduire, par réduction, à la pluralité originaire ? Dans les paragraphes qui suivent, nous suggérerons trois pistes possibles qui pourraient servir d'index phénoménologiques. Il convient cependant de préciser que ce que nous cherchons, ce n'est pas tant le témoignage empirique d'une forme d'intersubjectivité de la sensation, mais davantage les indices d'un engagement intersubjectif du *ressentir*. En parlant d'intersubjectivité originaire et en liant celle-ci à l'impression-originaire, nous ne visons pas à unifier la pluralité des consciences phénoménologiques individuelles dans une communauté sensible, mais, au contraire, à montrer que la manière dont chaque sujet transcendantal est affecté, ressent, est originairement dépendante de la pluralité des autres sujets transcendantaux. Confondre la communauté de la sensation et l'intersubjectivité du ressentir revient à renouveler, au niveau le plus originaire, la confusion classique entre suprasubjectivité et intersubjectivité.

Une première piste serait de voir si, véritablement, ce que nous sentons n'est pas susceptible de variations indépendantes de notre organisme et de notre subjectivité individuelle. À la fin du dix-neuvième siècle s'est développée à ce propos une polémique intéressante aux frontières de la physiologie, de la psychologie et de la philosophie. Ce qu'il est convenu d'appeler « la querelle sur le développement historique du sens des couleurs » prit son essor avec les travaux du linguiste et philosophe Lazare Geiger. Ce dernier élabora l'hypothèse que la perception de certaines parties du spectre coloré, le vert et le bleu par exemple, n'avaient pas toujours été perçus de la même manière au fil de l'Histoire[6]. Très vite, cette hypothèse fut reprise par divers auteurs. Le plus important d'entre eux fut l'ophtalmologue Hugo Magnus. Dans son livre *Die geschichtliche Entwickelung des Farbensinnes*[7], il appliquait aux travaux de Geiger la théorie de l'évolution de Darwin. La structure organique de l'œil aurait évolué depuis Homère selon une loi fixe que l'on peut déceler dans l'ensemble du règne animal. Au fil des temps, nous sommes de plus en plus sensibles aux nuances de couleur et de moins en moins sensibles aux nuances de luminosité. Cette hypothèse évolutionniste rencontra un grand succès et on en trouva bientôt des applications partout. Nietzsche lui même y fait référence dans un des aphorismes de *Aurore*. Elle rencontra cependant un opposant farouche en la personne d'un élève de Franz Brentano : Anton Marty. Dans *Die Frage nach der geschichtlichen Entwickelung des Farbensinnes*, son second livre, il critique violemment les positions de Magnus. Les objections soulevées par Marty et par d'autres après lui sont extrêmement nombreuses et plus personne n'accorde guère de crédit aux thèses de Magnus aujourd'hui. Le débat a entièrement quitté le plan de la physiologie ou de la psychologie génétique pour se limiter à la philologie. On se concentre à présent sur le sens qu'il convient de donner aux noms de couleurs dans les différentes cultures et à différentes époques, sans plus croire à une quelconque « loi de l'évolution » en la matière, ni, encore moins, à un quelconque changement physiologique. Il me semble pourtant que cette question du « sens » des couleurs et des variations de ce sens, épurée de son arrière-fond empirique, est de nature à fournir un index phénoménologique extrêmement précieux pour l'élaboration expérimentale d'une phénoménologie première dans la mesure où elle offre un exemple d'une détermination intersubjective des données hylétiques.

Une seconde piste serait de voir si la manière dont nous ressentons, dont nous sommes affectés, ne dépend pas également de facteurs extra-individuels. Il existe un penseur qui a développé une théorie empirique relativement élaborée d'une intersubjectivité du ressentir : il s'agit du sociologue Norbert Elias. Bien qu'il ait suivi les cours de Husserl, Norbert Elias ne peut pas être considéré comme un phénoménologue. Ses centres d'intérêts ont toujours résidé dans la sociologie et sa méthodologie a toujours été celle de l'enquête historique ou de l'observation empirique. Les motifs pour lesquels sa pensée retient notre attention émanent d'un point relativement secondaire de son œuvre ; c'est pourquoi nous ne dresserons

---

6 Geiger, L., « *Ueber den Farbensinn der Urzeit* », in *Zur Entwickelungsgeschichte der Menschheit*, Stuttgart, 1871 ; *Ursprung und Entwickelung der menschlichen Sprache und Vernunft*, Stuttgart, 1872.
7 Magnus, H., *Die geschichtliche Entwickelung des Farbensinnes*, Von Veit, Leipzig, 1877, (traduction française : Jules Soury, *Histoire de l'évolution du sens des couleurs*, Reinwald, Paris, 1878).

pas un tableau approfondi de celle-ci. Dans son ouvrage majeur, Elias a cherché à montrer la manière dont la société se civilise[8]. Il a affirmé que ce « processus de civilisation » est lié à deux lois sociologiques : la monopolisation et l'autorépression. Le premier argument utilisé par Elias dans cette démonstration repose sur une étude patiente de l'histoire des mœurs. C'est cette première étude qui, pour notre propos, importe le plus. Elias a montré de façon très précise et convaincante qu'en fonction des circonstances sociales de l'endroit et de l'époque, la manière dont un événement nous affecte varie. Le même stimulus peut être ressenti comme agréable, désagréable, insupportable ou acceptable en fonction de conditions qui sont, pour une grande part, indépendantes de l'individu affecté. Autrement dit, la manière dont les sensations sont ressenties dépend entre autres de conditions qui sont indépendantes de l'ego et de ses dispositifs empiriques. Il y aurait donc des conditions « sociologiques » à la manière dont le sujet ressent, et ces conditions seraient régies par leurs propres lois.

La question n'est pas d'évaluer ici la pertinence des travaux sociologiques d'Elias sur la civilisation et le bien-fondé des lois sociologiques qu'il prétend déceler. Il importe peu également de prendre la mesure de la compatibilité entre les thèses d'Elias et celles de Husserl. Le réel intérêt des travaux d'Elias pour notre recherche tient à ceci qu'il nous fait voir ce que l'empirisme classique avait occulté, à savoir qu'il y a dans la sensibilité elle-même un excès par rapport à ce qui est strictement égoïque d'une part et par rapport à ce qui est strictement matériel de l'autre. Indépendamment de notre propre fond et de la nature du stimulus qui nous affecte, nous ressentons toujours en fonction de conditions « sociales ». Autrement dit, le ressentir subjectif est toujours prédéterminé par des conditions intersubjectives qui le précèdent. La sensibilité n'est pas quelque chose de purement subjectif ; il y a déjà, en deçà de toute constitution de signification et indépendamment de la synthèse temporelle, une appréhension du stimulus sensible dans laquelle le flux individuel n'est pas la seule partie prenante. Il n'est pas un instant de notre vie dans lequel la manière dont nous ressentons ne soit déterminée aussi par d'autres subjectivités que la nôtre. Lorsqu'on en prend conscience, on réalise que cette dimension d'excès au cœur du sensible est à ce point essentielle au ressentir qu'interpréter celui-ci comme purement subjectif ne peut guère être considéré que comme une abstraction.

Cette dimension d'excès « intersubjectif » du ressentir dont Elias, au niveau empirique, nous fait voir l'importance, doit avoir son correspondant au niveau transcendantal et c'est précisément cela que nous avons voulu indiquer lorsque nous avons parlé d'une pluralité attachée à l'impression-originaire. Ce qui importe ici pour nous, c'est de prendre acte du fait qu'il doit exister entre l'analyse que fait Elias des conditions sociologiques de l'affection et la théorie husserlienne de la

---

8   Elias, N., *Über den Prozess der Zivilisation*, 3 vol., Felix Meiner Verlag, Hamburg, 1969, (première édition : 1939).

hylé, le même rapport que celui qui a déjà été mis en évidence entre l'empirisme classique et la phénoménologie de Husserl. Autrement dit, la réduction, correctement pratiquée, doit laisser intacte une dimension hylétique qui, pour n'être pas empirique, n'en est pas moins liée à une forme transcendantale de pluralité qu'il est possible d'étudier comme telle. Cette conception d'une *hylé* qui, d'une certaine manière, renvoie déjà à une pluralité lorsqu'elle nous impressionne, nous offre, au départ des arguments d'Elias, une illustration intuitive de ce que pourrait être une intersubjectivité originaire. Bien entendu, un travail considérable reste à accomplir pour mener à bien l'étude de cette dimension. Sur la voie de cette « phénoménologie première » nous n'en sommes encore qu'aux balbutiements. Le principal acquis du présent travail pour cette phénoménologie première qui reste à accomplir aura sans doute été d'en montrer la nécessité.

Une troisième piste enfin, en continuité avec les deux précédentes, serait d'évaluer dans quelle mesure notre vision du monde, dans ses structures fondamentales, est dépendante de facteurs extra-individuels. L'école des « visions du monde » a, depuis Dilthey, largement œuvré en ce sens, mais il nous semble que c'est Alexandre Koyré qui a le mieux montré à quel point les révolutions métaphysiques, indépendantes de l'individu, influençaient profondément son rapport au monde. On a beaucoup spéculé sur la nature du rattachement de Koyré au courant phénoménologique[9], mais il est indubitable que, même s'il n'a pas épousé la méthode de la phénoménologie transcendantale, il a été profondément influencé par Husserl et que c'est dans une perspective de « retour aux choses elles-mêmes » qu'il a abordé l'étude de l'histoire des sciences[10]. Or, plus que la science à proprement parler, ce que Koyré a étudié ce sont des changements de « visions du monde »[11], des modifications du « sens commun »[12], des changements de « métaphysique »[13], de « conceptions de la réalité »[14] ; en d'autres termes des « révolutions spirituelles »[15]. Ce que Koyré a étudié, ce sont des modifications de la phénoménalité elle-même, indépendamment des structures de la conscience individuelle. Ainsi, décrivant la « révolution spirituelle » qui a marqué l'Europe entre le XVIᵉ et le XVIIᵉ siècle, il écrit : « l'homme [...] a perdu le monde même qui formait le cadre de son existence et l'objet de son savoir, et a dû transformer et remplacer non seulement

---

9   Cf. Olesen, S.G., *Wissen und Phänomen : eine Untersuchung der ontologischen Klärung der Wissenschaften bei Edmund Husserl, Alexandre Koyré und Gaston Bachelard*, Königshausen und Neumann, Würzburg, 1997 ; Schuhmann, K., « Koyré et les phénoménologues allemands », in *History and Technology*, 4, 1987, pp. 149–167 ; etc.

10   Cf. la lettre de Koyré à Herbert Spiegelberg in Jorland, G., *La science dans la philosophie. Les recherches épistémologiques d'Alexandre Koyré*, Gallimard, Paris, 1981, p. 28.

11   Koyré, A., *Études d'histoire de la pensée scientifique*, Gallimard, Paris, 1973, p. 12.

12   *Ibid*, p. 19.

13   *Ibid*, p. 75.

14   *Ibid*, p. 86.

15   *Ibid*, p. 170 ; *Du monde clos à l'univers infini*, Gallimard, Paris, 1973, p. 9.

ses conceptions fondamentales, mais jusqu'aux structures mêmes de sa pensée »[16]. C'est au sens le plus strict du terme que Koyré a étudié les changements de *vision* du monde et, de tels changements, aucune phénoménologie de la conscience individuelle ne peut rendre compte, mais seulement une phénoménologie qui analyse les conditions de la phénoménalité elle-même.

Nous avons rêvé d'un donné, comme d'un Absolu vierge encore de tout regard, de toute saisie. Que nous l'ayons cherché dans la sensibilité ou dans l'idéalité, nos espoirs ont bien souvent été déçus. Pourtant, il y a bien un donné, mais il a une histoire. C'est un héritage.

Isolés, séparés, tout nous est inaccessible. La mort la plus profonde, la vraie mort, c'est la mort par la solitude, lorsque la lumière devient principe de mort.

Cioran, Sur les cimes du désespoir

---

16 Koyré, A., *Du monde clos à l'univers infini*, op. cit., p. 11.

Bibliographie

Ouvrages de Husserl et traductions

Remarque: Nous ne mentionnons ici que les ouvrages effectivement utilisés au cours de cette recherche. Nous ne présentons donc pas une bibliographie exhaustive.

1. *Textes publiés*

Husserl, E., *Cartesianische Meditationen und Pariser Vorträge*, éditeur : Stephan Strasser, Martinus Nijhoff (Coll. Husserliana I), Den Haag, 1950. Il existe deux traductions françaises, par ordre chronologique de parution : Gabrielle Peiffer et Emmanuel Lévinas, *Méditations cartésiennes. Introduction à la phénoménologie*, Vrin, Paris, 1947. Marc de Launay, *Méditations cartésiennes et les conférences de Paris*, Presses Universitaires de France (Coll. Épiméthée), Paris, 1994.

——, *Die Idee der Phänomenologie. Fünf Vorlesungen*, éditeur : Walter Biemel, Martinus Nijhoff (Coll. Husserliana II), Den Haag, 1950. Traduction française : Alexandre Lowit, *L'idée de la phénoménologie*, Presses Universitaires de France (Coll. Épiméthée), Paris, 1970.

——, *Ideen zu einer reinen Phänomenologie und phänomenologischen Philosophie. Erstes Buch : Allgemeine Einführung in die reine Phänomenologie. 1. Halbband, Text der 1.–3. Auflage*, éditeur : Karl Schuhmann, Martinus Nijhoff (Coll. Husserliana III/1), Den Haag, 1976. Traduction française : Paul Ricœur, *Idées pour une phénoménologie et une philosophie phénoménologique pures. Tome premier : Introduction générale à la phénoménologie pure*, Gallimard, Paris, 1950.

——, *Ideen zu einer reinen Phänomenologie und phänomenologischen Philosophie. Zweites Buch : Phänomenologische Untersuchungen zur Konstitution*, éditrice : Marly Biemel, Martinus Nijhoff (Coll. Husserliana IV), Den Haag, 1952. Traduction française : Éliane Escoubas, *Idées directrices pour une phénoménologie et une philosophie pures. Livre second : Recherches phénoménologiques sur la constitution*, Presses Universitaires de France (Coll. Épiméthée), Paris, 1982.

——, *Die Krisis der europäischen Wissenschaften und die transzendentale Phänomenologie. Eine Einleitung in die phänomenologische Philosophie*, éditeur : Walter Biemel, Martinus Nijhoff (Coll. Husserliana VI), Den Haag, 1954. Traduction française : Gérard Granel et Jacques Derrida, *La crise des sciences européennes et la phénoménologie transcendantale*, Gallimard, Paris, 1976.

——, *Erste Philosophie (1923/24). Zweiter Teil : Theorie der phänomenologischen Reduktion*, éditeur : Rudolf Boehm, Martinus Nijhoff (Coll. Husserliana VIII), Den Haag, 1959. Traduction française : Arion Kelkel, *Philosophie première (1923–24). Deuxième partie : Théorie de la réduction phénoménologique*, Presses Universitaires de France (Coll. Épi-

méthée), Paris, 1972.
—, *Zur Phänomenologie des inneren Zeitbewusstseins (1893–1917)*, éditeur : Rudolf Boehm, Martinus Nijhoff (Coll. Husserliana X), Den Haag, 1966. Traduction française : Henri Dussort, *Leçons sur la phénoménologie de la conscience intime du temps*, Presses Universitaires de France (Coll. Épiméthée), Paris, 1964.
—, *Analysen zur passiven Synthesis. Aus Vorlesungs- und Forschungsmanuskripten (1918–1926)*, éditrice : Margot Fleischer, Martinus Nijhoff (Coll. Husserliana XI), Den Haag, 1966. Traduction française : Bruce Bégout et Jean Kessler, avec la collaboration de Natalie Depraz et de Marc Richir, *De la synthèse passive*, Millon, Grenoble, 1998.
—, *Philosophie der Arithmetik. Mit ergänzenden Texten (1890–1901)*, éditeur : Lothar Eley, Martinus Nijhoff (Coll. Husserliana XII), Den Haag, 1970. Traduction française : Jacques English, *Philosophie de l'arithmétique*, Presses Universitaires de France (Coll. Épiméthée), Paris, 1972.
—, *Zur Phänomenologie der Intersubjektivität. Texte aus dem Nachlass, Erster Teil : 1905–1920*, éditeur : Iso Kern, Martinus Nijhoff (Coll. Husserliana XIII), Den Haag, 1973. Traduction française du texte n°6 par Jacques English, *Problèmes fondamentaux de la phénoménologie (1910–11)*, Presses Universitaires de France (Coll. Épiméthée), Paris, 1991. Traduction partielle des autres textes par Natalie Depraz, *Sur l'intersubjectivité*, Presses universitaires de France (Coll. Épiméthée), 2. vol., Paris, 2001.
—, *Zur Phänomenologie der Intersubjektivität. Texte aus dem Nachlass, Zweiter Teil : 1921–1928*, éditeur : Iso Kern, Martinus Nijhoff (Coll. Husserliana XIV), Den Haag, 1973. Traduction française partielle par Natalie Depraz, *Sur l'intersubjectivité*, Presses universitaires de France (Coll. Épiméthée), 2. vol., Paris, 2001.
—, *Zur Phänomenologie der Intersubjektivität. Texte aus dem Nachlass, Dritter Teil : 1929–1935*, éditeur : Iso Kern, Martinus Nijhoff (Coll. Husserliana XV), Den Haag, 1973. Traduction partielle par Natalie Depraz, *Sur l'intersubjectivité*, Presses universitaires de France (Coll. Épiméthée), 2. vol., Paris, 2001, et par Natalie Depraz et Pol Vandevelde, *Autour des Méditations cartésiennes (1929–1932). Sur l'intersubjectivité*, Millon, Grenoble, 1998.
—, *Ding und Raum. Vorlesungen 1907*, éditeur : Ulrich Claesges, Martinus Nijhoff (Coll. Husserliana XVI), Den Haag, 1973. Traduction française : Jean-François Lavigne, *Chose et espace. Leçons de 1907*, Presses Universitaires de France (Coll. Épiméthée), Paris, 1989.
—, *Formale und transzendentale Logik. Versuch einer Kritik der logischen Vernunft. Mit ergänzenden Texten*, éditeur : Paul Janssen, Martinus Nijhoff (Coll. Husserliana XVII), Den Haag, 1974. Traduction française : Suzanne Bachelard, *Logique formelle et transcendantale. Essai d'une critique de la raison logique*, Presses Universitaires de France (Coll. Épiméthée), Paris, 1965.
—, *Logische Untersuchungen. Erster Band : Prolegomena zur reinen Logik, Texte der ersten und der zweiten Auflage*, éditeur : Elmar Holenstein, Martinus Nijhoff, (Coll. Husserliana XVIII), Den Haag, 1975. Traduction française : Hubert Elie, Arion Kelkel et René Schérer, *Recherches logiques. Tome premier : Prolégomènes à la logique pure*, Presses Universitaires de France (Coll. Épiméthée), Paris, 1969.
—, *Logische Untersuchungen. Zweiter Band, erster Teil : Untersuchungen zur Phänomenologie und Theorie der Erkenntnis, Text der ersten und zweiten Auflage*, éditrice : Ursula Panzer, Martinus Nijhoff Publishers (Coll. Husserliana XIX/1), Den Haag/Boston/Lancaster, 1984. Traduction française : Hubert Elie, Arion Kelkel et René Schérer, *Recherches logiques. Tome 2 : Recherches pour la phénoménologie et la théorie de la connaissance.*

Première partie: Recherches I et II, et deuxième partie: Recherches III, IV et V, Presses Universitaires de France (Coll. Épiméthée), Paris, 1961.

——, *Logische Untersuchungen. Zweiter Band, zweiter Teil: Untersuchungen zur Phänomenologie und Theorie der Erkenntnis, Text der ersten und zweiten Auflage*, éditrice: Ursula Panzer, Martinus Nijhoff Publishers (Coll. Husserliana XIX/2), Den Haag/Boston/Lancaster, 1984. Traduction française: Hubert Elie, Arion Kelkel et René Schérer, *Recherches logiques. Troisième volume: Éléments d'une élucidation phénoménologique de la connaissance, Recherche VI*, Presses Universitaires de France (Coll. Épiméthée), Paris, 1962.

——, *Aufsätze und Rezensionen (1890–1910)*, éditeur: Bernhard Rang, Martinus Nijhoff Publishers (Coll. Husserliana XXII), Den Haag/Boston/London, 1979. Traduction française: Jacques English, *Articles sur la logique*, Presses Universitaires de France (Coll. Épiméthée), Paris, 1975; ainsi que: *Sur les objets intentionnels*, Vrin, Paris, 1993.

——, *Phantasie, Bildbewusstsein, Erinnerung. Zur Phänomenologie der anschaulichen Vergegenwärtigungen. Texte aus dem Nachlass (1898–1925)*, éditeur: Eduard Marbach, Martinus Nijhoff Publishers (Coll. Husserliana XXIII) Boston/Dordrecht/London, 1980. Traduction française: Raymond Kassis et Jean-François Pestureau, *Phantasia, conscience d'image, souvenir*, Jérôme Millon, Grenoble, 2002.

——, *Einleitung in die Logik und Erkenntnistheorie. Vorlesungen (1906–1907)*, éditeur: Ullrich Melle, Martinus Nijhoff Publishers (Coll. Husserliana XXIV), Dordrecht/Boston/Lancaster, 1984. Traduction française: Laurent Joumier, *Introduction à la logique et à la théorie de la connaissance. Cours (1906–1907)*, Vrin, Paris, 1998.

——, *Aufsätze und Vorträge (1911–1921)*, éditeurs: Thomas Nenon et Hans Reiner Sepp, Martinus Nijhoff Publishers (Coll. Husserliana XXV), Dordrecht/Boston/Lancaster, 1986. Traduction française partielle: Marc de Launay, *La philosophie comme science rigoureuse*, Presses Universitaires de France (Coll. Épiméthée), Paris, 1989.

——, *Vorlesungen über Bedeutungslehre. Sommersemester 1908*, éditrice: Ursula Panzer, Martinus Nijhoff Publishers, (Coll. Husserliana XXVI), Dordrecht/Boston/Lancaster, 1987. Traduction française: Jacques English, *Leçons sur la théorie de la signification*, Vrin, Paris, 1995.

——, *Erfahrung und Urteil. Untersuchung zur Genealogie der Logik*, éditeur et rédacteur: Ludwig Landgrebe, Glaasen und Goverts, Hamburg, 1948. Traduction française: Denise Souche-Dagues, *Expérience et jugement. Recherches sur la généalogie de la logique*, Presses Universitaires de France (Coll. Épiméthée), Paris, 1970.

——, *Briefe an Roman Ingarden. Mit Erläuterungen und Erinnerungen an Husserl*, éditeur: Roman Ingarden, Martinus Nijhoff (Coll. Phaenomenologica 25), Den Haag, 1968.

——, *Edmund Husserl: Briefwechsel. Band I: Die Brentanoschule*, éditeur: Karl Schuhmann, Kluwer Academic Publishers (Coll. Husserliana Dokumente III/1), Dordrecht/Boston/London, 1994.

——, *Edmund Husserl: Briefwechsel. Band II: Die Münchener Phänomenologen*, éditeur: Karl Schuhmann, Kluwer Academic Publishers (Coll. Husserliana Dokumente III/2), Dordrecht/Boston/London, 1994.

——, *Edmund Husserl, Briefwechsel. Band III: Die Göttinger Schule*, éditeur: Karl Schuhmann, Kluwer Academic Publishers (Coll. Husserliana Dokumente III/3), Dordrecht/Boston/London, 1994.

——, *Edmund Husserl: Briefwechsel. Band V: Die Neukantianer*, éditeur: Karl Schuhmann, Kluwer Academic Publishers (Coll. Husserliana Dokumente III/5), Dordrecht/Boston/London, 1994.

——, *Edmund Husserl, Briefwechsel. Band VI: Philosophenbriefe*, éditeur : Karl Schuhmann, Kluwer Academic Publishers (Coll. Husserliana Dokumente III/6), Dordrecht/Boston/London, 1994.
——, *Edmund Husserl, Briefwechsel. Band VII: Wissenschaftlerkorrespondenz*, éditeur : Karl Schuhmann, Kluwer Academic Publishers (Coll. Husserliana Dokumente III/7), Dordrecht/Boston/London, 1994.
——, *Edmund Husserl, Briefwechsel. Band IX: Familienbriefe*, éditeurs : Karl Schuhmann et Elisabeth Schuhmann, Kluwer Academic Publishers (Coll. Husserliana Dokumente III/9), Dordrecht/Boston/London, 1994.
——, *Logik. Vorlesung 1902/03*, éditrice : Elisabeth Schuhmann, Kluwer Academic Publishers (Coll. Husserliana Materialien II), Dordrecht/Boston/London, 2001.
——, *Allgemeine Erkenntnistheorie. Vorlesung 1902/03*, éditrice : Elisabeth Schuhmann, Kluwer Academic Publishers (Coll. Husserliana Materialien III), Dordrecht/Boston/London, 2001.

2. *Manuscrits inédits*

A.VI. 10.	C.17.V.
A.VI.1.	E.I.4.
B.I. 4.	F.I.19.
B.II.2.	F.I.26.
B. IV. 6.	F.I.27.

Littérature secondaire

Aguirre, A., *Genetische Phänomenologie und Reduktion. Zur Letztbegründung der Wissenschaft aus der radikalen Skepsis im Denken E. Husserls*, Martinus Nijhoff (Coll. Phaenomenologica 38), Den Haag, 1970.
Ales Bello, A., « Empathy, a Return to Reason », in *Analecta Husserliana*, 6, 1977, pp. 143–149.
Allen, J., « Husserl's Overcoming of the Problem of Intersubjectivity », in *The Modern Schoolman*, 55, 1978, pp. 261–271.
——, « Teleology and Intersubjectivity », in *Analecta Husserliana*, 9, 1979, pp. 213–219.
Ameriks, K., « Husserl's Realism », in *The Philosophical Review*, 86/4, 1977, pp. 498–519.
Andrew, W. K., « The Giveness of Self and Others in Husserl's Transitional Phenomenology », in *Journal of Phenomenological Psychology*, 13, 1982, pp. 85–100.
Arendt, H., *The Origins of Totalitarianism*, Harcourt Brace Jovanovich, New-York, 1973.
——, *The Life of the Mind*, Harcourt Brace Jovanovich, New-York, 1978.
——, *The Human Condition*, The University of Chicago Press, Chicago/London, 1958.
Armstrong, E. G., « Intersubjective Intentionality », in *Midwest Journal of Philosophy*, 5, 1977, pp. 1–11.
Arp, K., « Intentionality and the Public World. Husserl's Treatment of Objectivity in the ‹ Cartesian Meditations › », in *Husserl Studies*, 7, 1990, pp. 89–101.
Atwell, J. E., « Husserl on Signification and Object », in *American Philosophical Quarterly*, 6/4, 1969, pp. 312–317.
Ballard, E. G., « Husserl's Philosophy of Intersubjectivity in Relation to his Rational Ideal », in *Tulane Studies in Philosophy*, 11, 1962, pp. 3–38.

Bar-Hillel, Y., « Husserl's Conception of a Purely Logical Grammar », in *Philosophy and Phenomenological Research*, 17, 1956–7, pp. 312–319.
Barral, M. R., « Teleology and Intersubjectivity in Husserl – Reflections », in *Analecta Husserliana*, 9, 1979, pp. 221–233.
Bartels, M., « Identität und Individualität. Überlegungen zur Problematik der Egologie Edmund Husserls », in *Archiv für Geschichte der Philosophie*, 61, 1979, pp. 52–67.
Bednarski, J., « La réduction husserlienne », in *Revue de métaphysique et de morale*, 62/4, 1957, pp. 416–435.
Bell, D., *Husserl*, Routledge, London/New-York, 1990.
Benoist, J., *Autour de Husserl. L'ego et la raison*, Vrin, Paris, 1994.
——, *Phénoménologie, sémantique, ontologie. Husserl et la tradition logique autrichienne*, Presses Universitaires de France (Coll. Épiméthée), Paris, 1997.
Benveniste, E., *Problèmes de linguistique générale*, Paris, Gallimard, 1966.
Bernet, R., « Mathematik, Logik und Phänomenologie », in Bernet, R., Kern, I., Marbach, E., *Edmund Husserl. Darstellung seines Denkens*, Felix Meiner Verlag, Hamburg, 1989, pp. 11–55.
——, *La vie du sujet. Recherches sur l'interprétation de Husserl dans la phénoménologie*, Presses Universitaires de France (Coll. Épiméthée), Paris, 1994.
——, « Le concept husserlien de noème », in R. Bernet, *La vie du sujet*, Presses Universitaires de France (Coll. Épiméthée), Paris, 1994, pp. 65–92.
——, « Bedeutung und intentionales Bewusstsein. Husserls Begriff des Bedeutungsphänomens », in *Phänomenologische Forschungen*, 8, 1979, pp. 31–64.
——, « Husserl's Theory of Signs Revisited », in R. Sokolowski (ed.), *Edmund Husserl and the Phenomenological Tradition. Essays in Phenomenology*, The Catholic University of America Press, Washington D.C., 1988, pp. 1–24.
——, « Perception, Categorial Intuition and Truth in Husserl's Sixth ‹ Logical Investigation › », in J. Sallis, G.C. Moneta, J. Taminiaux (éds.), *The Collegium Phaenomenologicum. The First Ten Years*, Kluwer Academic Publishers (Coll. Phaenomenologica 105), Dordrecht/Boston/London, 1988, pp. 33–45.
——, « Einleitung », in *Edmund Husserl. Texte zur Phänomenologie des inneren Zeitbewusstsein (1893–1917)*, Felix Meiner Verlag, Hamburg, 1985.
——, « L'inconscient entre représentation et pulsion (Freud, Husserl et Schopenhauer) », in *Philosophie*, 50, 1996, pp. 66–83.
——, « Délire et réalité dans la psychose », in *Études phénoménologiques*, 15, 1996, pp. 25–54.
——, « Imagination et fantasme », in J. Florence et al. (éds.), *Psychanalyse. L'homme et ses destins*, Peeters, Louvain/Paris, 1993, pp. 191–206.
——, « L'analyse husserlienne de l'imagination comme fondement du concept freudien d'inconscient », in *Alter*, 4, 1996, pp. 43–67.
Bernet, R., Kern, I., Marbach, E., *Edmund Husserl. Darstellung seines Denkens*, Felix Meiner Verlag, Hamburg, 1989. Traduction anglaise : *An Introduction to Husserlian Phenomenology*, Northwestern University Press, Evanston, Illinois, 1993.
Bernstein, R.J., *Beyond Objectivism and Relativism. Science, Hermeneutics, and Praxis*, University of Pensylvania Press, Pensylvania, 1983.
Besnier, B., « Le spectateur désintéressé et la question des voies vers la réduction », in M. Richir et N. Depraz (éds.), *Eugen Fink. Actes du Colloque de Cerisy-la-Salle. 23–30 juillet 1994*, Rodopi, Amsterdam, 1997, pp. 161–214.
Berger, G., *Le cogito dans la philosophie de Husserl*, Aubier, Paris, 1941.

Biemel, W., « Les phases décisives dans le développement de la philosophie de Husserl », in *Cahiers de Royaumont, Philosophie n°III, Husserl*, Les édition de minuit, Paris, 1959, pp. 32–62.
Bouckaert, B., « *Geistiger Verkehr* et *für wen immer Geltung* : figures de l'intersubjectivité dans les ‹ Recherches logiques › de E. Husserl », in *Études phénoménologiques*, 25, 1997, pp. 77–104.
——, « Vers une phénoménologie première : de Husserl à Maine de Biran et retour », in *Revue philosophique de Louvain*, 96, 1998, pp. 598–622.
——, « Patočka et la méthode phénoménologique. Penser dans un monde de fous », in *Études phénoménologiques*, 29/30, 1999, pp. 79–92.
——, « Solitude et pureté du sujet phénoménologique. Hypothèses au sujet de l'origine historique de la réduction du sujet empirique », in *Alter*, 9, 2001, pp. 281–297.
——, « Le problème de l'altérité dans les *Recherches logiques* », in *Revue philosophique de Louvain*, 4, 2001, pp. 630–651.
——, « De l'autre côté du miroir. Les motifs phénoménologiques de la réduction chez Husserl, Fink et Patočka. Contribution méthodologique à l'élaboration d'une phénoménologie première », in *Recherches husserliennes*, 17, 2002, pp. 87–116.
——, « La signification ‹ autre › de la phénoménologie. Notes propédeutiques sur quelques aspects paradoxaux dans la théorie husserlienne de l'intentionnalité », in *Phänomenologische Forschungen*, 7, 2002, pp. 163–181.
Brand, G., « Edmund Husserl: Zur Phänomenologie der Intersubjektivität », in *Philosophische Rundschau*, 25, 1978, pp. 54–80.
——, « Edmund Husserl: Zur Phänomenologie der Intersubjektivität, Texte aus dem Nachlass », in *Phänomenologische Forschungen*, 6/7, 1978, pp. 28–117.
Brough, J., « The Emergence of an Absolute Consciousness in Husserl's Early Writings on Time-Consciousness », in F. A. Elliston and P. Mc. Cormick (éds.) *Husserl: Exposition and Appraisals*, 1977, pp. 83–100.
Bruzina, R., « Solitude and Community in the Work of Philosophy : Husserl and Fink », in *Man and World*, 22, 1989, pp. 287–314.
Caeymaex, F., « Questions sur la phénoménologie de l'image chez Husserl », in *Recherches husserliennes*, 6, 1996, pp. 5–23.
Cairns, D., *Conversations with Husserl and Fink*, Martinus Nijhoff (Coll. Phaenomenologica 66), Den Haag, 1975. Traduction française : Jean-Marc Mouille, *Conversations avec Husserl et Fink*, Millon, Grenoble, 1997.
——, *Guide for Translating Husserl*, Martinus Nijhoff (Coll. Phaenomenologica 55), Den Haag, 1973.
——, « Perceiving, Remembering, Image-Awareness, Feigning Awareness », in F. I. Kersten and R. Zaner (éds.), *Phenomenology: Continuation and Criticism. Essays in Memory of Dorion Cairns*, Martinus Nijhoff (Coll. Phaenomenologica 50), Den Haag, 1973, pp. 251–262.
Carnap, R., *Der logische Aufbau der Welt*, Felix Meiner Verlag, Hamburg, 1961 (première édition : 1928).
Carr, D., « The ‹ Fifth Meditation › and Husserl's Cartesianism », in *Philosophy and Phenomenological Research*, 34, 1973–1974, pp. 14–35.
——, « Intentionality », in E. Pivcevic (éd.), *Phenomenology and Philosophical Understanding*, Cambridge University Press, London/New-York/Melbourne, 1975, pp. 17–36.
——, *Time, Narrative and History*, Indiana University Press, Bloomington, 1986.

—, *Phenomenology and the Problem of History*, Northwestern University Press, Evanston, 1974.
—, *Interpreting Husserl. Critical and Comparative Studies*, Martinus Nijhoff Publishers (Coll. Phaenomenologica 106), Dordrecht/ Boston/Lancaster, 1987.
Carrington, P. J., « Schütz on Transcendental Intersubjectivity in Husserl », in *Human Studies*, 2, 1979, pp. 95–110.
Claesen, L., « Présentification et fantaisie », in *Alter*, 4, 1996, pp. 123–159.
Cobb-Stevens, R., *Husserl and Analytic Philosophy*, Kluwer Academic Publishers (Coll. Phaenomenologica 116), Dordrecht/Boston/London, 1990.
—, « Les interprétations analytiques de Husserl », in *La phénoménologie aux confins*, T. E. R., Paris, 1992, pp. 7–31.
Costantini, E., « Einfühlung und Intersubjektivität bei Edith Stein und bei Husserl », in *Analecta Husserliana*, 11, 1981, pp. 335–339.
Courtine, J.-Fr., (éd.), *Phénoménologie et logique*, Presses de l'École normale supérieure, Paris, 1996.
—, « L'être et l'autre. Analogie et intersubjectivité chez Husserl », in *Études philosophiques*, 44, 1989, pp. 497–516.
Danek, J., « Méditation husserlienne sur l'alter ego », in *Laval théologique et philosophique*, 31, 1975, pp. 175–191.
Dastur, Fr., « Réduction et intersubjectivité », in É. Escoubas et M. Richir (éds.), *Husserl*, Millon, Grenoble, 1989, pp. 43–64.
—, *Husserl. Des mathématiques à l'histoire*, Presses Universitaires de France, Paris, 1995.
Dauenhauer, B. P., « A Comment on Husserl and Solipsism », in *The Modern Schoolman*, 52, 1975, pp. 189–191.
De Boer, Th., *The Development of Husserl's Thought*, Martinus Nijhoff (Coll. Phaenomenologica 76), Den Haag, 1978.
Depraz, N., « Les figures de l'intersubjectivité. Étude des Husserliana XIII–XIV–XV Zur Intersubjektivität », in *Archives de philosophie*, 55, 1992, pp. 479–498.
—, « De l'altérité dans l'aperception comme structure fondamentale de la conscience : accéder à autrui par son aperception », in *Études phénoménologiques*, 19, 1994, pp. 11–38.
—, *Transcendance et incarnation. Le statut de l'intersubjectivité comme altérité à soi chez Husserl*, Vrin, Paris, 1995.
—, « Recension de Antony J. Steinbock, *Home and Beyond : Generative Phenomenology after Husserl*, Evanston, Illinois, Northwestern University Press, 1995, 336 p. ; Dan Zahavi, *Husserl und die transzendentale Intersubjektivität. Eine Antwort auf die sprachpragmatische Kritik*, Dordrecht/Boston/London, Kluwer Academic Publishers, 1996, 204 p. », in *Alter*, 5, 1997, pp. 405–415.
—, « La traduction de *Leib* : une *crux phaenomenologica* », in *Études phénoménologiques*, 26, 1997, pp. 91–109.
—, « Temporalité et affection dans les manuscrits tardifs sur la temporalité (1929–1935) de Husserl », in *Alter*, 2, 1994, pp. 63–86.
Derrida, J., *Le problème de la genèse dans la philosophie de Husserl*, Presses Universitaires de France (Coll. Épiméthée), Paris, 1990.
—, *La voix et le phénomène*, Presses Universitaires de France (Coll. Épiméthée), Paris, 1967.
Descartes, R., *Œuvres et lettres*, Gallimard (Coll. Pléiade), Paris, 1954.
d'Ippolito, B. M., « Edmund Husserl : Intersubjectivity Between Epoché and History », in

Analecta Husserliana, 31, 1990, pp. 341–346.
—, « Husserl et l'origine intersubjective du sens », in *Recherches husserliennes*, 2, 1994, pp. 19–33.
De Waelhens, A., « L'idée phénoménologique d'intentionnalité », in *Husserl et la pensée moderne*, Martinus Nijhoff (Coll. Phenomenologica 2), Den Haag, 1956, pp. 115–129.
—, « Commentaire sur ‹ L'idée de la phénoménologie › », in *Cahiers de Royaumont, Philosophie n°III : Husserl*, Les éditions de Minuit, Paris, 1959, pp. 143–169.
Dodd, J., *Idealism and Corporeity. An Essay on the Problem of the Body in Husserl's Phenomenology*, Kluwer Academic Publishers (Coll. Phaenomenologica 140), Dordrecht/Boston/London, 1997.
Dougherty, C.-J., « The significance of Husserl's ‹ Logical Investigations › », in *Philosophy Today*, 23, 1979, pp. 217–225.
Downes, Ch., « Husserl and the Coherence of the Other Minds Problem », in *Philosophy and Phenomenological Research*, 26, 1965–1966, pp. 253–259.
—, « On Husserl's Approach to Necessary Truth », in J. N. Mohanty (éd.), *Readings on Logical Investigations*, Martinus Nijhoff, Den Haag, 1977, pp. 162–178.
Drummond, J. J., *Husserlian Intentionality and Non-Foundational Realism. Noema and Object*, Kluwer Academic Publishers (Coll. Contributions to Phenomenology 4), Dordrecht/Boston/London, 1990.
Dubois, P., *Le problème de la connaissance d'autrui dans la philosophie anglaise contemporaine*, Vrin, Paris, 1969.
Ducat, P., « Sens et signification selon Husserl », in *Études phénoménologiques*, 17, 1993, pp. 71–92.
Dufrenne, M., « Wittgenstein et Husserl », in M. Dufrenne, *Jalons*, Martinus Nijhoff (Coll. Phaenomenologica 20), Den Haag, 1966, pp. 188–207.
Dupré, L., « The Concept of Truth in Husserl's ‹ Logical Investigations › », in *Philosophy and Phenomenological Research*, 24, 1963–1964, pp. 345–354.
Eco, U., *La recherche de la langue parfaite*, Paris, Seuil, 1994.
Elias, N., *Über den Prozess der Zivilisation*, 3. vol., Felix Meiner Verlag, Hamburg, 1969.
Elliston, F. A., « Husserl's Phenomenology of Empathy », in F. A. Elliston and P. Mc. Cormick (éds.), *Husserl. Exposition and Appraisals*, University of Notre Dame Press, Notre Dame/London, 1977, pp. 213–231.
Elsenhans, Th., « Das Verhältnis der Logik zur Psychologie », in *Zeitschrift für Philosophie und philosophische Kritik*, 109, 1896, pp. 195–212.
English, J., « Husserl en 1904 ou Protée et les deux centaures », in *Recherches husserliennes*, 6, 1996, pp. 25–90.
Feyerabend, P., *Contre la méthode. Essai d'une théorie anarchique de la science*, Seuil, Paris, 1979.
Fink, E., *Nietzsches Philosophie*, Kohlhammer, Stuttgart, 1960. Traduction française : Hildenberg, H., Hildenberg, A., *La philosophie de Nietzsche*, Les éditions de minuit, Paris, 1965.
—, *Spiel als Weltsymbol*, Kohlhammer, Stuttgart, 1960. Traduction française : Hildenberg, H., Hildenberg, A., *Le jeu comme symbole du monde*, Les éditions de minuit, Paris, 1966.
—, *Nähe und Distanz. Phänomenologische Vorträge und Aufsätze*, Verlag Karl Alber, Freiburg/München, 1976. Traduction française : Jean Kessler, *Proximité et distance. Essais et conférences phénoménologiques*, Jérôme Millon, Grenoble, 1994.
—, « Operative Begriffe in Husserls Phänomenologie (1957) », in E. Fink, *Nähe und Dis-*

tanz. Phänomenologische Vorträge und Aufsätze, Verlag Karl Alber, Freiburg/München, 1976, pp. 180–204. Traduction française : Jean Kessler, « Les concepts opératoires dans la phénoménologie de Husserl », in *Proximité et distance. Essais et conférences phénoménologiques*, Jérôme Millon, Grenoble, 1994, pp. 147–167.

——, « Die Spätphilosophie Husserls in der Freiburger Zeit », in E. Fink, *Nähe und Distanz. Phänomenologische Vorträge und Aufsätze*, éditeur : Franz Anton Schwartz, Verlag Karl Alber, Freiburg/München, 1976, pp. 205–227. Traduction française : Jean Kessler, « La philosophie tardive de Husserl dans la période de Fribourg », in *Proximité et distance. Essais et conférences phénoménologiques*, Jérôme Millon, Grenoble, 1994, pp. 169–188.

——, *Studien zur Phänomenologie 1930–1939*, Martinus Nijhoff (Coll. Phaenomenologica 21), Den Haag, 1966. Traduction française : Didier Franck, *De la phénoménologie*, Les éditions de minuit, Paris, 1974.

——, « Vergegenwärtigung und Bild. Beiträge zur Phänomenologie der Unwirklichkeit. (1930) », in E. Fink, *Studien zur Phänomenologie 1930–1939*, Martinus Nijhoff (Coll. Phaenomenologica 21), Den Haag, 1966, pp. 1–78. Traduction française : Didier Franck, « Re-présentation et image. Contribution à la phénoménologie de l'irréalité », in *De la phénoménologie*, Les éditions de minuit, Paris, 1974, pp. 13–93.

——, « Die phänomenologische Philosophie Edmund Husserls in der gegenwärtigen Kritik », in *Studien zur Phänomenologie 1930–1939*, Martinus Nijhoff, (Coll. *Phaenomenologica* 21), Den Haag, 1966, pp. 79–156. Traduction française : Didier Franck, « La philosophie phénoménologique d'Edmund Husserl face à la critique contemporaine », in *De la phénoménologie*, Éditions de minuit, Paris, 1974, pp. 95–175.

——, « Was will die Phänomenologie Husserls ? Die phänomenologische Grundlegungsidee. (1934) », in E. Fink, *Studien zur Phänomenologie 1930–1939*, Martinus Nijhoff (Coll. Phaenomenologica 21), Den Haag, 1966, pp. 157–178. Traduction française : Didier Franck, « Que veut la phénoménologie d'Edmund Husserl ? », in *De la phénoménologie*, Les éditions de minuit, Paris, 1974, pp. 177–198.

——, « Das Problem der Phänomenologie Edmund Husserls », in E. Fink, *Studien zur Phänomenologie 1930–1939*, Martinus Nijhoff (Coll. Phaenomenologica 21), Den Haag, 1966, pp. 179–223. Traduction française : Didier Franck, « Le problème de la phénoménologie de Husserl », in *De la phénoménologie*, Les éditions de minuit, Paris, 1974, pp. 199–242.

——, *Existenz und Coexistenz. Grundprobleme der menschlichen Gemeinschaft*, Köningshausen & Neumann, Würzburg, 1987.

——, *VI. Cartesianische Meditation. Teil 1 : Die Idee einer transzendentalen Methodenlehre*, éditeurs : H. Ebeling, J. Holl et G. Kerkhoven, Kluwer Academic Publishers (Coll. Husserliana Dokumente II/1), Dordrecht/London/Boston, 1985. Traduction française : Natalie Depraz, *Sixième méditation cartésienne. Première partie : L'idée d'une théorie transcendantale de la méthode*, Millon, Grenoble, 1994.

Fisette, D., « Signification et essence. Les ‹ Leçons de 1908 › de Husserl sur la doctrine de la signification », in *Dialogue*, 30, 1991, pp. 33–49.

——, « Remarques sur l'individuation et l'idéalité des contenus intentionnels chez Husserl », in *Kairos*, 5, 1994, pp. 73–100.

——, *Lecture frégéenne de la phénoménologie*, L'éclat, Combas, 1994.

Føllesdal, D., « Husserl's notion of Noema », in *Journal of Philosophy*, 66, 1969, pp 680–687.

——, *Husserl und Frege : Ein Beitrag zur Beleuchtung der Entstehung der phänomenologischen Philosophie*, Aschehoug & C°, Oslo, 1958.

Franck, D., *Chair et corps. Sur la phénoménologie de Husserl*, Les éditions de minuit, Paris, 1981.
Frege, G., « Über Sinn und Bedeutung », in *Gottlob Frege. Kleine Schriften*, éditeur : Ignacio Angelli, Wissenschaftliche Buchgesellschaft, Darmstadt, 1967 (première édition : 1892). Traduction française : Claude Imbert, « Sens et dénotation », in *Gottlob Frege. Écrits logiques et philosophiques*, Seuil, Paris, 1971, pp. 102–126.
Gadamer, H. G., « Erinnerungen », in H. R. Sepp (Hrsg.), *Edmund Husserl und die phänomenologische Bewegung. Zeugnisse in Text und Bild*, Alber, Freiburg/München, 1988, pp. 13–18.
Geiger, L., « Ueber den Farbensinn der Urzeit und seine Entwickelung », in *Vorträgen zur Entwickelungsgeschichte der Menschheit*, Stuttgart, 1871.
——, *Ursprung und Entwicklung der menschlichen Sprache und Vernunft*, Stuttgart, 1872.
Gier, F. N., *Wittgenstein and Phenomenology. A Comparative Study of the Later Wittgenstein, Husserl, Heidegger and Merleau-Ponty*, State University of New York Press, Albany, 1981.
Gorner, P., « Husserl's ‹Logische Untersuchungen› », in *Journal of the British Society for Phenomenology*, 3, 1972, pp. 187–194.
Granel, G., *Le sens du temps et de la perception chez E. Husserl*, Gallimard, Paris, 1968.
Grünewald, B., *Der phänomenologische Ursprung des Logischen*, A. Henn, Kastellaun, 1977.
Hall, H., « Idealism and Solipsism in Husserl's ‹Cartesian Meditations› », in *Journal of the British Society for Phenomenology*, 7/1, 1976, pp. 53–55.
——, « Intersubjective Phenomenology and Husserl's Cartesianism », in *Man and World*, 12, 1979, pp. 13–20.
Haney, K. M., *Intersubjectivity Revisited. Phenomenology and the Other*, Ohio University Press, Athens, 1994.
——, « A Critique of Criticism of Husserl's Use of Analogy », in *Journal of the British Society for Phenomenology*, 17, 1986, pp. 143–154.
Hanna, R., « Logical Cognition : Husserl's Prolegomena and the Truth in Psychologism », in *Philosophy and Phenomenological Research*, 53, 1993, pp. 251–271.
Hart, J. G., « I, We, and God : Ingredients of Husserl's Theory of Community », in S. IJsseling (éd.), *Husserl-Ausgabe und Husserl-Forschung*, Kluwer Academic Publishers (Phaenomenologica 115), Boston/Dordrecht/London, 1989, pp. 125–149.
Hartmann, K., « Metaphysics in Husserlian Phenomenology », in *Journal of the British Society for Phenomenology*, 16/3, 1985, pp. 279–191.
——, « Abstraction and Existence in Husserl's Phenomenological Reduction », in *Journal of the British Society for Phenomenology*, 2/1, 1971, pp. 10–18.
Hartmann, N., *Grundzüge einer Metaphysik der Erkenntnis*, Walter de Gruyter & C°, Berlin, 1965.
Heffernan, G., *Bedeutung und Evidenz bei Edmund Husserl*, Bouvier, Bonn, 1983.
Held, K., « Das Problem der Intersubjektivität und die Idee einer phänomenologischen Transzendentalphilosophie », in U. Claesges und K. Held (Hrsgs.), *Perspektiven transzendentalphänomenologischer Forschung*, Martinus Nijhoff (Coll. Phaenomenologica 49), Den Haag, 1972, pp. 3–60.
——, *Lebendige Gegenwart*, Martinus Nijhoff (Coll. Phaenomenologica 23), Den Haag, 1966.
——, « Le monde natal, le monde étranger, le monde un », in S. IJsseling (éd.), *Husserl-Ausgabe und Husserl-Forschung*, Kluwer Academic Publishers (Coll. Phaenomenologica 115), Boston/London/Dordrecht, 1990, pp. 1–21.

Henry, M., *Phénoménologie matérielle*, Presses Universitaires de France (Coll. Épiméthée), Paris, 1990.
—, « Les quatre principes de la phénoménologie », in *Revue de métaphysique et de morale*, 1, 1991, pp. 3–27.
Hering, J., « Edmund Husserl : souvenirs et réflexions », in H. L. Van Breda et J. Taminiaux (éds.), *Edmund Husserl 1859–1959. Recueil commémoratif publié à l'occasion du centenaire de la naissance du philosophe*, Martinus Nijhoff (Coll. Phaenomenologica 4), De Haag, 1959, pp. 26–28.
Heuer, J.-S., *Die Struktur der Wahrheitserlebnisse und die Wahrheitsauffassungen in Edmund Husserls „Logischen Untersuchungen"*, Verlag an der Lottbek, Anmersbek, 1989.
Hocking, W. E., « From the Early Days of the "Logische Untersuchungen" », in H. L. Van Breda et J. Taminiaux (éds.), *Edmund Husserl 1859–1959. Recueil commémoratif à l'occasion du centenaire de la naissance du philosophe*, Martinus Nijhoff (Coll. Phaenomenologica 4), Den Haag, 1959, pp. 1–11.
—, « Outline-Sketch of a System of Metaphysics », in M. Farber (ed.), *Philosophical Essays in Memory of Edmund Husserl*, Harvard University Press, Cambridge, 1940, pp. 251–261.
—, *The Elementary Experience of Other Conscious Being in its Relation to Elementary Experience of Physical and Reflexive Objects*, Cambridge, Typoscript, 1904.
Hoffmann, G., « Zur Phänomenologie der Intersubjektivität. Kritische Betrachtungen zu Texten aus Husserls Nachlass », in *Zeitschrift für philosophische Forschung*, 29, 1975, pp. 138–149.
Housset, E., « Identité personnelle et folie. Husserl et Binswanger », in *Études phénoménologiques*, 27–28, 1998, pp. 214–236.
Huertas-Jourda, J., « The Origin of Otherness and Ownness in the Living Present : Towards a Phenomenological Description of the Genetic Constitution of the Other », in J. Sallis, T. M. Seebohm and H. J. Silverman (eds.), *Continental Philosophy in America*, Duquesne University Press, Pittsburgh, 1983, pp. 37–63.
Hume, D., *A Treatise of Human Nature*, The Clarendon Press, Oxford, 1978.
Hutcheson, P., « Husserl's Problem of Intersubjectivity », in *Journal of the British Society for Phenomenology*, 11/2, 1980, pp. 144–162.
—, « Husserl and Private Languages », in *Philosophy and Phenomenological Research*, 42, 1981, pp. 111–118.
—, « Husserl's Fifth Meditation », in *Man and World*, 15, 1982, pp. 265–284.
—, « Husserl, Analogy and Other Minds », in *Journal of the British Society for Phenomenology*, 18, 1987, pp. 285–289.
Hyppolite, J., « L'intersubjectivité chez Husserl », in J. Hyppolite, *Figures de la pensée philosophique*, Presses Universitaires de France (Coll. Épiméthée), Paris, 1971, pp. 499–512.
Ingarden, R., *On the Motives witch led Husserl to Transcendental Idealism*, Martinus Nijhoff (Coll. Phaenomenologica 64), Den Haag, 1975.
—, « Le problème de la constitution et le sens de la réflexion constitutive chez Edmond Husserl », in *Cahiers de Royaumont, Philosophie n°III, Husserl*, Les éditions de minuit, Paris, 1959, pp. 242–264.
Iribarne, V., *Husserls Theorie der Intersubjektivität*, Verlag Karl Alber, Freiburg/München, 1994.
Janicaud, D., (éd.), *L'intentionnalité en question. Entre phénoménologie et recherches cognitives*, Vrin, Paris, 1995.

Jorland, G., *La science dans la philosophie. Les recherches épistémologiques d'Alexandre Koyré*, Gallimard, Paris, 1981.

Kant, I., « Prolegomena zu einer jeden künftigen Metaphysik die als Wissenschaft wird auftreten können », in *Immanuel Kant, Werke in sechs Bänden, Band III: Immanuel Kant, Schriften zur Metaphysik und Logik*, éditeur: Wilhelm Weischedel, Wissenschaftliche Buchgesellschaft, Darmstadt, 1998 (première édition: 1783). Traduction française: Louis Guillermit, *Prolégomènes à toute métaphysique future qui pourra se présenter comme science*, Vrin, Paris, 1986.

Kelkel, A., « Le problème de l'autre dans la phénoménologie transcendantale de Husserl », in *Revue de métaphysique et de morale*, 61, 1956, pp. 40–52.

Kern, I., « Die drei Wege zur transzendentalphänomenologischen Reduktion in der Philosophie Edmund Husserls », in *Tijdschrift voor filosofie* 24, 1962, pp. 303–349.

——, *Husserl und Kant. Eine Untersuchung über Husserls Verhältnis zu Kant und zum Neukantianismus*, Martinus Nijhoff (Coll. Phaenomenologica 16), Den Haag, 1964.

Kersey, E. M., « The Noema, Husserlian and Beyond: An Annotated Bibliography of the English Language Sources », in *Philosophy Research Archives*, 9, 1983, pp. 63–90.

Kersten, F., « Husserl's Doctrine of Noesis/Noema », in F. I. Kersten and R. Zaner (eds.), *Phenomenology: Continuation and Criticism. Essays in Memory of Dorion Cairns*, Martinus Nijhoff (Coll. Phaenomenologica 50), Den Haag, 1973, pp. 114–144.

Köchler, H., « The "A priori" Moment in the Subject-Object Dialectic in Transcendental Phenomenology: the Relationship between "A priori" and "Ideality" », in *Analecta Husserliana*, 3, 1974, pp. 183–198.

Kockelmans, J. J., *Edmund Husserl's Phenomenology*, Purdue University Press, West Lafayette, 1994.

Kojima, H., « The Potential Plurality of the Transcendental Ego of Husserl and its Relevance to the Theory of Space », in *Analecta Husserliana*, 8, 1979, pp. 55–61.

Koyré, A., *Études d'histoire de la pensée scientifique*, Gallimard, Paris, 1973.

——, *Études d'histoire de la pensée philosophique*, Gallimard, Paris, 1971.

——, *Du monde clos à l'univers infini*, Gallimard, Paris, 1973.

Kozlowski, R., *Die Aporien der Intersubjektivität. Eine Auseinandersetzung mit Edmund Husserls Intersubjektivitätstheorie*, Königshausen & Neumann, Würzburg, 1991.

Kuhn, Th. S., *La structure des révolutions scientifiques*, Flammarion, Paris, 1983.

——, *La révolution copernicienne*, Fayard, Paris, 1973.

Lalande, A., *Vocabulaire technique et critique de la philosophie, Volume I: A–M*, Presses Universitaires de France (Coll. Quadrige), Paris, 1991 (première édition: 1926).

Lambert, F., « Husserl's Constitution of the Other in the Fifth Cartesian Meditation », in *Dialogue. Journal of Phi Sigma Tau*, 17, 1975, pp. 44–51.

Lampert, J., *Synthesis and Backward Reference in Husserl's "Logical Investigations"*, Kluwer Academic Publishers (Coll. Phaenomenologica 131), Dordrecht/Boston/London, 1995.

Landgrebe, L., « La phénoménologie de Husserl est-elle une philosophie transcendantale ? », in *Études philosophiques*, 9, 1954, pp. 313–323.

——, « Husserl Abschied vom Cartesianismus », in L. Landgrebe, *Der Weg der Phänomenologie*, Gerd Mohn, Gütersloh, 1963, pp. 163–207.

——, « The Problem of Passive Constitution », in *Analecta Husserliana*, 7, 1977, pp. 23–36.

Larrabee, M. J., « Husserl on Sensation: Notes on the Theory of Hyle », in *The New Scholasticism*, 47/2, 1973, pp. 179–203.

Lauer, Q., *Phénoménologie de Husserl. Essai sur la genèse de l'intentionnalité*, Presses Universitaires de France (Coll. Épiméthée), Paris, 1955.
Nam-In Lee, *Edmund Husserls Phänomenologie der Instinkte*, Kluwer Academic Publishers (Coll. Phaenomenologica 128), Boston/London/ Dordrecht, 1993.
Levin, D. M., *Reason and Evidence in Husserl's Phenomenology*, Northwestern University Press, Evanston, 1970.
Levinas, E., *Théorie de l'intuition dans la phénoménologie de Husserl*, Vrin, Paris, 1978 (première édition : 1930).
Lingis, A., « The Perception of Others », in *Philosophical Forum*, 5, 1974, pp. 460–474.
Lipps, Th., *Leitfaden der Psychologie*, Wilhelm Engelmann, Leipzig, 1903.
Lohmar, D., « Über die Zeit in der Mathematik. Überzeitlichkeit, Allzeitlichkeit oder Unzeitlichkeit der mathematischen Gegenstände ? », in *Alter*, 1, 1993, pp. 403–421.
——, « Zu der Entstehung und den Ausgangsmaterialien von Edmund Husserls Werk „Erfahrung und Urteil" », in *Husserl Studies*, 13, 1996, pp. 31–71.
Lowit, A., « L'‹ épochè › de Husserl et le doute de Descartes », in *Revue de métaphysique et de morale*, 62/4, 1957, pp. 399–417.
Magnus, H., *Die geschichtliche Entwickelung des Farbensinnes*, Von Veit, Leipzig, 1877. Traduction française Jules Soury : *Histoire de l'évolution des couleurs*, Reinwald, Paris, 1878.
Marbach, E., *Das Problem des Ich in der Phänomenologie Husserls*, Martinus Nijhoff (Coll. Phaenomenologica 59), Den Haag, 1974.
——, *Mental Representation and Consciousness. Towards a Phenomenological Theory of Representation and Reference*, Kluwer Academic Publishers (Coll. Contributions to Phenomenology 14), Dordrecht/Boston/London, 1993.
——, « Die phänomenologische oder transzendentale Epoché und Reduktion », in R. Bernet, E. Marbach und I. Kern (Hrsgs.), *Edmund Husserl. Darstellung seines Denkens*, Felix Meiner Verlag, Hamburg, 1989, pp. 45–74.
Marcoulesco, J., Haney, K. M., « On the Locus and Import of Metaphysics in Husserl : A Response to Professor Klaus Hartmann », in *Journal of the British Society for Phenomenology*, 18, 1987, pp. 185–188.
Marion, J.-L., *Réduction et donation. Recherches sur Husserl, Heidegger et la phénoménologie*, Presses Universitaires de France (Coll. Épiméthée), Paris, 1989.
Marty, A., *Die Frage nach der geschichtlichen Entwickelung des Farbensinnes*, Carl Gerold's Sohn, Wien, 1879.
Mc Cormick, P., « Husserl and the Intersubjectivity Materials », in *Research in Phenomenology*, 6, 1976, pp. 167–189.
Mc Intyre, R., et Smith, D.-W., « Husserl's Identification of Meaning and Noema », in H. L. Dreyfus and H. Hall (eds.), *Husserl, Intentionality and Cognitive Science*, The M. I. T. Press, Cambridge/London, 1982, pp. 81–92.
Mc Intyre, R., et Smith, D.-W., *Husserl and Intentionality. A Study of Mind, Meaning and Language*, D. Reidel Publishing Company, Dordrecht/Boston/London, 1982.
Meist, K. R., « Monadologische Intersubjektivität. Zum Konstitutionsproblem von Welt und Geschichte bei Husserl », in *Zeitschrift für philosophische Forschung*, 34, 1980, pp. 561–589.
Melle, U., « The Developement of Husserl's Ethic », in *Études phénoménologiques*, 7, 1991, pp. 115–135.
——, « Nature and Spirit », in T. Nenon and L. E. Embree (eds.), *Issues in Husserl's Ideas II*, Kluwer Academic Publishers, Dordrecht/Boston/London, 1996, pp. 15–35.

Mensch, J. R., *Intersubjectivity and Transcendental Idealism*, State University of New York Press, New York, 1988.
——, *The Question of Being in Husserl's « Logical Investigations »*, Martinus Nijhoff (Coll. Phaenomenologica 81), Den Haag/ Boston/ London, 1981.
——, *After Modernity. Husserlian Reflections on a Philosophical Tradition*, State University of New York Press, New York, 1996.
Mittelstrass, J., (Hrsg.), *Enzyklopädie Philosophie und Wissenschaftstheorie, Band 2: H–O*, B. I.-Wissenschaftsverlag, Mannheim/Wien/Zürich, 1984.
Mohanty, J.-N., *The Concept of Intentionality*, Warren H. Green, St. Louis. 1972.
——, *Edmund Husserl's Theory of Meaning*, Martinus Nijhoff (Coll. Phaenomenologica 14), Den Haag, 1964.
——, *Phenomenology and Ontology,* Martinus Nijhoff (Coll. Phaenomenologica 37), Den Haag, 1970.
——, « Noetico/noematic Correlation », in *Analecta Husserliana*, 2, 1972, pp. 317–321.
——, « Individual Fact and Essence in Husserl », in *Philosophy and Phenomenological Research*, 29, 1959, pp. 222–230.
——, « The "Object" in Husserl's Phenomenology », in *Philosophy and Phenomenological Research*, 14, 1953–4, pp. 343–353.
——, « Husserl's Concept of Intentionality », in *Analecta Husserliana*, 1, 1970, pp. 100–132.
——, « Husserl's Thesis of the Ideality of Meanings », in J.N. Mohanty (ed.), *Readings on Edmund Husserl's « Logical Investigations »*, Martinus Nijhoff, Den Haag, 1977, pp. 76–82.
Montavont, A., « Le phénomène de l'affection dans les ‹ Analysen zur Passiven Synthesis › », in *Alter*, 2, 1994, pp. 119–139.
Naess, A., « Husserl on the Apodictic Evidence of Ideal Laws », in J.N. Mohanty (ed.), *Readings on Edmund Husserl's « Logical Investigations »*, Martinus Nijhoff, Den Haag, 1977, pp. 67–75.
Nitta, Y., « Husserl's Manuscript "A Nocturnal Conversation". His Phenomenology of Intersubjectivity », in *Analecta Husserliana*, 8, 1979, pp. 21–36.
——, « The Singularity and Plurality of the View-point in Husserl's Transcendental Phenomenology », in *Analecta Husserliana*, 16, 1983, pp. 13–17.
Olesen, S. G., *Wissen und Phänomen. Eine Untersuchung der ontologischen Klärung der Wissenschaften bei Edmund Husserl, Alexandre Koyré und Gaston Bachelard*, Königshausen und Neumann, Würtzburg, 1997.
——, « Variation », in *Études phénoménologiques*, 13/14, 1991, pp. 189–201.
Osborn, A. D., *Edmund Husserl and his "Logical Investigations"*, Harvard University Press, Cambridge-Massachusetts, 1942.
Owens, T., *Phenomenology and Intersubjectivity*, Martinus Nijhoff, Den Haag, 1970.
Parrochia, D., « La forme générale de la philosophie husserlienne et la théorie des multiplicités », in *Kairos*, 5, 1994, pp. 133–164.
Patočka, J., « La phénoménologie, la philosophie phénoménologique et les ‹ Méditations cartésiennes › de Husserl », in J. Patočka, *Qu'est-ce que la phénoménologie?*, Millon, Grenoble, 1988, pp. 149–188.
——, « Le subjectivisme de la phénoménologie husserlienne et la possibilité d'une phénoménologie ‹ asubjective › », in J. Patočka, *Qu'est-ce que la phénoménologie?*, Millon, Grenoble, 1988, pp. 189–216.
——, « Le subjectivisme de la phénoménologie husserlienne et l'exigence d'une phénoméno-

logie ‹asubjective›», in J. Patočka, *Qu'est-ce que la phénoménologie?*, Millon, Grenoble, 1988, pp. 217–248.

——, «Epoché et réduction», in J. Patočka *Qu'est-ce que la phénoménologie?*, Millon, Grenoble, 1988, pp. 249–262.

——, *Introduction à la phénoménologie*, Millon, Grenoble, 1992.

——, *Le monde naturel comme problème philosophique*, Martinus Nijhoff (Coll. Phaenomenologica 68), Den Haag, 1976.

——, *Le monde naturel et le mouvement de l'existence humaine*, Kluwer Academic Publishers (Coll. Phaenomenologica 110), Dordrecht/Boston/London, 1988.

——, *Essais hérétiques sur la philosophie de l'histoire*, Verdier, Lagrasse, 1981.

Patzig, G., «Husserl on Truth and Evidence», in J.N. Mohanty (ed.), *Readings on Husserl's Logical Investigations*, Martinus Nijhoff, Den Haag, 1977, pp. 179–196.

Perrin, D., «Idéalité et fondation de la signification dans les ‹Recherches logiques› de Husserl», in *Alter*, 5, 1997, pp. 281–314.

Pezzimenti, R., *The Open Society and its Friends*, Millenium Roma and Gracewings, Rome/Leominster, 1987.

Petit, J.-L., *Solipsisme et intersubjectivité. Quinze leçons sur Husserl et Wittgenstein*, Cerf, Paris, 1996.

Pietersma, H., «Husserl's Views on the Evident and the True», in F.A. Elliston and P. Mc. Cormick (eds.), *Husserl: Exposition an apparaisals*, Notre-Dame University Press, Notre-Dame/London, 1977, pp. 38–53.

Popper, K.R., *The Open Society and its Enemies. Volume 1: The Spell of Plato*, Routledge, London, 1996. (Première édition: 1945).

——, *The Open Society and its Enemies. Volume 2: Hegel & Marx*, Routledge, London, 1996. (Première édition: 1945).

——, *Logik der Forschung*, J.C.B. Mohr (Paul Siebeck), Tübingen, 1971. (Première édition: 1934). Traduit en anglais par l'auteur sous le titre: *The Logic of Scientific Discovery*. Traduit de l'anglais en français par Nicole Thyssen-Rutten et Philippe Devaux, *La logique de la découverte scientifique*, Payot, Paris, 1973.

Putnam, H., «The Meaning of "Meaning"», in *Mind, Language and Reality*, Cambridge University Press, London/New York/Melbourne, 1975, pp. 215–271.

Ricœur, P., *À l'école de la phénoménologie*, Vrin, Paris, 1967. Traduction anglaise: L. Embree et E.G. Ballard, *Husserl. An Analysis of his Phenomenology*, Northwestern University Press, Evanston, 1976.

——, «Étude sur les ‹Méditations Cartésiennes› de Husserl», in P. Ricœur, *À l'école de la phénoménologie*, Vrin, Paris, 1967, pp. 161–195.

——, «Edmund Husserl – La cinquième méditation cartésienne», in P. Ricœur, *À l'école de la phénoménologie*, Vrin, Paris, 1967, pp. 196–225.

——, «Analyses et problèmes dans ‹Ideen II› de Husserl», in P. Ricœur, *À l'école de la phénoménologie*, Vrin, Paris, 1967, pp. 87–140.

——, «Hegel et Husserl sur l'intersubjectivité», in G. Planty-Bonjour (éd.), *Phénoménologie hégélienne et husserlienne*, éditions du CNRS, Paris, 1981, pp. 5–17.

——, «Analogie et intersubjectivité chez Husserl d'après les inédits de la période 1905–1920», in A.T.L.J. Monshouwer (ed), *Enige facetten van opvoeding en onderwijs, opstellen aangeboden aan Stephan Strasser ter gelegenheid van zijn 70e verjaardag en van zijn afscheid als hooglaar aan de universiteit van Nijmegen*, Malmberg Den Bosch, Nijmegen, 1975, pp. 163–170.

Richir, M., « Monadologie transcendantale et temporalisation », in S. IJsseling (ed.), *Husserl-Ausgabe und Husserl-Forschung*, Martinus Nijhoff (Coll. Phaenomenologica 115), Den Haag, 1989, pp. 151–171.
Ritter et alii, (Hrsg.)., *Historisches Wörterbuch der Philosophie, Band 4: I–K*, Schwabe & C° Verlag, Basel/Stuttgart, 1976.
Römpp, G., *Husserls Phänomenologie der Intersubjektivität und ihre Bedeutung für eine Theorie intersubjektiver Objektivität und die Konzeption einer phänomenologischen Philosophie*, Kluwer Academic Publishers (Coll. Phaenomenologica 123), Boston/ London/Dordrecht, 1992.
Rorty, R., *Philosophy and the Mirror of Nature*, Princeton University Press, Princeton, 1979.
Röttges, H., *Evidenz und Solipsismus in Husserls « Cartesianische Meditationen »*, Heiderhoff, Frankfurt am Main, 1971.
Sallis, J., « On the Limitations of Transcendental Reflection or is Intersubjectivity Transcendental? », in *The Monist*, 55, 1971, pp. 312–333.
Sartre, J.-P., *L'imagination*, Presses Universitaires de France (Coll. Quadrige), Paris, 1994 (première édition : 1936).
Sawicki, M., *Body, Text and Science. The Literacy of Investigative Practices and the Phenomenology of Edith Stein*, Kluwer Academic Publishers (Coll. Phaenomenologica 144), Boston/London/ Dordrecht, 1997.
Scheler, M., *Zur Phänomenologie und Theorie der Sympathiegefühle und von Liebe und Hass*, Max Niemeyer Verlag, Halle, 1913.
Scherer, R., *La phénoménologie des ‹ Recherches logiques › de Husserl*, Presses Universitaires de France (Coll. Épiméthée), Paris, 1967.
Schuhmann, K., *Die Dialektik der Phänomenologie. I : Husserl über Pfänder*, Martinus Nijhoff (Coll. Phaenomenologica 56), Den Haag, 1973.
——, *Husserl-Chronik. Denk- und Lebensweg Edmund Husserls*, Martinus Nijhoff (Coll. Husserliana Dokumente I), Den Haag, 1977.
——, « Koyré et les phénoménologues allemands », in *History and Technology*, 4, 1987, pp. 149–167.
Schütz, A., « Le problème de l'intersubjectivité transcendantale chez Husserl », in *Cahiers de Royaumont, Philosophie n°III, Husserl*, Les éditions de minuit, Paris, 1959, pp. 334–365.
——, « Edmund Husserl's Ideas II », in *Philosophical and Phenomenological Research*, 13, 1953, pp. 394–413.
Seebohm, Th., « The Other in the Field of Consciousness », in L. Embree (ed.), *Essays in Memory of Aron Gurwitsch*, University Press of America, Washington, 1984, pp. 283–303.
Sinha, D., « Der Begriff der Person in der Phänomenologie Husserls », in *Zeitschrift für philosophische Forschung*, 18, 1964, pp. 597–613.
Sivak, J., « Du moi pur à la personne à la lumière de la phénoménologie de l'intersubjectivité », in *Analecta Husserliana*, 40, 1993, pp. 357–374.
Smith, Q., « Husserl's Early Conception of the Triadic Structure of the Intentional Act », in *Philosophy Today*, 25, 1981, pp. 81–91.
——, « On Husserl's Theory of Consciousness in the Fifth Logical Investigation », in *Philosophy and Phenomenological Research*, 37, 1976-7, pp. 482–497.
Smith, D.-W., *The Circle of Acquaintance. Perception, Consciousness and Empathy*, Kluwer Academic Publishers, Dordrecht/ Boston/London, 1989.
Sokolowski, R., *The Formation of Husserl's Concept of Constitution*, Martinus Nijhoff (Coll. Phaenomenologica 18), Den Haag, 1970.

——, « The Logic of Parts and Wholes in Husserl's "Logical Investigations" », in *Philosophy and Phenomenological Research*, 28, 1967–1968, pp. 537–553.
——, « The Structure and Content of Husserl's "Logical Investigations" », in *Inquiry*, 14, 1971, pp. 318–347.
——, *Husserlian Meditations*, Northwestern University Press, Evanston, 1974.
——, « Immanent Constitution in Husserl's Lectures on Time », in *Philosophy and Phenomenological Research*, 24, 1963–1964, pp. 530–551.
——, « Displacement and Identity in Husserl's Phenomenology », in S. IJsseling (ed.), *Husserl-Ausgabe und Husserl-Forschung*, Martinus Nijhoff (Coll. Phaenomenologica 115), Den Haag, 1989, pp. 173–184.
——, « Le concept husserlien d'intuition catégoriale », in *Études phénoménologiques*, 19, 1994, pp. 39–62.
Sommer, M., « Fremderfahrung und Zeitbewusstsein. Zur Phänomenologie der Intersubjektivität », in *Zeitschrift für philosophische Forschung*, 38, 1984, pp. 3–18.
Souche-Dagues, D., *Le développement de l'intentionnalité dans la phénoménologie husserlienne*, Vrin, Paris, 1993.
Spiegelberg, H., *The Phenomenological Movement. A Historical Introduction*, Kluwer Academic Publishers, Dordrecht/Boston/London, 1994 (première édition : 1960).
Spileers, S., *Husserl. Bibliography*, Kluwer Academic Publishers, (Coll. Husserliana Dokumente IV), Dordrecht/Boston/London, 1999.
Stack, G.J., « Husserl's Concept of Person », in *Idealistic Studies*, 4, 1974, pp. 267–275.
Stein, E., *Zum Problem der Einfühlung*, Waisenhausse, Halle a. d. Saale, 1917.
Steinbock, J.A., *Home and Beyond, Generative Phenomenology after Husserl*, Northwestern University Press, Evanston, 1995.
Strasser, S., « Fenomenologie der intersubjectiviteit » in *Tijdschrift voor filosofie*, 35, 1973, pp. 617–630.
Taminiaux, J., *Le regard et l'excédent*, Martinus Nijhoff (Coll. Phaenomenologica 75), Den Haag, 1977.
——, *La fille de Thrace et le penseur professionnel. Arendt et Heidegger*, Payot, Paris, 1992.
——, « Remarques sur Heidegger et les ‹ Recherches logiques › de Husserl », in J. Taminiaux, *Le regard et l'excédent*, Martinus Nijhoff (Coll. Phaenomenologica 75), Den Haag, 1977, pp. 156–182.
——, « D'une idée de la phénoménologie à l'autre », in *Lectures de l'ontologie fondamentale. Essais sur Heidegger*, Millon, Grenoble, 1995, pp. 19–88.
——, « Immanence, Transcendence and Being in Husserl's Idea of Phenomenology », in J. Sallis, G.C. Moneta, J. Taminiaux (éds.), *The Collegium Phaenomenologicum. The First Ten Years*, Kluwer Academic Publishers (Coll. Phaenomenologica 105), Dordrecht/Boston/London, 1988, pp. 47–76.
Toulemont, R., *L'essence de la société selon Husserl*, Presses Universitaires de France, Paris, 1962.
Theunissen, M., *Der Andere. Studien zur Sozialontologie der Gegenwart*, Walter de Gruyter & C°, Berlin, 1965.
Tran Duc Thao, « Les origines de la réduction phénoménologique chez Husserl », in *Deucalion*, 3, 1950, pp. 128–142.
Thierry, Y., *Conscience et Humanité selon Husserl. Essai sur le sujet politique*, Presses Universitaires de France, Paris, 1995.
Valone, J.J., « The Problem of Intersubjectivity in Transcendental and Mundane Phenome-

nology », in *The Annals of Phenomenological Sociology*, 2, 1977, pp. 63–86.

——, « Intersubjectivity and Accessibility », in *Analecta Husserliana*, 15, 1983, pp. 293–317.

Van de Pitte, M., « Husserl's Solipsism », in *Journal of the British Society for Phenomenology*, 8/2, 1977, pp. 123–125.

Vandevelde, P., « *Vergegenwärtigung* et présence originale chez Husserl. Le rôle de l'articulation langagière », in *Recherches husserliennes*, 6, 1996, pp. 91–116.

Vernant, J.-P., *Les origines de la pensée grecque*, Presses Universitaires de France (Coll. Quadrige), Paris, 1995 (première édition : 1962).

Viscardi-Murray, L., « The Constitution of the Alter Ego in Husserl's Transcendental Phenomenology », in *Research in Phenomenology*, 15, 1985, pp. 177–191.

Volkelt, J., *Erfahrung und Denken. Kritische Grundlegung der Erkenntnistheorie*, Verlag von Leopold Voss, Leipzig, 1924. (Première édition : 1885).

Volkmann-Schluck, K. H., « La doctrine husserlienne au sujet de l'idéalité de la signification en tant que problème métaphysique », in H. L. Van Breda et J. Taminiaux (éds.), *Husserl et la pensée moderne*, Martinus Nijhoff (Coll. Phaenomenologica 2), 1956, pp. 241–250.

Ward, J., *Naturalism and Agnosticism*, Adam and Charles Black, London, 1899.

Welton, D., *The Origins of Meaning. A Critical Study of the Thresholds of Husserlian Phenomenology*, Martinus Nijhoff (Coll. Phaenomenologica 88), Den Haag, 1983.

Worringer, W., *Einfühlung und Abstraktion*, Verlag der Kunst, Dresden, 1996.

Yamaguchi, I., *Passive Synthesis und Intersubjektivität bei Edmund Husserl*, Martinus Nijhoff Publishers (Phaenomenologica 86), Den Haag/ London/Boston, 1982.

Zahavi, D., « The Self-Pluralistion of the Primal Life. A Problem in Fink's Husserl-Interpretation », in *Recherches husserliennes*, 2, 1994, pp. 3–13.

——, *Husserl und die transzendentale Intersubjektivität. Eine Antwort auf die sprachpragmatische Kritik*, Kluwer Academic Publishers (Coll. Phaenomenologica 135), Dordrecht/Boston/London, 1996.

——, *Intentionalität und Konstitution. Eine Einführung in Husserls „Logische Untersuchungen"*, Museum Tusculanum Press, Copenhagen, 1992.

——, « Husserl's Phenomenology of the Body », in *Études phénoménologiques*, 19, 1994, pp. 63–84.

——, « Husserl's Intersubjective Transformation of Transcendental Philosophy », in *Journal of the British Society for Phenomenology*, 27/3, 1996, pp. 228–245.

Index

Albrecht, G., 92n
Arendt, H., 1n, 2n, 4, 5n, 9, 10, 11
Aristote [aristotélisme/aristotélicien], 4n, 9, 10n

Bell, D., 28n
Berkeley, G., 85–86
Bernet, R., 4n, 21n, 36n, 42n, 52n, 71n, 96n, 141n, 185n
Besnier, B., 185
Biemel, W., 183n, 240n
Boehm, R., 95, 183n, 185
Bolzano, B., 11n, 41
Brentano, F., 56–57, 73, 248

Cairns, D., 21n, 94n, 96, 174n
Carnap, R., 7
Carr, D., 27n, 171
De Condillac, E.B., 10n, 11n
Conrad, Th., 97
Conrad-Martius, H., 67
Cornelius, H., 77, 88

Darwin, C., 248
Dastur, F., 21n, 71n, 94n, 183n
Daubert, J., 81, 95, 97–98
Depraz, N., 19n, 20n, 21n, 23n, 57n, 71n, 109n, 159n, 163n, 183n, 186
Derrida, J., 4, 39, 241n
Descartes, R., 1n, 4, 186, 196–198, 205, 216, 227, 246

Maître Eckhart, 21n, 174

Elias, N., 248–250
Elsenhans, Th., 78–81, 86, 101, 181, 189, 199, 200, 205, 206, 232
English, J., 22n, 32n, 77n, 78n, 183n

Farber, M., 67, 80
Feyerabend, P., 231n
Fichte, J.G. (fichtéisme/fichtéen), 82, 86, 108, 113–115, 202
Fink, E., 21, 25n, 35, 67, 71n, 94n, 96, 114–115, 142, 158, 174n, 181, 185n, 193, 194n, 196n, 223n, 224n, 225, 242, 245
Franck, D., 171–172
Frege, G., 1, 3, 7, 11n, 41, 42, 53
Freud, S., 141n, 239

Gallinger, A., 97
Gorgias, 2
Geiger, L., 248
Geiger, M., 97

Hall, H., 171
Hartmann, N., 7
Hegel, G.W.F., 72
Heidegger, M., 1n, 6n, 13n, 45, 245
Held, K., 170n, 171
Henry, M., 183n, 197
Herder, J.G., 1n, 10n, 15
Von Hildebrand, D., 67
Hocking, W.E., 20n, 80–88, 91, 92, 98n, 105, 113, 115–116, 123, 200, 202, 211
Homère, 2, 248

Hume, D., 1, 246
Hutcheson, P., 27n, 28n, 62n, 171

Kant, I [(néo-)kantisme/kantien], 5, 6, 8, 9, 11, 25n, 33, 35, 46, 76, 113, 117, 121, 146, 153, 185, 186, 206, 210
Kern, I., 4n, 19n, 20n, 21n, 23n, 70n, 81n, 95, 103n, 108, 109, 110, 183n, 185–186
Koyré, A., 67, 250–251
Kuhn, Th., 231n

Lacan, J., 141n
Lambert, J.H., 72
Landgrebe, L., 57n, 183n, 185
Leibniz, G.W., 107n, 117
Levinas, E., 2n, 19n
Lipps, Th., 15, 79, 80n, 81, 93–95, 97, 106, 123, 124, 157
Locke, J., 10n

Magnus, H., 248
Mahnke, D., 107n
Marbach, E., 121, 185, 193
Marion, J.L., 183n, 197
Marty, A., 79, 80n, 248
Mensch, J.R., 34–35, 242
Mill, J.S., 29–30

Nietzsche, F., 1n, 248
Natorp, P., 78–80

Patočka, J., 2, 33, 183n, 194n, 224n, 239n
Pfänder, A., 81, 91, 92n, 95, 97–98

Platon [platonicisme/platonicien], 1, 2, 4, 10n, 32–33, 38, 45
Popper, K., 2n, 4, 7–11, 225
Protagoras, 27
Putnam, H., 28n
Pythagore, 3

Reinach, A., 67, 97–98
Ricœur, P., 21n, 42n, 163n
Rorty, R., 4, 11
Rousseau, J.J., 1n, 10n

Sartre, J.P., 145
Sawicki, M., 20n, 23n, 28n, 81n, 102
Schapp, W., 67
Scheler, M., 20n, 97
Schuhmann, K., 33n, 42n, 72n, 81n, 83n, 87n, 91–92, 98, 250n
Schütz, A., 114n, 171
Smith, D.W., 41
Socrate, 2
Spiegelberg, H., 73n, 99n, 250n
Stein, E., 20n, 101, 172
Steiner, G., 2n
Stumpf, K., 73

Taminiaux, J., 4, 5n, 9, 45n, 67n, 80n
Twardowski, K., 11n

Vernant, J-P., 2
Vico, G., 10n

Ward, J., 5, 6n, 33–34
Worringer, W., 94

Zahavi, D., 20n, 25n, 35n, 42n, 114n

Phaenomenologica

84. H. Spiegelberg and E. Avé-Lallemant (eds.): *Pfänder-Studien.* 1982   ISBN 90-247-2490-2
85. S. Valdinoci: *Les fondements de la phénoménologie husserlienne.* 1982   ISBN 90-247-2504-6
86. I. Yamaguchi: *Passive Synthesis und Intersubjektivität bei Edmund Husserl.* 1982
    ISBN 90-247-2505-4
87. J. Libertson: *Proximity.* Levinas, Blanchot, Bataille and Communication. 1982
    ISBN 90-247-2506-2
88. D. Welton: *The Origins of Meaning.* A Critical Study of the Thresholds of Husserlian Phenomenology. 1983   ISBN 90-247-2618-2
89. W.R. McKenna: *Husserl's 'Introductions to Phenomenology'.* Interpretation and Critique. 1982
    ISBN 90-247-2665-4
90. J.P. Miller: *Numbers in Presence and Absence.* A Study of Husserl's Philosophy of Mathematics. 1982   ISBN 90-247-2709-X
91. U. Melle: *Das Wahrnehmungsproblem und seine Verwandlung in phänomenologischer Einstellung.* Untersuchungen zu den phänomenologischen Wahrnehmungstheorien von Husserl, Gurwitsch und Merleau-Ponty. 1983   ISBN 90-247-2761-8
92. W.S. Hamrick (ed.): *Phenomenology in Practice and Theory.* Essays for Herbert Spiegelberg. 1984
    ISBN 90-247-2926-2
93. H. Reiner: *Duty and Inclination.* The Fundamentals of Morality Discussed and Redefined with Special Regard to Kant and Schiller. 1983   ISBN 90-247-2818-6
94. M.J. Harney: *Intentionality, Sense and the Mind.* 1984   ISBN 90-247-2891-6
95. Kah Kyung Cho (ed.): *Philosophy and Science in Phenomenological Perspective.* 1984
    ISBN 90-247-2922-X
96. A. Lingis: *Phenomenological Explanations.* 1986   ISBN Hb: 90-247-3332-4; Pb: 90-247-3333-2
97. N. Rotenstreich: *Reflection and Action.* 1985   ISBN Hb: 90-247-2969-6; Pb: 90-247-3128-3
98. J.N. Mohanty: *The Possibility of Transcendental Philosophy.* 1985
    ISBN Hb: 90-247-2991-2; Pb: 90-247-3146-1
99. J.J. Kockelmans: *Heidegger on Art and Art Works.* 1985   ISBN 90-247-3102-X
100. E. Lévinas: *Collected Philosophical Papers.* 1987
    ISBN Hb: 90-247-3272-7; Pb: 90-247-3395-2
101. R. Regvald: *Heidegger et le problème du néant.* 1986   ISBN 90-247-3388-X
102. J.A. Barash: *Martin Heidegger and the Problem of Historical Meaning.* 1987
    ISBN 90-247-3493-2
103. J.J. Kockelmans (ed.): *Phenomenological Psychology.* The Dutch School. 1987
    ISBN 90-247-3501-7
104. W.S. Hamrick: *An Existential Phenomenology of Law: Maurice Merleau-Ponty.* 1987
    ISBN 90-247-3520-3
105. J.C. Sallis, G. Moneta and J. Taminiaux (eds.): *The Collegium Phaenomenologicum. The First Ten Years.* 1988   ISBN 90-247-3709-5
106. D. Carr: *Interpreting Husserl.* Critical and Comparative Studies. 1987.   ISBN 90-247-3505-X
107. G. Heffernan: *Isagoge in die phänomenologische Apophantik.* Eine Einführung in die phänomenologische Urteilslogik durch die Auslegung des Textes der *Formalen und transzendenten Logik* von Edmund Husserl. 1989   ISBN 90-247-3710-9
108. F. Volpi, J.-F. Mattéi, Th. Sheenan, J.-F. Courtine, J. Taminiaux, J. Sallis, D. Janicaud, A.L. Kelkel, R. Bernet, R. Brisart, K. Held, M. Haar et S. IJsseling: *Heidegger et l'idée de la phénoménologie.* 1988   ISBN 90-247-3586-6
109. C. Singevin: *Dramaturgie de l'esprit.* 1988   ISBN 90-247-3557-2
110. J. Patočka: *Le monde naturel et le mouvement de l'existence humaine.* 1988 ISBN 90-247-3577-7
111. K.-H. Lembeck: *Gegenstand Geschichte.* Geschichtswissenschaft in Husserls Phänomenologie. 1988   ISBN 90-247-3635-8
112. J.K. Cooper-Wiele: *The Totalizing Act.* Key to Husserl's Early Philosophy. 1989
    ISBN 0-7923-0077-7

Phaenomenologica

113. S. Valdinoci: *Le principe d'existence.* Un devenir psychiatrique de la phénoménologie. 1989
    ISBN 0-7923-0125-0
114. D. Lohmar: *Phänomenologie der Mathematik.* 1989 ISBN 0-7923-0187-0
115. S. IJsseling (Hrsgb.): *Husserl-Ausgabe und Husserl-Forschung.* 1990 ISBN 0-7923-0372-5
116. R. Cobb-Stevens: *Husserl and Analytic Philosophy.* 1990 ISBN 0-7923-0467-5
117. R. Klockenbusch: *Husserl und Cohn.* Widerspruch, Reflexion und Telos in Phänomenologie und Dialektik. 1989 ISBN 0-7923-0515-9
118. S. Vaitkus: *How is Society Possible?* Intersubjectivity and the Fiduciary Attitude as Problems of the Social Group in Mead, Gurwitsch, and Schutz. 1991 ISBN 0-7923-0820-4
119. C. Macann: *Presence and Coincidence.* The Transformation of Transcendental into Ontological Phenomenology. 1991 ISBN 0-7923-0923-5
120. G. Shpet: *Appearance and Sense.* Phenomenology as the Fundamental Science and Its Problems. Translated from Russian by Th. Nemeth. 1991 ISBN 0-7923-1098-5
121. B. Stevens: *L'apprentissage des signes.* Lecture de Paul Ricœur. 1991 ISBN 0-7923-1244-9
122. G. Soffer: *Husserl and the Question of Relativism.* 1991 ISBN 0-7923-1291-0
123. G. Römpp: *Husserls Phänomenologie der Intersubjektivität.* Und Ihre Bedeutung für eine Theorie intersubjektiver Objektivität und die Konzeption einer phänomenologischen Philosophie. 1991
    ISBN 0-7923-1361-5
124. S. Strasser: *Welt im Widerspruch.* Gedanken zu einer Phänomenologie als ethischer Fundamentalphilosophie. 1991 ISBN Hb: 0-7923-1404-2; Pb: 0-7923-1551-0
125. R.P. Buckley: *Husserl, Heidegger and the Crisis of Philosophical Responsibility.* 1992
    ISBN 0-7923-1633-9
126. J.G. Hart: *The Person and the Common Life.* Studies in a Husserlian Social Ethics. 1992
    ISBN 0-7923-1724-6
127. P. van Tongeren, P. Sars, C. Bremmers and K. Boey (eds.): *Eros and Eris.* Contributions to a Hermeneutical Phenomenology. Liber Amicorum for Adriaan Peperzak. 1992
    ISBN 0-7923-1917-6
128. Nam-In Lee: *Edmund Husserls Phänomenologie der Instinkte.* 1993 ISBN 0-7923-2041-7
129. P. Burke and J. Van der Veken (eds.): *Merleau-Ponty in Contemporary Perspective.* 1993
    ISBN 0-7923-2142-1
130. G. Haefliger: *Über Existenz: Die Ontologie Roman Ingardens.* 1994 ISBN 0-7923-2227-4
131. J. Lampert: *Synthesis and Backward Reference in Husserl's* Logical Investigations. 1995
    ISBN 0-7923-3105-2
132. J.M. DuBois: *Judgment and Sachverhalt.* An Introduction to Adolf Reinach's Phenomenological Realism. 1995 ISBN 0-7923-3519-8
133. B.E. Babich (ed.): *From Phenomenology to Thought, Errancy, and Desire.* Essays in Honor of William J. Richardson, S.J. 1995 ISBN 0-7923-3567-8
134. M. Dupuis: *Pronoms et visages.* Lecture d'Emmanuel Levinas. 1996
    ISBN Hb: 0-7923-3655-0; Pb 0-7923-3994-0
135. D. Zahavi: *Husserl und die transzendentale Intersubjektivität.* Eine Antwort auf die sprachpragmatische Kritik. 1996 ISBN 0-7923-3713-1
136. A. Schutz: *Collected Papers, IV.* Edited with preface and notes by H. Wagner and G. Psathas, in collaboration with F. Kersten. 1996 ISBN 0-7923-3760-3
137. P. Kontos: *D'une phénoménologie de la perception chez Heidegger.* 1996 ISBN 0-7923-3776-X
138. F. Kuster: *Wege der Verantwortung.* Husserls Phänomenologie als Gang durch die Faktizität. 1996
    ISBN 0-7923-3916-9
139. C. Beyer: *Von Bolzano zu Husserl.* Eine Untersuchung über den Ursprung der phänomenologischen Bedeutungslehre. 1996 ISBN 0-7923-4050-7
140. J. Dodd: *Idealism and Corporeity.* An Essay on the Problem of the Body in Husserl's Phenomenology. 1997 ISBN 0-7923-4400-6
141. E. Kelly: *Structure and Diversity.* Studies in the Phenomenological Philosophy of Max Scheler. 1997 ISBN 0-7923-4492-8

Phaenomenologica

142. J. Cavallin: *Content and Object.* Husserl, Twardowski and Psychologism. 1997
 ISBN 0-7923-4734-X
143. H.P. Steeves: *Founding Community.* A Phenomenological-Ethical Inquiry. 1997
 ISBN 0-7923-4798-6
144. M. Sawicki: *Body, Text, and Science.* The Literacy of Investigative Practices and the Phenomenology of Edith Stein. 1997   ISBN 0-7923-4759-5; Pb: 1-4020-0262-9
145. O.K. Wiegand: *Interpretationen der Modallogik.* Ein Beitrag zur phänomenologischen Wissenschaftstheorie. 1998   ISBN 0-7923-4809-5
146. P. Marrati-Guénoun: *La genèse et la trace.* Derrida lecteur de Husserl et Heidegger. 1998
 ISBN 0-7923-4969-5
147. D. Lohmar: *Erfahrung und kategoriales Denken.* 1998   ISBN 0-7923-5117-7
148. N. Depraz and D. Zahavi (eds.): *Alterity and Facticity.* New Perspectives on Husserl. 1998
 ISBN 0-7923-5187-8
149. E. Øverenget: *Seeing the Self.* Heidegger on Subjectivity. 1998
 ISBN Hb: 0-7923-5219-X; Pb: 1-4020-0259-9
150. R.D. Rollinger: *Husserls Position in the School of Brentano.* 1999   ISBN 0-7923-5684-5
151. A. Chrudzimski: *Die Erkenntnistheorie von Roman Ingarden.* 1999   ISBN 0-7923-5688-8
152. B. Bergo: *Levinas Between Ethics and Politics.* For the Beauty that Adorns the Earth. 1999
 ISBN 0-7923-5694-2
153. L. Ni: *Seinsglaube in der Phänomenologie Edmund Husserls.* 1999   ISBN 0-7923-5779-5
154. E. Feron: *Phénoménologie de la mort.* Sur les traces de Levinas. 1999   ISBN 0-7923-5935-6
155. R. Visker: *Truth and Singularity.* Taking Foucault into Phenomenology. 1999
 ISBN Hb: 0-7923-5985-2; Pb: 0-7923-6397-3
156. E.E. Kleist: *Judging Appearances.* A Phenomenological Study of the Kantian *sensus communis.* 2000   ISBN Hb: 0-7923-6310-8; Pb: 1-4020-0258-0
157. D. Pradelle: *L'archéologie du monde.* Constitution de l'espace, idéalisme et intuitionnisme chez Husserl. 2000   ISBN 0-7923-6313-2
158. H.B. Schmid: *Subjekt, System, Diskurs.* Edmund Husserls Begriff transzendentaler Subjektivität in sozialtheoretischen Bezügen. 2000   ISBN 0-7923-6424-4
159. A. Chrudzimski: *Intentionalitätstheorie beim frühen Brentano.* 2001   ISBN 0-7923-6860-6
160. N. Depraz: *Lucidité du corps.* De l'empirisme transcendantal en phénoménologie. 2001
 ISBN 0-7923-6977-7
161. T. Kortooms: *Phenomenology of Time.* Edmund Husserl's Analysis of Time-Consciousness. 2001
 ISBN 1-4020-0121-5
162. R. Boehm: *Topik.* 2002   ISBN 1-4020-0629-2
163. A. Chernyakov: *The Ontology of Time.* Being and Time in the Philosophies of Aristotle, Husserl and Heidegger. 2002   ISBN 1-4020-0682-9
164. D. Zahavi and F. Stjernfelt (eds.): *One Hundred Years of Phenomenology.* Husserl' Logical Investigations Revisited. 2002   ISBN 1-4020-0700-0
165. B. Ferreira: *Stimmung bei Heidegger.* Das Phänomen der Stimmung im Kontext von Heideggers Existenzialanalyse des Daseins. 2002   ISBN 1-4020-0701-9
166. S. Luft: *Phänomenologie der Phänomenologie. Systematik und Methodologie der Phänomenologie in der Auseinandersetzung zwischen Husserl und Fink.* 2002   ISBN 1-4020-0901-1
167. M. Roesner: *Metaphysica ludens.* Das Spiel als phänomenologische Grundfigur im Denken Martin Heideggers. 2003   ISBN 1-4020-1234-9
168. B. Bouckaert: *L'idée de l'autre.* La question de l'idéalité et de l'altérité chez Husserl des *Logische Untersuchungen* aux *Ideen I.* 2003   ISBN 1-4020-1262-4
169. M.S. Frings: *LifeTime. Max Scheler's Philosophy of Time.* A First Inquiry and Presentation. 2003
 ISBN 1-4020-1333-7

Phaenomenologica

170. T. Stähler: *Die Unruhe des Anfangs*. Hegel und Husserl über den Weg in die Phänomenologie.
2003   ISBN 1-4020-1547-X

Previous volumes are still available

Further information about *Phenomenology* publications are available on request

Kluwer Academic Publishers – Dordrecht / Boston / London